Desvirando a página

A vida de
Olavo Setubal

Desvirando a página

A vida de Olavo Setubal

IGNÁCIO DE LOYOLA BRANDÃO
JORGE J. OKUBARO

© OES Participações S.A., 2008

1ª EDIÇÃO, GLOBAL EDITORA, SÃO PAULO 2008
1ª REIMPRESSÃO, 2009

Diretor Editorial
Jefferson L. Alves

Gerente de Produção
Flávio Samuel

Coordenação Editorial
Ana Paula Ribeiro

Assistentes Editoriais
João Reynaldo de Paiva
Lucas Puntel Carrasco

Preparação
Luicy Caetano

Revisão
Alessandra Biral
Patrizia Zagni
Tatiana Y. Tanaka

Pesquisa Histórica
Tempo e Memória

Foto da Capa
Nellie Solitrenick

Projeto Gráfico e Capa
Eduardo Okuno

Dados Internacionais de Catalogação na Publicação (CIP)
(Câmara Brasileira do Livro, SP, Brasil)

Brandão, Ignácio de Loyola
  Desvirando a página: a vida de Olavo Setubal / Ignácio de Loyola Brandão, Jorge J. Okubaro. -- São Paulo : Global, 2008.

  ISBN 978-85-260-1340-7

  1. Empresários - Biografia 2. Setubal, Olavo, 1923-2008
I. Okubaro, Jorge.. II. Título.

08-10835   CDD-338.092

Índice para catálogo sistemático:
1. Empresários: Vida e obra   338.092

Direitos Reservados

**Global Editora e
Distribuidora Ltda.**

Rua Pirapitingui, 111 – Liberdade
CEP 01508-020 – São Paulo – SP
Tel.: (11) 3277-7999 – Fax: (11) 3277-8141
e-mail: global@globaleditora.com.br
www.globaleditora.com.br

Colabore com a produção científica e cultural.
Proibida a reprodução total ou parcial
desta obra sem a autorização do editor.

Nº DE CATÁLOGO: 3085

Obra atualizada
conforme o
Novo Acordo
Ortográfico da
Língua
Portuguesa

Desvirando a página

A vida de Olavo Setubal

"Quero uma entrada solene."

"O senhor é maior do que sua obra."

(de Carlos da Câmara Pestana para Olavo Setubal)

Folha Imagem

Ao leitor

Quando nos reunimos no primeiro dia com Olavo Setubal para definirmos o método de trabalho, ele nos perguntou: "É a história do banco?". "Não, é sua história, sua vida", dissemos. Como um engenheiro pragmático e objetivo, um homem racional, como ele se dizia, imediatamente acrescentou: "Minha vida está dividida em cinco fases: infância e adolescência, vida acadêmica, a vida empresarial, o homem público e o meu afastamento do dia-a-dia executivo".

Esta biografia não tem a cronologia normal dos livros que retratam a vida de uma personalidade. Segue a divisão que o próprio biografado adotou para sua vida. Nos depoimentos, o tempo inteiro, ele fez questão de manter a vida pessoal separada, como se fosse um mundo privado, particular.

Por esse motivo, muitas vezes o leitor encontrará o mesmo período relatado do ponto de vista do homem público e do homem privado. Não se trata de repetição, nem reiteração. É um recurso intencional. Os autores viveram uma experiência rara, difícil e complexa do ponto de vista emocional. O livro foi terminado instantes antes da morte de Olavo Setubal em agosto de 2008. Ele pediu no hospital que lessem a ele brevíssimos trechos, quis conhecer todo o sumário, perguntou se a capa estava pronta, demorou pensando no título, depois o aprovou. Estava comovido. Ficou com o livro à beira da cama no hospital, dizendo: "Vou ler tudo com calma ao voltar para casa". Não voltou para casa.

Os autores

Centro Empresarial Itaúsa (CEIC) – Sede da Itaúsa e do Banco Itaú em São Paulo.

Sumário

No jardim da casa da Prata 19

Capítulo 1

    Façanhas de homens ousados 21

    Prometo que serei padre 22

    O mundo materialista 24

    Francisca, maneiras brandas, amenas 30

    Feitiço que prende 32

    Um poema para o primeiro filho 33

    Paris permaneceria para sempre 43

    Pai isolado dos filhos, mãe corajosa 50

    O combatente de 1932 52

    Rasgar o livro, presente para a filha 59

Capítulo 2

    O universitário e o grupo do América 65

    Pagar a quem vai se casar 79

    A universidade, período de vida feliz 80

    Soberania e desenvolvimento tecnológico 87

    Visão do imenso potencial do Brasil 90

    Deca, sonho de dois jovens sonhadores 91

Capítulo 3

    Olavo e Tide, história de uma paixão 95

    Queriam uma família grande, muitos filhos 106

    A Deca começa a se expandir 114

    Duratex entra em cena 121

    Um moinho de trigo sem trigo nenhum 128

Capítulo 4

A formação de uma família 131

Como educar filhos a dois.. 131

O Natal, a casa da Prata, as férias............................ 152

Capítulo 5

O nascimento de um grande banco 165

Descontando duplicata 165

A revolução das circulares... 169

Planejar, organizar, inovar 174

O mundo em transformação 177

Nasce o Federal Itaú 179

Atenção à indústria 182

Tecnologia, modernização... 185

O Itaú... 190

A disputa da liderança 194

Consolidação e expansão.. 201

Capítulo 6

Anos de medo e angústia.. 205

Capítulo 7

Da Boa Vista para o Ibirapuera – I 213

"Esse não é o cargo para Olavo" 213

"Minha Nossa Senhora" 216

Trocando os nomes 220

São Paulo, de Paulo a Olavo Setubal 221

Tudo para ontem 225

A miséria, chocante 229

Administração mais leve, ágil 232

Mudando o eixo 235

Saudades da Prata, da bicicleta 238

Banqueiro comunista? 240

Desarmar a bomba social 244

"Mudei, amadureci" 247

"Comunista" ou "representante do grande capital"? . 247

"A população não deu a mínima" 249

Humanizar o centro, a cidade 251

Cartas, muitas cartas 252

Recuperar o sistema de ônibus 254

Os passes da CMTC, de volta 256

Menos petróleo, mais metrô 257

Integração metrô-ônibus 259

A cidade para para ver a implosão........................ 261

Capítulo 8

Uma página virada 265

Capítulo 9

Da Boa Vista para o Ibirapuera – II 277

A praça é do povo 277

Domingo não é dia de descansar? 282

Gastar dinheiro com mato? 283

Político, sem perder a racionalidade 285

Golbery, homem difícil 288

"Banco por banco, fico com o Itaú" 289

Cara feia, não 290

"O monstro não me devorou" 292

O troco de Golbery 293

Fica, não fica... 298

"Que ar solene é esse, Zé Luiz?" 302

Na Rua Boa Vista 305

Capítulo 10

Instalando o banco *on-line* 309

Capítulo 11

A alegria de viver de Daisy 319

Capítulo 12

Um homem cordial e seu partido 335

No ônibus, o dr. Tancredo 335

Na Arena, não 337

A abertura inevitável 339

"Um liberal puro" 343

Candidato a governador 348

"Mário, você vai ser governador" 351

Fusão com o partido de Jânio? 352

Capítulo 13

Na vitrina da política 361

Presidente Olavo Setubal? 361

O De Gaulle brasileiro? 364

Ministro da Fazenda? 372

Capítulo 14

Diplomacia para resultados 377

"Rainha da Inglaterra, não!" 377

Resistências 381

De repente, a doença 384

No Itamaraty 386

Resistindo à "máquina" 391

Cuba e Europa Oriental 395

As sementes do Mercosul 398

Bomba atômica contra a integração? 402

Até Piquet e Senna 406

Convivência, viagens, personalidades 409

Substituto de Dornelles? 413

Capítulo 15

A decepção política 417

O ilustre postalista 417

Sócio da vitória? 422

Campanha pesada 424

O peru na mesa 428

Capítulo 16

A sucessão 435

Capítulo 17

A paixão por arte 445

Promover o diálogo entre as várias culturas 465

Capítulo 18

Um olhar lançado sempre ao longe 471

Diminuindo o ritmo, usufruindo a vida 474

Paris não é bom para ganhar dinheiro 476

Sem medo de crises 479

Quero saber de meu filho 479

Quitandeiros vendem feito pudim 483

O mistério da irmã Tereza 484

Pareceu ter morado em Paris a vida inteira 488

Um ano com uma dupla festa 492

A emocionante volta ao banco 494

Um Natal inesquecível 497

No jardim da casa da Prata 505

As cinzas entre esculturas e cerejeiras 507

Depoimentos *514*

Bibliografia *514*

Acervos consultados *516*

Principais sites consultados *516*

Índice onomástico *517*

Biografia dos autores *527*

No jardim da casa da Prata

O carro atravessa a rua principal, chega à estação, vira à esquerda, cruza os trilhos e sobe em direção à praça central. À esquerda, Olavo Egydio Setubal vislumbra o velho Grande Hotel em fase de restauração, obras que se prolongam. Fisicamente, a pequena Águas da Prata mudou pouco nas últimas quatro décadas, ainda que o turismo tenha desaparecido, reduzindo o movimento dos hotéis balneários. O silêncio é quebrado apenas por imensos caminhões-tanque que conduzem a água das fontes para as engarrafadoras. O automóvel para, o caseiro abre o portão.

Olavo caminha lentamente e chega à mesa do jardim, onde habitualmente toma o café-da-manhã. Antes, ele primeiro subia os oito degraus da escada que conduzem a uma pequena varanda, passava pela sala de visitas, com a lareira, o prato de Picasso, a pequena estatueta de Anúbis, os quadros de Almeida Júnior, entrava na sala de jantar, clara, de lambris brancos, tirava o paletó, tomava o copo de água fresca trazido por uma das empregadas, saía na varanda, apanhava o pequeno elevador que tem o nome de sua irmã Maria Vicentina, em família Vivi, e passava para o andar de baixo, que foi o porão onde as crianças brincavam de esconde-esconde. Essa sala é um pequeno memorial familiar. Nas paredes estão cartas emolduradas, diplomas, medalhas, textos originais e inúmeras fotos do pai, Paulo Setubal, o escritor de nome e sucesso nos anos 1920 e 1930, e da mãe, dona Francisca, que exerceu influência fundamental na educação e filosofia de vida do filho. Olavo Setubal instala-se à mesa do jardim onde toma o café-da-manhã quando está na casa da Prata, como é chamada por todos. Casa do começo do século passado, reformada, *sanctum sanctorum* tranquilo, silencioso. Diante dele se estende um extenso gramado cheio de esculturas, a piscina, a biblioteca. Parte de sua

19

vida passou por esse retiro. Vida cujas origens vêm do final do século XIX, ainda em Porto Feliz, com seu bisavô Francisco de Oliveira Leite Setubal, homem de posses e vereador na Câmara Municipal que participou de um movimento histórico, o Levante de Sorocaba, que destituiu o presidente da Província de São Paulo. Podemos também recuar mais e dizer que se iniciou com os Lems, em Bruges, Flandres, no século XV. De olhos semicerrados, percebendo o vulto das esculturas de Maria Martins que parecem brotar da grama, Olavo Egydio Setubal, 85 anos, revê sua própria trajetória.

Capítulo 1
Façanhas de homens ousados

Um nome limpo e o suficiente para a família viver pobremente. Foi a herança que o capitão Antônio de Oliveira Leite Setubal, um comerciante, deixou para sua viúva, dona Mariquinha, e seus filhos, ao falecer em 1897, aos 57 anos. O mais velho dos filhos estava com dezoito anos e o mais novo, com seis meses. Um dos filhos, Paulo Setubal, o penúltimo entre onze crianças, estava com quatro anos. Dos devedores do capitão apenas um sitiante honrou sua dívida. Sem dinheiro, pagou o débito com duas vacas, a Morena e a Manteiga. Os outros se esquivaram de reconhecer o que deviam.

Tido como pessoa íntegra, Antônio era figura popular em Tatuí, uma boca de sertão. Caminho de Porto Feliz, cidade de onde tinham partido as monções bandeirantes, descendo o Rio Tietê em direção ao Mato Grosso e Goiás, estabelecendo a rota fluvial para as minas de ouro e pedras preciosas. As monções serviram, a partir de certa época, para levar alimentos e equipamentos às populações de mineiros. Antônio nasceu em Porto Feliz, filho de Francisco de Oliveira Leite Setubal, homem abastado e vereador da Câmara Municipal. Tendo nascido em Setubal, Portugal, Francisco acrescentou o nome de sua cidade ao da família. Mais tarde, desapareceu o Leite, restando o último sobrenome. O capitão foi o primeiro dos nove filhos de Francisco de Oliveira Setubal e Ana Teresa de Almeida Campos. Há aqui, caminhando de volta às origens, uma sequência de antecessores de vida agitada e ousada. Homens que entraram pelos sertões do Rio Grande e do Rio Pardo, foram aos limites do Paraguai, partiram em busca das Minas de Cuiabá, delinearam linhas de navegação, para que os marcos destinados a Sete Quedas pudessem ser transportados para aquele local, pacificaram arraiais em Minas Gerais, dominaram criminosos turbulentos, criaram vilas e formaram fazendas, fizeram fortunas e levaram vidas confortáveis. Há uma linha familiar que se liga aos Leme que vieram da Ilha da Madeira e enriqueceram com o açúcar. Estes Leme têm sua origem nos Lems, ramo nobre que, em meados do século XV, possuiu feudos em Bruges, Flandres, hoje Bélgica, e que, em Portugal, lutou com o rei Dom Afonso contra os mouros na África, pelo que foram feitos fidalgos.

Prometo que serei padre

No dia 17 de maio de 1842, às dez horas, eclodiu o Levante de Sorocaba, momento em que a Câmara aclamou o coronel Rafael Tobias de Aguiar, Presidente Interino da Província de São Paulo. Passando a chefiar a Revolução Liberal, Tobias organizou a Marcha da Coluna Libertadora, rumo a São Paulo, no entanto, a caminho de Campinas, a Marcha chegou a Itu, com apenas quarenta homens exaustos. A Revolta Liberal terminou em Sorocaba, no dia 20 de junho, quando o Barão de Caxias chegou e encontrou os canhões abandonados. Francisco de Oliveira aderiu ao levante, o que lhe custou o cargo mais tarde.

Antônio de Oliveira, seu filho, desistiu de continuar os estudos, preferiu dedicar-se ao comércio, ao mesmo tempo que se casava, em segundas núpcias, com sua sobrinha Maria Teresa de Almeida Nobre. De seu primeiro casamento com Bernardina Alves de Lima ele teve a filha Maria Adelaide Setubal. Com Maria Teresa teve onze filhos, sendo cinco mulheres, Bernardina, Maria Francisca, Eurídice, Clarice e Romilda, e seis homens, João Batista, Pedro, Antonio, Laerte, Paulo e Ademar.

Antônio foi se instalar em Tatuí, a 38 quilômetros, cidade com doze mil habitantes que vivia da pecuária, do algodão e cereais. Tatuí surgiu como povoado na altura de 1680, mas tornou-se comarca apenas em 1887, um ano antes da Estrada de Ferro Sorocabana passar por ali. A cidade era conhecida pela Usina de São João de Ipanema, a primeira fábrica de ferro da América Latina. Dois dos canhões que defenderam Sorocaba na Revolução Liberal foram fundidos na Ipanema. O filho Paulo, que se tornou escritor, descreveu a cidade, com "ruas poeirentas, casario pobre e baixo, muros de taipa, os lampiões de querosene". Em torno, "vastos campos espraiados, as suas roças de feijão, os seus milharais embonecados... e risonhos algodoais que amadureciam em junho, brancos de tanta pluma branca aberta ao sol".

Nesse ambiente favorável, o comércio de Antônio se desenvolveu. Ele tocava um armazém de secos e molhados, no qual se abasteciam boiadeiros, tropas e viajantes. Era "um comércio em grosso, dessas coisas grossas, sortidíssimas, onde tropas de longes terras acorriam" e encontravam tudo. Ao progredir, Antônio construiu um casarão que ocupava uma quadra inteira, com dezenas de janelas, grandes salões com assoalhos de tábua larga, beirais compridos e trabalhados. Nos fundos, "enorme pomar ensombrado de grandes árvores folhudas, e, Deus meu, com tanta laranja lima, tanta goiaba, tanto araçá, tanta jabuticaba..." Dos onze filhos desse segundo casamento, um deles, mais tarde, não se sabe se Pedro ou Antonio, infelizmente na tradição oral as referências se perderam, teria sido um célebre jogador de pelota basca, morto por uma bolada violenta. Eurídice, solteira, viveu a vida inteira com Laerte, que, formado em Direito em 1911, enriqueceu, advogando primeiro em São Paulo, depois em Mato Grosso, especialista em questões de terras, ofício perigoso na época. Outro dos irmãos, e continua a dúvida se Pedro ou Antonio, excelente cabeça para a Matemática, usou-a para se tornar profissional do baralho. Um homem envolvente, que usava camisas de seda impecáveis e volta e meia ele se via profundamente endividado. Quem pagava as contas era Laerte. A certa altura, Laerte exigiu que o irmão saísse de São Paulo, e ele mudou-se para o Nordeste, depois se fixou em Goiás, tornando-se, finalmente, professor de Matemática e Álgebra num ginásio do Estado. Um dos melhores professores de seu tempo. Quanto a João Batista, casou-se com uma estancieira de Santa Catarina e foi viver em Lages.

Com a morte do pai, em 1897, Paulo, seus irmãos e a mãe "passaram do muito farto para o muito escasso", todavia, Mariquinha "era mulher que não tinha medo da vida e foi vivendo e criando os filhos com destemor". A escola era a do Chico Pereira, professor que impressionou Paulo pelo desprendimento. Solteirão, vivia com três irmãs e, além da escola, dedicava-se aos pobres da cidade, abrigando-os, dando de comer em sua própria casa e, principalmente, lendo para eles, todas as tardes. Paulo, fascinado, ia atrás de Chico Pereira na Sociedade de São Vicente de Paulo, onde os doentes, "trapos humanos, enrugados, macerados, olhos empapuçados", ouviam os livros que Chico lia todas as tardes às cinco horas, chegando ao choro e às lágrimas, mas também ao riso. Paulo conhecia ali o mundo real e o mundo da fantasia e percebia como a imaginação conseguia, por algumas horas, tirar aquela gente da sordidez a que havia sido relegada.

Uma das tarefas de que a mãe incumbira Paulo era a de vigiar a Morena e a Manteiga, as vacas, patrimônio considerável. Ele devia levá-las a um pasto de manhã e buscá-las à tarde. Um dia, no entanto, os animais se embrenharam no mato, terror do menino que ali imaginava cobras, aranhas, todo tipo de bicho ameaçador. Paulo, que tinha acabado de fazer a primeira comunhão, pediu a Nossa Senhora que trouxesse as vacas de volta. Se a graça fosse concedida, ele seria padre. Elas voltaram.

O mundo materialista

Quando os filhos terminaram o primário, Mariquinha decidiu que deveriam continuar a estudar. O professor Chico Pereira estava por trás dessa decisão. Alertara a viúva de que não havia chances de se progredir em Tatuí e como um dos filhos já estava em São Paulo, mantido a duras penas, a mãe decidiu mudar-se também. Vendeu o pouco que restara, juntou o dinheiro e se foi. A capital, no início do século XX, era, segundo Paulo Setubal, uma "cidade tristonha, garoenta, que tem no inverno os lampiões de gás acesos até as nove da manhã". Nela não existiam ainda "nem os arranha-céus, nem avenidas largas, nem bairros de residências suntuosas, nem a envaidecedora selva de chaminés furando o azul". Cidade provinciana. A família Setubal foi morar na Rua Tabatinguera, em uma das quadras mais antigas de São Paulo, depois se mudou para a Rua das Flores, 23. Paulo dormia no mesmo quarto que o irmão mais velho, que estudava Direito "com sacrifícios que não se contam". Da casa de Mariquinha ao ginásio era uma curta caminhada que Paulo fez a pé durante seis anos, que se revelaram "capitais na formação de um espírito".

No ginásio, Paulo travou camaradagem com uma turma de meninos soltos. "Eles nem só sabiam, mas faziam coisas feias. Eram meninos, não é preciso dizer mais, que já frequentavam casas de meretrizes. Contaminei-me logo." No quarto em que dormia com o irmão, cômodo pequeno, pobre, escassamente iluminado por um bico de gás, reuniam-se amigos, leitores vorazes, juristas uns, filósofos outros, literatos, poetas, que se engalfinhavam em discussões que atravessavam a noite, debatendo o livre-arbítrio e o determinismo, muito em moda, então. Falavam impetuosamente de Rousseau, Spencer, Schopenhauer, Spinoza, Spencer, Nietszche, Kant, que, pouco depois, Paulo leria, ao lado de Baudelaire, Verlaine, Vicente de Carvalho, Byron, Victor Hugo. Mergulhava na poesia de Olavo Bilac, Guerra Junqueiro, Antero de Quental, Alfred de Musset. Discutiam as teorias mecanicistas, evolucionistas, declaravam-se materialistas. E, então, "a carnalidade afogou no seu nascedouro aquela sementezinha de religião que despontara tímida em mim... Não havia céu mais doce do que as mulheres... Ímpio varei os seis anos do ginásio. Absolutamente ímpio", escreveu Paulo Setubal um ano antes de sua morte.

Paulo terminou o ginásio e, antes mesmo da formatura, foi convidado, entre cinco alunos que tinham se distinguido no curso, a se tornar Irmão da Ordem Terceira do Carmo. Aceitou e se comoveu, prometeu repensar sua vida. Mas havia outro amor sempre presente, a poesia. Seus primeiros versos foram publicados num semanário da cidade de Tietê, vizinha a Tatuí, que Paulo e seu irmão Laerte costumavam frequentar. Num espetáculo no Teatro Gomes, produzido para levantar fundos para as vítimas do terremoto que destruiu a cidade de Messina, na Itália, em 1909, com dezesseis anos, jovem, bem apessoado, Paulo seduziu a plateia ao declamar o poema "Fiel", de Guerra Junqueiro, enquanto seu irmão Laerte fazia um discurso inflamado. Decidido a ser advogado, matriculou-se em 1910 na Faculdade de Direito do Largo de São Francisco, em São Paulo. Enquanto estudava para os exames, atravessando a aridez dos textos jurídicos, na solidão de seu quarto, uma noite voltou à sua mente a promessa feita a Nossa Senhora, ser padre.

A ideia o perseguiu, até o dia em que, aconselhado pelo irmão Experâncio, do Ginásio Nossa Senhora do Carmo, foi ao Seminário Diocesano, na Avenida Tiradentes. "Quero ser padre", disse. O reitor do

Seminário, padre Maximiano, levou-o ao arcebispo dom Duarte Leopoldo, o primeiro arcebispo de São Paulo, um amigo da família, que admirava dona Mariquinha, católica exemplar. A autorização foi dada, ele recebeu o número 18, bastava esperar o início dos cursos. No entanto, quando o seminário abriu e se fez a chamada, o 18 não respondeu. Não responderia. A vocação tinha desaparecido. Paulo abandonou também o Noviciado da Ordem do Carmo. Havia agora, pela frente, um único curso a ser seguido, o da vida.

Para se sustentar não era mais possível, homem feito, contar apenas com dona Mariquinha. Paulo colaborou na revista *O Pirralho*, fundada em 1911, e no semanário *Gavroche*, até se fixar como revisor e, depois, redator do jornal *A Tarde*. Também conseguiu duas vagas como professor na Escola de Comércio do Brás e no Ginásio Arquidiocesano. Dinheiro para se manter, ajudar em casa e permitir constantes escapadas às mulheres da Rua Líbero Badaró, as francesas e polacas, que não eram apenas polonesas, mas também russas, alemãs, italianas, inglesas, austríacas. Mas o jovem, entrando nos seus dezoito anos, começou a se sentir indisposto, tinha febres constantes, tossia, sofria dores de cabeça, às vezes não conseguia se levantar. O médico, diante do jovem, diagnosticou: "coisa sem importância, gripe forte".

Porém, reservadamente, ele contou a verdade à dona Mariquinha, era a tuberculose. Assim como hoje a palavra câncer é evitada, naquele tempo não se dizia abertamente tuberculose. Era a doença magra, a doença do peito, a tísica, a febre héctica, a peste branca. Temida. A cura da tuberculose era complicada, a primeira coisa que se recomendava era a mudança de ares. Paulo voltou a Tatuí onde vida calma, boa alimentação e ar puro o ajudaram a se fortalecer. As radiografias mostraram um pulmão limpo, porém o médico aconselhou uma estada prolongada em Campos do Jordão, onde a altitude completaria a cura. Era um lugar caro, porém a venda de um anel, o presente mais valioso que o pai, Antônio de Oliveira, dera à mãe, em tempos faustosos, possibilitou o necessário para pagar a recuperação.

Aos dezenove anos, Paulo Setubal se instalou em Campos do Jordão, a 1.700 metros de altitude. Conseguiu um hotel modesto, começou a fazer amizades, andava a cavalo, frequentava festas nas fazendas e sítios, apaixonou-se por uma jovem cujo nome se perdeu. Em 1914, Setubal voltou a São Paulo, concluiu o curso de Direito, conseguiu o cargo de promotor público interino e sonhava "ser advogado de nome, rasgar um sulco largo no mundo forense, bater-me nos grandes prélios judiciários, ganhar dinheiro à larga, enriquecer, enriquecer...", como escreveu em *Confiteor*. Assim, ele abriu um escritório e, rapidamente, com suas relações, talento, maneiras desenvoltas e sedutoras, granjeou considerável carteira de clientes, ao mesmo tempo que, fazendo dinheiro, adentrava na fechada sociedade paulistana. O poeta e o jornalista continuavam a se agitar dentro dele, de modo que se tornou colaborador da revista *A Cigarra*, publicação mundana e literária, que durou décadas e publicou contos dos mais importantes autores brasileiros.

No entanto, a vida tem seus caminhos. A Primeira Grande Guerra tinha terminado, entretanto, a Gripe Espanhola chegara como um furacão, trazendo milhares de mortes. Até mesmo o presidente Rodrigues Alves fora atingindo pela gripe, o que o levou à morte. Paulo Setubal foi contaminado, ficou entre a vida e a morte, resistiu, convalesceu, porém os médicos determinaram que ele deveria deixar a cidade, onde as condições sanitárias eram precárias. Ir para onde? Longe de São Paulo. A solução foi um dos irmãos de Paulo, João Batista, o mais velho da família, que estava em boa situação financeira em Lages, Santa Catarina. Tomando um vapor, chegou a Lages em fevereiro de 1919. Soube que era o único advogado formado do lugar e se instalou na Rua Benjamin Constant, colocando, de imediato, um anúncio no jornal *O Planalto*.

> *DR. PAULO SETUBAL – Advogado*
> *Formado pela Academia de Direito de São Paulo*
>
> *Aceita causas cíveis, comerciais, orfanológicas, em qualquer instância do País. Incumbe–se de legalização de posse e demais questões de terras. Trabalha perante o júri, neste foro e nos circunvizinhos.*
> *Escritório: Rua Benjamin Constant. Lages*

Teve sorte, logo foi procurado para tratar de inventários, clientes apareceram, ganhou fama, fez amigos, admiradores de sua oratória. *O Lageano* comentou: "Paulo Setubal é um admirável 'diseur', profundo e meditado argumentador que sabe convencer dominando o numeroso auditório que o escuta em silêncio". O mesmo jornal apresenta ainda em uma reportagem sobre o carnaval na cidade como o jovem advogado entrara triunfante na sociedade:

> *O Salão do Clube regurgita... Entra, flamante de mocidade e de simpatia, todo azul e branco, entre rendas, arminhos e cetins, como a própria encarnação da mocidade em flor e em festa, o dr. Setubal; fisionomias iluminam-se num sorriso acolhedor e travessos corações tremem... tremem num presságio de assalto irresistível. É o primeiro fantasiado que chega.*

Ele participou dos bailes esquecido das recomendações médicas, o que o levou para o leito em maio com uma crise aguda que durou quase um mês.

Lages era uma vila de três mil habitantes, pouso de tropeiros, ponto onde se reuniam para negócios os tropeiros, os compradores de gado, os estancieiros endinheirados. Vida gauchesca. "Minha estrela era propícia", escreveu Paulo, onde estivesse, ela "sempre luzia". Em Lages, todavia, "jogava-se rijo e caro... joguei como um dementado, tive a paixão torturante das cartas, a topar paradas grossas nas bancas de 'nove' e de 'primeira', a cear sardinhas de lata portuguesas e a beber copázios de champanha Moët et Chandon (sacrilégio) na companhia nauseante daquelas mulherinhas de estrada, analfabetas".

Ao mesmo tempo, os jornais locais *O Lageano* e *O Planalto* passaram a publicar periodicamente artigos e poemas de Paulo Setubal. Em um dia ele escrevia sobre a proibição da entrada da carne do boi zebu na Inglaterra, no outro uma poesia como "Despedida". Em uma edição comentava a candidatura de Rui Barbosa à presidência da República, acusando-o de ser um homem sem ideias novas e sem uma teoria jurídica própria, na outra vinha um conto de amor como *A aventura de Pierrete*. Se passava as noites a jogar, Paulo ao mesmo tempo dizia monólogos nos saraus literários, defendia causas no tribunal, redigia críticas de concertos, como o de Guiomar Novais, definida como genial, fazia conferências. Uma destas teve enorme sucesso, ele debateu *A felicidade no casamento*. Como orador mostrava facetas variadas. Convidado para o cargo de promotor da Comarca, recusou e foi sábio, pois tinha consciência de que ganharia inimigos gratuitos. Depois de um ano, voltou a São Paulo. Estava com 27 anos.

Ao chegar a São Paulo, Paulo Setubal trazia pronto um livro de poesias, *Alma cabocla*. Levou à *Revista do Brasil* e mostrou a Monteiro Lobato, escritor e editor, que, entusiasmado, publicou duas edições de três mil exemplares cada uma, rapidamente esgotados. Enorme sucesso editorial. O livro era dedicado à dona Mariquinha. A ligação com a mãe era forte, visceral, de admiração e respeito, transcendental. Ele já tinha dedicado a ela um poema no jornal *O Lageano*:

> *Eu, minha mãe, que neste mundo inteiro*
> *Colhi somente venenosas flores,*
> *Quero, a teu lado, amigo e verdadeiro,*
> *Seguir-te os passos, mitigar-te as dores.*
> *Quero dormir meu sono derradeiro*
> *Na mesma campa em que dormir tu fores.*
> *Ser teu ideal, teu certo companheiro*
>
> *Nesse país de sombras e pavores*
> *É que eu, oh minha mãe e meu carinho,*
> *Bendigo a mão que em minha estrada planta*
> *Fundos pesares do mais fundo espinho.*
>
> *Só por sentir que me perfuma e encanta,*
> *Única rosa aberta em meu caminho,*
> *O teu amor de mãe piedosa e santa.*

O êxito literário fez com que crescesse a clientela do escritório de advocacia que tinha "serviço de sobra". Nesse momento, a vida de Paulo sofreu um abalo.

Francisca, maneiras brandas, amenas

Bem relacionado, insinuante, bom contador de histórias, declamando poesias para conquistar uma plateia, Paulo era constantemente convidado para jantares, chás e saraus. A sociedade da época, dominada pelos fazendeiros, mantida pelos cafeicultores, reunia-se nos fins de semana em fazendas que se alternavam para almoços, piqueniques, jantares, bailes animados por conjuntos musicais. Num desses fins de semana, em uma fazenda de Campinas, pertencente a Alfredo Egydio de Souza Aranha, Paulo deparou-se com uma adolescente morena, de "maneiras brandas e amenas, olhos de negro fulgor". Sentiu-se capturado. Era Francisca de Souza Aranha, a "Chiquita, a flor das morenas, com seus quinze anos apenas, um mimo de graça e amor". O homem vivido, exuberante, aproximou-se transfigurado, agora frágil, sem palavras.

Paulo estava siderado. Passou a pensar em Francisca o tempo inteiro, a procurá-la, buscava oportunidades de contatos, o que era complicado na época. Francisca era filha de Olavo Egydio de Souza Aranha e Vicentina de Souza Queiroz. Olavo Egydio, homem de educação europeia, era um estudioso dos problemas do café, base da economia paulista e brasileira, advogado, político pertencente aos quadros do Partido Republicano (PR), deputado à Assembleia Provincial de São Paulo e vereador da Câmara Municipal. Olavo Egydio era o segundo dos cinco filhos de Antonio Egydio de Souza Aranha, casado com Elisma do Amaral, filha de Joaquim Bonifácio do Amaral, visconde de Indaiatuba, abastado agricultor, chefe do Partido Liberal e um abolicionista que liberou seus escravos em 1852.

O sobrenome Souza Aranha surgiu no fim do século XVIII com o alferes Pedro de Souza Campos que ao se casar com Maria Francisca Aranha de Camargo teve quatro filhos, sendo o mais velho, Francisco Egydio de Souza Aranha, o iniciador do plantio de café no Estado, na vila de São Carlos, hoje Campinas, caminho para Goiás. Em 1817, Francisco Egydio casou-se com sua prima Maria Luiza, a primeira baronesa de Campinas, e tiveram onze filhos. Seu terceiro filho foi Joaquim Egydio de Souza

Aranha, visconde, conde e finalmente marquês de Três Rios, chefe do Partido Liberal, deputado provincial e vice-presidente da Província de São Paulo. Por três vezes ocupou a cadeira de presidente. Era figura de proa no mundo financeiro, participou da fundação da Companhia Paulista de Estradas de Ferro, da qual foi diretor, e da fundação da Casa Bancária Nielsen & Cia., mais tarde Banco do Comércio e Indústria de São Paulo. Foi casado em segundas núpcias com Maria Hypolita dos Santos, baronesa de Rio Claro e filha dos barões de Itapetininga. O nono filho de Francisco Egydio foi Antonio Egydio, pai de Olavo Egydio e avô da jovem Francisca, a Chiquita.

Por parte de mãe, as raízes familiares de Francisca, também tradicionais, remontavam ao ano de 1797, quando, em Itu, o brigadeiro Luiz Antonio de Souza, fidalgo com brasão d'armas, casou-se com Genebra de Barros Leite. O brigadeiro, nascido em Portugal, era um dos homens mais ricos de seu tempo e considerado o titular dos Souza Queiroz, ainda que não usasse o sobrenome. Genebra teve seis filhos desse primeiro casamento.

Um deles, Francisco Antonio de Souza Queiroz, senador do Império, em 1874, foi agraciado pelo imperador Dom Pedro II com o título de barão de Souza Queiroz, "com as honras de grandeza". Casado com Antonia Eufrosina de Campos Vergueiro, baronesa de Souza Queiroz, tiveram onze filhos. O barão foi grande proprietário rural, um dos fundadores da Companhia Paulista de Vias Férreas e Fluviais (depois apenas Companhia Paulista), ao lado de Antonio Prado (o primeiro prefeito de São Paulo) e do visconde de Rio Claro. Participou ainda do Banco Comércio e Indústria de São Paulo e da Companhia de Carris de Ferro de São Paulo a Santo Amaro.

Os Souza Queiroz mantinham centenas de propriedades, entre casas e chácaras, e tiveram papel fundamental na moldagem da nova face que a cidade adquiriu a partir de 1880. A família Souza Queiroz mantinha um diferencial em relação ao restante da elite paulistana da época. Enquanto a maioria identificava-se com a cultura francesa, falando a língua, elegendo Paris como estrela-guia, trazendo a moda, os livros e tutores da França, usando no cotidiano o francês como modelo, assim como hoje é o inglês, os Souza Queiroz eram germanófilos. Por um lado, traziam da Alemanha os trabalhadores para suas fazendas, por outro, enviavam para lá os filhos a fim de estudar. As famílias tinham governantas austríacas ou alemãs como tutoras de seus filhos.

Dos filhos dos barões, o primeiro foi Francisco Antonio de Souza Queiroz Filho, chamado em família de tio Chiquinho, fazendeiro e político do Partido Liberal, vice-presidente da Província de São Paulo, que se casou com Francisca Miquelina de Souza Queiroz, sua prima. Em novembro de 1880, o imperador fez saber que, "hei por bem e me praz fazer mercê do foro de Moço-Fidalgo ao bacharel Francisco Antonio de Souza Queiroz Filho". Dos nove filhos dessa união, a segunda foi Vicentina de Souza Queiroz que se casou com o bacharel em Direito Olavo Egydio de Souza Aranha, filho de Antonio Egydio de Souza Aranha e Elisma do Amaral.

Feitiço que prende

Os encontros entre jovens se davam nos almoços de fim de semana, nos piqueniques, em jantares familiares, em festas onde todos estavam presentes e as jovens eram vigiadas pelos pais, conversava-se somente na presença deles, nos chás, às vezes nas confeitarias, no teatro, nas recepções familiares nas quais havia declamação de poesias, concertos musicais, bel canto, tudo dentro de um ritual rígido, dominado por um padrão severo de moralidade, com protocolos definidos de etiqueta, aproximação e conversação, gestos, até mesmo olhares. Mas as mulheres começavam a ser modernas, a fumar, a encontrar profissões femininas, como a de secretárias ou datilógrafas, elas passaram a praticar esportes. Mas Paulo, ardiloso e apaixonado, conseguiu fazer chegar a Francisca um poema que era a sua declaração de amor, depois incluído no livro *Alma cabocla*. O poema sintetiza não apenas as emoções, mas também a forma como a corte era feita a uma jovem que estudava em colégio interno e como o namoro transcorreu, as barreiras sendo vencidas. Chiquita que tem

Maneiras brandas e amenas,
Olhos de negro fulgor,
Chiquita, a flor das morenas,
Com seus quinze anos apenas,
É um mimo de graça e amor.
O namoro se adianta:

Cabelo negro, em bandós;
Festiva, um riso franco,
Ali no pobre barranco,
Sentamos os dois a sós...
Na tarde azul, merencória,
Dum sossego espiritual...

Para concluir após muitas estrofes:
[...] Não há feitiço que prenda,
Como o dulçor dessa voz,
Assim, sem que ela o compreenda
Chiquita é o sol da fazenda,
E a festa de todos nós!

Um poema para o primeiro filho

A década de 1920 a 1930 mostrou uma São Paulo em contínuo crescimento, saltando de 587 mil habitantes para 888 mil. Os bondes elétricos circulavam desde 1900 e os automóveis particulares tinham passado de 2.554, em 1920, para 7.396 cinco anos depois, disputando o espaço com os bondes. A energia elétrica alavancava a indústria, o comércio, os lazeres. A Avenida Paulista firmava-se com o reduto dos barões do café, com suas mansões inspiradas nos *palazzi* italianos ou em modelos árabes, sugeridos pelo imaginário de uma elite endinheirada e cheia de fantasias. O grande acontecimento que sacudiu a cidade aconteceu em 1922, entre os dias 11 e 18 de fevereiro. A Semana de Arte Moderna, promovida por um grupo de intelectuais que renegava tudo o que tinha sido feito até então sob influência europeia e propunha uma arte brasileira, mais ligada às nossas raízes. O pintor Di Cavalcanti tinha sugerido a organização de uma "semana de escândalos literários e artísticos de meter os estribos na barriga da burguesiazinha paulistana". O objetivo era uma ruptura radical, e o Teatro Municipal se viu agitado por noites de poesia, palestras e música que despertavam aplausos, vaias, apoio ou a ira da plateia. Oswald de Andrade, Menotti Del Picchia, Guilherme de Almeida, Mário de Andrade, Ribeiro Couto, Sérgio Milliet, Ronald de Carvalho, Di Cavalcanti, Oswaldo Goeldi, Vicento do Rego Monteiro, Victor Brecheret, Tarsila do Amaral, Anita Malfatti, Graça Aranha, Villa-Lobos, Guiomar Novaes pregaram a insatisfação, insurgindo-se contra o academicismo e buscando quebrar normas para eles arcaicas. Paulo Setubal não se incluiu no movimento, apesar de ter sido bem recebido por parte da *intelligentsia* vigente, como os críticos João Ribeiro e Osório Duque Estrada, o historiador e poeta Ronald de Carvalho, o poeta Cassiano Ricardo, o ensaísta Tristão de Atayde e o acadêmico Afrânio Peixoto.

Por outro lado, sua poesia foi menosprezada por Sérgio Milliet, Oswald de Andrade e Guilherme de Almeida. Ele acompanhou a distância os acontecimentos que sacudiram a cidade e mudaram o futuro, provocando movimentos como Pau Brasil e o Antropofágico que foram, décadas mais tarde, desembocar na Tropicália e num conceito que norteou o Teatro Oficina. Curiosamente, apesar de ter escrito muita poesia, Paulo Setubal não se via como poeta, mergulhou no romance e dizia que a poesia tinha sido uma atividade circunstancial, tanto que nunca mais publicou um só livro de poemas.

Nos meses que se sucederam à Semana de 22, como ficou conhecida, Paulo se dedicou à saúde, ao escritório de advocacia, à administração dos direitos autorais, uma vez que *Alma cabocla* continuava sucesso de vendas e, mais importante que tudo, à sua Chiquita. Então, no dia 27 de junho de 1922, Paulo Setubal, aos 29 anos, casa-se com Francisca, que tinha 19. Casamento da intelectualidade urbana com a aristocracia rural. A expressão social, comenta Laerte Setubal, também neto de Antônio de Oliveira Leite Setubal e sobrinho de Paulo, era dada pelos fazendeiros,

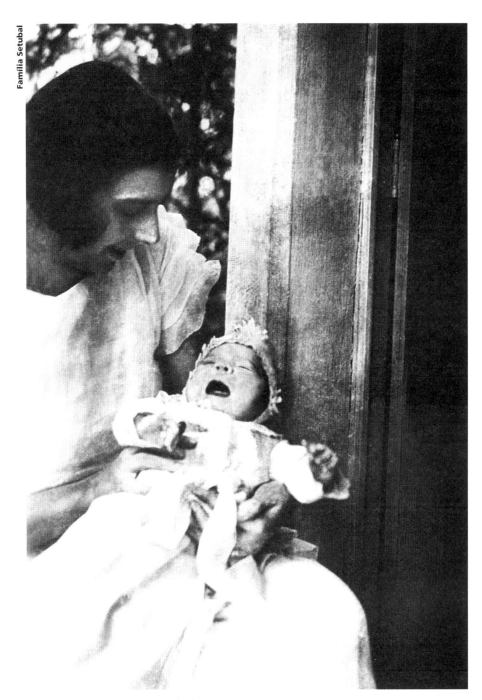

O bebê Olavo Setubal no colo de d. Francisca, 1923.

advogados e engenheiros. O grande orgulho era responder: fazendeiro, quando alguém perguntava qual a sua ocupação. Fora disso não havia *status*. Meses depois, uma gripe fortíssima lembrou que aquele corpo possuía um pulmão frágil e o casal foi para Tatuí, onde ele repousou por alguns meses e convalesceu.

No início de 1923, Paulo começou a colaborar com *Ridendo*, uma publicação humorística de Tatuí. De volta a São Paulo, Francisca, grávida, o casal foi morar muito pouco tempo em uma casa no Campo Limpo, bairro distante, quase rural, próximo a Santo Amaro, rodeado por olarias, lugar silencioso e aprazível, ideal para um escritor tuberculoso. Logo se mudaram para a Rua Martiniano de Carvalho, entre Bela Vista e Paraíso.

No dia 16 de abril de 1923, na Maternidade São Paulo, pioneira na cidade, fundada em 1894 e destinada a atender, a princípio, mulheres carentes e que abrigaria mais tarde a primeira escola de obstetrícia do Estado, nasceu o primeiro filho de Francisca e Paulo Setubal, que se chamou Olavo Egydio em homenagem ao avô materno. O pai registrou a criança somente no dia 3 de maio no 18º Subdistrito Civil da Bela Vista, na Avenida Brigadeiro Luís Antônio, 436, livro A58, termo 1.020 na folha 127. As certidões da época não traziam detalhes como a hora do parto. Os sentimentos de Paulo para com o filho recém-nascido foram expressos em um poema, "Meu bebê", escrito um mês mais tarde, em maio. O texto foi incluído no livro *Alma cabocla*:

Um bebê... Ai que aventura
Do nosso peito extravasa!
Há um mês que é a nossa loucura,
Essa é a joia da nossa vida.

Mimo não há, nem enleio,
Que mais alimente as vivendas,
Ao que num bercinho bem cheio
De laçarotes e rendas.

E nesse nicho de luxo,
– Com dois berloques e um guizo,
Ver seu petiz bem gorducho,
Que nos envia um sorriso

Ah! Nada eu sei de mais preço,
Nem nada mais inocente
Do que um sorriso travesso
Numa boquinha sem dente!

E ao ver-te, entre o fofo arranjo
Do teu bercinho tão doce,
Eu sinto bem que és um anjo
Que Deus ao mundo nos trouxe...
E assim, bebê cor de leite,
Com olhos da cor do mar,
Tu és o único enfeite
Do nosso lar!

Exatamente um ano e sete dias depois, em 23 de abril de 1924, nasceu Maria Thereza. Duas situações dramáticas sacudiram São Paulo, afetando a tranquilidade da família. Olavo tinha um ano de vida e Maria Thereza, um mês quando os cafeicultores tremeram nas bases com a proliferação da broca do café, uma praga que dizimava inexoravelmente as plantações. Chegou a atingir, em maio de 1924, 1.380 fazendas, quase destruindo a cafeicultura paulista. O patriarca Olavo Egydio, especialista no assunto, colocou-se à frente de uma Comissão de Estudo e Debelação da Praga Cafeeira que obrigou os produtores a incinerarem um milhão de cafeeiros. Foram meses de incertezas e temores dentro de um processo em que a burguesia agrária começava a sofrer reveses e a perder a hegemonia, contestada pelo crescimento da classe operária e pelo fortalecimento de uma burguesia multifacetada, comercial, industrial e financeira, criando forte crise na oligarquia. A economia estava mudando e, com ela, a sociedade.

Outro fato trouxe pânico, com uma característica diferente, a da violência. O Brasil vivia um período em que o estado de sítio era permanente durante o governo do presidente Artur Bernardes, que havia imposto leis repressivas que sufocavam os governos estaduais adversários e restringia as garantias individuais dos cidadãos. Um grupo de paulistas ergueu-se contra o presidente Bernardes e exigiu a formação de um governo provisório, a eleição de uma Constituinte e a adoção do voto secreto. Moveram-se inspirados pelos ideais do Movimento de 1922 no Rio de Janeiro, quando os tenentes, indignados com o fechamento do Clube Militar ainda no mandato do presidente Epitácio Pessoa, organizaram um levante e tomaram o Forte de Copacabana e outras unidades do exército. Foi quando se deu o histórico episódio dos 18 do Forte. Um civil e dezessete oficiais deixando o Forte marcharam para um confronto com as tropas governamentais. Dezesseis morreram, tendo sobrevivido apenas Eduardo Gomes – mais tarde figura de proa na UDN, tendo sido candidato à Presidência da República – e Siqueira Campos.

Em 1924, os tenentes Miguel Costa e Isidoro Dias Lopes ocuparam São Paulo e o governador Carlos de Campos fugiu da cidade. Houve intervenção das tropas federais, os combates foram violentos, a cidade passou a ser bombardeada, bairros operários como o Brás se viram em chamas, granadas explodiam por toda a parte, a população fugia aterrorizada, estabelecimentos comerciais foram saqueados, o pânico se estabeleceu. O movimento dos tenentes e a grande depressão econômica de 1929 conduziram à Revolução de 1930.

Sabe-se que Paulo e Francisca teriam passado uns dias na fazenda de Campinas, a mesma onde se conheceram, mas assim que o conflito amainou, voltaram à cidade, o escritório de advocacia não podia se dar ao luxo de ficar fechado por um longo período. Francisca era mãe e dona de casa em tempo integral, não havia ainda uma empregada. Severa, princípios rígidos, levava a criação dos filhos em um regime absolutista. Olavo Setubal definia-a como "uma fundamentalista. Nunca vi ninguém com uma formação religiosa tão enraizada quanto a de minha mãe. Jamais encontrei no Brasil uma pessoa igual, ela pertencia a um pequeno nicho, o do católico fundamentalista francês, mamãe falava bem o francês, tinha amigas francesas, e nossa instrução foi dentro de princípios de intolerância e austeridade". Católica Apostólica Romana, levava a vida na rédea curta.

O sobrinho Laerte Setubal Filho comenta que Francisca era mais ortodoxa em relação aos dogmas e preceitos da Igreja do que o próprio arcebispo de São Paulo, com quem ela mantinha contatos estreitos, uma vez que participava da Liga das Senhoras Católicas, fundada pelo arcebispo dom Duarte Leopoldo e Silva. Dona Francisca era ainda ativa na Casa de Maria Imaculada, organização beneficente da paróquia. Diariamente ia à missa das oito horas da manhã na Igreja da Imaculada Conceição, na Avenida Brigadeiro Luís Antônio, bem próxima de sua casa. Na volta, a primeira coisa que fazia era ler uma página do livro *A preparação para a morte*. Era um volume que continha exatamente 365 páginas, para serem lidas e meditadas uma a cada dia do ano. Francisca pertencia também a um grupo de oração do qual fazia parte Maria, mãe de Augusto da Rocha Azevedo, um dos amigos mais antigos de Olavo. Augusto lembra-se dos jantares que Francisca dava, "muito elegantes para nós, garotões de doze ou treze anos, ela colocava toalhas finíssimas, a louça mais bonita, servia vinhos, sabia receber com grande classe". Naquela casa, as crianças conheciam seu lugar, os divertimentos e brincadeiras eram escassos, fé, moral e temor a Deus vinham em primeiro lugar. Em oposição, vinha a desenvoltura, a leveza com que Paulo, o marido, conduzia a vida. Os Setubal nunca foram muito dados à religiosidade, eram agnósticos. Muito provavelmente o fato de carregar uma doença mortal que ceifava as pessoas muito cedo tivesse criado um homem para quem a vida adquiria um sentido de efemeridade fulminante, era preciso viver velozmente.

Nesse mesmo ano, Paulo se apaixonou. Não por uma mulher, mas por uma personagem, Domitila de Castro Canto e Melo, a amante do imperador Dom Pedro I que recebeu o título de marquesa de Santos e foi levada para a corte como primeira-dama. Teve cinco filhos com o imperador. Rompendo com Pedro I, Domitila casou-se em Sorocaba com o brigadeiro Rafael Tobias de Aguiar, o mesmo que foi aclamado presidente da Província de São Paulo durante o Levante de Sorocaba. Paulo Setubal intuiu que havia ali matéria de primeira qualidade para um

Olavo Setubal com as irmãs Vivi e Thereza, 1930.

romance de aventuras, amores clandestinos, luxo, intrigas, sensualidade, traições que envolviam a nobreza e pesquisou os maiores historiadores de seu tempo como Rocha Pombo, Alberto Pimentel, Alberto Rangel, percorrendo ainda cartas e documentos. Assim terminou, em outubro de 1925, *A marquesa de Santos*, um romance que foi levado a Monteiro Lobato, editor sagaz, olhar astuto para um bom livro. A primeira edição foi um sucesso estrondoso, como se dizia na época. Uma segunda e uma terceira edição se evaporaram. Havia corrida às livrarias, vinte mil, trinta mil exemplares. Cartazes nas ruas anunciavam o livro, o que revela o modernismo de Lobato como editor. As tiragens alcançaram os cinquenta mil exemplares, feito inaudito ainda hoje. Mais do que um *best-seller* em seu tempo, o romance foi um fenômeno editorial, num país em que as tiragens de livros oscilavam entre quinhentos e mil exemplares, muitos deles financiados ou comprados pelo próprio autor.

Paulo estava em todos os jornais e revistas, seu livro era o comentário das rodas, os direitos autorais entravam "a rodo". Transformado em celebridade, o autor tornou-se "tão popular quanto a Iracema de José de Alencar, a Capitu de Machado de Assis, o Jeca Tatu de Monteiro Lobato", escreveu o crítico Lourenço Dantas Mota. O livro teve traduções em inglês, árabe, francês, croata e espanhol. Na Argentina, foi adaptado para o cinema. Não se sabe, não há um só depoimento sobre como o romance foi recebido em casa. A marquesa de Santos era tudo o que a moral e a fé de dona Francisca condenavam.

Nos três anos seguintes, Paulo não abandonou a esteira do sucesso, publicando *O príncipe de Nassau,* em 1926, que vendeu 25 mil exemplares, *As maluquices do imperador,* em 1927, que vendeu 24 mil, e *Nos bastidores da História*, em 1928. Em julho de 1927, o escritor tomou posse como deputado estadual, na vaga de Américo de Campos, que tinha renunciado, e seu primeiro discurso foi em homenagem a Julio Mesquita, falecido naquele ano. O segundo foi para comemorar o centenário do marechal Deodoro da Fonseca. Já o terceiro foi polêmico, Paulo investiu contra os juízes que viviam ausentes de suas comarcas, acentuando que "a Justiça tem sido a preocupação constante dos nossos homens públicos", o que demonstrava seu caráter premonitório quanto aos tempos futuros.

Em 1928, Paulo entrou para o Instituto Histórico e Geográfico de São Paulo, ao mesmo tempo que fazia parte da Comissão de Redação do Poder Legislativo paulista. No entanto, a morte do sogro, Olavo Egydio de Souza Aranha, o abateu. As crianças, Olavo e Maria Thereza, não tinham idade para terem consciência da fama paterna. Era homem que vivia no escritório de advocacia, ou na redação do jornal *O Estado de S. Paulo*, do qual era colaborador, na casa do Poder Legislativo e em casa se fechava na biblioteca para escrever; a educação dos filhos corria por conta da mãe.

Dona Mariquinha, a avó do lado paterno, morava a esta altura na Rua Jaceguai, na Bela Vista, em uma casa com um porão imenso no qual

Paulo costumava reunir pessoas para conversar, discutir e, principalmente, encenar peças teatrais. No porão dessa casa, em 1926, quando a família contava com mais uma criança, Maria Vicentina, o mesmo nome da mãe de Francisca, nascida no dia 29 de agosto, o menino Olavo estava com quase três anos e Maria Thereza com dois, começaram os ensaios para a única peça escrita por Paulo, *Um sarau no paço de São Cristóvão*, que repercutiu intensamente porque foi apresentada no Teatro Municipal em duas noites de gala no mês de dezembro. O que provocou comentários e atraiu o público foram as figuras da sociedade quatrocentona que interpretaram alguns dos papéis principais, como Renata Crespi da Silva Prado, Iolanda Prado Uchoa, Maria Penteado de Camargo e Paulo Álvaro de Assumpção. Foi um espetáculo beneficente para arrecadar fundos para a Escola Doméstica da Liga das Senhoras Católicas.

No começo da década de 1930, o cunhado Laerte Setubal, que morava na Rua Piauí, em um período de baixa financeira, comprou uma casa na esquina das Ruas Canadá com Estados Unidos. Mariquinha não se conformava:

– Vocês foram morar no mato? Onde é que já se viu?

O Jardim América, para ela, era o fim do mundo.

Laerte Setubal Filho confessa que desde pequeno sempre teve empatia com a convivência com o primo Olavo, pouco mais velho do que ele. "Éramos muito pequenos, mas lembro-me de uma representação de *A ceia dos cardeais*, de Gil Vicente, naquele porão da Jaceguai, à qual até o governador do Estado compareceu. Paulo fez o papel do cardeal espanhol, Laerte, seu irmão, o do português e o irmão que fez o francês foi apagado da memória." Laerte pai se casou com Maria Júlia Toledo, filha de Joaquim Floriano de Toledo, que também pertencia à aristocracia rural. Republicano de quatro costados, Joaquim Floriano abriu cinco fazendas sem jamais usar um único escravo. Foi deputado federal e senador pelo Estado. Homem culto, lia muito em português, inglês e francês e nos almoços de sua casa toda a família só falava francês para desenvolver, aperfeiçoar.

A casa de Paulo e Francisca era grande e confortável na memória de Maria Vicentina. Uma casa boa, com toques muito femininos, na qual

Olavo Setubal com o pai, Paulo Setubal, e as irmãs Vivi e Thereza, 1930.

a mãe fazia às vezes de pai e mãe. Era uma vida calma em família, sempre com festas, maiores ou mais simples, porque a mãe não deixava passar nada, comemorava aniversários, primeira comunhão, tudo. Por outro lado, a casa se abria para receber intelectuais e ficou famosa na história da literatura a noite em que Menotti Del Picchia ali declamou "Chuva de pedra", seus primeiros versos modernistas, muito mal recebidos.

Paris permaneceria para sempre

"O que deixou marca profunda na minha vida, até hoje, foi a viagem que minha família fez para a Europa em abril de 1929, quando eu estava com seis para sete anos de idade", lembrava-se Olavo Egydio Setubal aos 85 anos. A saúde de seu pai tinha declinado perigosamente e os médicos, preocupados, aconselharam uma vilegiatura na Europa,

Olavo Setubal com o pai, Paulo Setubal, na Suíça, 1930.

principalmente na Suíça, como era costume em famílias mais abastadas. Para enfrentar as despesas da viagem foi necessário vender a casa, acrescentaram-se alguns ganhos com direitos autorais, parcos honorários de advogado e ainda um pecúlio deixado pelo sogro. Aliás, Olavo Egydio também passou para a filha um depósito na Rua da Mooca que foi alugado e ajudou a prover o sustento da família. Décadas mais tarde, o imóvel recebeu o apelido de "vaca leiteira", pois era ele quem pagava a educação das crianças e sobrava para o dia-a-dia. Quando morreu, Olavo Egydio tinha algumas posses, mas não se pode dizer que fosse homem rico, como os Souza Aranha tinham sido.

Toda a família embarcou em Santos, em março de 1929, no transatlântico Duílio, viagem que levou quase um mês, as travessias eram demoradas. Numa das fotos a bordo, os irmãos Setubal estão fantasiados de marinheiros. Fragmentos dessa viagem encontram-se no álbum de fotografias que fica sobre a mesa de uma das salas da casa de Águas da Prata. É tudo o que resta, não há registros escritos por Paulo. São fotos de crianças felizes em meio à neve ou junto a brinquedos como um cavalo-de-pau, sentadas em trenós ou tocando um pequeno rebanho de cabras. Ressalta-se, em cada foto, a extrema elegância do chefe de família, muitas vezes de chapéu e bengala. Em férias, de repouso, mas em roupas formais, poses estudadas, jamais descontraído, solto, à vontade. O filho Olavo é visto em roupinha de marinheiro, ou apanhando as primeiras cerejas da estação (segundo a legenda a lápis da foto), Maria Vicentina, chamada na intimidade de Vivi, andando de patinete ou com um arco de rodar. Olavo e Vivi em um campo de neve que se perde na extensão branca. Pessoas sorridentes quase soterradas na neve fofa, passeios de esqui. Paulo lendo o jornal, mas sabendo da presença da câmera. As legendas identificam Freiburg: *Olavo, Vivi e Thereza esperando mamãe que está se enfeitando e não chega nunca.* Feldberg (1929), onde o carro quebrou (na foto estão Paulo, Vivi e Olavo), o hotel Feldberghof, grupo junto ao monumento a Bismarck, um viaduto dentro da Floresta Negra (1929), com a soberba queda d'água no meio dos pinheirais sombrios, *um dos lugares mais bonitos que vimos.*

Hintergarten a 1.500 metros, lanche no hotel em Hintergarten, Todnav com Francisca e Vivi encostadas nas rochas. O Parque de Titsee com seus lagos e, na foto, Vivi sorri e Olavo, de cabeça abaixada, parece choroso. Güntherstad e três macacos trepados num veado de bronze. Thereza patinando, Thereza e Vivi num trenó, Thereza na *pattinoire*, a casa dos Setubal isolada pela neve. Fotos de Colônia, do hotel Kryburg, do Rio Reno com seus castelos, e as montanhas cobertas por vinhedos, do Lago Grenon, de Montana, de campos cobertos de flores, o Parque do Hotel du Lac, o Castel Borgo Medieval, Monte Carlo, a Promenade em Antibes, Nice, Cannes.

A certa altura dessa longa vilegiatura em 1929, já na Alemanha, Paulo Setubal foi internado em um sanatório na cidade médica de Freiburg e ficou isolado da família. O nome do hospital se perdeu, restou uma carta enviada a Francisca no dia 17 de agosto.

Chica, bom dia.

Hoje, domingo, não recebi carta sua, o que me entristeceu. Seria maromba do correio ou preguiça sua? Eu, conforme promessa, ainda não falhei um dia! Acho sempre assunto para encher páginas. No entanto a minha vida, nestes dias, tem sido tão monótona, tão igual, que nem sei mesmo onde desencavo tanta bobagem para tagarelar com você.

Ainda continuo no leito; talvez, amanhã, ou depois de amanhã, o mais tardar, levanto-me. Aproveitei bastante. A expectoração diminuiu sensivelmente. Só os ruídos ainda continuam, bastante atenuados, não há dúvida, mas ainda os tenho.

Creio que, com uns quinze dias de reforço decente, tornarei ao meu velho estado anterior. Você diz que aí tem feito uns dias belos; pois o mesmo se dá aqui. Tivemos, desde que chegamos, um tempo incomparável. Sol magnífico, céu muito mais claro, e, às noites, um luar de mil e uma noites. O Salomão, que estava aí tão entediado, topou aqui este contraste? Está radiante, alegríssimo, acha isto o lugar melhor e mais lindo do mundo! Voilá...

O Salgueiro e o Marcinho estão constantemente aqui. Eles distraem a gente com dois dedos de prosa. Infelizmente o Marcinho ainda é o mesmo. Não mudou. Hoje, estou no quarto do Salomão escrevendo a você, e por isso estava a tinta. No meu quarto ainda não há tinteiro. Estou espichado no divã, à espera que a femme de chambre *acabe de arrumar a minha cama.*

Pedi ao médico que me mandasse fazer massagens. Ele não queria (proteção às enfermeiras!) mas eu insisti e ontem fiz uma pela primeira vez. A "dona" tem certa má vontade nisso, pois acha inútil. Mas eu estorvei (?) um pouco e tudo vai normal.

Recebi carta do cônsul de Zürich. Mandou-me, ou antes diz que me mandava uns jornais para eu acompanhar a situação política do Brasil; os jornais porém não me chegaram às mãos. A sucessão presidencial está fervendo! O Antonio Carlos lançou a candidatura Getúlio! Mas dezoito Estados, ao que parece, já se pronunciaram pelo Júlio. Parece que a luta é inevitável. Vai haver forrobodó grosso!

Escrevi ontem uns cartõezinhos às crianças. Receberam? Como vai a Fräulein! Tudo em paz? Estou aflito para saber o que há sobre a Anna, pois hoje é 16 e no dia 18 ela deve estar em Paris! Não é?

Você não imagina o quanto eu penso em você! Ficarei contente, contentíssimo, se souber que você continua comendo bem, assim, como eu deixei você aí. Ah, Chica, eu suplico a você que cuide da tua saúde! Por favor, Francisca, faça tudo por comer bem, engorda, engorda bastante, que você é muito necessária para os nossos filhinhos, que há de ser deles se você falhar? Escreva-me, pois, dando boas notícias e contando que você está bem e num bom regime alimentar.

Beijos nas crianças, um abraço do Paulo

Os Setubal permaneceram quatro meses em Freiburg. Entre os sete e os nove anos, ficaram na memória do menino muitas viagens de trens, longas, cinco horas ou mais, de Paris à Suíça, da Suíça à Alemanha. Foram alguns dos momentos mais intensos na relação pai e filho. "Um convívio alegre, de aspectos muito positivos. Era quando ele me falava do Brasil, me explicava nosso país e mostrava, especialmente, a admiração que tinha por Napoleão como o estrategista, o general vitorioso, as batalhas ganhas, o imperador, o homem apaixonado, o exílio. Paulo era um homem que se deliciava com a história do Brasil e do mundo, era um narrador de primeira, envolvia." Não há nos álbuns a sequência da viagem nem cronologia, é como se o tempo não importasse, não existisse, esses álbuns retratam momentos em que todos sorriem, como se a família nunca tivesse estado tão junta e ligada. Dois anos se sintetizam nessas fotos. "Foi a grande marca em minha formação essa visão da Europa que durou dois anos e terminou em Paris em 1931. Ali comecei a aprender francês e alemão. Uma das últimas visões de Paris foi inesquecível, impactante", dizia Olavo Egydio Setubal. Ele e o pai caminhavam e, ao atravessar a Place de la Concorde, Paulo comentou:

– Olha para isso, meu filho! Veja que coisa fantástica esse trânsito!

A melhor expressão seria o termo de Manuel Bandeira, alumbramento. Algo como o encanto total, transformador. As imagens de Paris se fixaram na memória de Olavo Setubal, a cidade se tornou o eterno ponto de retorno, lugar onde sempre se sentiu feliz ao longo de toda a vida.

Ao regressar, a família retomou seu ritmo, agora na Rua Carlos Sampaio, 33 (depois 281), e o menino foi mandado para a escola. O mundo estava um pouco diferente, o *crack* da Bolsa de Nova York em 1929 provocara uma crise econômica e uma recessão profunda, a crise do café no Brasil havia arruinado milhares de produtores, a aristocracia rural estava falida. A Revolução de 1930 depusera o presidente Washington Luís e colocara Getúlio Vargas no poder. Terminava o período que os historiadores denominam de Primeira República. Diz Boris Fausto que "tinham caído os quadros oligárquicos tradicionais", os "carcomidos da política. Subiram os militares, os técnicos diplomados, os jovens políticos e, um pouco mais tarde, os industriais".

Era preciso escolher uma escola para Olavo, então com oito anos. Não havia muitas opções para determinadas classes sociais, ou iam para o Ginásio do Carmo, para o São Luís ou para o Colégio São Bento. O primeiro, liderado pelos padres maristas, era frequentado por alunos modestos, em geral filhos de imigrantes italianos, o segundo, de formação jesuítica, era o da elite, o terceiro, liderado pelos beneditinos. Todos de educação católica tradicional. Paulo Setubal, que tinha estudado no Carmo, preferiu mandar seu filho para lá, enquanto os amigos de Olavo se matricularam no São Luís.

O Ginásio do Carmo foi fundado em 1898 a partir da necessidade dos Irmãos Terceiros do Carmo de ter seu próprio colégio, quando, então, se pediu a concessão de um terreno localizado entre a igreja do

Convento e o edifício da Ordem. A Ordem ergueu um muro divisório, separando o convento. Em dezembro de 1898 foi firmado acordo com os Irmãos Maristas para dirigirem o Externato e os cursos primário e secundário foram iniciados no ano seguinte. O ensino de instrução religiosa era condição essencial para a entrega da direção do ensino aos Irmãos Maristas. Em dezembro de 1906, o Colégio formou a primeira turma de bacharéis em Ciências e Letras.

As instalações foram construídas para acolher 300 alunos. O número de matrículas aumentou e no ano de 1906 foram matriculados 395 alunos. Em 1910 foram adquiridos mais três imóveis. O edifício com frente para a Rua da Boa Morte, depois, Rua do Carmo, tinha três andares, dezenove salas de aula, vestíbulo, sala de espera, sala da Diretoria, sala da Secretaria, almoxarifado, sala para os professores, refeitório, copa, cozinha e dependências próprias para a residência dos Irmãos Maristas.

Em 1932, quando Olavo Setubal cursava o seu segundo ano, o edifício foi reformulado e ampliado com o objetivo de aumentar o número de salas e de melhores acomodações aos Irmãos Maristas. A inauguração dessa obra foi em 13 de outubro de 1933, no priorado do dr. Mario Egydio de Souza Aranha. A Ordem Terceira do Carmo conferia anualmente medalha de ouro ao aluno que mais se distinguisse em instrução religiosa. A curiosidade na história aconteceu quatro décadas mais tarde, em 1976, quando a Ordem Terceira foi citada em uma ação de desapropriação ajuizada pelo Metrô, sendo obrigada a entregar o imóvel desocupado. O prefeito da capital, naquele momento, era Olavo Egydio Setubal.

O menino Olavo lembrou-se não apenas dos ambientes muito modestos, mas também da chegada dos estudantes menos favorecidos que vinham pelo bonde que subia a Rua Rangel Pestana. "Não me dei bem com os alunos em geral, mas fiz grandes amigos para a vida como o Renato Refinetti, Aimoré Moreira e Herman Revoredo. Muitos dos padres eram franceses, excelentes professores de Matemática, Física, Química e Ciências, ao passo que, como era de se esperar, se mostravam péssimos em Literatura e Língua Portuguesa e Literatura Brasileira."

Pai isolado dos filhos, mãe corajosa

Ao regressar ao Brasil, Paulo Setubal entendeu que o teor de vida deveria ser mudado, seus pulmões não suportariam o mesmo ritmo. Assim adquiriu uma chácara em São José dos Campos, onde eram passadas as férias. Era um terreno grande com três alqueires, próximo ao Hospital Maria Vicentina, que tinha sido fundado pela família de Francisca. Olavo, Maria Thereza e Vivi adoravam a chácara, chamada São José, principalmente quando vinham primos do Rio de Janeiro, Laerte Setubal Filho, um deles. A casa era simples, com um alpendre, caiada de branco por dentro e a propriedade era rodeada por uma cerca viva de cedrinhos, aparados na altura de um muro comum. O Natal estava dentro das férias, era o momento mágico que, no futuro, teria continuidade. Francisca montava a árvore e a aventura começava na busca do pinheiro ou do cedrinho, mais tradicional no Brasil e que conferia ao ambiente um perfume diferenciado que lembrava, até mesmo, a atmosfera das igrejas impregnadas de incenso. A árvore era um segredo bem guardado, Francisca, cheia de boas artimanhas, conseguia a proeza de deixar tudo preparado e montava a árvore apenas no dia do Natal, passava o dia inteiro a montá-la, dando um jeito de manter a meninada afastada, com a cumplicidade do marido, para que não vissem nada, criando enorme expectativa, todos se perguntando, o que vou ganhar, o que não vou ganhar.

Entre o ano de 1931 e o de sua morte, Paulo Setubal oscilou em temporadas desiguais entre a chácara de São José dos Campos e a casa em São Paulo. Viviam nos limites, mas com uma situação financeira tranquila. Não tinham nem automóvel, nem chofer, e a mãe tocava a casa com duas empregadas, a Ana e sua irmã, a Gracinda Fernandes, duas portuguesas dedicadíssimas que foram um sustentáculo por anos e anos. Cada despesa pesava, ainda que houvesse o suficiente para uma família classe média levar uma vida normal. "Naquela época", comentava Olavo Egydio, "a sociedade brasileira vivia uma vida muito mais modesta do que a de hoje e, se havia algum luxo, era privilégio por exemplo dos Matarazzo, então os mais ricos do Brasil. O cenário todo era modesto, basta lembrarmos que, até a guerra, São Paulo não teve mais de dez mil automóveis. Fui educado dentro de normas bastante restritas, minha mãe sempre enfatizou que devíamos levar uma vida econômica e equilibrada. A personalidade de minha mãe, extremamente forte, dominava a casa. Ela é quem conduzia. Todos os empregados resolviam as coisas com dona Francisca, porque na verdade era ela quem mandava e isso acabou ofuscando a figura de meu pai." Olavo lembrava-se de ter tido muito pouco tempo e quase nenhum diálogo com o pai, enquanto sua irmã Maria Vicentina confirma que não havia mesmo interação entre eles, eram muito diferentes, para Olavo o pai sempre foi poeta e essa palavra era forte, sintomática, quase pejorativa. Ele ainda admitia com tranquilidade: "Ele era alegre e carinhoso, mas ficamos muito tempo separados, distantes. Não foi uma pessoa que teve uma influência direta em minha vida". Já com a mãe era uma ligação visceral, diz Vivi, "maravilhosa, havia uma grande dose de amor, ela era inteligente, ainda que bastante severa, rígida. E foi muito corajosa durante toda a doença de papai". No entanto, Vivi acentua que quando Paulo Setubal "estava bem e voltava para São Paulo se fazia muito presente junto aos filhos, era expansivo, alegre, adorava fazer surpresas". Trazia presentes e sabia os nomes de todas as bonecas da filha. Verdade que não eram muitas. Laerte ainda hoje se admira como os primos viviam fechados, não faziam exercícios, ao passo que na família de Laerte todos se levantavam às seis da manhã, iam para o Rio Pinheiros, nadavam, as águas eram límpidas, frequentavam o Clube Germânico, hoje Pinheiros, iam a pé até a Praça do Vaticano por um caminho cheio de framboesas. Olavo acrescentava: "Mamãe durante muito tempo nos obrigava a caminhar, aos poucos consegui demovê-la da ideia".

Para ir a São José dos Campos, havia uma única opção, os trens da Central do Brasil. As rodovias eram péssimas, de chão batido, poucos se aventuravam, as jardineiras levavam horas e horas. Na chácara São José, um dos divertimentos era montar a cavalo, uns pangarés que na imaginação se tornavam cavalos velozes a relinchar furiosos pela floresta. A doença do pai o impedia de tomar parte nos folguedos com o filho, de caminhar, correr, galopar, aventurar-se por toda a parte. Ou então, andar de bicicleta. Vivi, um dia, aos sete anos, pediu a Olavo:

– Me ensina a andar de bicicleta?

– Ensino.

– Então, o que faço?

– Para começar, sobe na bicicleta. Depois, vamos ver.

Primeiros gestos do homem racional. Vivi subiu na bicicleta e ele, grande, forte, não disse nada, apenas deu um empurrão, a ciclista desembestou sem equilíbrio, bateu nos pinheirinhos que separavam a casa do pomar. Risadas por todo lado, quedas faziam parte do aprendizado, da vida.

Dois visitantes eram habituais em São José para visitar Paulo. O escritor e editor Monteiro Lobato e o poeta Cassiano Ricardo, que tinha tido atuação no movimento modernista de 22 e era nascido na cidade. Os modernistas da Semana de Arte ignoravam a obra de Paulo, no entanto Cassiano não, admirava Setubal, para ele "um contador incorrigível de anedotas, alviçareiro como um raio de sol, jamais triste, encorujado, apesar da doença que o minava... ele falava como um tagarela depois de ter visto uma estrela cair do céu, mas que encantamento ouvi-lo". Maria Vicentina lembra-se vivamente do bigode e das sobrancelhas espessas de Lobato, cujos livros infantis todos tinham lido. As crianças eram tiradas da sala quando os adultos conversavam. Todos adoravam a chácara, ainda que em julho fizesse um frio danado.

O combatente de 1932

Alfredo Egydio, irmão de Francisca, tinha fundado um jornal, *A Razão*, cuja filosofia era a de difundir um pensamento cristão e nacionalista, teoria propugnada por Plínio Salgado, porém Olavo Setubal olhava para trás, afirmando: "Não tinha integralismo ainda, o Plínio Salgado virou integralista depois. O velho Alfredo não aderiu ao integralismo, embora fosse simpatizante e financiador, porque ele, que tinha uma forte noção de mando, não aceitaria ser subordinado a Plínio

Salgado, que era office-boy dele e assim foi tratado até o final da vida. Não entendo como Plínio pôde ter a projeção que teve". Paulo Setubal foi chamado a colaborar em *A Razão*, porém seus textos nada continham de político, eram crônicas literárias e históricas, parte delas reunidas no livro *O ouro de Cuiabá,* publicado em 1933. Ele, que alternava breves estadas em São Paulo com um tempo mais prolongado em São José, quando chegava à redação "era dia de festa", segundo o jornalista Silveira Peixoto.

No entanto, em 1932, por um breve período de alguns meses, Paulo Setubal ignorou a doença que o minava e tornou-se um homem ativo e combativo nos dois sentidos. Os filhos passaram a ver outro homem a partir do momento em que o pai se engajou na Revolução Constitucionalista que empolgou São Paulo. Ao assumir o governo provisório em 1930, Getúlio Vargas dissolveu o Congresso Nacional e os legislativos estaduais e municipais. Os governadores foram demitidos e, em seus lugares, nomeados interventores, a maioria militares. A política do café ficou concentrada nas mãos do governo federal, saindo do Instituto do Café do Estado de São Paulo para o Conselho Nacional do Café. Ao nomear João Alberto, um tenente pernambucano como interventor em São Paulo, Vargas desagradou à elite paulistana que se considerou marginalizada do processo político e pressionou fortemente, a tal ponto que João Alberto se demitiu rapidamente. Até 1932, mais três interventores se sucederiam no cargo, sem conseguir apaziguar a situação. São Paulo exigia um interventor civil e paulista. A bandeira da constitucionalização e da autonomia do Estado levantou a população. Era um basta à ditadura getulista que sensibilizou também Rio Grande do Sul e Minas Gerais. A conspiração cresceu até explodir no dia 9 de julho de 1932. No entanto, o apoio esperado do Rio Grande do Sul não veio e igualmente Minas Gerais preferiu ficar com o governo federal. Sozinho, o plano de um ataque ao Rio de Janeiro, por parte dos paulistas, fracassou. O movimento em São Paulo uniu todas as classes sociais, menos a operária, que ficou à margem dos lemas "autonomia e superioridade de São Paulo" e "constitucionalização do Brasil". Porém faltaram efetivos, faltaram armas e munições e três meses depois, no dia 1º de outubro, as tropas paulistas se renderam. Aos que dizem que São Paulo comemora uma revolução fracassada, o historiador Boris Fausto contrapõe salientando que "embora vitorioso, o governo federal percebeu mais claramente a impossibilidade de ignorar a elite paulista. Os derrotados, por sua vez, compreenderam que teriam de estabelecer algum tipo de compromisso com o poder central".

O rádio foi, durante meses, o elemento aglutinador, convocando, mantendo o moral de pé. Todos os dias, todas as horas, a população seguia os combates, o noticiário, os discursos inflamados. Fraco, pulmões minados, quase sem força física, muitas vezes febril, Paulo Setubal foi um dos oradores incansáveis da revolução. Não apenas aos microfones da Rádio Record, mas também em comícios nas praças, diante da Estação da Luz, saudando os combatentes que partiam, na Patriarca ou diante do hotel Esplanada, então o Copacabana Palace de São Paulo. Francisca vivia em vigília permanente, os filhos mal viam o pai. A partir de outubro, a situação começou a se normalizar.

A vida foi recuperando a rotina, com as aulas, o Colégio do Carmo, ao qual Olavo ia de bonde, a Igreja da Imaculada, onde chegou a ser Congregado Mariano, os estudos em casa, e a governanta alemã, imprescindível, Heni Hauswolter, uma professora, filha de um fabricante de tecidos que perdeu tudo na Alemanha, quando colocou a fortuna em títulos do governo. Heni tinha cursado o primeiro ano de psicologia numa faculdade alemã e era arrogante, vivia criticando Francisca, acusando-a de ter pouca instrução. Mas Olavo aperfeiçoou seu alemão, lia com fluência, devorou *Os Buddenbrook,* de Thomas Mann, no original, bem como Karl May, que foi um dos mais populares autores de histórias de aventura da época, *best-seller* no mundo inteiro. Recebiam revistas da Alemanha, as assinaturas só foram interrompidas com a eclosão da guerra em 1939. "Não significava, contudo, que fossemos germanófilos e apoiássemos o governo hitlerista, líamos pela informação, para praticar a língua", diz Olavo. E acrescenta: "Nem quero ouvir falar dessa época".

O adolescente devorou *Robinson Crusoé* e mergulhou em Julio Verne, de quem leu e releu em francês *Vinte mil léguas submarinas,* encantado com o Nautilus, o submarino, e tinha sempre à mão *O tesouro de juventude*. "Como minha mãe não tinha dinheiro para comprar, eu buscava emprestado os volumes na casa do meu tio Alfredo Egydio, que possuía a coleção inteira e me emprestava livro a livro. Eram dezoito. Acabava um, podia buscar outro. O *Tesouro* (escrevia Thesouro), que teve enorme influência em minha formação, era dividido em livros: *O livro da terra*, *O livro da natureza*, *O livro da nossa vida*, *O livro do novo mundo*, *O livro dos porquês*, e assim por diante. Nunca me esqueço de ter visto no *Livro das coisas* que devemos saber como funcionavam os moinhos de trigo, as locomotivas e navios a vapor ou como tinha sido construída a ponte Forth Worth, em Edimburgo, Escócia, obra-prima de engenharia. Teria vindo daí minha inclinação para a engenharia? Difícil dizer. Deve ter sido um conjunto de elementos."

E havia Maria Thereza que crescia e desenhava, escrevia, levava uma vida interiorizada, cercada de cuidados, ela apanhava o *crayon*, enchia papéis com figuras, fazia autorretratos, Francisca, ao olhar para ela, percebia que estava diante de uma menina diferente, não era como as outras na maneira de agir, de ser, a mãe sentia uma espiritualidade, uma força que não era comum. Não podiam saber que Thereza acompanharia todos a vida inteira, seria uma lembrança constante, incômoda, às vezes; boa, outras, porque carregou um mistério. Sua presença atravessou décadas dentro da família. O irmão Olavo só conseguiria falar dela abertamente na altura dos 80 anos, mesmo assim pressionado pelos filhos.

A *Folha da Noite*, de 8 de dezembro de 1934, publicou uma foto batida na Estação do Norte, como era chamada a Estação Roosevelt, a principal da Estrada de Ferro Central do Brasil (hoje é a Estação do Brás). Mostra Paulo junto a Francisca, Olavo, Thereza, Vivi e o amigo Manoel Vitor Azevedo. Todos tinham ido esperar o novo membro da Academia Brasileira de Letras, eleito dois dias antes no Rio de Janeiro. Sua cadeira era a de número 31, antes ocupada por João Ribeiro, poeta, ensaísta, jornalista, um dos promotores da reforma ortográfica de 1907. Concorreu com Múcio Leão, derrotando o escritor pernambucano por 23 a 8 votos.

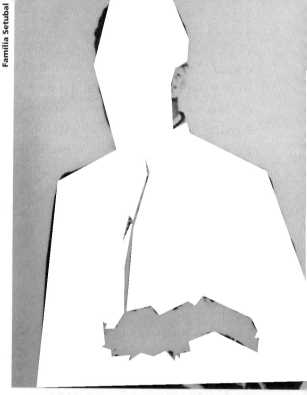

O pai, Paulo Setubal, com o fardão da Academia Brasileira de Letras.

A posse foi no dia 27 de julho de 1935. A esta altura, Paulo já pertencia ao Instituto Histórico e Geográfico de Ouro Preto e ao Instituto Histórico e Arqueológico de Pernambuco.

Em 1934, Paulo e Francisca foram para uma temporada de águas em São Lourenço, Minas Gerais. A saúde dele se mostrava estável, mas um repouso era sempre aconselhável a um homem que vivia em sobressalto de emoções. A comunicação com a família era feita por meio de cartas. A primeira veio de Olavo para a mãe. Quase um bilhete para um menino de onze anos. Sóbrio, seco.

> *São Paulo, 10 de março de 1934*
> *Mamãe*
> *A senhora como vai? Como foi de viagem? Que tal o trem da Sul Mineira? A água daí é melhor do que a engarrafada? O tempo aqui está bonito. Não escrevo mais porque estão me chamando para almoçar. Vou depois ao colégio, já fiz todas as lições. Um abraço do Olavo*

Ao pai, dias depois:

> *São Paulo, 12 de março de 1934*
> *Papai*
> *O senhor, como vai? Não escrevi antes porque não tive tempo. Hoje tenho porque o mestre se esqueceu de dar lição. Ontem fomos à Feira Paulista. Eu, como sempre sem sorte, nada ganhei, a não ser um chocolate. Hoje vamos começar as aulas de alemão. Ontem na cidade havia uma porção de homens de calça preta e camisa verde formando um batalhão. Um abraço do Olavo*

O pai respondeu, severo:

> *São Lourenço, 15 de março de 1934*
> *São Lourenço*
> *Olavo*
> *Você anda muito preguiçoso! Só nos escreveu uma carta, e, ainda assim, pequenina e sem assunto! Trate de arranjar tempo e de escrever mais a miúdo. Nós vamos indo bem. Aqui a paisagem é lindíssima e as águas, ótimas. Nossa vida muito sossegada demais. Eu já estou bastante farto disso. Estamos pensando em voltar na quarta-feira de trevas e passar o resto da Semana Santa com vocês. Dê lembranças nossas a todos, não se esqueça da Ana. Um abraço do Papai*

Pouco mais de uma semana depois:

> *São Lourenço, 24 de março de 1934*
> *Olavo*
> *Grande vagabundo, por que é que você não escreve? Você está se fazendo de muito importante! É uma carta hoje e outra daqui a um mês... Que é essa preguiça? Ainda não recebi o telegrama do Matarazzo, você não mandou? Se não*

mandou, não mande mais porque quarta-feira estaremos aí. Se mandou, a carta se extraviou.

O nosso hotel está cheíssimo! Quase duzentas pessoas há aqui no "Brasil". E em São Lourenço, neste momento, fazem estação perto de duas mil pessoas. Como isto é um lugarzinho muito à toa, pequenino, a gente tem a impressão que essas duas mil pessoas são um mar de gente! O hotel é bem alegre, há música, saraus literários, declamações de versos, canto etc. Outro dia houve festa e fizeram papai recitar uma poesia. Veja você! Há muitos e muitos anos que eu não fazia tal heroísmo, desta vez, foram tamanhas as insistências e as palmas, que tive de me postar diante do piano, passar o lenço na testa, pigarrear e começar: "Chiquita, versos da Alma Cabocla". Que tal, hein? Mamãe ficou vermelha como lacre e eu que já não estou mais acostumado a isso, bastante encabulado.

Hoje vamos comer um churrasco numa fazenda do arredor. Vamos muitos; o hotel ficará vazio. Eu não sou muito amante dessas churrasqueadas, mas vou por camaradagem.

Bem, lembranças a todos e a você, especialmente, o abraço afetuoso de Papai

A saúde do pai o obrigava a repousos cada vez mais prolongados e estes eram possíveis na chácara em São José dos Campos. Dona Francisca acompanhava o marido, permanecia um tempo, regressava a São Paulo, arranjava a vida, cuidava das crianças. A ligação filhos e pais era sempre por meio de cartas. Olavo, eufórico, comunicava:

São Paulo, 5 de abril de 1935
Papai e mamãe:
Como foram de viagem? Nós aqui vamos bem.
Eu recebi o boletim com as segundas notas, 100 em Catecismo; 100 em História Natural; 80 em Francês; 70 em

*Inglês; 70 em Matemática; 70 em Geografia; 70 em Portu-
guês; 70 em História Universal; 60 em Desenho, fui o terceiro
com a diferença na média de pontos, minha média foi 77.*

*Nas composições tirei 50, isso me estragou a nota de Por-
tuguês, e Desenho estragou a média. Espero ser segundo no mês
que vem. Marmasel veio na quinta, mas por ser a primeira do
mês, eu vim às cinco horas. Hoje é o dia da batalha de francês.
Sou general. Em alemão já estamos nos verbos. Tio Alberto tem
vindo todo dia. Hoje as meninas vão à casa de Tia Sinhá.*

Olavo

Rasgar o livro, presente para a filha

Laerte Setubal tinha sido eleito deputado federal e mudou-se para
o Rio de Janeiro, instalou-se em Copacabana, na Rua Pompeu Loureiro.
Hoje tem um prédio no lugar, na entrada do Corte do Cantagalo. Na altura
de 1936, Olavo foi passar umas férias lá e teve de seguir a rotina da casa.
Conta Laerte que ele simplesmente ficou deslumbrado, pelo contraste. De
manhã, todos vestiam os maiôs e iam para a praia, ficavam até a uma da
tarde. Calor de quarenta graus, o chão parecia ferver, teve até uma foto
em jornal com umas pessoas fritando um ovo no asfalto. Era a antiga
Avenida Atlântica, depois modificada por Carlos Lacerda que fez o aterro.
Ao voltar da praia, Maria Júlia, esposa de Laerte, tinha mandado as empregadas descascarem laranjas frescas, enchendo uma bacia e o banho
era no banheirinho da empregada, um compartimento minúsculo, entrava
um, os outros esperavam chupando laranjas, saía uma algazarra, guerra
de bagaços, chão molhado, bagunça, gritos. "Uma liberdade inacreditável,
oposta à da casa dele, onde à mesa não se sorria para as crianças, elas não
entravam no assunto dos adultos", comenta Laerte.

A partir de 1936, Paulo Setubal começou a perder a luta contra a
doença que se tornou avassaladora. Os pulmões minados, ele emagre-
cia, combalido não conseguia permanecer em pé por muito tempo, até o
momento em que se recolheu ao leito definitivamente. Nessa fase aguda,

quando seu estado de saúde era muito delicado, ele, fragilizado, vivia num quarto à parte, distante dos filhos, como medida de prevenção, contágio. Laerte Setubal Filho guarda uma imagem viva daquele período: "Nós, crianças, quando visitávamos a casa dos tios, não podíamos chegar perto dele, não era permitido falar com ele, vivia isolado no quarto. Mandaram fazer uma pequena estante de madeira adaptada à cama, para que ele pudesse ler, não tinha forças nem para segurar um livro". Sobre essa estante improvisada, Paulo começou a escrever *Confiteor*, balanço de uma vida, obra inacabada, o relato de uma conversão.

Nesse livro está seu último gesto em direção à filha Thereza, com doze anos. Já trazia os primeiros sintomas da doença que nunca foi diagnosticada o suficiente. Paulo tinha terminado um romance intitulado *O filho*. Quando estava a datilografá-lo, tarefa que sempre coube a Francisca, esta, pela primeira vez, fez um pedido ao marido em relação à sua literatura:

– Não publique este livro.

– Não?

– Você mudou. Hoje é um crente, um católico praticante. Não há Deus neste livro.

Paulo conta o episódio no primeiro capítulo de *Confiteor*, intitulando-o "Conto de Natal". Atirá-lo fora? Tanto trabalho? Certa manhã, subiu ao quarto de Thereza, ainda de cama, fraca. E a filha pediu a mesma coisa, descartar-se do livro:

– Por que é que quer que eu rasgue o meu livro?

– Não sei por que, papai. Uma coisa dentro de mim me diz que não deve publicar aquele livro. Vou te pedir um presente de Natal! Rasgue o livro!

Paulo apanhou o original e picou-o em pedaços, eram trezentas páginas de *O filho*. Levou ao quintal e ateou fogo aos papéis. No dia de Natal, Thereza recebeu de presente uma *bombonière*. Ao abri-la, encontrou-a cheia de cinzas. O livro incinerado. Uma aura de espiritualidade, incentivada por dona Francisca, sempre envolveu o episódio e a curta vida de Thereza, que, continuamente, desenhava com um talento surpreendente para a pouca idade e para quem nunca tinha tido um curso. Seria um assunto tabu em família, controverso, nunca tocado, até o dia em que, numa reunião de todos, já no ano 2001, decidiram inquirir Olavo Egydio Setubal, que, sempre orgulhoso de seu racionalismo, pela primeira vez em seus quase oitenta anos, abriu o coração.

Depois desse Natal, passado na chácara em São José dos Campos em que atendeu ao pedido de Thereza, as forças de resistência de Paulo Setubal chegaram ao final, a tuberculose atingiu seu mais alto grau, ele mergulhou no estado terminal. Mas estava consciente, lúcido e um dia chamou o filho. Os encontros entre pai e filho eram raros, exíguos, monossilábicos.

– Um menino nas suas condições, sem herança a receber, tem suas opções de vida profissional limitadas à advocacia, à medicina e à engenharia.

– Vou ser engenheiro.

– Engenharia é uma carreira de segunda. Neste país, a advocacia é a mais indicada, pois lhe permite atuar no campo dos negócios, nas grandes disputas judiciais e na vida pública.

– Pois vou ser engenheiro, por inclinação e porque esta será a profissão do futuro.

Foi a última conversa entre pai e filho e a cena continuou viva na memória de Olavo Egydio, ele a recordou com veemência na aula magna da Escola Politécnica, em 2002. E numa conversa particular fez uma curiosa associação quanto a esta decisão: "Às vezes penso que este meu sonho tenha tido outra motivação. Minha mãe tinha um irmão, Olavo Egydio, que foi muito bem-sucedido, ousado, fez fortuna, criou uma empresa que existe até hoje, a Monteiro & Aranha. Minha mãe, por questões morais e religiosas, havia brigado com ele, e não se falaram nunca mais. O irmão, para ela, levava uma vida pecaminosa, foi parte de um *ménage à trois* notório, conhecido, muito comentado na época, ele, o sócio, um arquiteto, e a mulher do sócio. Mas, para mim, este tio, um engenheiro, formado pela Escola Politécnica, era um homem coroado pelo êxito, enquanto o restante da família vivia muito apertado, levava tudo no contado. Assim, para mim, a engenharia era o futuro".

Paulo Setubal, nessa altura, lia sofregamente *A imitação de Cristo* e a *Bíblia*. O escritor sabia que estava morrendo e, tranquilo, pediu a extrema-unção na noite de 3 de maio de 1937. Morreu às quatro da madrugada do dia 4, aos 44 anos de idade e sem ter conseguido tomar posse na Cadeira número 10 da Academia Paulista de Letras para a qual acabara de ser eleito. As relações pai e filho nunca se resolveram na cabeça de Olavo Egydio. Maria Tereza, filha de Carlos Sarmento, um dos melhores e mais chegados amigos de Olavo ao longo da vida, conta que, num jantar em 2007, o último jantar em que os dois estiveram juntos, o assunto foi trazido à baila: "Ele realmente deve ter tido muita dificuldade com o pai, o pai ficou muito doente, os encontros e diálogos eram escassos e, além disso, antes da conversão o pai devia ser um homem muito complicado. E depois que ele se converteu, estava muito doente, não deu para resgatar essa amizade".

Logo depois da morte do pai, dona Francisca decidiu que era necessário crismar o filho. Olavo escolheu como padrinho o padre José H. Melo, amigo de sua mãe e da Paróquia da Imaculada Conceição, e enviou-lhe uma carta. A resposta veio no dia 23 de novembro de 1937.

> *Caríssimo Olavo*
>
> *Fiquei comovido deveras com sua cartinha, em que me faz o convite tão carinhoso para ser o seu padrinho de Crisma. Basta você apelar para a amizade que eu tinha a seu pai e meu inesquecível amigo, para que eu, com a mais presteza, lhe traga a minha afirmativa. Quando quiser, pois, receber o sacramento que o tornará forte para todos os combates da vida espiritual é só avisar-me. Preparar-se para ele com o maior cuidado que assim advir-lhe-ão frutos abundantes e graças especiais de força e fervor cristãos.*
>
> *Diz o Santo Padre que: "Hoje não é mais permitido a quem quer que seja de ser medíocre. Todos devem fazer o impossível para melhorar a sorte da humanidade". Esse belo programa de vida você terá fortaleza para realizá-lo, desde que for ungido com o Santo Crisma. Que a Santa Virgem*

lhe alcance a efusão do Espírito (não entendi), como aos Apóstolos no Pentecostes. Meus respeitos à Dona Francisca e a todos e que Nossa Senhora lhe traga uma grande bênção do coração de Jesus Cristo. Pe. José H. Melo. J. M. J. (Jesus, Maria, José)

Um ano depois, no dia 31 de outubro de 1938, morreu Maria Thereza. Estava com catorze anos e seis meses. A doença nunca foi suficientemente diagnosticada, os dedos, os membros da menina começaram a se alongar. Hoje, há hipóteses de leucemia. Traumatizada, a mãe, dona Francisca, recolheu todos os cadernos da filha, os desenhos e durante um bom tempo se convenceu que seria possível beatificar a menina.

Capítulo 2
O universitário e o grupo do América

No fim da década de 1930, a população de São Paulo tinha ultrapassado um milhão de habitantes e a cidade inchava com migrantes vindos do Nordeste, por causa do refluxo da imigração europeia. Esses migrantes se dirigiram para a construção civil que tomou impulso e começou a dar à cidade feições de grande metrópole.

O crescimento vertical se acentuou, tanto que o escritor Antônio de Alcantara Machado, um cronista da cidade, dizia: "Há no centro e fora dele mesmo construções que têm dez, doze e quinze andares, de forma que São Paulo, continuando assim, é capaz de bater a própria Nova York". A classe média se consolidava, a industrialização avançava, São Paulo difundia o *slogan* "a cidade que mais cresce no Brasil" e se construía o lema "uma locomotiva a puxar vinte vagões". Em 1937 havia 3.487 fábricas onde trabalhavam 120 mil operários.

A urbanização era um processo cada vez mais acentuado, bairros operários se estruturavam como o Brás, a Mooca, o Pari, o Belém. Desde 1930 avenidas radiais estavam sendo projetadas como o Vale do Anhangabaú, o prolongamento da Avenida São João, o alargamento da Ladeira do Carmo, a construção das Avenidas Pacaembu e Itororó. Prestes Maia criou o Perímetro de Irradiação que abriu a Avenida Ipiranga, seguia pela São Luís, Maria Paula, Praça João Mendes, além da Nove de Julho, um orgulho de nove quilômetros ligando a cidade aos Jardins. Também começaram se evidenciar os primeiros grandes problemas com o tráfego. Em 1936, inaugurou-se o novo Viaduto do Chá com 101 metros de extensão.

A década de 1930 foi o período em que se iniciaram Jorge Amado, Érico Veríssimo, Graciliano Ramos, José Lins do Rego, Raquel de Queiroz, Carlos Drummond de Andrade, que moldaram a moderna literatura brasileira. Enquanto em São Paulo nasciam as rádios América e a Kosmos, no Rio foi fundada a Rádio Nacional, um fator de integração brasileira, ouvida em todos os recantos do País. Rapidamente o rádio se tornou moda com suas novelas e programas de auditório.

No plano internacional, a Espanha tinha enfrentado uma guerra civil que conduziu o general Franco ao poder, Mussolini, com sua ideologia fascista, governava a Itália com mão de ferro, enquanto na Alemanha os nazistas viram sua influência se consolidar e Hitler se armar para a guerra deflagrada em 1939, que seria mundial, duraria seis anos e teria trágicas consequências. Nos Estados Unidos, o New Deal, de Franklin Delano Roosevelt, colocara o país na ordem, após o caos do *crack* econômico de 1929. Picasso pintou *Guernica* em 1937, Walt Disney lançou *Branca de Neve e os sete anões*, uma revolução em matéria de cinema de animação. A aviação comercial tomou impulso, em breve os aviões substituiriam os transatlânticos em viagens internacionais, inventou-se a lâmpada fluorescente que modificou a iluminação pública.

O sistema político brasileiro sofrera grandes transformações. Em 1932 foi lançado o manifesto da Ação Integralista Brasileira, de cunho fascista. Dois anos depois, outorgou-se uma nova Constituição, articulava-se a sucessão de Getúlio Vargas e em 1935 surgiu a Aliança Nacional Libertadora (ANL), que pretendia uma revolução de modelo comunista. No mesmo ano eclodiu a Intentona Comunista, tentativa de golpe militar, com uma série de rebeliões no Rio de Janeiro, Rio Grande do Norte e em Pernambuco. O governo encontrou nela razões suficientes para fechar a ANL e prender filiados do PCB, ao mesmo tempo que o Congresso votava medidas excepcionais em nome da segurança. Decretado o Estado de Guerra, a polícia invadiu o Congresso em 1936 e prendeu os parlamentares que apoiavam a ANL, foi criada a Comissão de Repressão ao Comunismo e votada a lei que criou o Tribunal de Segurança Nacional que de provisório tornou-se permanente, e seria mantido até o fim do governo Vargas. O presidente esperava apenas uma brecha para dar um golpe e o motivo foi criado. Surgiu o Plano Cohen, destinado a organizar uma insurreição comunista no Brasil. O plano que era uma fantasia, uma armação, foi a "razão" que levou Vargas a instalar em 1937 o Estado Novo, com a dissolução do Congresso e das câmaras estaduais e municipais. Em lugar dos governadores de

Estado, o presidente nomeava interventores. Deu-se o fim das garantias constitucionais.

Nesse clima, Olavo Setubal terminou o ginásio e preparou-se para a faculdade. O pai não viu o filho formar-se no Colégio do Carmo. Olavo cursou a quarta série em 1937 e o boletim anual revela que suas melhores médias foram 88 em Física, 82 em Matemática, 80 em História da Civilização. No que então se chamava Médias das Arguições, tanto em Física quanto em Matemática, ele obteve 92 e, em História da Civilização, 84. Em seguida: 71 em Química, 71 em Francês, 63 em Inglês, 67 em Latim e 53 em Geografia.

Ensinava-se bem, tanto que Olavo terminou o ginásio em 1938 e entrou direto no Colégio Universitário da Escola Politécnica, também conhecido como Pré-Politécnico, obrigatório para quem queria ingressar no curso superior.

No período em que frequentava o Pré-Politécnico, certo dia, levado por Herman Revoredo, colega do Colégio do Carmo, Olavo se aproximou de uma turma de rapazes na faixa entre catorze e dezesseis anos, conhecido como grupo do América, com o qual acabou tendo uma ligação visceral que durou a vida inteira. Já havia uma relação próxima com um deles, Augusto da Rocha Azevedo, cuja mãe fazia parte do grupo de orações de Francisca, mãe de Olavo. No América pontificavam estudantes vindos do Colégio São Bento e do Colégio São Luís, como os irmãos Paulo e José Bonifácio Coutinho Nogueira, filhos de Paulo Nogueira, que vivia no exílio por ter se oposto a Getúlio Vargas, e mais Gilberto Silveira, Herman Revoredo, Paulo Figueiredo, Carlos Sarmento, Caio Caiuby, Marcelo e Geraldo de Camargo Vidigal, Guilherme Rudge, Eduardo Assumpção, Manuel Ferraz, Ricardo Daunt Filho. Olavo, Gilberto Silveira e Guilherme Rudge eram engenheiros. Hoje, tanto Paulo Nogueira Neto, um dos nomes mais conceituados em relação ao meio ambiente, como Geraldo de Camargo Vidigal, advogado e poeta, pertencem à Academia Paulista de Letras.

Esses jovens se autodenominavam do América, por causa do bairro Jardim América, e assim ficaram conhecidos em razão do jornalzinho que editavam com esse título, fundado em agosto de 1937. Um jornal

O grupo do América, ou Alarga a Rua. Da esquerda para a direita, em frente: Geraldo Vidigal, Augusto Rocha Azevedo, Olavo Setubal, Fabio Moraes Abreu, Paulo Figueiredo, Herman Revoredo e José Carlos Moraes Abreu. Em pé: Carlos Sarmento, Gilberto Silveira, Guilherme Rudge, Marcelo Vidigal, José Bonifácio Coutinho Nogueira e Paulo Nogueira Neto, 1945.

destinado a ser "literário, social, esportivo, de reportagem e arte". Órgão estudantil como se proclamou, no primeiro editorial, que começava "na batalha do jornalismo com modestas pretensões". Prometia guardar "uma elevada linha moral e dela não se afastaria para cumprir seus objetivos. Jamais se serviria de intérprete a baixos sentimentos. Nele só haveria lugar para pensamentos verdadeiros, nobres e joviais". Queria mostrar "a mocidade como ela é, e como honra os verdadeiros moços da geração de hoje". Começou com quatro páginas, ampliou-se com o tempo chegando a dez. Tablóide no formato de vinte por trinta centímetros, que deveria ser quinzenal, porém, muitas vezes, foi mensal e até bimestral. Mesmo um órgão estudantil era obrigado a receber imprimátur da censura getulista, exercida pelo Departamento de Propaganda e Imprensa (DIP). Num canto do número 20, outubro de 1940, lê-se a ressalva: "Este número sai atrasado por motivos contrários à nossa vontade. É que o registro no DIP nos obrigou a retardar a saída". O número avulso custava duzentos réis e a assinatura anual, 4$800 (quatro mil e oitocentos réis). Os anúncios custavam 2$000 (dois mil réis) por centímetro de coluna. O jornal era encontrado em bancas na esquina da Avenida Paulista com a Rua Augusta, na esquina das ruas Colômbia com Estados Unidos (neste ponto houve, por décadas, uma padaria tradicional, a Columbia, frequentada por toda sociedade), no Clube Harmonia e no Tênis Clube de Santos. Alcançava a elite. O Clube Paulistano ficava entre as ruas Colômbia, Estados Unidos, Honduras, a menos de um quilômetro do Harmonia.

Paulo Nogueira Neto era o redator-chefe, José Bonifácio que, homem maduro, chegou à presidência da União Nacional dos Estudantes (UNE), foi secretário da Agricultura do Estado e candidato a governador de São Paulo, e criou no interior a EPTV, filiada da Globo, que respondia pela gerência e, eventualmente, pelas fofocas da crônica social. Redatores eram Paulo Figueiredo e Augusto Gomes da Rocha Azevedo. A redação funcionava na casa dos Nogueira, na Avenida Brasil, 1.402 (esquina da Rua México, hoje uma agência do Banco do Brasil), e a mãe deles, Regina Campos Salles Nogueira, adorava receber os jovens em sua casa. Como todos estudavam, as reuniões de pauta e redação eram à noite e ela sempre preparava petiscos, quitutes e refrescos. Funcionava como infraestrutura da organização.

O *América* nasceu na segunda quinzena de agosto de 1937 e seu último número saiu em 1940. Os anunciantes, a princípio, eram poucos: o Açúcar Esther, da família Nogueira (o slogan era: *Se um bom açúcar quer/ Compre o da marca Esther*), a Garagem Estados Unidos, a Farmácia Paulistano (que existiu até 2006 na Rua Augusta), Leopoldo Figueiredo, Cia. de Navegação. Gradualmente os anúncios aportaram ao jornal: Sindicato Sociedade dos Vaqueiros de São Paulo, Óleo Tigre, Casa Alemã (*Roupas que não encolhem nem descoram*), Ford V-8 de Luxo, Fixador Bourbon (*Distinção do penteado do Gentleman),* Cássio Muniz & Cia., das primeiras lojas de departamentos da cidade, Prudencia Capitalização. A publicidade refletia, de certa maneira, como São Paulo avançava no rumo da modernização. Concorrentes do *América* eram o *Dom Quixote*, jornalzinho do Liceu Rio Branco, e o *Elo*, da turma do São Bento. Costumavam-se espicaçar entre si.

Quando saiu de circulação, mantinha uma "enorme" redação, toda a "turma" colaborava. Nos últimos meses de circulação, incorporaram-se ao grupo Erasmo Assumpção Neto, Carlos Alberto Bueno Neto, Alberto Rocha Azevedo, José da Veiga, Luiz de Rezende. Apesar de conviver com a turma, Olavo Egydio Setubal só entrou para o expediente em abril de 1940, quando o jornal passou a ter dez páginas. E o primeiro, e único, artigo assinado por Setubal foi em agosto daquele ano, falando sobre Madame Curie.

O *América* era o retrato de uma época e de uma juventude bem situada, a maioria "harmonianos", quer dizer sócios da Sociedade Harmonia de Tênis. Aliás, o *América* era claro ao dizer em 1939: "Passeando pelo bairro dos granfinos, e no maior ninho deles (Harmonia)...". Literariamente, Geraldo de Camargo Vidigal, sempre apontado como um dos mais bonitos, foi o colaborador mais assíduo, assinando poemas românticos, mas também Paulo Nogueira Neto fez circular suas poesias. Havia ainda contos e breves reportagens. Como era o maior divertimento do seu tempo, em 1940 o jornal abriu espaço para notícias sobre o rádio em uma seção chamada Broadcast.

Mas os espaços maiores iam para cinema e para sociais. Na verdade, para os *gossips*, mexericos, os diz-que-diz-que, os *potins*. Os encontros e os começos de namoro eram nas matinês (chamadas pelo jornal de matinétes) do Cine Odeon, sala azul, ou sala vermelha, na Rua da Consolação, onde hoje está o Edifício Zarvos. Frequentava-se também o Alhambra, na Rua Direita, o Rosário, na Rua São Bento, o São Bento, a cem metros do Rosário na mesma rua, o Santa Helena, na Praça da Sé (uma das salas favoritas de Olavo, ali sempre havia filmes sobre a África, selvas, exploradores, aventuras), o Broadway (Avenida São João, hoje um edifício de apartamentos). As mulheres adoravam Clark Gable, Robert Taylor, Ray Milland, John Hall, Tyrone Power, Fred MacMurray, Errol Flynn (dos maiores *sex-symbols* masculinos da época), os homens inclinavam-se por Deanna Durbin, Shirley Temple, Kay Francis, Claudette Colbert, Carmem Miranda, Judy Garland, Marlene Dietrich, Greta Garbo,

Laraine Day, Eleanor Powel. A relação com o cinema era tamanha que havia comparações. Paulo Nogueira Neto era considerado o Dick Powell e seu irmão, José Bonifácio, o Henri Fonda.

Vivia-se em uma São Paulo úmida, dominada pela garoa, mas os jovens preferiam se referir a ela como "fog", era mais londrino, sofisticado. Os rapazes se achavam boas-pintas e, assumindo poses de galã, costumavam ir para a frente do Colégio Des Oiseaux, na Rua Caio Prado, às quatro e meia da tarde para ver a saída das jovens. O círculo das mais belas estendia-se ao Externato Elvira Brandão, ao Sion, ao Ofélia Fonseca, ao Rio Branco. Certa vez, horrorizadas com as constantes citações das alunas, as freiras do Des Oiseaux chamaram um grupo do América para colocar "ordem nas coisas". As freiras agostinianas passaram um pito severo, ainda que não feroz, quase piedoso, dizendo que não achavam correto aqueles rapazes ficarem citando a toda hora as alunas do colégio, elas não podiam ser objetos de comentários, falatórios, eram jovens de famílias, das melhores famílias. Aquilo, segundo as religiosas, constrangia o colégio. Paulo Nogueira Neto não se lembra se Olavo, que era o mais alto da turma, também compareceu, mas esclarece: "Os nossos eram santos comentários. No entanto paramos, nunca mais falamos sobre as meninas do Des Oiseaux".

Podia-se encontrar as jovens nas festas, que aconteciam com frequência nas casas e que tanto podiam terminar às nove da noite ou se estender até a uma da madrugada, o que provocava comentários de espanto e motivo de notas no *América*, sempre vigilante. Eram designadas como reuniões ou brincadeiras dançantes, até que, em maio de 1939, o Mappin inaugurou seu Salão, um dos pontos mais elegantes da cidade, e surgiram os chás dançantes. Um dos lugares apontados como propício aos namoros, no qual a efervescência agitava corações, era o Curso de Danças de Madame Reynold, dos preferidos e dos mais citados. Ou então iam todos ao Clube Português, na Avenida São João. Alguns se davam melhor no cotilhão, dançavam todas, outros levavam tábuas (*taba* na gíria da época) seguidas. Quando alguém dançava balançando muito os braços, dizia-se que dançava à moda balangandã. Divertia-se indo ao Hipódromo apostar ou juntando turma para torcer na Mac-Med.

Havia nas férias e feriados, ou determinados fins de semana, muitas festas nas fazendas em Campinas, Araras – eram as mais agitadas e comentadas –, Ribeirão Preto. Sem esquecer as comemorações anuais de aniversário do jornal. Aos domingos, andava-se de bicicleta pelo Jardim América, no entanto havia quem preferisse patinar nas calçadas de Higienópolis, bairro considerado "perigoso" para as jovens filhas em flor, por causa do "ataque" dos dom-juans de plantão. Recomendava-se que elas não entrassem na "fiusa" de qualquer um. O *América* fazia a sua lista particular das moças muito "cheias de quês", ou seja, difíceis, complicadas, não-me-reles-não-me-toques, ou que se consideravam as tais. Listava-se ainda quem tinha mais *it*, ou *sex-appeal*, promoviam-se repetidos concursos para saber quem era a mais bela, o mais feio, o mais simpático, o que favorecia a venda do jornal, já que para votar era necessário um cupom publicado no *América*. José Bonifácio oscilava sempre entre a lista dos mais bonitos ou dos mais feios, mas isso se devia a "artimanhas da oposição."

O grupo distribuía farpas contínuas entre si. Mesmo Olavo Egydio Setubal, que mantinha certa distância, em agosto de 1939, não foi poupado da ironia:

> *NOVA PONTE SOBRE O TIETÊ*
> *Com a presença das autoridades municipais, inaugurou-se ontem a nova ponte sobre o rio Tietê, de construção do engenheiro Olavo Setubal. No momento de ser inaugurada, a ponte ruiu fragorosamente, matando, na queda, 2.317 pessoas. Falando à nossa reportagem, declarou o ilustre engenheiro que tem progredido notavelmente, pois a ruptura de sua penúltima ponte não ocasionou senão 742 óbitos*

Namorados faziam o *footing*, contava-se muita lorota, inventavam-se flertes com garotas do barulho, tinha gente que fazia muita fita. Dançava-se fox, rumba, conga, samba, *beguine*, boleros. Sucessos musicais, cantados e, claro, dançados em todas festinhas, saraus e chás dançantes, tocados em vitrolas com discos 78 rpm (já havia o automático que permitia empilhar vários discos de uma só vez), eram *My reverie* (Bells were ringing. Birds are singing. Yet my heart is lonely), *Boo-hoo* (Boo-hoo, You've got me crying for you), *Blue Hawaii* (Night and you, and blue Hawaii, the night is heavenly, and you are heaven for me), *Bluebirds in the moonlight* (There are bluebirds in the moonlight – Silly idea bluebirds in the moonlight), *It's a hap-hap-happy day,* (Let's celebrate, Let's get this holiday spirit), *Over the rainbow* (Somewhere over the rainbow). As mulheres escreviam à redação pedindo as letras. Assim, o êxito do filme *Invisível trovador* levou o *América* a reproduzir a letra cantada por todos: *Never in million years* (Could there be another you, and I would shed a million tears). O *big hit* do final dos anos 1930, *My prayer* (When the twilight is gone, I know somebody's singing*)*, seria retomado pelos The Platters vinte anos mais tarde. Quando a redação mudou-se para a Rua Guadalupe, 21, sempre nos Jardins, o jornal assegurava que a turminha do América "era a líder de nossa sociedade".

O grupo do América fazia muito esporte, jogava cestobol, nadava, jogava polo aquático e um pouquinho de voleibol. Menos o Olavo, que era considerado um ótimo companheiro, mas não o chamassem para completar um time. Para Marcelo de Camargo Vidigal, Olavo sempre foi muito sério, sem ser exatamente introvertido. "Sempre firme, objetivo em suas opiniões, não poupava certa rudeza, não hesitava em cortar um assunto: 'Isso não tem interesse!' Direto, racional, sem chegar a ser um chato." Quase todos tinham um apelido. Gilberto Silveira era o canário, Paulo Nogueira, o perneta, Manuel Ferraz, o macaco, Ricardo Daunt Filho, o gatinho, José Bonifácio, o Degas, Geraldo de Camargo, o poeta. Nunca se conseguiu dar um apelido a Olavo Egydio, ele não abria brechas.

A casa dos Nogueira, onde a redação do jornalzinho funcionou por um tempo, estava sempre aberta. Certa vez, toda a família foi para a Argentina, onde o pai de Paulo e José Bonifácio estava exilado, porém Regina, a mãe, não teve dúvida, sabia que Marcelo Vidigal precisava estudar e não conseguia se concentrar na casa dele, muito movimentada. Simplesmente entregou ao jovem a chave da casa, deixando um empregado para servi-lo. Marcelo lembra-se de ter ido algumas vezes jantar na casa de Olavo. E a figura de dona Francisca o impressionava, "uma senhora magra, alta, inteligente, cordial, de opiniões muito firmes, boa conversadora, receptiva, simpática com os amigos do filho. E religiosa". De Buenos Aires, José Bonifácio, de quem Olavo se aproximava cada vez mais, enviou duas cartas ao amigo. A primeira datada de 22 de janeiro de 1940.

Prezado Olavo

Recebi sua gentil carta do dia 7, que foi para mim motivo de grande alegria por saber que, ainda, não fui esquecido pelos meus bons companheiros de São Paulo.

Ao contrário dos primeiros dias que aqui passei, estou agora me divertindo muito na... Buenos Aires, a qual apresenta para o turista, como eu, interessantes diversões, tais como: enormes cinemas, teatros os mais diversos, cafés com muito boa música, dancings muito alegres etc., etc. Sinto, apenas, não ter tido ainda oportunidade de manter "flirt" com alguma "muchacha" da sociedade portenha. Agora, uma "conversinha fiada", tenho arriscado muito, e, sempre com muito bons resultados, que só não se transformam em "resultados perfeitos" por falta de sorte... E, quando eu chegar, contarei tudo detalhadamente a você. E, se puder, escreverei no "América", sobre as "girls" deste ótimo país, o mais rico e civilizado da América Latina... Quanto às notícias que tenho recebido daí, são, como você mesmo disse, muito boas e animadoras. Oxalá continuem todos a me mandar contar coisas alegres e interessantes, quanto ao que você disse de estar "alguém" suspirando por minha volta, engana-se, pois, isso é verdadeiramente impossível. Tal seria que, numa época de carnaval, alguma "girl" se lembre do Bonifácio!!! Nem mesmo a "noiva"... a saudosa "noiva"...

O fato de você ter entrado para sócio do Harmonia muito me alegrou. Com sua entrada o nosso clube fica com mais um elemento de indiscutível valor. Quando eu chegar, terei grande prazer de, com você, disputar alguns disputados "sets".

Do carnaval que me contas, Olavo? Estará ele tão bom e divertido quanto o do ano anterior? Aqui, eles, contra as minhas expectativas, deram de iluminar uma rua, que, se- gundo eles, será o lugar do corso. Eu, porém, duvido que com "tangos" possa haver carnaval que se apresente!!!

... A você um grande abraço, do seu amigo
José Bonifácio

Nesse ano de 1940, Olavo prestava o serviço militar, denominado Linha de Tiro, mais tarde Tiro de Guerra. Alguns eram dispensados, outros eram chamados para serviços especiais funcionando como uma espécie de guarda municipal, vigiando prédios públicos, desfilando nas datas cívicas e atuando como Guarda de Honra da Prefeitura. Outros, enfim, eram enviados para quartéis pelo país afora, como foi o caso de Renato Refinetti, que foi incorporado ao Quartel de Campo Grande, no Mato Grosso.

O único artigo assinado por Olavo Egydio Setubal para o *América* saiu na página 3 do número de agosto de 1940. Foi imediatamente en- viado à mãe que se encontrava em São Manoel.

Madame Curie

"Madame Curie é, de todas as celebridades, a única que a glória não cor- rompeu". Einstein.

Poucas mulheres conseguiram até hoje escrever seu nome no rol de cientistas. Mas o nome de Marie Sklodowska Curie, que abre essa lis- ta, brilhará para sempre nos anais da ciência. Muito se tem escrito so- bre ela, mas, relativamente ao seu valor, ainda é desconhecida. Nasceu, como a maioria dos sábios, de pais modestos. Sua pátria, a Polônia, estava sob o jugo da Rússia. E a pequena Maria – assim a chamavam em casa – sofreu desde pequena as privações e humilhações impostas ao povo vencido. Esses sofrimentos deram ao seu caráter, independente e orgulhoso, uma têmpera que conservou durante toda a vida.

Aos vinte anos foi para a França. Matriculou-se na Universidade de Paris. Terminou seu curso com imensa dificuldade. Mas julgou-se plenamente recompensada, ao obter seu diploma de Doutora, em Física com essa raríssima observação: máximo louvor.

Casou-se com um sábio francês, Pierre Curie. O casal trabalhou durante anos no estudo de certos sais ainda pouco conhecidos. Venceram as maiores dificuldades. Trabalhavam sós, num barracão abandonado por ser muito frio e úmido. Foi nessas condições tão precárias que descobriram um elemento novo: o Radium.

Essa descoberta revolucionou a Física. Com ela caíram as velhas teorias mecanicistas, e sobre ela construiu Einstein as bases da Física moderna. Essa consequência é em geral desconhecida pelo público. Ele teve, entretanto, repercussão muito maior que a aplicação do Radium *em medicina.*

Os Curie tornaram-se, assim, famosos no mundo científico. Pierre foi nomeado professor da escola de Física e eleito membro da Academia de Ciências. Medalhas e honrarias do mundo inteiro lhes foram concedidas.

Pouco durou essa felicidade. Em 1906 morreu Pierre, vítima de um acidente de trânsito. Daí em diante, Madame Curie seguiu sozinha no rude caminho da vida e da ciência. Foi nomeada professora da Sorbonne, a suprema cátedra da ciência! Foi a primeira e única mulher a obter esse posto.

Foram-lhe concedidos o Prêmio Nobel de Física, o Prêmio Nobel de Química, a medalha Davy... Seria impossível enumerar aqui todos os prêmios e diplomas que ela obteve.

Faleceu em 1934, vítima de sua descoberta. Mas, antes de morrer, teve a suprema felicidade que uma mãe e sábia pôde obter: viu sua filha obter o Prêmio Nobel de Física, que ela mesma, vinte anos antes, recebera.

Dona Francisca não contemporizou, leu, sentou-se e escreveu ao filho no último dia de agosto:

Olavo

Meus parabéns! Gostei muito do seu artigo sobre Madame Curie. Achei interessante e bem feito! Continue! Você levou ou mandou para Padre Mello? Não deixe de fazer. Tenho certeza de que ele ficará contente. E papai? Como ele gostaria! Fiquei satisfeita com as suas notas. Será que não foi mesmo distração e matemática? Quando começam as provas? Gostei do seu modo de estudar. Não exagere! Assim como você diz, está bem! Recebi hoje o bloco e as folhas de Salve Rainha. Tudo em ordem. Muito obrigada! Fiquei contente que o Geraldo jantou aí. Foi tudo bem?

Para você, um grande beijo e a bênção da Mamãe

Uma última carta em 1940, datada de 28 de novembro, mostra bem o relacionamento do jovem Olavo com a Igreja e o círculo de influência da mãe. Ela foi enviada de Aparecida do Norte pelo cônego José H. Melo:

Caríssimo Afilhado

Aqui dos pés de Nossa Senhora, venho agradecer a amável cartinha que me enviou pelo Natal e o fino presente que a acompanhava. Muito grato pela tão delicada lembrança (...) em me lembrando muito de si e dos teus aos pés de Nossa Senhora, a quem eu consagrei o meu caro afilhado... Do padrinho muito amigo grato em J. M. J. (Jesus, Maria, José) C. José H. Melo

As férias de começo de ano em 1941, quando Olavo estava para completar dezoito anos, foram em Caxambu, estação termal de Minas Gerais, com os amigos Geraldo e Marcelo Vidigal. Uma carta enviada pela irmã Maria Vicentina fez breve referência a Lúcia R. Um flerte, um interesse em alguém por parte do sisudo Olavo? Logo depois, Lúcia seria mencionada novamente.

17/1/1941

Querido Olavo

Recebi a sua carta, mas você se enganou pela palavra "vidão", hoje que as minhas colegas foram embora. Trabalhei como um burro de carga. Varri, limpei, lavei banheiro, até que uma hora eu preguei uma lorota para a tia (...) dizendo que estava com dor. E ela, como respeita muito minha dor, disse para ficar descansando. Por que que você não deu o recado para mamãe, continuo esperando ansiosa o telefone dela. Fiquei admiradíssima de saber como as coisas vão com Lúcia R. Eu já escrevi uma carta para ela e para M. (...) Eu não tenho mais andado a cavalo, mas tenho feito bonitos passeios. Um abraço e saudades de sua irmã: Vivi

A mãe, dona Francisca, escrevia quase diariamente querendo e dando notícias e informando providências que tinham sido tomadas. Logo em seguida, outra carta da irmã, meio cúmplice.

São Paulo 6/3/1941

Querido Olavo

Você como foi de viagem? Não se perdeu no caminho? Nós pensamos muito em você e estamos ansiosos por carta sua. Você tem se divertido muito?

Eu fui no filme do Metro. Gostei muito, mas não achei nada interessante. Fui com minhas ilustres primas, como sempre, Lúcia estava muito gentil. Hoje convidei Lúcia R e M. Lisah para virem tomar chá comigo. Amanhã Alda vem aqui jogar pingue-pongue, em falar nisso, a mesa já chegou; parece ser muito boa.

Você encontrou alguma pequena? Vou entrar no colégio dia 11, por isso estou aproveitando esses meus últimos dias de férias. Para você, um abraço de sua irmã Vivi.

Não repare na letra porque Fräulein está chegando e preciso entregar a carta para ela.

Lúcia R. e M. Lisah eram duas primas entre si, filhas de uma grande amiga de dona Francisca. O então diácono Sebastião Hugo Santana escreveu a Olavo Setubal no dia 13 de março de 1941 convidando-o a ser padrinho de sua ordenação sacerdotal que se daria em junho, ou, se as licenças não tivessem sido supridas pela Cúria, seria em dezembro. Ele não aceitou o convite. A última carta dessas férias veio da irmã.

28/3/1941

Olavo

Estou muito braba com você. Por que que você me escreveu aquele bilhete, não havia razão alguma. Se era por causa do papel. Você deixe de ser granfino. Entende? Por que que você não tem me escrito? Você pede na última carta detalhes da visita de Lúcia. Por que que você está tão interessado? É caso perdido. Estou muito desconfiada dessa Yolanda, apesar dos parênteses (tem vinte anos), isso não importa. Tenho me divertido muito, pois as minhas aulas só começarão dia 25. Não escrevo mais, pois estou muito zangada com você. Um abraço de Vivi

Pagar a quem vai se casar

Em agosto de 1941, o grupo do América se reuniu, discutiu e firmou um compromisso, assinado por Augusto da Rocha Azevedo, Caio Caiuby, Eduardo Assumpção, Fábio Moraes de Abreu, Geraldo de Camargo Vidigal, Gilberto Silveira, Herman José Revoredo, José Bonifácio Nogueira, Manoel M. de Figueiredo Ferraz, Olavo Setubal e Paulo Nogueira Neto. O compromisso tinha apenas cinco itens:

1 – *Todos os que abaixo assinarem comprometem-se a pagar cem mil réis àqueles dentre os signatários que se casarem.*

2 – *Os que contraírem matrimônio ficam automaticamente desligados do compromisso assumido pelo presente.*

3 – O pagamento deverá ser feito no dia do casamento religioso, devendo os ausentes enviar o dinheiro de qualquer maneira.

4 – Todas as cópias têm o mesmo valor do original.

5 – Este compromisso é irrevogável.

A universidade, período de vida feliz

A Escola Politécnica era uma instituição relativamente nova, uma vez que tinha começado a funcionar em 1894 e sua instituição tinha sido provocada pela revolução industrial que ganhava corpo. Havia um grande número de empreendedores interessados no processo industrial, mas deparavam-se com um obstáculo, a falta de pessoal especializado em diferentes segmentos. Técnicos, engenheiros, economistas, nada disso era preparado aqui, dentro da realidade brasileira, não existiam institutos de formação. Assim, em 17 de agosto de 1892, foi aprovado o Projeto de Lei número 64, do deputado Antonio Francisco de Paula Souza, criando o Instituto Polytéchnico, com o objetivo de ser uma escola superior de matemáticas e ciências aplicadas às artes e indústrias. Os cursos seriam de Engenharia Civil, Artes Mecânicas, Engenharia Industrial e engenheiro arquiteto. Na Comissão de formação da Politécnica, estavam Francisco de Salles Oliveira Júnior, Theodoro Sampaio e o coronel J. Jardim. Deve-se lembrar que Oliveira Júnior, formado em Gand, Bélgica, tinha sido influenciado por Luiz Pereira Barreto, um dos luminares do Positivismo do Brasil.

Nas discussões para a implantação, os fundadores se dividiam entre dois modelos teóricos e metodológicos, o dos liberais e o dos positivistas, o primeiro baseado na experiência alemã, voltada para o conhecimento prático e para a indústria, enquanto o segundo se alicerçava na experiência francesa cujo modelo era mais matemático e teórico, firmado sobre a obra de Augusto Comte. Primeiro estabelecimento de ensino superior fundado em São Paulo, a Politécnica instalou-se no antigo solar do marquês de Três Rios. De alguma maneira, Olavo Egydio Setubal entrava na faculdade instalada em uma casa que tinha pertencido a um antepassado de sua mãe, dona Francisca, afinal o marquês de Três Rios tinha sido o político, fazendeiro e investidor Joaquim Egydio de Souza

Aranha. A primeira aula da Politécnica foi ministrada para 31 alunos e 28 ouvintes e aconteceu no dia 15 de fevereiro de 1894. Foi o "início efetivo do ensino institucional da Engenharia em São Paulo. Os alunos aprovados puderam escolher, conforme o 1º regulamento da escola, entre os cursos de engenheiro civil, industrial ou agrícola. Para aqueles menos privilegiados e sem estudos de nível ginasial, havia um curso anexo de artes mecânicas para a formação de mão-de-obra técnica", assinala Silvia Ficher no livro *Os arquitetos da Poli*, ressaltando que o 2º Regulamento "agrupava as cadeiras em dez seções como Matemáticas, Ciências Físicas e Químicas, Mecânica Aplicada, Ciências Biológicas Aplicadas etc.". A Escola procurava associar o ensino teórico ao prático, tanto que pela manhã os alunos tinham aulas teóricas e à tarde frequentavam os laboratórios de prática.

Laerte Setubal, primo de Olavo, que também estudou na Politécnica pouco depois, acentua que, no início, a Escola copiava a Polytechnique francesa, tanto que as grandes férias eram em junho e julho, porque era o verão europeu, enquanto as férias curtas eram em dezembro. Outro detalhe da europeização estava em certos aspectos do currículo. Até 1939, os telhados em São Paulo eram calculados para suportar até um metro de neve, porque assim era ensinado. Havia professores que davam aulas em italiano ou em francês, mas que eram expoentes, como Ochiallini, pesquisador da área nuclear que foi para a Inglaterra e trabalhou com Enrico Fermi. De qualquer maneira, Laerte revela que os estudos ali estavam dez pontos acima de qualquer outra escola brasileira.

Para ir às aulas, a cada dia, Olavo levantava-se cedo, pegava o bonde que descia a Avenida Brigadeiro Luís Antônio. Tentava guardar lugar para o amigo Renato Refinetti, que morava na Rua Martiniano de Carvalho. Ali, Refinetti entrava e os dois desciam no Largo São Francisco, atravessavam a Rua São Bento inteira a pé e pegavam outro bonde para ir até a Politécnica. Faziam o mesmo trajeto quatro vezes por dia, porque voltavam para casa para almoçar. Eram os primeiros tempos do bonde Camarão, um veículo fechado mais confortável, já que não chovia dentro, como acontecia com os bondes abertos em que se viajava até de pé no estribo. O povo apelidou o novo bonde de Camarão por causa da sua cor vermelha. A Light controlava os bondes. Em todos havia uma propaganda hoje considerada clássica na história da publicidade: *Veja ilustre passageiro/O belo tipo faceiro/que o senhor tem ao seu lado/Mas no entanto, acredite,/quase morreu de bronquite/salvo-o o Rum Creosotado.* Nos bondes abertos, o cobrador circulava pelo estribo como um acrobata e, ao receber o dinheiro, acionava um cordel, registrando a cobrança num relógio à vista de todos. Nem sempre registrava. Os passageiros, ao ouvirem a campainha do relógio, costumavam gritar em coro: *Tlim, tlim! Um pra a Light, dois pra mim.*

O Pré-Politécnico teve enorme influência na formação de Olavo. "Rompeu meu horizonte, mostrando-me um mundo mais amplo", dizia ele. "Uma das primeiras surpresas que tive ao iniciar o curso de Filosofia foi o professor Armando Prado, homem de muita instrução, tinha sido deputado e diretor do Arquivo de São Paulo. Recebi um impacto logo na primeira aula. Prado entrou, cumprimentou a classe e disse, categórico: 'Augusto Comte e sua obra ciclópica.' Educado como fui, Augusto Comte era um herege, líder do Positivismo, um ateísmo. Aquela aula foi um choque."

O Positivismo é o termo que foi usado primeiro por Saint-Simon e depois retomado por Comte para designar o método exato das ciências e sua extensão para a filosofia, segundo Nicola Abbagnano em seu *Dicionário de filosofia*: "A característica do Positivismo é a romantização da ciência, sua devoção como único guia da vida social e individual do homem, único conhecimento, única moral, única religião possível. O Positivismo acompanha e estimula o nascimento e a afirmação da organização técnico-industrial da sociedade moderna e expressa a exaltação otimista que acompanhou a origem do industrialismo."

Outro assombro para o jovem aluno "foi o professor de Psicologia, Roland Corbisier, um integralista, homem de direita, mas que décadas mais tarde se tornaria comunista e pontificaria à frente do Instituto Superior de Estudos Brasileiros (ISEB). Dava uma excelente aula. A Universidade de São Paulo sempre teve essa grande vantagem de ser um caldeirão de todas as culturas e isso me marcou profundamente. Até hoje, passados meus 80 anos, lembro-me das aulas de Sociologia com o professor Antenor Romano Barreto, bem como as lições sobre Durkheim e sua escola estruturalista. Quem lecionava História Natural era o Reynaldo Saldanha da Gama".

Havia um exame de admissão, uma espécie de vestibular com provas escrita e oral de Matemática, Física, Química, Sociologia, Desenho e História Natural. "Tive algumas aulas de complementação sobre um e outro ponto com o professor Franceschini, que se tornou um grande amigo por toda a vida. Consegui um 9 em Sociologia, o que me levantou bastante a nota e passei com boa colocação. Em sexto lugar e sem fazer o cursinho, porque já existiam cursinhos, e o Anglo era dos mais procurados. Um dos professores do Anglo dava também aulas na Politécnica e um dia, estranhando, ao me ver na classe, comentou:

– Você foi o único que furou a minha turma!

A Poli foi um período de vida muito feliz.

– Escolhi primeiro Engenharia Civil, mas no segundo ano mudei para Eletromecânica. Porque decidi me integrar na vida industrial de São Paulo. Meu tio Alfredo Egydio tinha conseguido importar dos Estados Unidos uma usina, a qual foi dado o nome de São José. Em plena guerra, ele praticou outra façanha, trouxe dos Estados Unidos um forno elétrico para produção de ferroliga que, com a ajuda de engenheiros competentes como Julinho de Sales Oliveira, filho de Armando de Sales Oliveira, e Alberto Pereira de Castro, foi transformado, de modo a poder produzir aço laminado, ferro de construção, a partir de sucata. Como havia falta desse produto, esse foi um empreendimento sumamente lucrativo, o velho Alfredo ganhou rios de dinheiro. Eu me entusiasmei com a atividade industrial nesse estágio e daí a minha decisão de sair da área civil, de construção, incorporação, que era a visão convencional do engenheiro, partindo para a Eletromecânica. Naquela altura, nesse curso havia apenas doze alunos, contra cinquenta ou sessenta, creio eu, na área Civil. A grande escolha de minha vida foi ter entrado ali. Eu gostava das aulas, ainda que não fosse bom aluno. Nunca me destaquei, mas foi um tempo agradável. Era preguiçoso, não gostava de anotar, até hoje escrevo mal, tenho dificuldade de escrever.

Por sorte tínhamos um colega, o Henri Van Darsen, filho do cônsul belga em São Paulo, que era aplicadíssimo e tinha um caderno primoroso com as anotações de todas as aulas. Passamos o primeiro ano inteiro estudando no caderno dele. Todos fomos aprovados, ele não".

Entre os colegas mais chegados da universidade estava primeiro o Renato Refinetti, uma amizade e parceria de toda uma vida. Depois o Firmino Rocha de Freitas e o Ernest de Carvalho Mange. Outros desapareceram no tempo. A universidade foi o momento fundamental, nela se deu a abertura da visão de Olavo. A viagem à Europa tinha fornecido um panorama abrangente de mundo completada no Colégio Universitário.

"O Colégio do Carmo, quadrado e modesto, tinha sido um aprendizado ruim, de horizontes estreitos. Meu pai morreu nessa ocasião, de maneira que fiquei ainda mais distante de um mundo mais aberto, me vi circunscrito à rigorosa formação religiosa de minha mãe, vivia num círculo em que não se podia ler nenhum livro que estivesse no Index, o que me limitava. Eu era, inclusive, Congregado Mariano, todavia isso nem me provocou conflitos nem me deixou marcas, ao contrário da Politécnica que foi um período de expansão, vi que existia, além do mundo religioso, um outro profundamente evoluído e racional. Os professores não eram ortodoxos, muitos tinham uma visão antirreligiosa e absolutamente científica do mundo. Ao longo do curso fui sendo cada vez mais motivado pela ampla perspectiva que nos era dada por expoentes da engenharia brasileira como Antonio Carlos Cardoso e Lucas Nogueira Garcez. Assim como o alto nível das lições de Física e de Cálculo Integral e Diferencial, ministradas por professores como Luiz Cintra do Prado e José Monteiro de Camargo, o Camargão, homem dedicadíssimo. Luiz Cintra tinha enorme embasamento teórico, um dos melhores professores da Escola, já falava de questões nucleares em 1940. Havia o Teodureto Henrique Ignácio Arruda Souto, que ministrava Engenharia Química Tecnológica Geral, e o professor de Termodinâmica, Feliz Hegg, era um suíço perfeito, tinha um forte sotaque afrancesado e dava aulas excelentes. Dois outros muito bons eram Telêmaco Hyppolyto de Macedo Van Langendock, de Resistência de Materiais, e o mestre de Estabilidade de

Diploma de engenheiro mecânico e eletricista. Escola Politécnica, 21 de dezembro de 1945.

Construção, cujo nome se perdeu. O livro adotado pelo Telêmaco era o de um belga, um livro muito complexo do ponto de vista matemático, muito sofisticado. Os livros didáticos eram em francês, inglês ou alemão. Por sorte, este eu lia e falava bem. Mas a maior parte dos alunos estudava em apostilas, que foram o grande veículo de instrução da época. O que ficou desse tempo não foram exatamente as aulas de engenharia e sim a forma lógica e racional de como os professores expunham e enfrentavam os problemas de engenharia."

Lógica e racionalidade, duas palavras-chave na formação daquele jovem estudante. Elas moldaram o homem.

"Verdade que não li Augusto Comte naquela época. Aliás, não li até hoje. Minhas leituras eram as essenciais ao curso, mas já naquele tempo mergulhava nos jornais, tínhamos assinatura de *O Estado de S.Paulo* desde a infância. Leitura do jornal era uma obrigação diária. E também do jornal alemão *Berliner Zeitung,* que assinamos até o momento em que, por causa da situação internacional e da posição do Brasil na guerra, ao lado dos aliados, interrompemos a assinatura. Mas continuamos a assinar e a ler sempre *L'Illustration Française*, que trazia atualidades e literatura. Eu era dos mais bem informados sobre o conflito mundial, via tudo de dois ângulos, o europeu e o brasileiro."

A política estudantil não o seduzia.

"Uma vez, a convite de Firmino Rocha de Freitas, presidente do Grêmio, fui assistir a uma reunião. Não foi difícil perceber que havia um esquema montado para se ter uma viagem grátis patrocinada pelo governo e, como achei a situação antiética, desmontei a armação. Firmino ficou possesso, olhou para mim, caiu em si e disse com ironia e humor: 'Você nunca veio aqui e quando chega é para estragar a nossa panela?'. Convivia com colegas que se diziam comunistas, mas que na verdade eram muito mais simpatizantes do que militantes radicais. Vários, mais tarde, tornaram-se conservadores. Há poucos anos, ouvi um colega da Politécnica desenvolvendo violentíssima catilinária de extrema direita. Ante meu olhar surpreso, ele disparou: 'Lembra-se de meus discursos nas escadarias da Praça da Sé?'. Respondi: 'Lembro bem e vejo que mudou, e muito. Naquele tempo, éramos ao todo duzentos alunos e os movimentos estudantis muito ativos, intensos. Tudo era um grande aprendizado.

Então, alguns jovens do grupo América participavam ativamente da luta antigetulista, fazendo manifestações, promovendo passeatas, indo para as ruas, brigando com polícia. Principalmente os estudantes da Faculdade de Direito, que tinha mais de cem anos, já que tinha sido fundada em 1828, eram os mais inquietos, indignados, politizados.

Participava, mas confesso que não cheguei a conspirar como muitos de meus amigos e conhecidos como Abreu Sodré e André Franco Montoro, que sofreram represálias e fizeram carreira política. Minha atuação era muito discreta. Depois de formado, afastei-me da militância política. O mundo universitário era bastante reduzido, éramos apenas uns mil alunos na Universidade de São Paulo entre Direito, Filosofia, Engenharia, Medicina."

Dessa época, outro estudante de Direito da São Francisco se aproximou de Olavo, tornaram-se amigos, amizade que com o tempo cresceu e se desenvolveu. José Carlos Moraes Abreu acabou se tornando não somente o braço direito de Olavo, mas também amigo, confidente, apoio e o homem que manteve o Itaú no rumo, nas ausências do seu líder. Moraes Abreu morava na Rua 13 de Maio, próximo à Praça Amadeu Amaral, era quase um vizinho de Olavo que estava na Rua Carlos Sampaio, esquina com a Rua Cincinato Braga. Moraes frequentava igualmente a casa de José Bonifácio e Paulo Nogueira, na Avenida Brasil. Ele era apaixonado por Física e Matemática, pensara em cursar a Politécnica.

"Porém a vontade de praticar a militância me conduziu à Faculdade de Direito de São Francisco, porque, politicamente, a Poli era inodora, insípida, alienada e o movimento contra Getúlio era conduzido pelos estudantes de Direito. Olavo também não queria saber de política, ele ia lá estudar, não queria saber de outra coisa", admite Moraes Abreu.

A existência se dividia entre a faculdade e o grupo que permanecia unido numa cidade que estava com um milhão e meio de habitantes e crescia com as contínuas migrações internas, com a erradicação da população rural. Todavia, ainda era provinciana.

Soberania e desenvolvimento tecnológico

Um dia, na altura de 1943, o professor Adriano Marchini, que era catedrático do Instituto de Pesquisas Tecnológicas (IPT), chamou o estudante Olavo para uma conversa. Outra surpresa para o aluno foi ouvir:

– Não quer vir para o IPT?

– Como vir para o IPT?

– Para ser assistente-aluno.

Nesse ano, Olavo fazia um estágio como aprendiz na Goodyear e o convite o deixou empolgado.

"O professor Marchini era um ídolo, um homem que estimulava, colocava as pessoas para cima, fossem técnicos, alunos, jovens e velhos engenheiros, porque ele apontava, com convicção, o único caminho capaz de nos conduzir à soberania nacional: o desenvolvimento tecnológico. No início do meu estágio, com o Brasil já envolvido na guerra, a ruptura das importações agravou a deficiência de produtos básicos. O professor Ari Torres, um dos responsáveis pela mobilização do esforço industrial do País, tinha trazido professores americanos para aprimorar o nível e o acervo de conhecimentos tecnológicos dos engenheiros brasileiros."

Uma aula que permaneceu viva na memória de Olavo Egydio foi a de siderurgia, dada por Robert Mehl, do Institute of Technology of Pittsburgh.

"Ele iniciou oferecendo uma bibliografia de vinte livros sobre as técnicas modernas de fabricação do aço. Esse era o tema: *The making of steel*. Arregalei os olhos, a Poli trazia uma surpresa atrás da outra. Comecei a receber uma clara visão da indústria moderna. Aos poucos, fomos verificando que aquele era um processo disponível e que poderíamos dominá-lo com um esforço relativamente pequeno. Essa dedução conflitava com a ideia, dominante na época, segundo a qual a tecnologia de produção do aço encerrava conhecimentos só acessíveis a uns poucos povos privilegiados e evoluídos, que os transmitiam de pais para filhos e tão bem os preservavam para si, que não estaria ao nosso alcance desvendá-los e possuí-los. Caía por terra um tabu, uma ideia preconcebida. Vi que era possível para nós, brasileiros, termos acesso à formação técnica com uma boa escola e com esforço.

As coisas estavam mudando. Passei a ver que o mundo era diferente do que se dizia, do que tinha aprendido em família, do que tinha ouvido durante anos. O patriarca Alfredo Egydio de Souza Aranha, meu tio, como todos os homens de seu tempo, costumava afirmar categórico: 'O aço é uma fórmula que os alemães e os americanos passam de pai para filho e pessoas como nós, brasileiros, jamais terão acesso a ele, nunca saberemos o segredo'. E olhe que era um homem de cultura excelente, mas exclusivamente humanística. Porém, como a maioria de sua geração, carecia de uma total falta de visão técnica."

No ocaso do Estado Novo, digladiavam-se no Brasil as facções favoráveis à entrada do Brasil na guerra, ao lado dos Aliados, e as forças que tendiam para o Eixo (Alemanha, Japão, Itália). Pressionado pela sociedade brasileira, pelo movimento estudantil e por organizações como a Sociedade Amigos da América e a Liga de Defesa Nacional, em agosto de 1942, Getúlio Vargas declarou guerra contra o Eixo. Porém os primeiros contingentes brasileiros só partiram para a Itália em 1944. Era a Força Expedicionária Brasileira (FEB), e os soldados eram chamados os pracinhas. Geraldo de Camargo Vidigal era dois anos mais velho do que Setubal, mas havia afinidade entre os dois.

"Olavo era calado, introspectivo, mas observador, rápido no raciocínio, ele era dos mais brilhantes do grupo. Certa época, íamos muito a concertos, um amigo nosso disse certa vez que Olavo media a música em decibéis. Mas ele gostava mesmo é de exposições de arte. Quando o Brasil entrou na guerra, poucos anos mais tarde, e fui convocado, parti para a Itália e ele me escreveu com frequência. Quando queria, mostrava-se bem-humorado, irônico às vezes, ainda que com parcimônia. Uma de suas primeiras cartas dizia: *'Geraldo, você queria tanto viajar, mas sem os seus pais... Veja de que maneira o destino resolveu atender você'*. Nas cartas seguintes falava, do curso, comentava a Politécnica. Certo dia, mostrava-se eufórico: *'Hoje tive um pequeno sucesso. Fiz uma conferência sobre motores de indução e fui muito aplaudido. Vou escrever um pequeno ensaio sobre esse tema'*. Outras vezes ele descrevia encontros com mocinhas muito ligadas a nós, umas amigas de minha irmã que tinham vindo do Nordeste, acho que da Paraíba, e Olavo as levava para conhecer a cidade, os nossos referenciais, o clube, levá-las ao cinema."

Visão do imenso potencial do Brasil

Formado engenheiro mecânico e eletricista em 1945, Olavo foi convidado pelo professor Tarcísio Damy de Souza Santos a permanecer no IPT. Paralelamente, tornou-se assistente da cadeira de Máquinas Elétricas, então regida pelo professor Souza Dias, um dos responsáveis pela eletrificação do Estado de São Paulo. No IPT, Olavo montou um forno elétrico e escreveu seu primeiro trabalho acadêmico, *O tratamento matemático dos fornos elétricos*. Passados sessenta anos, Olavo tentou reler o trabalho, não conseguiu. Bem-humorado, comentou: "Não entendi nada, o trabalho tratava de um tipo de equações que hoje não são mais usadas, mesmo porque, com o computador, você soluciona problemas sem precisar resolver equações". Quando a Poli montou uma Usina Experimental de Siderurgia, Olavo participou da instalação de fornos elétricos da primeira subestação elétrica destinada a alimentar a Cidade Universitária.

"O IPT era ainda na Praça Fernando Prestes, e nele tive uma formação técnica muito boa, porque ali havia ótimos técnicos e bons laboratórios, nos quais comecei a ter noções precisas sobre materiais de construção. Tive contato e aprendi com figuras como Alberto Pereira de Castro, depois diretor do Instituto, um engenheiro brilhante, figura símbolo do IPT. Aprendi tecnologia moderna no IPT e adquiri a visão do imenso potencial que estava começando a ser implantado no Brasil com a indústria siderúrgica. Fizemos uma visita a Volta Redonda que estava acabando de ser construída e aquela viagem me impressionou. O País estava espantado com o tamanho do empreendimento e nada como a distância para se avaliar a história. O forno era para mil toneladas diárias, o que dava trezentas mil toneladas ano. Hoje, um forno para trezentas mil toneladas é considerado de fundo de quintal. Deixei o IPT com a visão tecnológica e industrial que me marcaram por toda a vida e me direcionaram."

Em julho de 1945, o amigo chegado, quase irmão, Renato Refinetti estava servindo em Campo Grande, em Mato Grosso, onde tinha estado em treinamento militar, preparando-se para entrar em combate. A guerra terminou, ele não fez parte da força expedicionária. Em breve retornaria a São Paulo para se juntar a Olavo num empreendimento que significou o início da carreira de ambos no mundo empresarial.

Deca, sonho de dois jovens sonhadores

Terminada a Segunda Guerra, a industrialização brasileira se viu diante de um momento-chave, um *turning-point*, segundo Olavo Setubal:

"Um impulso tímido tinha sido dado de modo incipiente por ocasião da Primeira Guerra, 1914-18. O Brasil não tinha uma visão moderna de seu desenvolvimento. Quando a Alemanha se rendeu em 1945 e a paz voltou, em nosso país a ruptura industrial se deu por meio das empresas multinacionais, que trouxeram como consequência inelutável as estatais. Porque a escala de acumulação de recursos e experiências das indústrias nacionais era pequena demais para que elas pudessem antepor-se às multinacionais. É o caso da indústria siderúrgica, que, não podendo ser montada pela iniciativa privada, levou o Estado a criar a Usina de Volta Redonda... A estatização nasceu de uma incipiente tecnologia existente no País. A tecnocracia brasileira não nasceu agora. Suas raízes estão muito atrás, na fundação das escolas militares. Acho que se pode dizer que são de origem militar as raízes da estatização industrial. Os militares foram os primeiros a incentivarem a industrialização, tendo em vista a fraqueza do aparelho militar brasileiro, que não tinha bases industriais. Os militares, dentro desse contexto, é que plantaram as primeiras raízes da tecnocracia e da estatização... Na medida em que as multinacionais dominaram certos setores, numa reação meramente política, não econômica, houve incentivo às estatais, como nos campos da eletricidade, dos transportes, do petróleo, da indústria pesada. Houve depois um grande esforço no sentido de desenvolver as empresas estatais e também as empresas privadas nacionais, para se anteporem às multinacionais".

Olavo Setubal e Renato Refinetti trabalhavam juntos no IPT, misto de escola e indústria, onde entraram em contato com o mundo fabril.

Primeira fábrica da Deca na Rua dos Amores, 1947.

Refinetti logo se identificou com o que seria sua paixão e seu mundo, o da fundição. Olavo dava aulas na Politécnica, porém logo se desinteressou, não era seu campo. Depois ele confessou que foi mau professor, não era um *metier* que o encantava. Houve mesmo um certo movimento dos alunos contra suas aulas. "Larguei quando vi que era um péssimo professor, não tinha tempo de preparar as aulas. Desisti no dia em que um aluno me fez uma pergunta e eu não soube responder." De qualquer maneira, o mundo acadêmico não o encantava como carreira.

Olavo fazia também um bico como fiscal de obras na Caixa Econômica. Mas preferiu deixar, principalmente depois que tomou pé da realidade das coisas. Uma vez, ele embargou uma obra que estava sendo construída na Avenida Rebouças por um coronel reformado de uma Força Pública (atualmente PM) do interior. Eram obras feitas pelo modo mais primitivo possível, com estacas de madeira, sem a mínima segurança, sem a observação das regras mais elementares. Todavia, o coronel, indiferente, continuou a erguer seu prediozinho. Setubal voltou à carga e conseguiu na justiça a demolição da obra, com muito desgaste. Outra vez, um engenheiro famoso na época, cujo nome ele prefere não citar, porque os filhos e netos do homem estão por aí, tentou suborná-lo com um relógio de ouro de altíssimo valor. Olavo recusava, "não adianta, não aceito, não quero", o homem insistia, mas parou quando o vozeirão de Setubal – mais tarde definido na mídia como "trovão" – começou a subir de tom, cada vez mais indignado e assustador.

Era preciso ter um sustento, pensar no futuro, e certa vez ele comentou com Refinetti que ambos poderiam abrir um negócio próprio. No entanto, teria de ser uma atividade nova, algo que exigisse pouco investimento e pudesse crescer. Em julho de 1946, caiu nas mãos de Olavo uma revista inglesa com o anúncio de equipamentos de fundição do tamanho de máquinas de costura, dotados de um processo de injeção em coquilha cujo nome era *die casting*, tecnologia de ponta na época. "Tínha lido em revistas técnicas americanas que aquele era um desenvolvimento promissor e decidimos tentar." Ele e Refinetti leram, releram, estudaram, desmontaram mentalmente a máquina, fizeram cálculos e a ideia começou a se concretizar. Traziam aquele equipamento. O dinheiro foi levantado entre as duas famílias. O tio Alfredo tinha dado como presente de casamento uma boa quantia em dólares, de modo que foram completados os duzentos contos de réis necessários (dez mil dólares na época). As máquinas foram compradas. O contrato social de constituição da firma foi redigido por José Carlos Moraes Abreu. Havia ainda outros dois sócios com participações pequenas, José Bonifácio Coutinho Nogueira e seu irmão, Paulo Nogueira Neto. Era dia 1º de julho de 1947.

Uma garagem de dez por vinte e um metros foi alugada na Rua dos Amores, 415, hoje Rua dos Prazeres, no Catumbi, bairro limítrofe com o Belém e a Mooca, região fabril, onde se localizaram imigrantes italianos e depois os nordestinos que desciam para São Paulo nos paus-de-arara. Quando se referia à Rua dos Amores, Olavo Setubal dizia que era Vila Maria. Na época, a fronteira entre os dois bairros era tênue, a Vila Maria ficava em frente, ligada pela ponte sobre o Rio Tietê. A Rua dos Amores era curta, tinha duas quadras e era paralela à Rua de Catumbi. Para chegar até ela, apanhava-se o bonde que descia a Avenida Celso Garcia em direção à

Penha. Catumbi significa mato cinza em tupi-guarani e a região, de clima aprazível, foi famosa pelo grande número de chácaras e belas casas, mais tarde substituídas por dezenas de olarias. O locador do imóvel foi Olavo e o fiador, Renato Refinetti. As máquinas chegaram e foram montadas.

O nome escolhido para a empresa foi Artefatos de Metais Deca. A palavra Deca nasceu de *die casting*, o sistema de injeção do equipamento anunciado na revista inglesa. Um cartaz foi colocado na porta procurando operários. O primeiro que entrou foi o pernambucano Eriberto Ferreira Alves, já com seus trinta anos e que começou como um faz-tudo, até atingir o cargo efetivo de contramestre. Trabalhou a vida inteira na Deca e ao morrer, em 2004, foi homenageado com uma mensagem pessoal de Olavo Setubal, publicada no *house organ* da empresa.

No início, a Deca produzia pequenas peças para a indústria, engrenagens, chaves, fechaduras, santinhos e crucifixos de zamak, uma liga de metal resistente e leve que estava aparecendo na época e até hoje é usada. O Brasil ainda não tinha uma fábrica de chaves do tipo Yale, importava tudo de modo que a Deca foi a primeira do País a produzir peças pelo sistema de fundição sob pressão. Os crucifixos vendiam muito bem. Segundo Paulo Nogueira Neto, a Deca enfrentou enormes dificuldades ao produzir molas para fechar portas, não conseguiam um produto que funcionasse bem. A estrutura era simples. Olavo, Renato e três ou quatro operários operavam as máquinas.

– Nunca trabalhei direto em uma máquina – dizia Olavo Setubal –, porém gostava bastante do desenho da ferramentaria. Cheguei a montar peças e a ensinar os operários como manejar o equipamento. Era tudo muito modesto. Depois de quatro anos, verificamos que entre todos os colegas de turma, Refinetti e eu éramos os que tinham obtido menos resultados. Os outros estavam bem, tinham conseguido empregos nos campos tradicionais. Por quê? Pelo nosso despreparo total, como engenheiros, para a gestão de empresas. Tínhamos uma boa visão técnica, mas nenhuma eficiência administrativa.

Capítulo 3
Olavo e Tide, história de uma paixão

Mil novecentos e quarenta e cinco foi o ano em que o grupo do América mudou de nome, tornou-se o Alarga a Rua. A essa altura, o jornalzinho não estava mais em circulação. Dia 1º de janeiro, tinha terminado o *réveillon* no Automóvel Clube, no centro da cidade, que ficava num prédio *belle époque*, hoje demolido, em frente à sede das indústrias Matarazzo, depois Banespa, finalmente Prefeitura Municipal. Às cinco da manhã, toda a turma estava na Praça do Patriarca, esperando os primeiros ônibus, o que acontecia por volta das seis horas. O povo, apesar do feriado, começava a circular pelas estreitas ruas São Bento e Direita. Eis que surge, vindo de outra festa, Herman Revoredo. Ao ver Marcelo Vidigal, correu para ele, de braços abertos, aos gritos: "Alarga a rua, alarga a rua!". Pulou sobre Vidigal, os dois caíram no chão, todos começaram a rir e a gritar, "alarga a rua, alarga a rua". Era uma referência ao prefeito Prestes Maia, que, segundo seus críticos, vivia com a mania de alargar as ruas do centro de São Paulo. A São Luís, uma delas, a Nove de Julho, outra. Revoredo olhava para a sua turma e apontava as ruas Direita e São Bento, continuando a gritar: "Alarga a rua, alarga a rua". Dali em diante, Alarga a Rua tornou-se uma espécie de cumprimento irônico entre eles. Desapareceu a turma do América, ficou a do Alarga Rua. Foi nesse ano de 1945 que o grupo todo passou a se reunir em jantares mensais, na primeira quarta-feira, uma tradição que permaneceu por toda a vida. O primeiro foi no Giordano, pizzaria na Avenida Brigadeiro Luís Antônio, perto do Teatro Paramount, hoje Teatro Abril. À medida que se casavam, as mulheres do grupo passaram a organizar entre si, mas em casa, seus jantares, que diminuíram o ritmo quando os filhos foram nascendo e as obrigações familiares e caseiras impediam.

No entanto, o nascimento do Alarga a Rua foi apenas um episódio pitoresco, porque, na verdade, 1945 foi o ano que marcou profundamente Olavo Setubal. Num certo sentido, mudou sua vida. Não pelo fim da guerra, não pela saída de Getúlio Vargas após quinze anos de poder absoluto, não apenas por ter terminado o curso na Politécnica e nem por ter iniciado uma carreira no IPT. Mas por ter conhecido Matilde de Azevedo, Tide, por quem se apaixonou e com quem viria a se casar.

"Em uma noite de 1945, a irmã de Aimoré Moreira, um amigo dos tempos do Colégio do Carmo, convidou-me para uma festa na casa de uma amiga, Marina Villares, que se casaria com Israel Dias Novaes, um futuro político. Era uma daquelas festinhas que aconteciam com frequência, nas quais a gente dançava, conversava, conhecia pessoas. Marina, a certa altura, me disse: 'Quero que conheça uma colega de escola'. E me apresentou Tide. Aquela noite continua viva. Não posso dizer que foi instantâneo, ou fulminante, mas Tide bateu dentro de mim, mexeu comigo."

O relacionamento começou segundo os costumes da época. Encontros planejados com cuidado, cumplicidade de amigas, desviar a atenção dos pais, passeios, piqueniques. Marina Dias Novaes se lembra: "Fomos fazer um piquenique à beira da Represa de Santo Amaro e todas pessoas comentavam à boca pequena: 'Vejam, Tide e o Olavo andam em grandes conversas, vai dar coisa'". Paulo Nogueira Neto, cuja mulher, Lúcia, estudou com Tide no Sedes, acentua que a turma de amigos considerou a combinação muito boa, haveria equilíbrio, porque sendo Olavo, caladão, muito sério, sizudo mesmo, e ela, extrovertida e alegre, um compensaria o outro; temperamentos semelhantes são mais difíceis, competem. Por sua vez, Olavo admirou-se de estar, hoje, "contando coisas que nunca revolvi, estou surpreso com lembranças que imaginava esquecidas. Apaixonei-me por Tide, era uma mulher extraordinária, bonita, de origem quatrocentona, preparada, excelente instrução, de boa formação, tinha tudo para ser minha mulher".

Matilde Lacerda de Azevedo vinha do que se chama linhagem de elite. Seu pai era Aldo Mário Rodrigues de Azevedo, filho de uma família ilustre de Lorena, no Vale do Paraíba. Seu avô era Arnolfo, filho de Antonio Rodrigues de Azevedo, futuro barão de Santa Eulália, e de Eulália Moreira de Castro Lima. Os Rodrigues Azevedo pertenciam ao Partido Conservador e os Moreira, ao Partido Liberal. Antonio era neto do capitão-mor Manuel Pereira de Castro, enquanto ela era bisneta, pelo lado materno, do mesmo capitão-mor. Antonio foi eleito à Assembleia Legislativa de São Paulo e ocupou também a presidência da Câmara Municipal de Lorena, cidade onde fundou a biblioteca pública e implantou o serviço de iluminação pública. Arnolfo nasceu a 11 de novembro de 1868 e foi batizado em Aparecida do Norte, na então Capela de Nossa Senhora Aparecida, hoje a Basílica Nacional.

Aos treze anos, Arnolfo mudou-se para São Paulo para cursar a escola secundária, inexistente em Lorena. Ali conviveu com seus primo-irmãos Francisco de Paula Vicente de Azevedo, futuro barão de Bocaina, José Vicente de Azevedo, futuro conde papalino, e Pedro Vicente de Azevedo Sobrinho. Continuou os estudos no Rio de Janeiro, no Colégio Menezes Vieira. Porém a faculdade foi em São Paulo, na Academia de Direito, onde foi contemporâneo de Afrânio de Melo Franco, Venceslau Brás, Delfim Moreira, Alfredo Pujol, Rocha Pombo, Freitas Vale, Martim Francisco, Afonso Arinos, Horácio Sabino, Ataulfo de Paiva, geração abolicionista, que viveu o fim do Império e os primeiros anos da República. Seu filho, Aroldo de Azevedo, na biografia que fez do pai revela que Arnolfo, "homem alto e robusto, extremamente simpático e atraente, o rosto escanhoado, um discreto bigode, a par de negra e densa cabeleira", não deixou marcas de sua passagem pela Academia nem conquistou lauréis. Mas "tocava piano com desembaraço, compunha polcas e valsas, escrevia contos e poesias românticas, era figura apreciada nos salões sociais. Com o falecimento do pai, Arnolfo mudou o sentido de sua vida, tomou a rédea dos negócios de café, que iam de mal a pior, colocou a carruagem nos eixos e terminou os estudos de Direito em setembro de 1891. No mês seguinte, casou-se com Dulce Lina da Gama Cochrane, Dulcita, que conhecera nas festas em homenagem a Nossa Senhora da Penha, três anos antes. Na família, destacou-se a figura do almirante Cochrane. Dulcita tinha estudado no famoso Colégio Progresso do Rio de Janeiro, educação modelada em padrões ingleses, sempre aprovada com distinção. Olhos azuis, pele rosada, cabelos castanhos alourados, beleza sóbria, mulher que apreciava a música e tocava piano com desenvoltura. Ao se casarem, ele estava com 23 anos e ela, com 19. Tiveram treze filhos: Celina, Antonio, Lucila, Aldo Mário, Maria da Conceição, Odi Lina, Silvio (nascido e falecido no mesmo dia), Oswaldo Benjamim, Arnolfo (falecido aos dois anos), Regina de Lourdes, Aroldo Edgar, Élio Fábio (falecido com um ano) e Eulália (nascida e falecida no mesmo dia).

Morando em Lorena, à frente de uma banca de advogados, Arnolfo acompanhou a queda do Império e o nascimento da República, inscreveu-se no Partido Republicano Paulista e entrou para a política. Aos 24 anos, eleito para a Câmara Municipal, logo se tornou Intendente. Melhorou o sistema de abastecimento, construiu escolas, um hospital e uma ponte sobre o Rio Paraíba, ampliou o mercado central e instalou em prédios próprios a Prefeitura e a Câmara. Nunca mais perdeu eleições, seja no âmbito municipal, estadual ou federal. Por um breve tempo, renunciou à política, ocupando-se da fazenda do pai, mas não resistiu e voltou a disputar uma cadeira como deputado federal. Permaneceu no Parlamento até 1926 e foi o responsável pela Câmara ter uma casa própria, o Palácio Tiradentes. Elegeu-se presidente da Câmara por seis vezes em oito legislaturas, por 24 anos ininterruptos. Eleito senador, teve o mandato interrompido pela Revolução de 1930.

Seu quarto filho, Aldo Mário, nascido no Solar de Lorena, pertencente a sua avó, a baronesa de Eulália, casou-se com Alice Lacerda, que vinha igualmente de linhagem tradicional, filha de Matilde e de Antonio de Lacerda Franco. Nascido em Itatiba, em São Paulo, Lacerda Franco foi fazendeiro, agropecuarista, banqueiro, comerciante, industrial e senador. Um dos fundadores da Companhia Telefônica de São Paulo, presidiu por mais de trinta anos a Companhia Paulista de Estradas de Ferro, até hoje considerada um exemplo de administração e pontualidade. Dizia-se na época que as cidades acertavam os relógios pelos apitos dos trens da CP, como era conhecida. Ele criou fábricas de tecidos, fundou uma corretora de café e um banco e exerceu forte influência política como um dos líderes do Partido Republicano Paulista, o PRP, que tinha enorme força e poder. Aldo Mário e Alice tiveram dois filhos, Matilde, nascida a 19 de março de 1925, e Arnolfo Eduardo, Nonô. Ela dizia que, por detestar o nome Matilde, transformou-o em Tide e assim foi chamada a vida inteira.

Aos 85 anos, Olavo Setubal olhava para trás:

"Eram duas famílias tradicionais de fazendeiros, nada houve de mais igual do que o meu casamento com a minha primeira mulher. Os dois lados cheios de brasões, de pratos brasonados que pendurei nas paredes da casa de Águas da Prata etc. e tal. Há pouco, ao folhear uma revista inglesa, dei com um quadro que mostra o almirante Cochrane, bisavô da minha mulher. Por sinal que nem os meus filhos sabiam disso. Recortei a reprodução do quadro e mandei para eles. Cochrane comandando um navio a vela, navegando, na saída de Lisboa com a Torre de Belém ao fundo. Tudo isso estou revivendo, recuando cem anos na história, na vida da minha família".

Tide e sua mãe, Alice, eram mulheres de personalidades fortes e diferentes, davam-se muito bem, conversavam, saíam juntas, faziam compras, trocavam ideias e discutiam. Assim fizeram a vida inteira. Orgulhosas as duas. O pai, Aldo Mário, homem tranquilo, lia muito, gostava de música, tocava serrote com maestria, adorava cinema e dedicava-se a trabalhos manuais e aos consertos para manutenção da casa. Todos se lembram do ciúmes que ele tinha de sua caixa de ferramentas, intocável. Em um diário íntimo, que escreveu por dois anos, de 1946 a 1947, e que mais tarde teve registros esporádicos, descoberto depois de sua morte pela filha, Maria Alice, que selecionou trechos significativos e o circulou internamente em família com o título *Memórias e lembranças*, Tide acentuava:

> *Mamãe e papai me deram um exemplo de união ideal. Eles me deram fé nos homens, no mundo, me deram entusiasmo de viver, de ser feliz e construir minha felicidade. E agradeci a ele por ter sido um pai tão bom, tão amigo da gente. Até agradeci por ele ter sido severo comigo várias vezes. Foi graças a essa severidade que ele preservou meu coração, que ele fez com que eu não estragasse e não gastasse meu coração em flirts e bobagens.*

Aldo e Alice foram um paradigma para a filha, que atenta a tudo, recordava detalhes:

Papai sempre telefonava para mamãe para saber se ela queria alguma coisa da cidade... Imagino sempre mamãe esperando o telefonema de papai com uma coisinha boa para contar, com uma palavrinha gostosa de ouvir. Contei pra você que é comum quando mamãe não quer nada da cidade, ela diz: "Não, Aldo, não quero nada, só quero você". Você não acha um amor? Não acha uma grande felicidade?

Os diários de Tide revelam a mulher romântica, mas impetuosa:

Quantas vezes rezei, pedi a Deus que me desse uma pessoa de quem eu pudesse gostar... Mas que eu gostasse cem por cento, inteiramente, da maneira mais arrasante possível! Que eu tivesse um amor louco, o mais alucinante do mundo. Que eu gostasse de verdade. Que essa pessoa fosse tudo para mim, fosse minha a vida inteira. Que eu fosse tudo para essa pessoa! Que ela também tivesse um amor abrasador por mim! Sempre quis isso, meu Olavo. Sempre quis gostar de alguém, sempre quis dar meu coração inteirinho... Sem guardar nada para mim! E esse sonho se realizou! Deus me deu você... Olavo, esse é o nosso ano.

O namoro começou. Olavo e Tide cumpriram os rituais normais do tempo, cinemas, festas e chás na Vienense, a confeitaria da Rua Barão de Itapetininga, que era o *must* da sociedade paulistana. Tendo sempre alguém segurando vela. Esse "chaperon" era Nonô, irmão de Tide, por quem ela tinha adoração. Ainda que a diferença de idade os colocassem em planos distantes em matéria de assuntos e programas, Tide e Nonô eram cúmplices em tudo, se ajudavam, conversavam, se aconselhavam, um acobertava o outro, para que os pais não soubessem senão o necessário de determinados assuntos ou momentos.

Havia em Tide uma formação espiritual bem definida, era uma pessoa de fé. Tanto que, pensando em Olavo, escreveu nos primeiros momentos do namoro:

Casamento de Olavo Setubal com Matilde Azevedo Setubal, Igreja da Santa Cecília, 1946.

Sinto que gosto de você de manhã – quando acordo é seu meu primeiro pensamento. E quando me ajoelho aos pés da cama, rezo a Deus por você e por nós. Eu só peço a Deus que faça dia por dia nosso amor maior, mais profundo, mais sólido e mais verdadeiro.

O namoro evoluiu rápido, veio a oficialização do noivado formal no dia 15 de novembro de 1945, mesmo mês em que Olavo se formou na Politécnica. O noivado, todavia, já tinha sido marcado com antecedência, uma vez que há uma carta do padre Geraldo, um guia espiritual de dona Francisca, muito ligado à família, datada de 14 de agosto desse mesmo ano:

Laus Mariae

Meu Prezado Olavo

Foi com grande alegria que recebi, através de Dona Francisca, a feliz notícia do seu noivado. Venho felicitá-lo, e efusivamente, pedindo a Deus Nosso Senhor cumulem de bênçãos os dois jovens corações que vão se unir pelos santos laços do matrimônio. Antecipo em felicitá-lo, porque estou certo que o cônego José lhe transmitiria as bênçãos e alegrias de padrinho, mesmo antes da oficialização do noivado. Adianto-me, pois, para abençoá-lo em nome dele, e em nome dele e meu dizer: seja imensamente feliz, esse lar cristão que já se delineia envolto nas melhores bênçãos de Deus! E o penhor dessa felicidade reside também na compreensão austera e sobrenatural em você e sua piedosa noiva encaram as responsabilidades do Matrimônio Cristão. Estou certo de que seu pai inesquecível e seu padrinho o contemplam lá do alto, comovidos e jubilosos, impetrando-lhe preciosas graças. Receba o meu abraço amigo, portador de fervorosas orações. Padre Geraldo

– Por mim teria casado logo – dizia Olavo Setubal –, mas havia um tempo para tudo.

Não podiam ser mais diferentes os dois. Ele, sóbrio, racional, cerebral, controlando as emoções, ela, aberta, extrovertida. Ela, formada em Pedagogia e Línguas pelo Sedes Sapientiae, sempre primeira aluna, do primeiro ao último ano, teve também uma boa formação artística. Por meio do seu diário íntimo se vê como Tide foi perspicaz o suficiente para penetrar na armadura que o homem amado tinha construído ao redor de si, compreender o esquema que ele "montara" de vida. Ela conseguia, ao mesmo tempo, olhar de fora para ele, mas cheia de afeto, surpreendendo-se e espantando-se. Jovem, mal saída da adolescência, porém madura, intuitiva, o olhar de Tide era penetrante, sua percepção exata de como Olavo se moldara e continuava a se moldar. Apreendia rapidamente a personalidade do homem que amava, quase o dissecava, com ternura, mas firmeza:

Vi você conquistando o futuro, uma ânsia louca de chegar a vencer! (...) De vencer na vida, contribuindo com alguma coisa de útil, com alguma coisa que melhore o mundo. Acho lindo esse desejo de lutar, de vencer.

Tide foi rompendo as barreiras férreas, a carapaça construída. Com a mulher ele se abriu, de maneira que não fez com ninguém, nem com seus amigos chegados. Tiveram suas rusgas. Às vezes, ele deixava que o temperamento severo transparecesse com ela. Como no dia em que Tide se atrasou para um encontro.

Nunca hei de me esquecer da sua cara de fúria, carrancuda e gelada... Do seu olhar cortante feito uma lâmina... Das suas passadas de sete léguas pela calçada... E do seu cumprimento polar de braço estendido, ponta do dedo em riste, com um:
– E o que aconteceu, Tide?
E você se lembra por que foi tudo isso? Você se lembra dos três quartos de horas que esperou na Rua Sergipe? E eu cheguei toda esbaforida, vermelha de susto, assustada com a demora, prevendo a sua fúria...

A relação crescia, cada um se descobrindo, se afinando. Ela queria estar com ele o tempo inteiro, não se conformava quando não se encontravam ou quando não se falavam ao telefone. A jovem extrovertida, comunicativa, de 20 anos via-se diante do homem de 22 para 23 anos, determinado, sóbrio. Cheia de sensibilidade, dotada de aguda percepção, ela o levava a se abrir e assim foi descortinando e analisando a personalidade de Olavo. Ela o explicava:

Vi você menino, um menino fechado, educado severamente... Você sentindo-se incompreendido, se sentindo só... Seu pai já estava tão doente... Você viu sua mãe lutando, tomando o pulso de tudo, dirigindo, orientando, ven-

cendo. Sua mãe passou a ser tudo para você... Tudo o que havia de mais sagrado, tudo o que você mais queria. Ela guiou seus passos.

Ela, dia a dia, passo a passo, questionando, conversando, discutindo, rompeu a "racionalidade" da qual ele se orgulhava. Tide atravessou a armadura que ele colocara ao redor. Pode-se dizer que ela o desnudava, penetrava na máscara, era quase uma terapia. Ao elencar diferenças, às vezes ela questionava:

Mas você já pensou que eu não sou muito o seu gênero?

No entanto, ele a tranquilizava, porque vinha a resposta:

E você me disse que não, tem loucura por mim, sou como você gosta, profundamente carinhosa, simples...

O casamento foi marcado para o dia 1º de julho de 1946. A casa estava resolvida, tinha sido um presente dos pais de Tide, Aldo Mário e Alice. Era o número 401 da Rua Sergipe, em Higienópolis, um sobrado branco, grande, com uma entrada lateral. Os sogros de Olavo moravam na Alameda Eduardo Prado, continuação da Avenida Angélica. Depois da morte do marido, dona Alice mudou-se para a Rua Sergipe, quase vizinha à filha. O bairro era considerado nobre em São Paulo. Tide e Olavo se mostravam diferentes até mesmo na maneira de mobiliar e decorar a casa. Ela, exuberante, ele, conservador, clássico, apegado a sua severidade espartana. Ao escolher os tecidos para os móveis, ela escreveu:

Olavo, eu por mim, entregue bem a mim mesma, talvez eu desabasse para um gosto bem moderno: cores fortes, ambientes alegres, coisas definidas, formas marcantes. Você tem o gosto muito mais suave do que eu. Você gosta dos tons pálidos, dos ambientes sérios, das coisas discretas e de formas delicadas... Eu, entregue a mim mesma, teria uma inclinação para fazer coisas extravagantes, coisas meio giras, sem ligar a mínima para o que os outros pudessem pensar ou achar. Mas você é tão distante, tão educado, tão fino... Que eu sinto que nessa parte você tem influência sobre mim no sentido de me reprimir um pouco. Assim mesmo, às vezes eu tenho vontade que você tenha uns ímpetos de loucura como eu tenho... Vontade de dizer bobagens, de fazer palhaçadas... Não importa o que os outros achem ou pensem... Vontade de fazer o que passar pela cabeça... De se meter em apuros ou encrencas... E depois rir com gosto quando se sair delas... Vontade de fazer o que não se deve... Vontade de não ter convenções, de acabar com certos preconceitos bobos... Vontade de seguir meu coração e mais nada... Ah, Olavo, se você soubesse como eu tenho aversão a tudo o que é protocolo... Como eu gostaria de ser independente. Ah! Meu bem! Você deve estar horrorizado, não, meu amor? Mas não tenha susto, eu vou me casar com você. Isto basta! E tudo isso foi um desabafo.

Havia ainda os planos para uma vida a dois. A vida para um engenheiro devia igualmente ser projetada com racionalidade, devia ser calculada. Filhos. Um assunto primordial como se depreende dos escritos de Tide. O diário mostra que ela queria "ter um colosso de filhos". E salientava:

Eles vão ter você como exemplo.

A turma do Alarga a Rua, antecipou-se um mês na comemoração. No dia 1º de junho de 1946, enviou uma carta aos noivos:

A Tide e Olavo
Alguns automobilistas (sendo um de carro oficial) e alguns pedestres do Apocalipse, ao todo 14 amigos inseparáveis, sendo casados, acompanhados por suas caras-metades,

desejam 14 inflações de felicidade, tantas que nem possam ser guardadas em 14 armários de 36 gavetas. Atenciosas saudações

Paulo Nogueira Neto (Presidente do TMN);[1] Lucia e Paulo e Paulo IV; José Carlos Moraes Abreu (Secretário); Marcelo Vidigal; Augusto da Rocha; Carlos Adolpho L. Sarmento; Lilá, Carlos e Júnior; Eduardo Assumpção; Fábio Moraes Abreu; L. de C..., Vidigal; Gilberto Silveira; Guilherme Rudge; Herman José de Revoredo; José Bonifácio C. Nogueira; Paulo Figueiredo; Yolanda e Paulo; Caio Caiuby (ausente, não pagou, picaretou!!!).

Caiuby não pagou o compromisso assumido pelo grupo em agosto de 1941 de cada um pagar cem mil réis a quem se casasse.

Um mês depois, no dia 1º de julho, Tide e Olavo casaram-se na Igreja de Santa Cecília, a algumas quadras da Rua Sergipe. A seguir, apenas houve uma recepção íntima para a família e amigos chegados.

Queriam uma família grande, muitos filhos

Quando se instalaram na casa da Rua Sergipe, aliás a primeira rua do bairro a ser pavimentada, quando da modernização de Higienópolis, a região tinha pouco comércio e era servida pelo bonde 36, Avenida Angélica, fechado. Também o bonde aberto Vila Buarque percorria a Avenida Higienópolis, vindo da Maria Antonia. Em 1946, a cidade tinha atingido 1 milhão e 700 mil habitantes. O bairro tinha sua história e estava ligado à tradição. No início do século XX, havia ali um conjunto de chácaras grandes, com jardins, hortas, pomares e pastos para cavalos. Os caminhos eram de terra batida. Parte dessas terras foi vendida a dois incorporadores, Martin Burchard e Victor Nothmann,

---

[1] TMN, segundo Paulo Nogueira Neto, era uma saudação malandra do grupo do Alarga a Rua e queria dizer: todo mundo nu.

Olavo Setubal com Tide e a mãe, d. Francisca, com o pequeno Paulo Setubal ao colo, 1949.

que fizeram loteamentos, plantaram árvores, instalaram água, esgotos e gás e venderam os terrenos à sociedade paulistana. Era um lugar arborizado, bem ventilado, alto, portanto protegido dos alagamentos. Em Higienópolis, ergueram-se algumas das mais belas e faustosas mansões de São Paulo, como a casa de dona Veridiana Prado, hoje Clube São Paulo, a Vila Penteado, atualmente Faap, a casa do fazendeiro Nhonhô Magalhães, ainda existente, transformada em Secretaria de Estado. Aquela São Paulo tradicional, de cafeicultores, foi desaparecendo após a crise econômica de 1929 e o bairro começou a se transformar, tanto que em 1933 foi construído o primeiro edifício, o Alagoas, na esquina da Avenida Angélica com a Rua Alagoas. O segundo foi o Santo André, em 1935, e o terceiro, o Augusto Barreto, em 1937. No entanto, nenhum ultrapassava os dez andares. Por muitos anos, na praça Buenos Aires existiu um observatório astronômico, construído pela Escola Politécnica. Na década de 1940, a verticalização do bairro se acentuou e esses prédios tinham algumas características como as portas que davam direto na calçada, não havia áreas de lazer nem mesmo garagens. Continuava, no entanto, um bairro diferenciado, tranquilo, elegante, procurado pela elite. A sociedade paulistana migrou para ele, vinda dos Campos Elíseos. Também a comunidade judaica lentamente deixou o Bom Retiro e se instalou em Higienópolis.

Olavo e Tide mergulharam na rotina cotidiana, adaptando-se um ao outro, conhecendo-se e descobrindo-se. Eram dias intensos do ponto de vista profissional. Olavo dedicava todas as horas ao seu negócio que caminhava lento, sem mostrar grandes resultados. Mas, segundo a irmã Vivi, ele não falava de outra coisa que não fosse a Deca. Estava apaixonado pela "fabriqueta", só pensava nela, planejava, vivia com intensidade seu primeiro empreendimento, dedicava-se.

Tide e Olavo viviam uma programação animada com amigos e familiares. Jantares, passeios, cinemas, teatros, Clube Harmonia, Jockey Clube, ela se entrosando com os amigos dele, a turma do Alarga a Rua, todos muito próximos.

Hoje foi um domingo delicioso, escreveu Tide em seu diário, *desde o almoço em sua casa, com vocês, o cinema, o chá na Clipper... até o nosso papinho aqui em casa. A Clipper, uma loja de departamentos, das primeiras, era um dos referenciais da sociedade. Tinha como o Mappin o seu salão de chá, frequentadíssimo.* Numa carta a Maria Vicentina, a Vivi, Tide relata: *Tenho feito uma porção de coisas. Continuo babada pelo meu marido que é cada vez mais super. Sábado à noite fomos à Hípica assistir a um espetáculo de saltos. O espetáculo é o que há de emocionante. A torcida é intensíssima e a gente fica numa tensão de nervos bastante grande.*

Outra carta de 1947 mostra o dia-a-dia muitas vezes prosaico:

> *Olavo e eu andamos maníacos de Batalha Naval. Ontem consegui dar uma surra nele para minha grande satisfação.*

O 16 de abril de 1947 foi o primeiro aniversário de Olavo que ela comemorou em casa.

> *Vivi, veio um mundo de gente... Considerando que não convidei ninguém é um colosso, não? Lúcia e Augusto passaram um momentinho antes do jantar, pois iam jantar fora e deixaram uns copos de uísque engraçadíssimos e impropríssimos para menores... Olavo gostou muito dos meus presentes, fiquei radiante.*

Foi quando Olavo começou a descobrir a casa de Águas da Prata, um refúgio da família dela, que ele estranhou a princípio, quase rejeitou, incomodado, mas que mais tarde se tornaria o ponto de apoio, a fuga à rotina paulistana, *sanctum sanctorum* ao qual ele se afeiçoou profundamente. Nos primeiros tempos do casamento, Tide confidenciava a Vivi: "Sou tão fã da Prata que faço questão de que Olavo também seja". Casa da Prata, como ficou chamada em família, merece um segmento à parte. As férias se alternavam entre a Prata, Poços de Caldas, muito próxima, e Santos.

Tide era uma mulher apaixonada, como dizia em carta à cunhada Vivi:

> *Olavo, tão bom, tão super, tão como eu queria que ele fosse, eu ando cada vez mais apaixonada por ele. Nunca pensei que fosse possível a gente gostar tanto de uma pessoa, é tão bom você sentir que cada vez você gosta mais, que aumenta sempre, que é uma fonte inesgotável. (6 de janeiro de 1947.)*

Sedimentada estava a questão dos filhos, conversavam muito sobre o tema. O diário de Tide revela:

> *Fizemos planos e eu disse que queria ter seis garotos, quatro meninos e duas meninas. Você achou graça, mas concordou que era uma boa conta. Deus queira que isso aconteça! Um com seu jeito, seu temperamento, igualzinho a você! Outro com jeito de seu pai, impulsivo e ardoroso! Seriam notáveis! Os outros ainda não sei. Só sei que vou adorar eles todos por serem meus filhos.*

Outra vez, ela insiste:

> *Sabe, eu adoraria ter um filho como seu pai! Impulsivo, ardoroso, vivo, inteligente como ele! Gosto tanto de gente assim! Entendo tão bem as pessoas vibrantes! Como a vida é linda! (...) Filhos. A expectativa era algo que a absorvia por inteiro, alimentava os sonhos, a tomava por inteiro. Suas cartas na época, escritas para a cunhada Maria Vicentina, Vivi, revelam a angústia, a expectativa para ter um filho (10 de janeiro de 1947): Estive a pique de ficar num desânimo medonho. Você naturalmente sabe por quê. Tive vontade de chorar, senti meu coração sucumbir de tristeza, me senti submergir num vácuo, num desapontamento louco, num desinteresse por tudo... Ando ficando com um verdadeiro complexo. Quando encontro uma pessoa agora, fico numa verdadeira tensão de nervos, esperando a pergunta. Enfim, não faz mal. Tenho rezado um colosso. Principalmente para Nossa Senhora. Tenho tanta confiança que ela consiga isso para mim.*

Vê-se também por esta carta enviada de Santos ao marido em 20 de maio de 1947, menos de um ano depois do casamento:

Olavo adorado

Ando com uma saudade imensa de você... Desse seu jeitinho carinhoso, daquela sua risada gostosa, daquela sua voz bonita, dos seus "pitos"... De tudo enfim... É triste não ter ninguém que chame a gente de "mulhereca", "belezinha", "meu bem"... etc. Ai, Olavo, como eu adoro você! Enfim, se tudo isso compensar está ótimo. E, quando o Paulinho estiver ao nosso lado, nos esqueceremos num segundo todos os sacrifícios feitos para só pensar nele e em tudo o que nós iremos fazer por ele. Não acha que vai ser super? Ah! Meu bem, eu nem sei o que eu daria para que isso acontecesse!!! Só penso com delícia no dia em que eu puder dizer com certeza a você: Olavo?... Sabe de uma coisa? O Paulinho vai chegar mesmo!. E irei correndo abraçar você, beijar você, você que vai partilhar comigo dessa felicidade sem limite. E depois o dia em que ele chegar, pequenininho, bonitinho, barulhento e parecido com você... E quando ele começar a sentar, a gatinhar, a falar, a andar, rir, dizendo: "Papai! Mamãe!", Olavo, meu amor, sinceramente eu acho que eu morreria de tão feliz! Meu amor, você não pode imaginar o que isso representa para mim... É minha vida, é a continuação de você, é você que volta outra vez, é você pequenininho que Deus me dará para cuidar... Meu amor, será que você compreende? Uma mulher precisa tanto disso... E, eu tendo isso, serei completamente feliz... Tendo você e o Paulinho... o que mais... eu poderia desejar? Aqui está um tempo medonho, chove sem parar, não tenho ficado aflita por causa dos banhos de mar, porque mesmo que estivesse um sol de rachar, eu não iria tomá-los mesmo. Acho que só depois de amanhã. O que me deixa satisfeita é que depois da chuva o mar fica em geral branquíssimo! E isso é super! Vovó vai indo bem, ainda com muita dor. O pior nela é que ela anda impressionada com as dores. Tenho procurado distraí-la o mais que posso. Continuo adorando o Sparkenbroke, tem trechos lindos de um sentimento intenso. O tema inteiro do livro gira em torno deste homem

111

(Sparkenbroke) que considera a morte não como o fim de todas as coisas, mas como um renascimento, uma glorificação, uma libertação. Há pedaços lindos! Acho que Mrs. Hood não gostou porque ela é muito positiva. Gosta do preto no branco e neste livro há muita poesia, muito sonho, muito idealismo! E você, meu querido? Como vai você? Negócios? E da...??? Você já soube alguma coisa a mais? E você, o que tem feito? Tenho uma vontade imensa de não parar nunca mais de conversar com você. Ontem vovó me contou umas coisas muito interessantes da vida dela. Depois eu conto a você. Receba todo o meu coração! E com milhões de beijos (daqueles!), toda a ternura da só sua Tide

P.S. Olavo, nunca hei de me esquecer que você foi um amor super???

De me deixar ir para Santos!!!

Finalmente, em abril de 1948, Olavo Setubal contou ao amigo Renato Refinetti que a família ia aumentar. Estava radiante, segundo Tide contou à cunhada Vivi. (Carta de 14 de abril de 1948)

Nem pensei que ele fosse ligar tanto. (O ginecologista, doutor Soares, recomendou o máximo de repouso.) *Dá um ar tão blasé ficar na cama, não? Tenho a impressão que todo mundo me acha uma fiteira de marca, mas não me importo nem um pouco...*

Cinco dias mais tarde, outra carta à Vivi:

Você acha que é um garoto, mesmo? Eu queria tanto que fosse menina. Mande palpites de nomes. Penso um colosso nisso. Ainda não comecei a fazer nada para o bebê pois preciso antes ir à cidade comprar linhas e uma série de coisas. Estou louca para começar. Estou colecionando ideias... Estou com ideias de começar a aprender tricô, o que você acha?

Vivia plenamente o sonho:

(...) E os nomes, Vivi, você tem pensado? Quer ver os candidatos? Vera Maria, Maria Beatriz, Maria Cristina e Regina Maria. Olavo não gosta de nenhum. Eu, para dizer a verdade, gosto de todos. Maria, eu gostaria de por qualquer nome, fiz esta promessa para Nossa Senhora. Se for menino, é Paulo, sem dúvida. Olavo prefere longe que seja homem, mas já me disse que se for menina ficará muito contente. Ele tem sido um amor, o melhor marido do mundo.

No entanto, essa primeira gravidez foi interrompida. Tide mergulhou no vácuo como confessou à Vivi (5 de maio de 1948):

(...) Tenho tido horas bem duras... Há momentos que a gente se lembra, que vem uma saudade daqueles dias tão felizes, de uma felicidade tão intensa, tão completa... Quando eu me lembro de tudo o que eu ia fazer... Do baby que eu já queria tanto... Há momentos que não sei, tudo parece mais difícil. Tudo parece intransponível... E a gente desanima. Mas já aprendi o segredo para vencê-los. É só olhar para a frente e para Deus. Ele nos dá tanta coragem e sobretudo tanta esperança.

Em agosto de 1948, o ambiente muda completamente. Vivi ouve da cunhada:

Você não pode imaginar a minha alegria e a minha imensa felicidade por poder finalmente anunciar a você a chegada do baby, que eu soube ontem à tarde. Pode calcular como fiquei no auge, felicíssima, no sétimo céu! Fiquei mesmo no céu, por ter se dado sem tratamento, sem médico, da maneira mais natural possível... Como Deus é bom, eu não me canso de agradecer a Ele do mais fundo do meu coração.

Foram meses em que Tide se viu cercada de cuidados, "com todo mundo cheio de tremeliques" para com ela, qualquer espirro que desse, todo mundo se precipitava. Ela brincou com Vivi:

Acho que vou ficar um purgante de tantos luxinhos que estão me fazendo.

Em fevereiro de 1949, confessava:

Só sei pensar em armarinhos de bebê e pontos de tricô.

O quarto da criança ficou pronto, decorado com pinturas feitas à mão por uma certa dona Inês, consideradas "obras-primas" por Tide.

No dia 12 de abril de 1949, nasceu Paulo Setubal Neto, o primogênito, batizado pela tia Maria Vicentina. Tide não cabia em si:

Parece que o mundo fica completo, que nada mais nos falta. Sou mesmo partidária de família grande, cem por cento. Quero ter pelo menos meus seis garotos, três meninos e três meninas. Seria mesmo o ideal.

A Deca começa a se expandir

A Deca prosseguia com dificuldades, não evoluía. Um dia, no início de 1953, a história da empresa começou a mudar. Olavo:

"Um advogado chegou ao tio Alfredo Egydio de Souza Aranha com uma proposta: a compra da Metalúrgica Taiar. Meu tio fez o contato comigo e me fez ver que havia interesse em um negócio. Taiar era um libanês, comerciante de cereais em São José do Rio Preto que um dia viu um anúncio no jornal: *Vende-se barato uma indústria*. Ele foi lá, era uma fábrica de torneiras, fundada por um homem chamado Ferrarezi, que tinha sido encanador do escritório de arquitetura de Ramos de Azevedo. Quando construía as mansões de Higienópolis ou da

Olavo Setubal com todos os funcionários da Deca, em 1947.

Avenida Paulista, Ramos de Azevedo trouxe da Suíça todo o material de encanamento. Dentro desse material vieram as válvulas de descarga que o Ferrarezi montou nas casas. Porém ele ficou tão encantado com aquelas válvulas que virou e mexeu, redesenhou e reconstruiu-as de modo a que fossem embutidas nas paredes. Naquele tempo, na Europa, por lei, as válvulas ficavam por fora, Ferrarezi mudou e passou a produzi-las com o nome Hydra. Com a crise de 1929, a patente da Hydra foi vendida para o Attilio Ricot, dono da Metalúrgica Mar, que enriqueceu, levando uma vida de *gran* senhor, com uma mansão de luxo na Avenida Angélica. Diante do êxito da Mar, o Ferrarezi, na altura de 1940, criou também a sua metalúrgica, mais tarde vendida ao Taiar, que, por não entender nada do negócio, começou a perder dinheiro e quis passar para a frente. Foi quando entramos. Precisávamos de cinco milhões de cruzeiros, Renato e eu conseguimos incorporar, cada um, 750 mil cruzeiros, o velho Alfredo entrou com um milhão, o José Bonifácio Coutinho Nogueira, com outro milhão, meu sogro, Aldo Mário, com grande esforço, entrou com quinhentos mil cruzeiros, Paulo, pai do Eduardo Suplicy, entrou com duzentos mil e o resto completei com transações de terrenos e uns prediozinhos que tinha construído na Avenida Tiradentes, mais um empréstimo feito na Caixa Econômica. Renato e eu achamos que seria saudável para a Deca a fusão com a Taiar, que estava instalada na Rua Comendador Souza, na Lapa. José Carlos Moraes Abreu redigiu o contrato e a Taiar passou para a Deca no dia 15 de abril de 1953, na véspera de eu fazer 30 anos. Ali ainda havia enormes terrenos, o estádio de futebol do Nacional, clube dos ferroviários da São Paulo Railway (SPR), a estrada de ferro dos ingleses que ligava Santos a Jundiaí, a Vidraria Santa Marina. Em tempos mais remotos, havia um lago cuja água servia para o resfriamento dos vidros na Santa Marina, depois o lago desapareceu".

Quando tomaram posse da Taiar e estavam olhando o material das gavetas e armários, encontraram o livro de Atas do Conselho de Administração da antiga Ferrarezi com uma única página preenchida. A ata tinha poucas linhas, escritas por um contramestre: "Por solicitação do senhor Ferrarezi, de agora em diante todo mundo passará a chamá-lo de doutor Ferrarezi". Este era o filho do fundador que tinha se formado em engenharia na Poli e exigia o título.

"Foi a primeira fusão de minha vida", comentava Olavo. Fusões realizadas com intensa habilidade, desenhadas com perfeição, seriam a sua marca registrada mais tarde, ao longo da vida. No dia em que Olavo Setubal e Renato Refinetti fizeram a primeira inspeção na empresa que deveriam comprar, correu rápida entre os operários a informação de que os novos donos estavam chegando e muita gente poderia ser demitida. As máquinas foram sendo desligadas uma a uma, até que toda a fábrica ficou em silêncio, os funcionários de braços cruzados. Refinetti, surpreso, perguntou o motivo da paralisação e, quando soube, olhou para Olavo que fez um aceno de cabeça afirmativo. Significava: pode falar, desmentir. Foi o que Renato fez. Pulou para cima de uma mesa e disse que realmente a empresa estava sendo comprada, mas não haveria uma única demissão, haveria, isso sim, melhoria nos

Olavo com funcionários da Deca.

métodos e nas condições de trabalho. Convenceu a todos, as máquinas foram reativadas.

A empolgação dos novos empresários era tanta que compraram uma máquina de injeção com estampos de um metro por um. Quando chegou, viram que era tão grande que não cabia na Rua dos Amores. Foram se instalar em um terreno na Rua Comendador Souza, junto da ex-Taiar. No entanto, o equipamento era grande demais, exigia ferramentas e um tipo de funcionário que a Deca não tinha. Se a máquina não teve nenhuma utilidade, serviu para um bom rendimento. A Walita se interessou e comprou pelo mesmo preço em dólares. Só que o dólar da venda era mais caro que o do momento da compra.

A Deca agora produzia também registros de gaveta, globos em bronze e válvulas de descarga. Olavo planejava, Refinetti, pessoa de enorme espírito prático, ocupava-se da área operacional, circulava o tempo inteiro pela fábrica. Olavo admirava nele essa praticidade, a simplicidade com que ele procurava solucionar problemas e desenvolver projetos. Os dois chegavam muito cedo, sete horas estavam a postos. Renato insistia em bater cartão, como todos, e era o último a deixar a empresa. Uma das lembranças fortes dessa época, de um outro São Paulo, estava viva na memória de Olavo:

"Às três, três e meia da tarde, saíamos e íamos até um boteco das proximidades tomar um refrigerante. Nesse momento presenciávamos uma cena curiosa. Víamos passar uma turma de ingleses, jogadores de polo, que se dirigiam ao campo contíguo ao estádio do Nacional. Eram administradores da São Paulo Railway, que deixavam o trabalho às quatro da tarde, apanhavam o trem na Luz e desciam na estação de Água Branca. Dali caminhavam até o campo de polo – a estrutura deles era perfeita –, treinavam e voltavam a tempo de encerrar o expediente.

O que me marcou demais foi uma greve de metalúrgicos em meados dos anos 1950, ou 1954 ou 1955, que nos atrapalhou muito, nossos operários pararam, mas os grevistas viram que tinha movimento dentro da fábrica, pensaram que eram fura-greves e começaram a atirar pedras, a quebrar todas as vidraças.

Quem estava lá era o Renato Refinetti e eu, parecia uma guerra, tivemos de nos abaixar, nos esconder em baixo de mesas ou máquinas, os estilhaços voavam por todos os lados, pedras grandes e cacos de vidro caíam em cima de nós".

Foi quando um amigo de Olavo, Henrique Fix, que Refinetti encontrou em Campos do Jordão, acenou com novas possibilidades de expansão. Fix possuía uma pequena empresa, a Enka, que fabricava torneiras e acessórios para banheiros. Negociações iniciadas em um bar da Rua dos Amores em abril de 1956 conduziram a um contrato de transferência de tecnologia, equipamentos e funcionários, houve um aumento de capital, a Enka subscreveu quatro mil ações ordinárias e Henrique Fix foi eleito diretor superintendente.

"A empresa era estável e para financiar as atividades recorria-se ao desconto de duplicatas. Elas é que geravam o capital de giro, era o esque-

Olavo Setubal afastou-se da Deca, deixando-a entregue a Renato Refinetti. As fotos mostram o futuro da empresa. Acima, Setubal, Refinetti e Henrique Fix, em 1971, 25 anos após a fundação da Deca. Abaixo, Olavo e Refinetti quando a empresa completou 50 anos.

ma comum da época, fundamental. As empresas de minha geração viviam disso. Quando, num final do ano, o contador me trouxe o balanço com um prejuízo enorme, levei um susto e, ao mesmo tempo, uma decisão fundamental em minha vida, a mais séria que já tomei: jamais chegar ao fim do ano para só então julgar o balanço. Acompanhar a situação mês a mês", afirmava Olavo Setubal.

A decisão de aprender contabilidade foi rápida para saber ler e analisar um balanço e acompanhou-o por toda a vida, como um princípio fundamental, passado às novas gerações. Olavo começou a estudar em um livro suíço, escrito por um mestre em contabilidade, em seguida passou a um método que estava em voga na Alemanha e, finalmente, passou a tomar aulas particulares com o contador Robert Dreyfuss, que trabalhava para a Deca e, mais tarde, pertenceu aos quadros do Itaú.

"Na crise de meados dos anos 1950, a Metalúrgica Mar estava entrando em concordata, Renato foi lá e negociou a compra, porque tínhamos a promessa de um financiamento do Banco do Brasil. Compramos, mas o Banco do Brasil recuou, ficamos pendurados, descobrimos que a Mar estava mal de vida, injetamos dinheiro nela para que não declarasse falência. De qualquer maneira, pusemos a mão na válvula Hydra, que representava, no fundo um grande capital."

A Deca foi pioneira na introdução do sistema de custos. Na época, era uma coisa em que não se pensava na indústria brasileira, no dizer de Jairo Cupertino, que acrescenta, "era tudo muito primitivo". Para ter ideia, as aulas sobre sistemas de custos na Escola Politécnica começaram depois da chegada da indústria automobilística com planejamento, projeto, gestão de produção. Olavo tinha introduzido na Deca o RKW, sistema alemão de controle de custos por rateios. Fechava-se a contabilidade com um sistema de distribuição de custos. Alocam-se todos os custos até o finalzinho e se apura bem o resultado. Enquanto não se fazia o fechamento zero-zero, não se considerava nada terminado. Olavo sempre afirmou: "Fiz da contabilidade a viga-mestra de minha gestão em qualquer empreendimento".

Duratex entra em cena

Uma tarde, em 1956, Alfredo Egydio de Souza Aranha telefonou ao sobrinho:

– Olavo. Pode vir aqui? Preciso falar com você, urgente!

Alfredo Egydio, sempre considerado "um orientador paterno" desde a morte de Paulo Setubal, seu cunhado, em 1937, tinha adquirido em 1935 a Companhia Ítalo Brasileira de Seguros Gerais (depois Cia. Seguradora Brasileira), o Banco Central de Crédito em 1945 (depois, Federal de Crédito) e a Duratex em 1951. Ele comandava ainda o Moinho São Paulo com instalações em Campinas e escritório em São Paulo. Olavo foi ao banco. Alfredo ia viajar e, como fazia sempre, pediu a lista dos maiores devedores da casa. Viu que a Duratex estava no topo da lista. Botou as mãos na cabeça: "Foi embora o capital". Quando Olavo chegou, Alfredo disse que precisava viajar, mas só teria tranquilidade se o sobrinho aceitasse uma missão:

– Qual?

– Preciso de você para endireitar a Duratex. Olavo pensou:

"Logo eu, que tenho uma Dequinha desse tamanhozinho, mas que anda bem?".

A Duratex era grande, com um capital que girava em torno dos três milhões de dólares. A empresa tinha sido fundada em 1951 pelo mineiro Eudoro Villela, homem culto, afável, e Nivaldo Coimbra de Ulhoa Cintra. Eudoro tinha se formado médico, mas acabara se interessando pelo lado industrial. Genro de Alfredo Egydio, era casado com sua filha adotiva, Lourdes Arruda. Proprietários da Los Andes, empresa de exportação e importação, Villela e Ulhoa Cintra traziam da Suécia chapas de fibra de madeira, até que um dia Nivaldo achou que seria viável produzir essas chapas no Brasil, a partir do eucalipto. Testes feitos pelos suecos aprovaram o eucalipto. No Brasil era algo inovador e promissor.

Sócios da Duratex eram o Banco Federal do Crédito, de Alfredo Egydio, o Banco Sul-Americano e o Banco Bandeirantes. Maquinários, equipamentos e *know-how* foram comprados da Defibrator, empresa sueca, considerada a melhor do mundo na engenharia para a produção de fibras.

No dia 31 de março de 1951, a Duratex S.A. Indústria e Comércio nasceu em Jundiaí, interior de São Paulo, a sessenta quilômetros de São Paulo, importante entroncamento ferroviário, com ligação direta com o Porto de Santos. A construção de catorze mil metros quadrados foi iniciada num descampado semipantanoso, o que levou o povo a chamá-la "a fábrica do brejo". A produção foi iniciada três anos depois, em 1954, quando a cidade de São Paulo comemorava o seu quarto centenário. Era uma fábrica inteiramente mecanizada com gerador próprio, potente o suficiente para fornecer energia elétrica a uma cidade de cinquenta mil habitantes.

Duratex é, de maneira simplificada, uma chapa de fibras de madeira prensadas. É madeira aperfeiçoada que hoje não há quem não conheça e utilize. Acontece que ela chegou ao Brasil décadas antes da conscientização em relação ao meio ambiente, a preservação das florestas, a não-devastação das madeiras nobres em um País que iniciava um surto de industrialização, das leis de proteção. Os primeiros tempos do que depois se chamou a Linha Um de produção foram difíceis, havia a resistência do mercado, confundia-se Duratex com papelão grosso, o que obrigava a equipe de vendas a levar um martelo na pasta, para mostrar ao cliente que não era papelão, era madeira.

Passados sessenta anos, Olavo Setubal avaliou o passo que deu:

"A empresa estava correta, o produto, excelente, o projeto de engenharia dos suecos, um êxito, a localização não podia ser melhor. Tudo como deveria ser. Mas a parte comercial foi um desastre. Sonhavam que tinham um produto que poderia ter um sucesso tão grande quanto as chapas de aço de Volta Redonda, o *top* no mercado. No entanto, vender chapas de madeira se mostrou dificílimo, o custo era alto, o duratex competia com laminados e compensados de madeira, produtos diferentes, baratos".

Olavo recordou-se do diálogo com seu tio Alfredo naquele 1956:

– Vá. Tome conta! – determinou o tio, categórico.

– Se é para tomar conta, vou.

– Suba ao terceiro andar, analise o projeto Duratex, veja o que pode fazer.

Olavo passou a tarde olhando os papéis. Diz-se que sempre teve um dedo que é uma coisa louca. Você mostra uma conta, ele coloca o dedo exatamente onde existe um problema, é inacreditável, revelam todos os que trabalham com ele. Olavo voltou e fez seu relatório ao tio Alfredo Egydio:

– O negócio tem futuro. Vou, mas faço uma exigência.

– Qual?

– Me dê o direito de perder 10 mil contos este ano. E coloco a casa em ordem!

– Pode sacar em cima do banco, aguento a mão. – Olavo, de repente, passou a tocar uma empresa cujos sócios estavam indignados porque só dava prejuízo:

– Havia um grande desafio pela frente. Eu estava sendo testado como administrador. E o engenheiro passou a aplicar tudo o que tinha aprendido.

Foi quando começou também a usar a, hoje célebre, intuição na avaliação correta dos homens, característica que o marcou durante toda a sua longa carreira. Este sempre foi um de seus orgulhos, "avaliar corretamente os homens". Há até uma blague familiar, íntima, que ele repete vez ou outra: "Se eu entendesse de mulheres como entendo de homens, não teria me casado".

Assim, em um dia de outubro daquele ano de 1956, cruzaram-se na Duratex Olavo Setubal e Jairo Cupertino. Outra ligação que duraria por toda a vida. Dois engenheiros. Ambos formados pela Politécnica. Contemporâneos, todavia Olavo se formou três anos antes. Jairo tinha sido contratado para ser o diretor da fábrica. Quando Olavo assumiu, encontrou uma situação ambígua: dois diretores para um mesmo cargo. Cupertino diz que a Duratex, naquele momento, era uma empresa que não resistiria a um estudo de viabilidade econômica. Ela tinha sido criada para fazer um produto muito propício em países desenvolvidos. Um produto feito a partir da madeira de preço acessível exatamente para substituir a madeira, que era cara. Mas no Brasil, com a exploração predatória das florestas, o não-pagamento de impostos, e outros recursos, a madeira e o compensado eram baratíssimos. Ou seja, a Duratex produzia um produto cujo preço era muito mais alto, inviabilizando a venda.

Havia uma crise na administração, gerentes assumiam e caíam, os equipamentos estavam se deteriorando, o pessoal não sabia operar direito, caminhava-se para a ruína. Uma das primeiras medidas foi recuperar o maquinário, depois reorganizar o pessoal. A empresa teve sorte em dois pontos. Tinha sido muito bem planejada pelos suecos do ponto de vista de engenharia. E, no início das operações, operários especializados tinham vindo da Espanha, Finlândia e Suécia, que foram extremamente importantes depois. Alguns estão no Conselho da Indústria Química até hoje. Jairo analisa:

"Olavo tinha uma energia muito grande, era capaz de perceber claramente onde estavam os problemas. Desenvolvemos afinidades desde o princípio, foi fácil o contato com ele, uma vez que tem uma característica fundamental. Delega muito, mas delega sem se desligar. Delega e controla. Ainda que dê liberdade ao subordinado, está constantemente aferindo. Quando entrei na Duratex, vi que precisava cortar gente, mas lutei comigo mesmo, fui empurrando o processo com a barriga. Quando Olavo chegou, quatro meses depois, certa tarde no escritório, levantou-se e me pegou pelo braço: 'Vamos dar uma volta pela fábrica'. Descemos e pouco depois a fábrica parou. Paralisou inteira. Olavo esperou um pouco, perguntou: 'Onde está fulano?'". Era o engenheiro-chefe, responsável pela produção. 'Está na sala dele fazendo um relatório'", respondi.

Passaram alguns minutos, todos parados. Aí Olavo disse a Jairo:

– O fulano não vem ver por que está tudo parado?

– Não. Ele acha que não é com ele, é com o pessoal da estrutura – respondeu Jairo.

– Sei, sei. E o pessoal da estrutura?

Olavo não teve resposta. Ele fez mais duas ou três perguntas, ficou calado, ensimesmado e, quando voltava com Jairo, disse com tranquilidade:

– Amanhã, mando embora esse diretor de produção!

No dia seguinte, chamou o sujeito, informou-o de que estava demitido, estendeu-lhe um cheque. Perplexo, Jairo lhe perguntou:

– Olavo, como é que se manda embora um engenheiro sem maiores explicações?

– Jairo, quando você manda alguém embora, não há explicação que o convença!

Sobre esse período, Jairo diz a respeito do amigo:

– O Olavo deste primeiro período era enérgico, duro. Ríspido muitas vezes. Agressivo? Raríssimo. Verdade que também vivia sob tensão.

Olavo ganhou um apelido entre os funcionários: Cacique Seatting Bull. Em uma entrevista a Ruy Souza e Silva, na Prata, certo dia, ele confessou que, depois dessa demissão, voltou à Deca, apanhou a chave de sua gaveta e entregou-a ao Henrique Fix, anunciando que dali em diante faria meio expediente da Duratex.

– Na verdade, a partir daquele dia, nunca mais tomei conta da Deca, ficou tudo nas mãos de Refinetti, que aguentou tudo sozinho dividindo comigo a carga em grandes crises.

A Duratex não era empresa de muitos funcionários, uma vez que a produção era automatizada. Havia vinte pessoas por turno e os outros eram serviços auxiliares, expedição, manuseio da madeira. Por sua vez, Olavo dizia que a re-estruturação do pessoal era urgente:

– Demiti parte do pessoal do escritório e fui para Jundiaí. Desmontei o departamento de venda e o reconstruí, o que provocou conflitos, boa parte dos revendedores era cupincha dos sócios. O que fiz foi executar um programa de racionalização do trabalho e de autoridade, definindo quem era quem na empresa, modificando completamente a estrutura comercial, tirando todos os revendedores e passando a vender diretamente aos atacadistas. Essa foi a grande mudança, a da estrutura comercial. Foi um período de luta muito séria, organizar a empresa e desenvolver a parte comercial.

A Duratex tinha um escritório no centro de São Paulo, na Rua Libero Badaró, ocupava um andar inteiro, e Olavo dividia a sala com Eudoro Villela. Dia sim, dia não, ou eventualmente todos os dias, tomava uma litorina da São Paulo Railway e chegava à Duratex em Jundiaí às oito horas. A fábrica era praticamente no pátio da estação da estrada de ferro. Ele dava expediente a manhã inteira e, à tarde, pegava a litorina de volta, descia na Lapa e ia para a Deca, ver como iam as coisas, trabalhava até a noite. Ao ir para casa jantar, o que sempre fez por volta de oito e meia da noite, ainda levava trabalho.

A Duratex manteve-se periclitante até a implantação da indústria automobilística. O Brasil vivia o período Juscelino Kubitschek, empossado em 1956, e o desenvolvimentismo, alicerçado pelo Programa de Metas, com 31 objetivos distribuídos em seis grupos: Indústrias de base, Transporte, Energia, Educação, Alimentação e a meta sonhada pelo presidente, a construção de Brasília. Foram criados mecanismos para atrair capitais estrangeiros. Para Boris Fausto, a política econômica de Juscelino "tratava de combinar o Estado, a empresa privada nacional e o capital estrangeiro para promover o desenvolvimento, com ênfase na industrialização. Sob esse aspecto, o governo JK prenunciou os rumos da política econômica realizada, em outro contexto, pelos governos militares após 1964". A produção industrial, principalmente a automobilística, cresceu em oitenta por cento e o PIB chegou a sete por cento ao ano. Além do fator econômico, o que caracterizou o governo JK foi a euforia, com o sorriso do presidente funcionando como um *slogan*, um mantra a otimizar a atmosfera do País.

A reorganização da Linha Um contou com um aliado forte, a indústria automobilística que exigia produtos com preço estável e entrega garantida, além da qualidade. Os compensados concorrentes, além da qualidade irregular, tinham um enorme problema. Em geral vinham do Paraná, dependiam do transporte, do tempo e das rodovias, a maior parte de terra, chegavam em abundância ou simplesmente escasseavam e faltavam, o que provocava a ciranda de preços. Olavo ocupou a brecha. A Duratex passou a ter uma produção regular e qualidade uniforme, o que permitia a manutenção de prazos fixos. Implantou-se o sistema de custos RKW, o mesmo da Deca.

Foi também o telefonema de um comprador de Brasília que acendeu a luz para um problema crucial, o da qualidade. Jairo Cupertino, num final de expediente, atendeu ao chamado de um comprador de Brasília. O homem queria determinada quantidade de chapas. Quando perguntado sobre que tipo de produto desejava, quais as especificações, ele respondeu: "Não interessa, me mandem o mais baratinho". Não importava qualidade, e sim o preço. Tanto Olavo quanto Jairo sentiram que seria impossível manter melhoria de controle, se não houvesse um fator que os obrigasse a isso. Que fator seria esse?

Um ano depois, a empresa estava equilibrada e Olavo viajou para a Europa, visitou fabricantes de chapas de fibra de madeira, auscultou o mercado e descobriu o fator. Seria a exportação. Ao voltar, decidiu duplicar a produção, criando a Linha Dois, com o objetivo essencial de exportar. Entrou em cena um novo personagem, Laerte Setubal, primo de Olavo, que desde 1959 gerenciava o Moinho São Paulo, outra empresa de Alfredo Egydio de Souza Aranha. Desde o início ele se entusiasmou pela exportação. Mas ela exigia algo até então negligenciado, para não dizer desprezado, na indústria brasileira, o controle rigoroso da qualidade. Laerte ficou encarregado do comercial, enquanto Jairo Cupertino cuidava da infraestrutura, do planejamento da produção e dos custos financeiros.

Nas reuniões constantes, nas trocas de ideias já naqueles tempos, um primeiro momento na carreira de Setubal, Jairo conheceu outra marca da personalidade de Olavo, o raciocínio estruturado, desenvolvido e aplicado mais tarde no banco. "Olavo não fazia reunião. Praticava o raciocínio coletivo. Em torno de uma mesa, da qual participavam sempre vários níveis hierárquicos, alguém dizia uma coisa, dava uma opinião. Olavo ouvia e dizia 'está bom', passava ao outro, ao terceiro. Ouvia todos sem discutir, opor ou contrapor. Depois, com pragmatismo, estruturava racionalmente o pensamento, sintetizava e chegava à conclusão, ou seja, à decisão. Agora, se tem coisa que o irritava era a burrice. Não suportava, cortava o interlocutor."

Por meio desse "raciocinio coletivo" se chegou à decisão de que o caminho da Duratex seria o da exportação. Nessa altura, 1961, a Linha Dois estava sendo construída em Jundiaí, destinada a duplicar a produção de chapas para 15,4 milhões de metros quadrados anuais. A inauguração se deu a 18 de julho de 1962. "Precisávamos exportar de trinta a quarenta por cento de nossa produção", lembra Laerte Setubal, que passava quase o ano inteiro atravessando os Estados Unidos, de costa a costa, em busca dos compradores.

Estabilizada a Duratex, antes dos anos 1960 chegarem, Alfredo Egydio convocou novamente o sobrinho:

– Você melhorou a Duratex em dois anos e merece um prêmio. Um bônus. Agora, vou te promover a diretor do Moinho São Paulo.

Um moinho de trigo sem trigo nenhum

– O prêmio era uma pepineira sem tamanho – constatou Olavo logo que chegou. – Porque na época, o problema do trigo era um tumulto. Um tumulto orquestrado pelo governo, no qual entrava muita corrupção. Os moinhos eram concessões do governo que tinha o monopólio da importação e distribuição do trigo. Ou tinha trigo demais, ou faltava. Quando tinha, vinha a guerra de preços. Quando faltava era o câmbio negro. Assumi em abril e em junho o Moinho parou por falta de trigo.

Olavo recordava que pegou o balanço e ali estava lançado um enorme estoque. Chamou o contador, "homem modestíssimo, um profissional à antiga, despreparado para o cargo", e lhe mostrou o balanço:

– Onde é que está esse trigo?

– Está aqui! Nos silos.

Foram ver, os silos estavam vazios.

– Aqui não tem trigo nenhum? Como você faz o cálculo do estoque?

– Dou entrada na contabilidade pelo certificado de desembarque em Santos. E a saída é dada pela balança do moinho.

Acontece que em cada momento da operação havia uma quebra nunca considerada. A do embarque no porto de origem. O descarregamento em Santos. O transporte por trem até Campinas. Assim, de quebra em quebra, após anos, o estoque tinha desaparecido. O controle era pelos certificados de embarque e desembarque, não pela avaliação física do silo.

Segundo os especialistas, havia na época uma prática em uso por todos, e que o governo conhecia, a do trigo de papel. Para tentar proteger a produção nacional do grão, o governo obrigava o comprador a adquirir uma determinada quantia em trigo nacional. Essa quantia era um dos parâmetros para o governo conceder cotas para importação, uma vez que ele detinha o monopólio do produto. O trigo brasileiro, na época, era de muito má qualidade, de maneira que os moinhos passaram a comprar apenas o papel, o certificado, não o grão, que não os interessava. Assim, pelo papel havia uma quantia no estoque que não correspondia ao real. Mas todo dono de moinho e todo contador devia saber isso, a fim de controlar a questão, para não se ver em situação de calamidade, sem trigo e sem possibilidade de negócios.

"Chamei os responsáveis pelo Moinho. Um era um italiano que tinha montado a empresa, o outro, um contador também italiano que não estava nem aí. Competente mesmo só o moleiro, um técnico. Chamei dois diretores. Um tinha sido coronel do Exército, tomava conta dos cavalos de corrida de Alfredo Egydio. Meu tio tinha uma coisa, era leal para com os amigos. No entanto, os diretores, arrogantes, não atenderam a meu chamado. Imaginem o que quer um menino desses que nunca colocou os pés num moinho? Não vieram a mim, foram direto para a casa de Alfredo Egydio."

Foi então que o tio Alfredo Egydio chamou Olavo para uma conversa:

– Convocou esses senhores? Para quê? O que se passa? O que você tem na cabeça? – perguntou o tio.

Olavo não queria massacrá-los em frente do tio. Mas não teve alternativa, contou a história.

– Chamei esses diretores para que expliquem por que o estoque não existe. Desapareceu, foi comido. O Moinho tem um prejuízo maior do que o capital.

Olavo recordou a cena: "Eles quase capotaram, perderam a fala, saíram de fininho. Precisavam ver a cara do velho Alfredo que, todavia, para essas coisas era firme. Seguro, enfrentou comigo a situação, resolvida de modo técnico. Assumi o Moinho totalmente".

A solução contábil-financeira que Olavo encontrou para resolver o problema do Moinho foi inovadora:

"Incorporei-o na Duratex, porque o Moinho tinha dinheiro e a Duratex estava no prejuízo. A fábrica de chapas de madeira tinha um balanço positivo, mas não tinha dinheiro, então incorporamos, e o dinheiro do Moinho ajudou a movimentar a Duratex. Na verdade, foi criado um mecanismo jurídico *sui generis*.

Vendi o Moinho ao Banco Federal de Crédito que era quem emitia as notas... de venda de trigo. Coisa impossível de fazer hoje. Mas eram outros tempos, não havia Banco Central, as formas de auditoria e fiscalização obedeciam a regimentos diferentes. Aí, o banco revendeu o Moinho à Duratex. Acontece que o Banco do Brasil fornecia trigo para pagamento em 120 dias e o Moinho vendia à vista, de modo que havia um giro de caixa que dava a impressão para todos que aquilo era uma joia. O balanço era feito em lançamentos contábeis sem conferir a realidade e o Moinho dava lucro, distribuía dividendos. O Moinho tinha uma situação de caixa excepcional e a Duratex vivia no sufoco. Com a fusão das duas empresas, a Duratex passou a funcionar bem. Algum tempo depois, como o trigo era tabelado e o Moinho não praticava o câmbio negro, o lucro não aparecia, montamos uma nova empresa, uma fábrica de macarrão, o Pastifício Anhanguera. Como tínhamos dificuldade de vender o macarrão, passamos a procurar mercados cada vez mais distantes e os preços acabaram sendo irreais, vieram novas dificuldades, prejuízos. Isso fez parte do meu aprendizado, da minha experiência industrial. A solução foi vender o Pastifício, depois o Moinho e nos concentrarmos apenas na Duratex que tinha sido corretamente projetada."

O que se descobriu mais tarde e provocou escândalo é que tanto o controle do embarque nos Estados Unidos como o desembarque em Santos era feito por uma mesma empresa, de origem sueca. Ela é quem fornecia os certificados de saída e entrada. Essa firma foi denunciada por certificar que embarcava determinada quantia, embarcando menos e negociando a parte desviada. De qualquer maneira, cada moinho deveria controlar o que entrava com o que estava dito no certificado, não se eximia a responsabilidade dos funcionários e diretoria.

Porém o momento decisivo, *turning point* na carreira de Olavo Setubal e que determinou todo o seu futuro, aconteceu naquele dia de 1959, quando Alfredo Egydio chamou, outra vez, o sobrinho:

– A Deca é pequena, mas vai de vento em popa, a Duratex está no rumo certo. Estou velho e cansado, vou te entregar o Banco.

– O Banco?

Olavo sabia o que significava. E sua vida mudou inteiramente de rumo.

Capítulo 4
A formação de uma família

Como educar filhos a dois

Em 22 de abril de 1962, quando nasceu Ricardo Egydio, seu último filho, Olavo Setubal estava com 39 anos. Depois de Paulo, nasceu Maria Alice, em março de 1951. Ela ganhou o apelido de Boneca, reduzido para Neca. Assim é chamada até hoje. Vieram em seguida Olavo Egydio Júnior, em janeiro de 1953, Roberto Egydio, em outubro de 1954, José Luiz, em setembro de 1956, Alfredo Egydio, em setembro de 1958, e finalmente, Ricardo Egydio, em abril de 1962. A década de 1960 significou a consolidação da Deca, da Duratex e as mudanças que Olavo fez no Banco Federal de Crédito, conduzindo-o à modernidade e modificando a estrutura bancária do País. Anos em que precisou se dedicar integralmente ao trabalho, mantendo o olhar sobre as duas empresas e projetando o banco em termos de engenharia, uma novidade então, pois os bancos eram geridos por advogados. Passados quarenta anos, Olavo Egydio teve um breve momento de abertura e emoção ao confessar à sobrinha Marta, filha de Arnolfo Azevedo, o Nonô:

– Quando me casei, acho que fui inconsequente. Não me julgava capaz de educar e formar um filho e tive sete. Quando olho em torno, hoje, formei todos.

Desde o primeiro filho, Olavo, aferrado ao seu conceito de racionalismo, levantou a questão: como ser pai, educar, dar toda a atenção, seguir o desenvolvimento de cada um na escola e dedicar-se integralmente a um trabalho que o absorvia e o exigia por inteiro? Quanto a Tide, sempre teve ideias claras sobre educação, tanto que comentou no diário, no qual sempre se dirigia ao marido:

Você disse que ia ser um pai severo, minucioso. Eu disse que não. Meu ideal é ser mãe amiga de meus filhos. Mas a mãe que saiba dar uma boa orientação, saiba for-

131

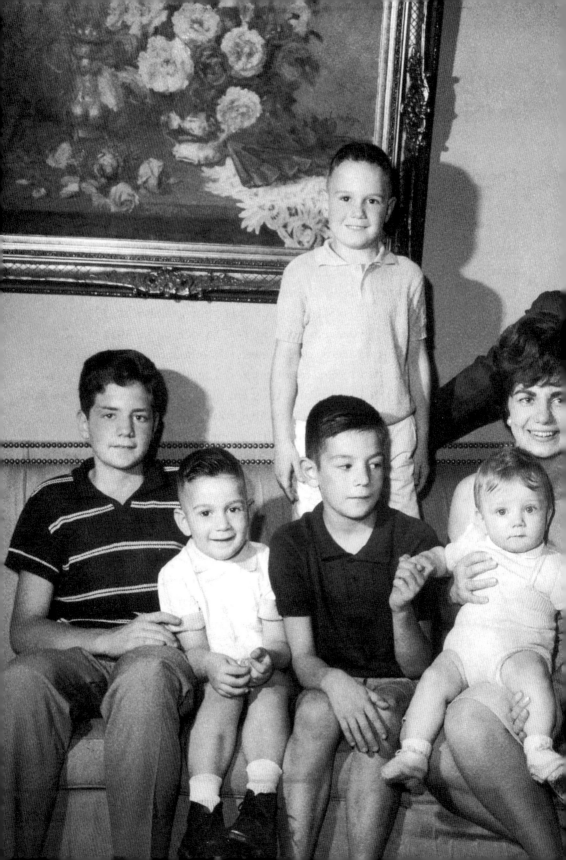

Da esquerda para a direita: Paulo, Alfredo, Olavo Júnior, José Luiz (em pé), Tide com Ricardo no colo. Olavo, Roberto e Maria Alice, 1962.

mar bem o coração dos filhos, saiba torná-los firmes, homens de verdade! Olavo, garanto que nossos filhos vão ser formidáveis. Se Deus quiser, nós havemos de educá-los bem. Eu quero tanto que eles sejam gente, mas gente de verdade, cheios de personalidade, gente firme, que saiba o que quer e queira o que faça. Olavo, confie em mim, como eu confio em você nessa parte. Vai ser como se nós dois moldássemos uma estátua que Deus nos tivesse entregue para a fazer como quiséssemos. É a nossa obra de arte. E eu tenho certeza que nós havemos de fazê-la bela, uma verdadeira obra-prima!!!

O casal estabeleceu um acordo. Foi Olavo quem contou:

"Tide educaria os filhos até se formarem, depois eu me preocuparia com eles. Este pacto funcionou maravilhosamente, ela era competente, esclarecida, com uma forte visão liberal. Eu desejava passar aos nossos filhos a educação que recebi, porque minha mãe era fundamentalista católica, como se diz hoje. Tide também teve formação católica no Des Oiseaux. Foram longas as nossas conversas. Eu gostaria que nossos filhos fossem educados em uma escola alemã, origem da minha formação. Ela não. Tinha uma visão mais aberta e bateu firme na ida deles para o Colégio Santa Cruz. Decisão fundamental para as crianças. Todos fizeram o Santa Cruz, tiveram excelente formação".

O pacto foi seguido à risca, tanto que os filhos, hoje, dizem:

– Passávamos a "existir" para ele depois que entrávamos na faculdade. Somente depois disso nossas conversas eram ouvidas na mesa, podíamos discutir, emitir opiniões.

Apesar da fé de dona Francisca e da aura espiritual em torno da irmã Thereza, os filhos garantem que a questão religiosa jamais foi colocada em pauta, nem sequer sugerida. Os sete filhos cresceram na casa da Rua Sergipe. Suas lembranças de infância e adolescência são dessa casa, com exceção de Paulo, o mais velho, que guarda uma imagem ligada à casa da avó Francisca. Estava com quatro anos, ganhou de presente de Natal uma tenda de índio e foi armá-la no quarto da avó Francisca, a essa altura muito doente, vivendo suas últimas semanas de vida, em 1953.

"Era um lugar de silêncio e fiz uma bagunça enorme. Vovó Francisca mantinha ainda intacto o quarto de tia Thereza, que viveu uma vida envolvida pela religiosidade. Era um cômodo simples, austero, com uma cama e uma cômoda, no qual não podíamos entrar. Um dia entrei e papai se exaltou, me tirou de lá muito contrariado. Thereza era um assunto que ele evitava. Aquele foi o último Natal que eu e a Neca tivemos com nossa avó paterna."

Francisca morreu no dia 31 de janeiro de 1954. Já para Maria Alice, sua recordação mais distante é a de uma mesa de jantar, e ela em cima, enquanto a mãe e uma professora de costura de nome Vilma provavam vestidinhos nela.

Apesar de dona de casa, Tide não gostava de cozinhar. Confessou em uma anotação de 1947:

> *Olavo, você não calcula como é pau cozinhar! É uma coisa tão antipoética, tão material, tão sem graça! Prefiro arrumar a casa, imaginar um arranjo, arrumar uma sala, colocar flores nos vasos, prefiro tudo sem ser cozinhar!*
>
> *É tão cacete o bafo quente do fogão, o cheirinho da cebola, descascar legumes, temperar a carne... Francamente, não é o meu forte. Prefiro milhões de vezes outras coisas.*

Para cozinhar, contava-se com Mercedes, empregada que ficou trinta anos na casa e era a faz-tudo, organizava cardápios, decidia o que seria o almoço, o jantar.

– Mamãe, como nós, descobria o que ia comer quando a comida chegava na mesa – diz Paulo. – Às vezes, dávamos palpite e Mercedes nos atendia.

Os filhos, contudo, admitem que a empregada, ótima cozinheira, era meio indisciplinada, vez ou outra atrasava o jantar, deixava Olavo possesso.

Apesar de nunca ter praticado esportes, o pai, contudo, incentivava, e muito, os filhos para que o fizessem. A suposição é que, como ele nunca teve aptidão, nunca se dedicou, pretendeu ao menos fazer com que os filhos descobrissem alguma inclinação. Assim incentivava que participassem de torneios no Clube Harmonia ou no próprio Santa Cruz, onde havia a Festa dos Esportes. Roberto chegou a jogar pela seleção de basquete do colégio e mais de uma vez descobriu o pai torcendo nas arquibancadas. Essas surpresas aconteciam. De repente, Olavo pegava Alfredo e José Luiz e ia para o Morumbi assistir a um jogo do São Paulo, seu time favorito. Mas não era fanático, não gritava, não dizia palavrão. Nunca disse.

A casa da Rua Sergipe, 401, recebeu o apelido de refúgio de De Gaulle, porque o presidente francês estava em evidência na mídia. Era um sobrado grande, com uma entrada lateral em declive. No quintal, a princípio, havia um tanque de areia, um escorregador e uma vaga para o carro. Uma das diversões era construir castelos de areia e começar a guerra. Cada um recebia uma quantidade de bolas e a missão era destruir o castelo do outro. Paulo inventou a regra ideal. Para ele. Quando as suas bolas se acabavam, o jogo automaticamente terminava. A regra não valia para o adversário que, sem munição, se via aniquilado.

A mãe e as empregadas viviam reclamando, a meninada corria para dentro de casa espalhando areia por toda a parte pelo chão, tapetes, banheiros. Há registros sem fim de tombos na escada que dava acesso aos quartos; uma vez Paulo rachou o crânio, foi para a emergência. A entrada em declive virava pista para os pegas com velocípedes. Dezenas de vezes, viu-se uma criança esborrachada lá embaixo. Andava-se muito de bicicleta pelo bairro, as ruas eram sossegadas, a Praça Buenos Aires, um recanto aprazível, fresco, Higienópolis não era um corredor de trânsito.

A casa vivia sendo reformada, sofreu grandes transformações, sempre presente o arquiteto e decorador Jacó Rusht com Tide no comando. À medida que os filhos iam crescendo, a casa se expandia e chegou o momento em que Olavo comprou e, para usar um termo do mundo dos bancos, incorporou a casa vizinha, que era chamada pelos filhos de "a casa da velha". Para as crianças, reformas eram um parque de diversões, elas brincavam com a areia, as pedras, faziam tinta de cal, giravam o misturador de concreto, ou um entrava no misturador e o outro movimentava. Quando as duas casas foram ligadas, uma ala ficou clássica e a outra, moderna. Tide preferia cores fortes, sofás laranjas, vermelhos, gostava de *design*, dos objetos assinados, dos móveis em alvenaria, em acrílico. Eram duas salas distintas ligadas por uma grande lareira. Numa havia uma poltrona de couro preto, com uma banqueta para descansar o pé. Ao lado, uma mesinha de acrílico vermelha. Era o canto do Olavo, onde ele sentava-se para ler, devorava o jornal todas as manhãs, separando o que o interessava para o trabalho. A sala clássica, com um conjunto de sofás de camurça, mesa com tampo de vidro sustentado por duas armações de metal, uma grande tapeçaria antiga, foi transformada em sala-escritório. Ali Olavo trabalhava, recebia pessoas. A mesa sempre limpa e ordenada, dois telefones, um vaso. Mesas limpas, vazias, foram uma característica de Olavo ao longo da vida. O piso era em pedra Goiás.

Outro cômodo era a sala de televisão. Os quartos eram todos no andar superior. Por um tempo, os homens dormiram juntos, ao passo que Neca tinha um quarto só para ela. Aliás, era no quarto de Neca que a mãe ia fumar escondida do marido. Depois da incorporação da casa vizinha aumentou o número de quartos e cada um foi para o seu, menos Roberto e Alfredo que continuaram compartilhando o mesmo até o casamento de Maria Alice, anos mais tarde.

Nesse andar havia uma biblioteca e uma rouparia que funcionava como sala de costura. Tide tinha três costureiras, Rosalina, Geralda e Catarina, que se instalavam lá fazendo reformas, adaptações, bordando monogramas. Vaidosa no vestir-se e ao mesmo tempo econômica. As roupas passavam de um filho para o outro, adaptadas. Ter uma costureira era normal para as classes média e média alta, não se mandava fazer roupa fora e as grandes lojas de moda e as butiques ainda não existiam. Copiavam-se os modelos das revistas estrangeiras. Eventualmente, Tide era cliente da Casa Vogue, da Voguinho, da Casa Canadá e de Madame Rosita, que pontificou por décadas na Avenida Paulista.

A geografia doméstica completava-se com duas garagens, uma área de serviço e um terraço, na verdade mais jardim do que terraço. Havia um cômodo para as tranqueiras dos filhos, chamado o quarto da bagunça, e dois quartos para as empregadas, Mercedes e Milita, esta a lavadeira e passadeira. Havia ainda a copeira, Natalícia (Nata), e a arrumadeira, Zita. Ao entrar na casa, a pessoa ouvia a algazarra dos pássaros. É que no jardim, entre as duas casas, estava o viveiro, abrigando pavões, tucanos, faisões, gralhas. Ao barulho dos filhos e seus amigos, juntava-se o dos pássaros, principalmente as gralhas. Era uma casa alegre, confessam todos.

Nas contínuas reformas que se sucederam ao longo do tempo (diz Maria Alice que foram no mínimo dezesseis), construiu-se uma quadra de basquete, na qual se jogava também futebol de salão. A casa era centro de convivência entre os irmãos e seus amigos, juntava-se gente de todas as idades. Ali se reunia, se comia, se estudava, se jogava, formavam-se grupos, conforme as idades, e saíam para o cinema, os jogos ou as festas. Entre os que frequentavam a casa estava a prima Marta, filha de Arnolfo Azevedo, Nonô, irmão de Tide. A ligação entre Olavo e Nonô, que era o "chaperon" quando Tide e Olavo namoravam, sempre foi muito próxima, apesar das divergências. Nonô, que morava na Avenida Higienópolis, era descontraído, *bon vivant*, aquele tipo que Olavo definia como "poeta", quando queria desdenhar ou esnobar alguém. Quando Olavo começava a dar uma dura, Nonô, que era muito engraçado, dava a volta e amolecia o cunhado. "Uma relação maluca", define Marta. Ela participava dos rachas de futebol, jogando no gol.

Habitué dos almoços dominicais e também dos natais organizados por Tide, Marta era das raríssimas pessoas que tratavam Olavo informalmente, quebrando o gelo e encurtando distâncias. Ela tinha cabelos compridos, usava maria-chiquinha, chegava e sentava-se no colo do tio. Um dia experimentou beijá-lo e esperou a reação, veio um sorriso e um puxão na maria-chiquinha. Aquele puxão passou a ser um gesto de afeto. Entre os irmãos, por causa da diferença de idades, houve dois períodos distintos em relação às atenções do pai. O dos mais velhos, Paulo, Maria Alice, Olavo e Roberto, com o pai menos presente, e o dos mais novos, José Luiz, Alfredo e Ricardo, quando as ausências eram menores e a atenção, um pouco maior.

As crianças estudavam de manhã e acordavam cedo, seis e meia da manhã, passavam no quarto dos pais para se despedir, davam um beijo em Tide que ainda dormia e partiam. Olavo Júnior, nesse momento, murmurava baixinho, "minha *sleeping beauty*". A lembrança do pai nessa época é a de vê-lo sentado para o café-da-manhã, refeição frugal, pão com manteiga, mel, uma fruta, sem queijos e sucos. Antes de sair para o trabalho, Olavo lia os jornais *O Estado de S.Paulo* e a *Folha de S.Paulo*. Vem desse período o hábito de recortar notícias que julgava importantes enviando aos filhos e aos diretores da *holding*. Não apenas informações sobre economia e finanças, mas também fatos políticos ou situações do cotidiano do Brasil e do mundo que pudessem ter repercussão no trabalho, até favorecessem planejamentos. Sempre olhou para o Brasil e o mundo para nele encaixar suas empresas.

Os filhos foram para o Externato Elvira Brandão, na Alameda Jaú, em um prédio clássico de três andares, demolido há poucos anos. Escola tradicional, fundada em 1904, mas estabelecida na Alameda Jaú desde 1930, era frequentada pela elite paulistana e por filhos de imigrantes judeus e árabes em busca de ascensão social. A escola era comandada pelas sócias, Maria, a mais velha, brava, autoritária, e Marina, mais maleável. O uniforme dos alunos era calça curta, xadrez branco e preto, camisa branca e suspensórios.

A ala dos Setubal mais velhos saía de casa, ia a pé até a Avenida Angélica, apanhava o bonde 36, subia até a Avenida Paulista. Eles desembarcavam entre as Ruas Augusta e Padre João Manuel, desciam duas quadras pela Augusta, viravam à esquerda. Paulo ainda pegou um trecho da construção do Conjunto Nacional, inaugurado em 1958. Os mais novos levaram vantagem, contaram com uma perua à sua disposição.

O Elvira Brandão tinha um terreno nos fundos com tanque de areia e bancos. Uma das brincadeiras favoritas, recorda-se Olavo Júnior, era sentar no banco e empurrar para derrubar quem estava na ponta. Duas boas lembranças ligadas ao estômago, o cachorro-quente vendido num cantinho no fundo do terreno e a pipoca e os doces do pipoqueiro que se instalava desde cedo na calçada em frente. Jogava-se bolinha de gude e praticava-se o "abafa" com figurinhas de futebol. Todo menino procurava encher álbuns e, além do "abafa", havia os negócios com as figurinhas em duplicata, denominadas para troca. Por causa das figurinhas que consumiam parte da mesada, esperava-se com ansiedade o Natal, porque o velho Alfredo Egydio, tio do pai, também chamado de tio por todos, chegava com um maço de notas novinhas em folhas, estalando, afinal era banqueiro, e as distribuía fartamente. Até mesmo Tide se alegrava, ela em geral comprava um vestido.

Todos os filhos saíram direto do Elvira para o Colégio Santa Cruz. A decisão foi uma vitória de Tide que se apaixonara pela proposta de Summerhill, a da liberdade na educação, e que encontrava eco em São Paulo naquele colégio católico. Houve aqui também um tempo em que para ir ao colégio uma perua levava, mas eventualmente se podia apanhar o ônibus. Uma linha subia a Avenida Angélica e descia a Rua Teodoro Sampaio. Ali, mudava-se para o ônibus 71, que ia da Teodoro ao ponto final na Rua Orobó, em frente ao colégio. Alfredo se lembra de um motorista que o levava ao colégio, mas em geral a volta era de ônibus, pelo 718 que ia ao Largo de Pinheiros e ali se trocava pelo que se destinava ao Largo General Osório subindo a Avenida Rebouças e descendo a Angélica. Nenhum dos filhos tinha carro, só ganhariam ao entrar na faculdade. Olavo Júnior gostava de variar, assim às vezes apanhava o elétrico na Rua Augusta, seguia até a Rua Antônia de Queiroz e fazia várias quadras a pé, atravessando a Rua da Consolação.

Tanto o pai quanto a mãe eram severos e não poupavam nenhum filho de um castigo ou de uma surra de cinto, se achassem necessário. "Uns tapas ou uma cintada não fazem mal à saúde de ninguém," dizia Olavo. Tide, de vez em quando, se exaltava, se enchia, jogava tudo para cima, o marido que resolvesse. Era comum, quando o pai chegava à noite, a meninada correr: "Olha, fizemos bobagem, mas a mamãe já deu o castigo, já apanhamos". Senão, apanhavam de novo. Apanhavam igualmente quando quebravam coisas, Tide espalhara pela casa uma série de objetos de arte e de estimação. Maria Alice, por ser a filha única, costumava escapar incólume. Mas chorava ao ver os irmãos apanhando.

Olavo e família em 1975. Sentados no chão os filhos José Luiz e Ricardo. Logo acima, da esquerda para a direita, o filho Olavo Júnior, Tide, Olavo e os filhos Maria Alice e Roberto. Atrás, Paulo e, no alto, Alfredo.

Paulo batia em Olavo Júnior que batia em Roberto. Aliás, Olavo Júnior preferia apanhar da mãe. O pai, quando tinha de aplicar castigo, colocava o filho no colo e dava a cintada. A mãe não "sabia" bater, batia de pé e para se defender bastava erguer o braço e a cinta se enrolava nele. Roberto diz que, apesar da severidade do pai, as regras eram claras, o que podia e o que não:

"Rigoroso, mas justo. Não era um pai de colocar filho no colo ou sair de mãos dadas com alguém. Todavia, estava presente nessa sua ausência. Atento, percebia quando era necessário. Um dia, um de meus irmãos fez uma besteira, que envolvia gente de fora, acho que do clube, não tenho certeza e meu pai sentou-se para conversar. 'Você fez ou não fez?' Meu irmão negava. Ele insistiu duas, três vezes e meu irmão negando. Então, ele argumentou: 'Escute! Me diga a verdade. Vou ficar do seu lado de qualquer jeito, você é meu filho. Se fez, vou estar contigo de uma maneira. Se não fez, estarei a seu lado, só que de modo diferente. Preciso saber a verdade, para poder tomar uma posição, saber como agir'. Era um homem firme, inspirava medo, mas podia-se contar com ele. Esse posicionamento foi mantido a vida inteira nas empresas, no banco, na política, o que faz gerar a confiança das pessoas em torno dele. Esse é um dos traços de sua liderança".

Quando terminavam as brigas e as punições e dava a sentença final, Olavo promovia reconciliações, fazia com que os filhos se abraçassem, mostrassem que tudo estava em paz.

Tornou-se antológica uma participação de Olavo em uma reunião de pais e mestres convocada pelo Santa Cruz depois de uma enorme arruaça, quase uma guerra, os alunos quebraram coisas, pintaram paredes, fizeram bagunça nas classes. Os padres Corbeil e Charboneau expuseram a situação, disseram que os alunos, filhos daqueles pais ali presentes, tinham cometido barbaridades.

Os pais questionavam os filhos ali presentes: "Você fez isso? Como pôde?". E o filho negava. Outro pai se indignava: "Esse não é meu filho, como é que ele faz um negócio desses?". As discussões se prolongavam, estéreis, nada objetivas. Ficou uma enorme saia justa. Então, Olavo levantou-se: "Quero falar!".

Uma das marcas de seu temperamento era ser concreto. Os filhos nunca se esquecem de uma frase recorrente quando um assunto se dispersava, ou quando alguém começava a se aproximar de sua intimidade, ameaçando romper a armadura. Ele interrompia, duro:

– Não discuto filosofia, isso para mim é filosofia.

Pois, ali no colégio, o que se discutia era filosofia da educação sem nenhum rumo. Imponente na altura, poderoso na voz de trovão, ele disparou:

– Para mim, a culpa é da escola! Os alunos fazem isso porque aqui não há limites! Não tem disciplina! Na minha casa, nenhum filho meu faz uma coisa dessas. Se fazem aqui na escola a culpa é de quem?

Da escola, porque vocês permitem. E ainda têm coragem de chamar os pais aqui?

Havia um momento temido, o do boletim escolar. Olavo era quem assinava e queria que todos fossem bem na escola. Sua preocupação eram as notas "vermelhas", aí entravam sermão e conselhos. Se as notas eram boas, ele assinava com prazer. Se ruins, rabiscava um visto apressado. Tanto Olavo quanto Tide na questão escolar estavam alinhados, "eram monolíticos, coerentes", diz Roberto. Quando encontrava notas baixas, ele queria explicações sólidas, mas também ajudava, nem sempre, mas ajudava, principalmente quando a matéria era Matemática. Dominava a matéria, dava uma aula suplementar, "isso funciona assim, assado". Quando os filhos entravam no colégio, aí então corria por conta deles, não havia mais ajudas paternas ou maternas. Quando os pais percebiam que havia malandragem, que se estava relaxando, vinham castigos, como não comer sobremesa uma semana ou não ver televisão por um mês ou dois.

Uma vez, toda a família foi para Bariloche e Paulo ficou estudando Química, estava de segunda época. Outra vez, a nota ruim foi em Português. "Eu não era bom como meu avô, um grande escritor, de modo que todo mundo foi para a casa da Prata e fiquei em São Paulo me recuperando. Com papai cada um tinha um dever a cumprir e suas exigências eram altas." Já Roberto salienta que havia exigências, porém não exageradas, como a de serem os melhores e os maiores, tanto que, com exceção de Maria Alice e José Luiz, nenhum foi um aluno excepcional. Bons, todavia não ótimos, de primeira grandeza.

O pai jamais vinha para o almoço, eram apenas Tide e os filhos, mais os amigos dos filhos. Sempre tinha alguém convidado. Obrigatórias eram a salada de entrada no almoço e sopa no jantar. Olavo jamais declinou da sopa no jantar, fizesse frio ou calor. Até hoje ela se faz presente na mesa. Em seguida, o prato principal e a sobremesa. Feijão só no almoço, nunca no jantar. Pouca massa. Peixe uma vez por semana, o rosbife era frequente, carne fácil de fazer, servido com purê. Legumes sempre. Sardinha era também apreciada. Sensação eram os croquetes de carne. Mercedes fazia de 110 a 120 por refeição. Provocavam brigas, "mãe, o Ricardo está pegando mais de três, não vai sobrar para mim". Como o menor era sempre o mais visado, a mãe corria em defesa. "Não! Pode pegar. Senão não sobra." O croquete e o pastel eram comidas populares. Os pastéis de queijo e de carne indicavam que o sábado tinha chegado. O serviço era à francesa, sempre foi. Porque assim era na casa de dona Matilde, avó de Tide. Entre as sobremesas havia dois doces, uma gelatina cor-de-rosa, eleita a número um da família, e o doce de leite. Imbatível de vez em quando, aparecia a *madeleine* de vovó Alice. Insuperável, desejada. Como costuma dizer tia Vivi, os "Setubal são loucos por doces, são todos formiguinhas, para agradá-los basta colocar na frente uma tigelinha cheia de balas e chocolates". Hoje, nas mesas dos restaurantes da holding há sempre uma vasilha cheia de balas.

Olavo Setubal saía de manhã e voltava à noite. Muitas vezes, trazia trabalho, uma montanha de papéis, da Deca, da Duratex, do Banco. Trabalhava dez horas, direto. Os filhos viam o pai rapidamente de manhã, um pouco mais à noite. Seco, distante. Maria Alice guarda uma imagem forte da infância. Andando com a mãe um dia, não entendia como havia tanto adulto na rua.

"Fiquei perplexa, me deu um nó na cabeça, porque o meu pai, um homem sério, trabalhava o dia inteiro, só chegava à noite, então, todos deviam estar no trabalho também e, no entanto, caminhavam na rua, despreocupados."

O jantar era servido no momento em que o pai chegava em casa, o que raramente acontecia antes de oito e meia da noite. Tide, às sete e meia da noite, subia, se arrumava, fazia-se bonita e perfumada, para receber o marido.

Não era raro ter ido ao cabeleireiro, frequentava o Jacques-Janine, naquele tempo apenas um casal de franceses que mantinha um salão muito bem frequentado. Janine Goosens era a consultora de beleza da *Claudia*, a revista feminina de maior penetração no Brasil. Tide, com seus intensos olhos azuis, era magra, elegante, *mignon*, tinha 1,65 metro e gostava de usar saltos.

As crianças, quando novas, podiam comer mais cedo, os outros esperavam. Só depois dos seis ou sete anos, adquiria-se o direito de sentar-se à mesa com toda a família. Maria Alice percebia que a sua família era diferenciada, porque era a única que jantava naquele horário, numa época em que o costume era a mesa ser posta entre sete e sete e meia da noite.

Olavo sempre foi um *gourmet*, todavia comia o que vinha para a mesa. Comer rápido, puxando ao pai, que era velocíssimo com os talheres, tornou-se característica de todos. Como as refeições eram servidas à francesa, e Olavo e Tide eram os primeiros a serem servidos, vindo os outros pela ordem da idade, muitas vezes acontecia de os pais terem terminado e alguns dos filhos ainda estarem comendo, principalmente Olavo Júnior. Acontece que, em vez de comer, a criançada ficava conversando, se distraindo, bagunçando, o que tirava o pai do sério. Foi quando ele instituiu a ampulheta para regular o tempo. Benevolente, às vezes, virava a ampulheta duas vezes, depois dava um basta. Claro que Olavo Júnior continuou se "atrasando", mas Neca comenta que na verdade era o único que comia no tempo normal. O pai jantava de terno, somente depois se colocava à vontade. Sempre manteve o terno em casa.

Os jantares sempre foram momentos importantes, principalmente quando os filhos atingiam a idade adulta, entravam para a faculdade. Porque era quando entrava em pauta a "cultura de mesa", assim definida por Paulo:

"Nos jantares, ele transmitia conceitos, visões, princípios, valores. As conversas eram sempre culturalmente ricas, com mamãe procurando uma visão mais abrangente de mundo, ele aferrado ao seu racionalismo, o que levava a uma dialética interessante. Aprendemos vendo as ações e a decorrências das ações. Ele transmitia a cultura do trabalho e do crescimento, seu foco sempre foi o do crescimento, o do nível estratégico. Não suportava, nunca suportou, banalidades, mexericos, trivialidades. Cortava logo. Fazia o mesmo em reuniões de trabalho".

Tide e Olavo eram personalidades opostas. Ele, com ideias próprias, firme e impositivo, ela, cheia de energia, não se intimidando. Defendia suas opiniões, rebatia, enfrentava, dizia não, não e não, deixava claro seu ponto de vista. Nenhum dos dois recuava e começava a discussão. Os filhos cresceram ouvindo os pais debatendo, conversando e chegando a um entendimento. Essa característica da personalidade de Olavo foi passada para os filhos, a paixão pelo debate, pela discussão, pela clareza e foi levada para as empresas, para o banco. Ouvir o outro, concordando ou não, buscar o termo de equilíbrio em que todos são favorecidos. Marta Azevedo, a sobrinha, acentua que a rigidez de Olavo sempre teve Tide como um contraponto. Ela brincava bastante com ele, mas também ficava muito irada. De repente, toda aquela doçura se transformava em energia pura, em braveza. "Era Tide quem trazia Olavo para baixo, para a terra, e ele ficava quietinho, era engraçado ver aquele tio circunspecto e temido ouvindo, concordando, acatando tudo."

Acabado o jantar, isolava-se numa sala e continuava trabalhando. Ou sentava-se na sua poltrona a ler. Tide nessas horas também apanhava um livro, uma revista, ou ficava ouvindo música. Ela costumava ler bastante e Olavo pedia que ela contasse sobre os livros lidos, uma vez que ele não era de se concentrar em romances. Preferidas, contudo, eram e continuaram sendo as biografias e os livros de História, de entrevistas e perfis. Como ela sempre foi uma grande contadora de histórias, narrava filmes e livros com charme e graça, detalhes e emoção, gerava fascínio, ficavam todos ligados. Enquanto ele, Olavo, dotado de memória privilegiada, ouvia tudo e dava palpites e opiniões como se tivesse visto o filme, lido o livro. Eram comuns também as leituras para os filhos e variava-se de Herman Hesse a Kalil Gibran, com passagem por Saint-Exupéry, então no auge, com *O pequeno príncipe, Voo noturno,* e Maurice Druon, de *Os reis malditos.*

Conheciam história da arte por meio de uma coleção editada pela Skira, menina dos olhos de Olavo. Tide falava de Teilhard de Chardin e São Tomás de Aquino, de Jung e Freud. Um momento divertido chegava com a leitura dos livros do avô Paulo Setubal, todos rindo muito com *As maluquices do imperador.* Em uma das férias, José Luiz queria ler um romance de José Mauro de Vasconcelos, ela não achou conveniente por ser "muito forte". Dos filhos, os que mais gostavam de ler eram Maria Alice e José Luiz. Ir ao cinema com a mãe era um programa comum para todos.

Olavo não acompanhava. Tide saía de carro, às vezes, e levava junto algum filho, ligava o rádio, dirigia ouvindo música, distraía-se, batia, logo acalmava todos, dizendo que isso era "um pequeno detalhe".

Nos fins de semana, Olavo ia para Jundiaí de jipe, dava expediente na Duratex, regressava à tarde ou no começo da noite. Nunca foi um bom motorista, não gostava de dirigir. Era um pai presente aos domingos, quando se resolviam todas as "pendências", principalmente as escolares, e se abria o caderno das mesadas. Dia de passear. Tanto se podia visitar a tia Vivi quanto ir ao Parque do Ibirapuera, cuja imensa roda-gigante impressionava Maria Alice. Havia ainda o lago e os pedalinhos.

Eventualmente, com os homens, aos domingos, Olavo ia para o Clube Harmonia na Rua Canadá. Parava o carro nos fundos do clube, um estacionamento para trinta veículos. Eram poucos os que possuíam automóveis. Certa época, ele teve um Ford azul e um dia, Paulo e Olavo Júnior, para agradar ao pai, decidiram lavar o carro. Usaram sapólio, riscaram a lataria, não deu para esconder. Não teve punição, apenas uma espinafração em regra. No Harmonia todos caíam na piscina, inclusive Olavo que praticava nado de costas. A mãe não participava desses passeios. Não se comia no clube, porque havia dois rituais imperiosos, o almoço do domingo, com toda a família reunida, e a missa na igreja de Santa Terezinha, às sete da noite. Olavo ia à igreja, dizem os filhos, mais por causa da esposa, mas nenhum deles se lembra dele rezando. Comungar, nunca comungou. Também ela não era carola, mas tinha um senso agudo de espiritualidade e uma crença sólida que lhe davam muita força. Com tudo isso, com sua alegria inata, sua extroversão e em contínua agitação, Tide era dominada muitas vezes por uma melancolia que se aproximava da depressão.

À noite, Olavo e Tide visitavam amigos, principalmente os que tinham filhos pequenos. Dois dos mais habituais, e por sinal dos mais chegados, eram Carlos Sarmento e sua mulher, Lila, e José Bonifácio Coutinho Nogueira e Tereza. A vida social era constituída por cinemas e visitas aos amigos, não havia o costume de jantar fora. Frequentava-se muito o Jockey Club. Antes de sair, Olavo chamava os filhos e entregava dinheiro, sabia que eles iriam buscar pizza na esquina.

Os filhos tinham seus programas de televisão favoritos e uma vez por semana, se o programa coincidisse com a hora do jantar, havia permissão para não jantar em conjunto, a pessoa podia ir direto para a sala contígua, onde estava o aparelho de tevê. Eles viam *Rin Tin Tin*, *Tarzan*, o *Menino do circo*, entre outros. A casa era ponto de encontro, todos se reuniam ali, ouvindo música, bebendo, Olavo nunca foi de regular, ficar controlando o uísque. Tide adorava música, cantava, colocava discos. Quanto a Olavo, ele mesmo dizia que gostava, mas não conseguia decorar uma letra, uma melodia. Brincavam com ele: "Pai, a única música que você conhece é o *Tema de Lara*, do filme *Dr. Jivago*". O gosto pela ópera veio muito depois. Tide o arrastava a concertos, ela fazia curso de música clássica. Mas a popular também entrava no repertório, ela arrastava Neca aos Festivais de MPB no Teatro Record, na Rua da Consolação, para ouvir Elis Regina, Chico Buarque e outros. Em casa, ouviam-se Frank Sinatra, Nat King Cole, Frankie Laine, Billy Eckstine, cantores de uma época, porém, à medida que os meninos cresciam, notava-se a infiltração dos Beatles, da Jovem Guarda.

Todos recebiam mesada. Havia um caderno, livro-caixa, onde tudo vinha anotado. Acabou o dinheiro, acabou, só o mês que vem. Ou então, pedia-se um adiantamento, anotado e descontado. Empréstimo sim, mas devolução, pagamento. As contas eram acertadas aos domingos à tarde. Era preciso aprender a controlar o próprio dinheiro, controlar a vida.

Olavo e Tide viajaram juntos para a Europa, pela primeira vez, em 1959. Ela escreveu: "É tão bom ter esta oportunidade de estar a sós com o marido, longe da rotina – de participarmos juntos as mesmas emoções, longe da rotina – de nos sentirmos mais unidos por esse tesouro comum de recordações". Ela manteve um diário para cada viagem que fez, e foram dezenas, com o marido e sem, ao longo da vida. Paris, Londres, Nova York, a Grécia, a Suécia, a Espanha, Egito. Ele ia a trabalho, mas conseguia dividir o tempo. Essencial, sempre, era a visita ao museu e um trajeto de galerias de arte. Viajavam com os amigos como José Carlos Moraes Abreu e Sarita, com Carlos Sarmento e Lila, com José Bonifácio Coutinho Nogueira e Tereza.

Olavo Setubal e Tide em viagem ao Egito. No deserto, de paletó e gravata.

Por um lado, havia a Tide que adorava roupas e lojas.

De manhã fiz compras. O comércio daqui (Paris) deixa qualquer um de cabeça virada. Tentações e mais tentações!
O comércio (Madri) desde logo nos encanta: que variedade! ...Que preços acessíveis! ...Comprei um tailleur de ráfia branco (que me deu um impacto) numa luxuosíssima casa de modas: um abrigo de couro, luvas mantilhas...
Em Nova York, a parte de lojas é de embasbacar...
Fiquei maluca com o comércio de Roma...

Do outro, a observadora contemplativa:

O caminho todo se enquadra naquela paisagem árida, pedregosa... O sol arde nos caminhos. Rebanhos de cabras

Sem medo do lugar comum. Olavo e Tide em Veneza.

pretas e marrons com seus pastos enchem de quando em quando a paisagem... Mulheres de preto. Mais adiante começam a aparecer plantações de milho e restos de plantações de trigo. São como quadrados amarelos dentro do marrrom da paisagem.

O verde vinha semeado de papoulinhas amarelas numa maravilhosa profusão... Limoeiros em flor... Os pastores tinham cornetas de chifre penduradas no pescoço. Chegamos a Tebas, vinte mil habitantes – uma das capitais da antiga Beócia. Lá estão as ruínas do antigo palácio de Édipo.

Tablado Flamengo-Zambras. Adoro ver flamenco. É aquela dança violenta, selvagem, cheia de vida e sensualidade, uma vertigem crescente de movimento e ritmo... Flamenco que eu adoro!

Gosto de Goya, do seu modo vivo, expressivo, colorido, direto, intenso de pintar...

Impressiona-me também a beleza mística de El Greco, seu traço moderno, suas figuras longas.

Em um de seus últimos diários, ela comenta *O último tango em Paris,* visto naquela cidade, uma vez que estava proibido no Brasil, era tempo da ditadura militar e da censura:

Fita tão falada e controvertida. Cenas muito cruas e fortes. Às vezes, até desnecessárias. Fita até certo ponto desagradável, triste, desiludida. Trabalho excelente de Maria Schneider e ainda mais de Marlon Brando. Filme extremamente bem feito, retratando muito bem o drama psicológico de ambos. Ela, menina solta no mundo, cheia de fantasias, sem orientação na vida. Ele, vivendo o drama do suicídio da mulher e a desilusão de sabê-la infiel. Ela entregando-se a ele. Ele animalizando-a. Ela se submetendo a tudo, se escravizando. Ele, maltratando-a com seu sadismo recalcado. Ela amando-o, sofrendo sua ausência...

Quando viajavam, Olavo e Tide faziam uma distribuição dos filhos. Uns iam para a casa da avó Alice, outros ficavam com os padrinhos. Momento de férias para os meninos, relaxava-se, saía da rotina e do rigor familiar, ainda que a severidade dos "tutores" continuasse; a preocupação aumenta quando se cuida dos filhos dos outros. Ao voltarem das férias havia um ritual de encanto. Amontoavam-se todos para a abertura das malas, a entrega dos presentes.

Duas lembranças permanecem indeléveis na memória da família, instantes iluminados e especiais, marcados pelo júbilo e prazer: o Natal e as férias na casa da Prata.

O Natal, a casa da Prata, as férias

Mal dezembro começava, o clima da Rua Sergipe, 401, se modificava, tornava-se intenso. Tide se agitava. A rotina da casa se alterava, ela saía, voltava, saía. Não parava, ficava a mil. De vez em quando escolhia um filho para acompanhá-la. Começavam a aparecer caixas, caixinhas, maços de papéis coloridos, fitas, fitilhos, feltros. Olavo murmurava de vez em quando: "A tantas compras, não é demais?". À medida que as semanas passavam, o ambiente tornava-se febril, contagiava todos. Tomada pelo frenesi, mais parecendo duende, ou fada, ela estava comprando os presentes que se amontoavam no quarto de costura, transformado no próprio ateliê de Papai Noel. Alguns presentes podiam ser vistos, outros, não, eram secretos, somente seriam revelados na noite de Natal. Para os filhos, começava o suspense, cada dia dominado pela expectativa, o que vou ganhar? Será o que eu quero?

Olavo recuperava no Natal uma de suas lembranças mais caras e emotivas, a árvore iluminada, cheia de bolas e brilhos, com os presentes aos pés. Tradição que a sua mãe, Francisca, sustentou, a árvore e, como boa católica, o presépio. Durante anos o Natal foi passado em São José dos Campos por causa de Paulo Setubal e sua enfermidade. Dona Francisca não deixava Vivi nem Olavo olharem a preparação, só podiam entrar na sala na hora em que tudo estivesse pronto. Passava o dia inteiro na decoração de um pinheiro verdadeiro, o que não faltavam eram pinheiros na região. Os netos de Francisca conviveram pouco com ela. Paulo estava com cinco anos quando ela morreu e Neca três, enquanto Olavo tinha apenas um.

Mas o ritual foi retomado por Tide. O Natal, um dos momentos mais fortes da família, era uma superprodução dividida em quatro segmentos. A lista de pessoas que seriam presenteadas, especificando o quê para quem. As compras. O embrulhar com engenho e arte cada coisa, situação antecedida por decisões como: que papel para quem? Que caixa para quem? Muitas caixas eram produzidas em casa, não havia a profusão que domina hoje o mercado. Vinha por último a montagem da árvore. Árvores tradicionais, estilizadas, modernas. Cada ano maior do que a outra, cada ano de uma maneira e exigindo improvisação, porque nas décadas de 1960 e 1970 igualmente não existia a oferta de decorações natalinas que a importação e a indústria oferecem atualmente. Bolas, guirlandas e estrelas estavam por toda a parte. O resto era criatividade, usando pequenas imagens de presépio, mini-ilustrações coloridas coladas em cartão, fitas para embrulhos, colagens com paetês e *strass*, purpurinas, botões, pauzinhos de picolé que ela transformava, feltros recortados em forma de árvore de Natal, papel brilhante, miçangas, lantejoulas, cetins, luzes. Um mês inteiro de agitação com os filhos ajudando.

"Nossa casa virava uma fábrica de enfeites", diz Neca. "Todo ano meu pai ficava de mau humor, ele considerava absurdo aquela montanha de presentes, mas, no fundo, gostava, a casa se agitava, era uma grande festa, todos alegres, ele tinha enorme admiração por tudo o que mamãe fazia."

A árvore, que ficava na entrada da sala em frente ao viveiro de pássaros, era montada na véspera do Natal. Quando chegava a noite, ela se erguia de um ninho de presentes, centenas de caixas, grandes, pequenas, pacotes de todos os tipos e formatos. Havia ainda as botas na escada. Realizava-se uma pequena cerimônia, Tide rezava uma oração ou dizia alguma coisa relativa à data, ao nascimento de Jesus e vinham os presentes, a ceia.

"A forma de viver de mamãe transformou o Natal numa festa alegre e familiar para todos. Era um momento mágico", acentua Alfredo.

Competindo com o Natal, em matéria de expectativa, ainda que de maneira diferente, vinha a Prata. Ou a casa da Prata, o refúgio que hoje, com o nome de Vila Setubal, é o *sanctum sanctorum* de Olavo. Falar na Prata significava falar em férias.

Apesar dos 230 quilômetros, o acesso não era fácil como hoje, quando se pode ir de manhã e voltar à tarde. A estrada era precária, o trajeto demandava horas. Julho e fevereiro eram aguardados com ansiedade. A história da casa remonta à história da própria cidade de Águas da Prata, quase divisa com Minas Gerais, vizinha a São João da Boa Vista, no lado paulista, e Poços de Caldas, no lado mineiro.

Um dia, em 1876, Rufino da Costa Gavião, um dentista de São João da Boa Vista, andando pelas matas vizinhas, deparou-se com uma fonte fresca e cristalina no lugar agora denominado Fonte Antiga. Ali percebeu algo estranho, os animais vinham lamber gulosos um pó branco que se formava no barranco junto à fonte. Dez anos depois, segundo o cronista Ademaro Prezia, Dom Pedro II foi inaugurar o ramal da Estrada de Ferro Mogiana, que saindo da estação Garganta do Inferno ia a Poços de Caldas. Ao descer para tomar a água límpida e fresca que jorrava ao pé da linha, o imperador admirou a paisagem que definiu como "soberba e empolgante". Porém não gostou do nome Garganta do Inferno, nada tinha a ver com o panorama deslumbrante que se avistava. Dias depois, a direção da Mogiana mudou o nome para Prata, por causa do Ribeirão da Prata que atravessa a vila. E logo Águas da Prata.

Passaram-se vinte e seis anos. Em 1912, dois engenheiros, José Frederico Borba e Pedro Cardoso, trouxeram o mineralista Hugo Mazzola, que analisou a água da fonte e constatou propriedades terapêuticas para doenças as mais diversas. Os engenheiros compraram a fonte do coronel Gabriel Ferreira, um analfabeto, mas homem intuitivo, de visão. Assim que Borba e Cardoso, em 1913, passaram a explorar comercialmente a fonte, batizada como Prata, surgiu um hotel, o Costa (mais tarde Glória), e o próprio coronel construiu algumas casas e também um hotel. Outras fontes foram descobertas como a Ativa, a Vilela, a Platina, a Paiol e a Nova.

A fama do lugar se propagou, a cidade passou a receber um grande afluxo de pessoas a quem os médicos recomendavam tratamentos hidroterápicos. A Prata ficou conhecida como lugar de repouso. Num tempo em que o marketing não existia, o Gabriel Ferreira se mostrou atilado. Imaginou que doando terrenos para pessoas importantes, célebres, personalidades da vida pública, poderia atrair maior atenção, intensificar a repercussão da Prata. O senador Cândido Mota foi um dos que ganharam um lote e construíram sua casa.

A história da casa e da atmosfera do lugar foi contada em 1980 por Alice de Azevedo, mãe de Tide, a pedido do neto Olavo Júnior. Este texto, em forma de carta, é, também, um documento sobre a vida privada da elite do País naquela época:

> *Viemos, papai, mamãe, uma sobrinha, a Noêmia de Oliveira, e eu, passar três semanas em Águas da Prata, na casa do doutor Cândido Mota, muito amigo de meu pai. Assim que chegamos, ficamos encantados com o lugar. Como construção havia a casa do doutor Cândido Mota, a do doutor José Junqueira Ferreira, o Hotel Mascaro, hoje Prata, a igreja com a metade do tamanho, o prédio para engarrafar as águas, uma pequena piscina, a casa do gerente das Águas e a fonte. (...)*
>
> *Tinha dois hotéis, sendo um deles da família Mascaro, com quartos e salões enormes. Sempre cheio. As refeições eram cuidadas e fartas. Tinha como chef um cozinheiro polonês. O outro hotel, de categoria mais simples, ficava na Rua da Mata, à beira do rio... Atrás da estação, viam-se algumas casas, a prefeitura, uma farmácia, um pequeno negócio com mercadorias variadas, sapatos, chapéus, linhas, agulhas, brinquedos, louças etc... Os jornais ficavam na estação, muito disputados. O correio estava do outro lado do rio. Ali começava a mata. Linda, perfumada. Pelo caminho da mata, com nascentes de água mineral, cascatas e árvores frondosas, podia-se ir à Platina, uma fonte com gás natu-*

ral... Lá havia também uma piscina embaixo de umas pedras. Aldo, Tide e Nonô iam sempre lá gozar daquela piscina natural, linda e limpa, rodeada pela mata e cheia de borboletas brancas e amarelas... Mais adiante, pela estrada que liga a Prata a Poços, havia uma nascente com a Água do Paiol, medicinal muito recomendada pelos médicos... Aquelas três semanas foram para nós um pedaço do céu. Papai tanto gostou e aproveitou, que resolveu comprar um terreno para construir o seu "sanatório", como ele chamava a Prata. Gostou também por ser distante de São Paulo e assim não ser facilmente procurado pelos políticos. (...)

O proprietário das águas e das terras era Gabriel Ferreira. Seu filho, Waldemar Ferreira, engenheiro, veio conversar e acertar a venda de um terreno. O preço foi de um mil réis o metro quadrado. Alguns dias depois a escritura foi passada em São João da Boa Vista e voltamos radiantes com a compra. Assim que chegamos, papai e mamãe pensaram na planta da casa... Assim começou a construção da casa que, após tantos anos, ainda atrai o amor de cinco gerações. (...)

A construção foi rápida. Em São Paulo, mamãe e eu nos encarregamos das compras dos móveis. Fomos ao Liceu de Artes e Ofícios. Escolhemos para a casa uma mobília em jacarandá, só o meu quarto era em perobinha clara e alegre. Todos os móveis em estilo inglês ainda estão na casa. A atual sala de jantar é a mesma com seu terninho de madeira, o relógio cuco, as louças azuis etc. A atual sala de jogo era diferente, tinha uma grande escrivaninha, um piano e diversas poltronas. (...)

No terraço da frente, duas cadeiras de ferro com ripas de madeira... Todos esses móveis vieram de trem. Foram montados no Liceu de Artes e Ofícios. Toda a mobília ficou em dez contos de réis... Roupas de cama e mesa, louças, pratas, tudo veio da Europa.

Papai sempre quis a casa bem arrumada para receber amigos e convidados. Sendo senador e chefe político do

Estado de São Paulo, era muito procurado para longas conversas particulares e manobras políticas. Vários de renome ali pernoitaram, como o doutor Altino Arantes, presidente do Estado, e Washington Luís, presidente da República... (...)

O parque da casa foi projetado e feito pelo chefe do Jardim da Luz, n'aquele tempo um Dierberger... Como podem ver, o amor de meus pais por essa casa foi grande. Procuraram do bom e do melhor na época. No jardim ainda têm vasos sobre grandes pedestais, jardineiras, vasos menores em terracota. Todos feitos no Liceu... Cortava o parque uma alameda que ligava as duas saídas da casa. Nesta alameda foram plantadas palmeiras imperiais que, infelizmente, com os anos, foi preciso tirar. Eram lindas e enormes. Minha irmã Antonieta e meu cunhado Domingos e filhos também muito aproveitaram a casa da Prata. Foi ela quem mandou plantar os flamboyants que substituíram as palmeiras. Aldo Mário, quando entrou para a família, sentiu o mesmo fascínio e tanto gostou que parte de sua lua-de-mel foi passada lá. Durante anos fomos assíduos frequentadores da Prata.

Quando papai faleceu, mamãe continuou indo para lá. Era o seu refúgio. Dizer que Tide e Nonô passaram lá dias deliciosos, creio que todos sabem. Aldo foi ótimo companheiro para os filhos. Diariamente davam passeios a cavalo. (...)

O pessoal cresceu e quando menos percebemos, Olavo estava noivo de Tide... Minha mãe quase sempre estava na Prata e gostou muito do Olavo, foi sua amiga sincera até o fim de sua vida. Quando ela faleceu, Antonieta, Zalina e eu herdamos a casa e as dificuldades começaram a aparecer. Ninguém queria gastar na conservação. (...)

Olavo foi comprando algumas das partes... Foi o presentão de Olavo para Tide... Resolveram fazer uma grande reforma. A casa ficou maravilhosa e o parque também. A piscina é linda...

Nidia era esposa de Nonô, irmão de Tide. Helena era uma sobrinha de Alice, casada com Vico. Olavo Setubal esclarece que houve, a certa altura, a tentativa de se fazer um loteamento. Depois se voltou atrás. A casa foi colocada em leilão e Helena deu um lance muito alto, Olavo ficou fora. Uma de suas características para comprar é a de avaliar bem, pesquisar e dar o lance que considera justo. Se aceito, tudo bem, se não, ele se retira. Dias depois, Helena e Vico procuraram Olavo, confessaram ter feito um lance alto demais, não podiam sustentar. Olavo ficou com a casa. Ficou por causa de Tide, sabia o que representava para ela. "Nem gostava de lá, achava o lugar monótono, entediante. Nada a fazer, nada a ver." Desse modo, ia pouco. Via que Tide e os filhos adoravam o lugar, mesmo assim não se emocionava. Depois da compra, em 1973, foi mudando, até chegar ao ponto em que se apaixonou completamente pela casa e começou a transferir para lá parte das obras de arte que comprava. Fez uma série de reformas.

Há também a "casa do padre". A certa altura, os herdeiros da família Cândido Mota ofereceram a casa para a mulher de Lacerda Franco, que comprou. Ao reformá-la, surgiu um problema, a construção repousava sobre imenso formigueiro, estava inteira comprometida. Acabou demolida e o parque foi ampliado. Por sua vez, Lacerda Franco tinha construído uma casa para os netos, não queria ser incomodado pelo barulho nem pela algazarra. Passados alguns anos, esse imóvel, inteiramente mobiliado, foi doado à Casa Paroquial de Águas da Prata. Ficou conhecida como a casa do padre. Olavo fez uma negociação, doou outra casa à paróquia e ficou com a do padre. Botou abaixo a construção e ergueu no lugar seis garagens e uma miniquadra de tênis. A Prata foi inaugurada com o casamento de Paulo Setubal Neto com Maria Francisca, chamada por todos de Chica, no dia 17 de maio de 1975.

O sinal de que as férias de julho ou as de fevereiro (janeiro era passado na praia) começavam era dado pela chegada do João e o caminhão da Deca. O motorista encostava no portão e começava a carregar tudo o que nos dias anteriores tinha sido preparado. Era quase uma mudança. Suprimentos (dizia-se mantimentos), bicicletas, brinquedos, malas com roupas. Empregadas embarcavam igualmente eufóricas. A cadela Alik gania, sabia que todos iriam embora por um longo tempo.

Ela não era levada à Prata, lá existiam dois cachorros. Olavo achava os animais bonitos, mas não era de fazer agrados, bastava a sua admiração. Nonô e Nidia aproveitavam a temporada, levavam os filhos, Marta era bem entrosada com os primos. Saindo da Rua Sergipe, a família fazia uma parada na casa da avó Alice para comer a famosa *madeleine*. Cada um ganhava um chocolate para a viagem. Depois a caravana seguia e a primeira parada era em Campinas para o lanche, a meninada adorava hambúrguer e cachorro-quente. O asfalto ia apenas até Campinas, dali para a frente era pista única de terra batida e poeira. Ou lama em tempo de chuva. A viagem começava de manhã e terminava à tarde.

Águas da Prata era pequena, porém movimentada, os hotéis viviam cheios na temporada. Mesmo assim, vida típica de interior. No dia seguinte, iniciavam-se os rituais. Depois do café-da-manhã, hora de andar a cavalo. Sete filhos, Tide, a cunhada Nidia, os três filhos de Nidia, o grupo de doze pessoas alugava os cavalos que seriam seus o tempo todo. Pangarés, assinala Paulo. Olavo Júnior tinha um favorito, o Tarzan, um animal que gostava de empinar, provocava adrenalina. Famoso era o Maquininha, pequenino, corria muito. Maria Alice gostava de cavalgar, mas em calma, odiava quando batiam no cavalo dela, para que disparasse. Cada dia explorava-se um lugar. Ao grupo juntavam-se eventualmente Sarmento e sua mulher, Lila, mas não por muito tempo. Cavalgavam por toda a parte, faziam piqueniques. Iam à Fazenda Retiro, à Fazenda dos Travassos, à Pedra do Baú, impressionante parecendo suspensa no espaço ou para as cascatas. Faziam piquenique no Véu das Noivas. Cavalgando montanha acima, saíam pelo outro lado, regressavam. Podiam também atravessar o bosque e chegar à fonte Vilela.

Depois da cavalgada, que durava duas horas e meia, ou três, dependendo do dia e da disposição, o grupo ia direto para o sorvete de flocos da lanchonete Bridge. Sorvete caseiro, nada industrializado, feito à vista de todos. A volta para a casa era marcada por outro ritual: a retirada das botas de Tide. Única a usar botas de cano alto, aquele momento era com a turma em volta. Cena incomparável. Havia um lugar para prender a bota, mas não funcionava, então os filhos ajudavam, puxavam, se atrapalhavam, se divertiam. Fim da cerimônia, servia-se suco de laranja.

Daisy Setubal, Lila Sarmento e Olavo em Águas da Prata.

Terminado o almoço, ligeiro repouso e hora de andar de bicicleta. No mais das vezes, de carro, tomava-se o rumo de São João da Boa Vista, a dez quilômetros, para nadar. Ainda que Águas da Prata contasse com uma piscina municipal, no alto, perto da estátua de Cristo, a viagem a São João era mais divertida. Um médico, amigo de Olavo Setubal, e diretor do clube, autorizava a trempa toda a frequentar a piscina durante as férias. Certas tardes o programa era o boliche em São João. Outras vezes, Tide ia à Fiatece, a fábrica de tecidos, fazer compras e a turma ficava à beira do rio, olhando as águas, jogando pedras. De tempos em tempos, renovava-se o suprimento no mercadinho de São João, embrião dos supermercados que estavam chegando.

Em Poços de Caldas, corria-se ao Grande Hotel que tinha um fliperama, era o máximo, nem em São Paulo tinha na época. Fliperama, sorvete e pedalinhos na represa, a atividade era intensa. Ou subir e descer no funicular, uma aventura. Antes de voltar, abasteciam-se de gulodices, os famosos doces caseiros de Minas e os queijos e requeijões do Mercadão. Antes de regressar, terminadas as férias, levavam doces e queijos para a casa em São Paulo.

Os banhos deviam ser um a um, a energia era fraca, se dois tomassem uma chuveirada ao mesmo tempo, "a luz caía", como se dizia. Havia um telefone, mas era complicado ligar para São Paulo, interurbanos demandavam horas. O número do telefone da Prata era 77. Um programa excepcional era o jantar no Hotel São Paulo, para mudar a rotina da casa. No Hotel Prata havia sessões de cinema, Olavo Júnior lembra-se do pânico que passou com o filme *A mulher de 18 metros*, fechou um olho, assistiu com o outro tentando diminuir o medo. Mais tarde o hotel abriu um boliche, não era mais preciso ir a Poços. Tide era craque. Quando o tempo fechava em janeiro ou fevereiro, para manter a turma apaziguada, jogava-se buraco ou king[2], do qual Olavo pai participava, ainda que sem muito entusiasmo. Estava ali, precisava completar a mesa, ele sentava-se. Se não estava participando do jogo, Tide isolava-se para ler. Quando Lila estava na casa, uma lia para a outra.

Olavo chegava somente no sábado, final da tarde, começo da noite, depois de ter passado pela Deca e em seguida parado em Jundiaí, na Duratex. Ficava pouco, no domingo à tarde partia. A rotina de Tide invertia. Enquanto durante toda a semana era inteira dos filhos, presente o tempo todo, no final ela voltava-se para o marido, que tinha total exclusividade. No domingo não havia programa porque o pai queria descansar. Mas acontecia de Olavo ir até uma cachoeira, a Pratinha, tomar um banho, principalmente quando Sarmento estava junto. Aliás, Olavo passou a frequentar mais a casa depois que a comprou. Antes, como a Prata pertencia à família inteira, chegava um momento em que

---

[2] O king assemelha-se ao bridge, disputado por quatro adversários individuais. Como o bridge é um jogo de vazas (conjunto de cartas) onde a cada rodada cada jogador recebe treze cartas e deve descartar todas. Decide-se o primeiro jogador a dar as cartas, através do lançamento de cartas pela ordem dos ponteiros do relógio (pela esquerda de quem dá as cartas). O primeiro a obter o king (rei de copas) é o primeiro a distribuir as cartas.

havia gente demais, muita confusão, agitação, barulho. Não era raro ele levar trabalho, desembarcava com pastas, passava a manhã debruçado sobre papéis.

À medida que os filhos cresciam, cada um passava a ter seu próprio grupo, diversificavam-se os programas, Maria Alice adorava as serenatas, as partidas de vôlei. Os meninos frequentavam outras casas, tocavam violão, conversavam tomando Coca-Cola, faziam pipoca, juntava gente de Ribeirão Preto, Campinas, Limeira, Santos.

O polo era outro em janeiro, quando a família descia para o litoral. Nos anos 1960, Olavo alugou uma casa em Itanhaém, primeiro no Cibratel, depois na Prainha, e as férias começavam lá. Quando Paulo fez quinze anos, ganhou do pai um barco com um motor Johnson de 5,5 cavalos. Com ele, Olavo Júnior e Paulo aprenderam a esquiar em um disco de madeira de um metro de diâmetro. Os dois deram um salto à frente quando passaram a esquiar com um barco de 35 cavalos pertencente a amigos do Santa Cruz que também tinham casas em Itanhaém. Logo depois os Setubal se tornaram sócios do Clube de Campo São Paulo e Olavo comprou um barco de 35 cavalos com motor Mercury, que recebeu o nome de Boneca em homenagem à irmã Maria Alice. Aliás foram os irmãos que reduziram o apelido para Neca. Os pais a chamavam de Boneca, os irmãos diziam apenas Neca. Algum tempo mais tarde o Boneca bateu, arrebentou o fundo, estava com uma área podre, afundou, Olavo Júnior foi resgatado sem maiores problemas. Os dois irmãos descobriram, então, em Limeira, um sujeito que fazia *ski boat* por um preço bem acessível e encomendaram um com dinheiro adiantado pelo pai. Quantia anotada no caderno de domingo e descontada das mesadas. Fizesse calor, sol, chuva, vento, esquiar passou a ser o esporte favorito sábado, domingo e outro dia da semana. Olavo Júnior colocava o esqui nas costas, pegava um ônibus e ia até a Avenida Paulista, descia a pé até a Avenida Nove de Julho e apanhava o Cidade Dutra que o deixava no Clube de Campo. Na volta, havia sempre uma carona. Mal podia prever que essa carona custaria imensamente caro um dia, provocando um dos momentos mais angustiantes para a família, em um período em que Olavo teve de se superar sufocado por perspectivas sombrias.

Tempos dourados do Guarujá, quando a sociedade paulistana descia inteira para a temporada, cujo início era marcado por uma grande festa no Jequitimar, *resort* exclusivo. A família frequentava em Guarujá a casa de Pitangueiras que, tendo sido do velho Alfredo Egydio, agora estava com seu genro Eudoro Villela. Não era de frente para a praia, era a uma quadra do mar, dentro de um terreno enorme com pés de pitangas e de amoras. Todos os filhos se lembram do prazer com que o pai parava diante da árvore, esquecido do tempo, comendo as frutas no pé. Até hoje gosta, deliciando-se com pitangas no gelo. De manhã, mal terminado o café, Tide e a meninada voavam para a praia que ficava a uma quadra. No Guarujá ele ia à praia também e à noite levava todos ao cinema. As tardes eram preenchidas num parque de diversões. Depois de certa época, Olavo começou a implicar com o Guarujá, dizia, é um lugar de granfinos, e isso para ele era um termo pejorativo. Porém, a partir de 1972, os meninos crescidos, Olavo comprou um apartamento em Pitangueiras. Alfredo tem vivas as imagens do pai ao volante, dirigindo muito mal, muito devagar, com Roberto ao lado falando num gravadorzinho, descrevendo a viagem. Na verdade, Olavo nunca gostou de dirigir, preferia ter um motorista. Também nunca se preocupou com a marca do carro, o automóvel para ele sempre foi condução, nunca *status*.

Capítulo 5
O nascimento de um grande banco

Descontando duplicata

Agência do Banco Federal de Crédito, Águas da Prata.

"Você tem carta branca", disse Alfredo Egydio de Souza Aranha, quando chamou o sobrinho Olavo Setubal para seu banco, o Federal de Crédito, em 1959. O fundador do banco sentia-se velho e cansado. O Brasil vivia o período do governo Kubitschek, um momento que, de alguma maneira, tinha a ver com o que iria acontecer dentro do Federal de Crédito. Era um País que formulava e implementava o planejamento, consubstanciado no Plano de Metas, destinado a um desenvolvimento

165

industrial acelerado. A ideologia desenvolvimentista era, no contexto mundial, a expressão-chave, a palavra de ordem para fugir do subdesenvolvimento. Era a época do "cinquenta anos em cinco". Juscelino queria fazer, em seu mandato, o que normalmente o País gastaria cinquenta anos para fazer.

O Federal de Crédito tinha sido fundado em janeiro de 1945 pelo próprio Alfredo Egydio e por Aloysio Ramalho Foz. Na época, chamava-se Banco Central de Crédito. Era mais um entre os 327 novos estabelecimentos bancários abertos no Brasil entre 1944 e 1945. A atividade bancária era pouco regulada pelo governo, de modo que bancos surgiam quase do nada. Num depoimento que prestou na Câmara dos Deputados em 22 de setembro de 1952, o ex-presidente do Banco do Brasil Ovídio de Abreu falou da situação do sistema bancário que conheceu em 1946:

"No meio de nossa tradicional e conservadora rede bancária, surgiram muitos bancos novos, que obtiveram cartas patentes durante a guerra e iniciaram suas operações sem o conhecimento técnico e necessário e com recursos provindos principalmente dos feitos pelos Institutos de Previdência que, naquela época, dispunham de grandes reservas em dinheiro".

Com um pouco de conhecimento político, especialmente junto aos órgãos públicos que dispunham de dinheiro, como os citados Institutos de Previdência, podia-se montar um banco de razoável porte. A regulamentação e a fiscalização da atividade bancária eram precárias. Eram tarefas da Superintendência da Moeda e do Crédito, a Sumoc, criada por decreto-lei em fevereiro de 1945, "com o objetivo imediato de exercer o controle do mercado monetário e preparar a organização do Banco Central", executar a política monetária e autorizar e fiscalizar o funcionamento das instituições de crédito. Mas muito disso ficou só no papel. A Sumoc não tinha poderes para exercer todas essas funções, pois sua diretoria era livremente nomeada e demitida pelo Poder Executivo, ou seja, pelo presidente da República ou pelo ministro da Fazenda. Do ponto de vista operacional, a Sumoc foi transformada num instrumento da política financeira do Executivo – não no órgão responsável pela condução da política monetária que deveria ser.

Alfredo Egydio tinha experiência no ramo. Era conhecido nos meios financeiros, tinha sido presidente da Caixa Econômica Federal de São Paulo, comandara por anos a Fiação e Tecelagem São Paulo, administrava a Duratex, o Moinho São Paulo, era vice-presidente da Companhia Brasileira de Seguros e mantinha uma próspera banca de advogados.

Usou essa experiência para montar a equipe de seu banco. Durante a Segunda Grande Guerra, os bancos italianos e alemães tinham sido fechados e muitos funcionários deles foram aproveitados pelos brasileiros na abertura de novos bancos. Alfredo Egydio, advogado do Banco Francês e Italiano, conhecia bem os diretores e gerentes e levou vários para estruturar o Banco Central de Crédito. Em dezembro de 1953, o nome foi mudado para Federal de Crédito por exigência do governo, que pretendia criar o Banco Central de Reservas do Brasil, em substituição à Sumoc, um projeto que circulava pelos bastidores dos ministérios. Temeu-se, a princípio, uma queda de depósitos com mudança de nome no banco. O Federal era só nome, seus limites estavam restritos ao Estado de São Paulo, mas, ao contrário do que se esperava, o movimento das agências ampliou, todos diziam "é federal, agora vai, é do governo federal". Um engano benéfico para o banco.

Uma das bases do banco era a Companhia Brasileira de Seguros, que tinha sido comprada em 1935 por um grupo de empresários paulistas, como Alfredo Egydio de Souza Aranha, José Ermírio de Moraes, Silva Porto, Edgard Azevedo Soares. A seguradora se desenvolveu e gerou enorme caixa, depositada no Federal de Crédito. Ao longo dos anos, Alfredo Egydio foi comprando as partes dos outros sócios – com a sua morte, a seguradora passou a ser cem por cento do banco e é hoje a Itaú Seguros.

O Federal de Crédito cresceu, construiu seu prédio próprio e passou sem perdas pela crise que afetou o sistema bancário em 1958 e 1959, em decorrência da superprodução de café em todo o mundo, que fez despencar o preço do produto. Bancos que concentraram suas operações com fazendeiros de café tiveram dificuldades para honrar seus compromissos. De junho de 1958 até a primeira metade de 1959, doze bancos tiveram decretada sua liquidação extrajudicial, outros treze foram encampados por instituições mais sólidas, um cerrou suas portas porque não dispunha de numerário para atender aos saques de seus clientes.

Em 1960, o Federal de Crédito encontrava-se na 52ª posição no *ranking* dos bancos brasileiros. Contava com sete agências na capital e 24 no interior. Seu capital social era de duzentos milhões de cruzeiros (um milhão de doláres). Como estrutura, no entanto, era antiquado na sua concepção, estruturado no estilo da Itália de 1920, sem ter evoluído. Dirigidos por advogados, os bancos na época dirigiam-se a uma clientela elitista, trabalhavam com pessoas abastadas. Não existiam múltiplas operações financeiras, tratamento para clientes de classes populares. Havia depósitos, descontos de promissórias e duplicatas.

"O banqueiro descontava a duplicata e, de vez em quando, umas promissórias para algum protegido", recordava-se Olavo Setubal.

Na mecânica do dia-a-dia, nas agências se trabalhava com máquinas de escrever e papel-carbono, as calculadoras eram à manivela, ainda que muitos funcionários fizessem todos os cálculos de cabeça (e eram admirados por isso). Nos balcões, o cliente apresentava o cheque, recebia uma ficha metálica com um número, o cheque ia para o encarregado de contas que conferia a assinatura no cartão, registrava o número, a data, a quantia, que deduzia do saldo. Só então o cheque ia para o caixa. Cheques de valor muito alto dependiam da aprovação da gerência. Os livros para documentação eram grossos, imensos, ocupavam espaços enormes. A prestação de serviços não existia, não se pagavam contas em banco.

Cada agência tinha um gerente, subgerente, procurador (cuidava da parte contábil), caixa, correntista, informante (os que buscavam informações nas empresas e as repassavam para o banco conceder créditos). O gerente tinha uma chave do cofre, o procurador outra. Os balanços de fim de ano eram exaustivos, toda a documentação tinha de bater, eram milhares de papéis, de todos os tipos e tamanhos, as equipes passavam noites e noites, saíam exaustas. As comunicações telefônicas eram precárias, o sistema brasileiro de comunicações era indigente, conseguir linha local era uma proeza, interurbanos demoravam horas.

A clientela do Federal ainda não estava bem definida. O banco atuava na área intermediária das pequenas instituições, operando com pessoas jurídicas de pequeno e médio portes. Procurava espaços para expandir os negócios. Instalara-se no ABC paulista, um polo industrial promissor, e se espalhava pela região da Estrada de Ferro Mogiana. Tinha avançado para Santos, intensificando a atuação junto às exportadoras de café e mantinha correspondência no exterior com o Chase Manhattan e com o Guarantee Bank. Era necessário crescer. No entanto, o crescimento era limitado pela legislação que criara a Sumoc. A abertura de novas agências, essencial para a expansão física do banco, dependia da obtenção de cartas patentes, que a Sumoc era avara em conceder.

Nesse momento, chegou Olavo Egydio Setubal, então com quase 37 anos. Alfredo Egydio reuniu na sua casa toda a diretoria do banco e seu discurso foi breve, antológico:

"Desde que iniciei este banco, fiz duas reuniões de diretoria. A primeira para fundar o banco. E agora esta, para apresentar um novo diretor. E é a última, porque estou doente. Não sei quanto tempo ainda tenho de vida".

A revolução das circulares

Com plenos poderes, o novo diretor teve uma atitude que espantou: trancou-se por dias dentro da agência central, depois foi conhecer outras agências, com a intenção de entender a fundo o mecanismo de um banco.

Certo dia, quando estava na Usina Esther, de José Bonifácio Coutinho Nogueira, em Cosmópolis, perto de Paulínia, Augusto da Rocha Azevedo viu Olavo chegar de carro. Estava voltando da "inspeção" que fazia pelas agências do interior, procurando conhecer o funcionamento delas, ou de cada uma em relação à matriz. Precisava saber, tudo esmiuçar. As estradas do interior eram muitas vezes de terra, a poeira subia e se impregnava nas roupas, na pele. Nessa tarde voltando para São Paulo, Olavo decidiu passar pela Usina, para ver os dois amigos, jantar e voltar a São Paulo. Augusto perguntou:

– Olavo, está quente, você parece cansado. Que tal um gim tônica?

Na década de 1950, Olavo Setubal (segundo a partir da esquerda), Eudoro Villela, João Nantes Junior e Alfredo Egydio de Souza Aranha em inauguração de agência.

Ele pensou um pouco se poderia se dar a esse direito. Decidiu:
– Seria muito bom.
Sentado, recebeu a bebida, nem quis se banhar primeiro, se colocar à vontade. Todo empoeirado, tomou um gole.
– O melhor gim tônica que tomei na vida.
Relaxado, sorveu a bebida devagar, estava feliz. Entregue a um pouco de prazer.
Aquele mergulho nas agências, nas engrenagens era fundamental para ele.
"Foi como se estivesse fazendo um cursinho", definiu Olavo. "Eu nunca tinha trabalhado em banco, não tinha conhecimento, precisava dominar o sistema. Mas entrei na Duratex sem saber nada e resolvi, assim como solucionei os problemas do Moinho São Paulo. O que eu devia fazer era penetrar nas engrenagens que faziam o banco funcionar. Meu curso técnico na Poli, a escola que abriu a cabeça de gerações, olhando

para o futuro e apostando na modernidade, as minhas viagens à Europa pela Duratex, minhas leituras, o falar três línguas, inglês, francês e alemão, me levaram a ter acesso, por meio de livros e revistas, a informações valiosas, que me prepararam para a liderança. No banco, comecei pelo caixa, fui à contabilidade, dissequei a parte administrativa, vi que não se fazia a seleção de pessoal, não havia controles, nunca tinham feito inspetorias, as normas eram zero. Nada, absolutamente nada que não fosse a memória dos italianos. Era tudo incipiente, aqueles contadores eram velhos e anacrônicos. A única preocupação de um banqueiro era despachar borderôs, ou seja, a relação de duplicatas a serem descontadas. Essa era a grande atividade e o grande poder do banqueiro. Não havia estrutura administrativa contábil e de custo. A hierarquia era fluida, as decisões demoravam, dependiam de várias consultas e autorizações. Surpreendente foi a descoberta que a maioria dos gerentes não tinha sequer o primário completo, aprendera o ofício na prática. Depois de um bom tempo, passando por todos os departamentos e situações, tive uma noção clara de como deveria começar. Pelas circulares".

As circulares foram uma revolução no Federal de Crédito, logo comentadas no sistema bancário. Os funcionários do banco, assombrados, depararam-se com a primeira grande mudança que atingia a todos. Dali para a frente, as circulares passaram a normatizar as instruções e avisos que deviam ser transmitidos a todos os departamentos. Como operar, como contabilizar as operações dos caixas. A central passava a ter o comando absoluto de todas as funções, agora unificadas e dando personalidade à instituição. A circular número 1, na verdade escrita por um velho italiano, o Pisaneschi, introduziu a linha administrativa destinada a sistematizar a vida do Federal de Crédito, atribuições e cargos foram definidos, assim como os processos para a concessão de créditos, abertura de novas contas, transporte de valores, fornecimento de talões.

Não era a burocratização do banco, nem a centralização de decisões. Ao contrário. A delegação de autoridade era estimulada para que o banco pudesse desfrutar do mais eficiente processo administrativo que se conhece: o uso sistemático das deliberações coletivas. Circulares chegavam instituindo as regras para cobranças, descontos de títulos de curto prazo, depósitos, câmbio, operações como a Carteira de Redescontos do Banco do Brasil, e assim por diante.

As circulares eram os manuais de funcionamento, o regimento interno. Eram uma maneira de dar racionalidade ao trabalho e às operações do banco. A intenção era criar uma estrutura adequada do desenvolvimento, ao crescimento do banco. Olavo estava muito mais preocupado com o que, muito mais tarde, os profissionais da área chamariam de *back office*, com a organização da documentação, com o estabelecimento de regras operacionais, com a contabilidade, do que o *front office*, com o trabalho típico dos gerentes, de busca de clientes e de contato com eles, de ampliação dos negócios.

"Era um homem de linha de montagem", recorda o banqueiro Fernão Bracher.

Olavo tinha acabado de introduzir uma cultura administrativa, que provocou resistência. Gerentes alegavam que aquilo era São Paulo, que a tradição regional de cidades interioranas, sedimentada por anos e anos de uso, não estava sendo respeitada, que o banco ia perder clientes. Estabeleceu-se que ninguém mais seria admitido sem o curso ginasial completo. "Não vamos encontrar mais funcionários", alarmavam-se os mais antigos. Outros tinham medo de perder emprego, vários alegavam não saber cumprir as normas. Demorou até a situação se normalizar. As circulares apelavam para o espírito de equipe, a visão de conjunto. Eram um elemento novo, inexistente em todas as outras instituições financeiras, e provocaram a curiosidade nos concorrentes. Se até então, tudo era vago em questão de hierarquia, agora as circulares definiam quem respondia sobre o quê.

De repente, os gerentes perceberam que estavam ganhando autonomia, antes era um tal de pedir autorização a este, àquele, ao terceiro, a cadeia quase se dissolvia. A visão agora era abrangente, clara. O banco tinha uma norma só para tudo. As circulares foram divididas em livros, A, B, C, D, E, e assim por diante. AG-1 queria dizer Administração Geral-1 e era a circular que criara o Grupo de Trabalho destinado a gerar as circulares. A AG-1 funcionava como uma espécie de Constituição do banco, quer dizer que Olavo Setubal constituiu uma ordem jurídica interna, a qual começava com uma Constituição chamada AG-2, que era um sistema de circulares que determinava as Diretrizes de Funcionamento Operacional e Administrativo do Banco. E a partir dali passou a existir uma ordem jurídica, uma estrutura à base de códigos, assim como se tem o Código Civil, o Código Comercial, o Código Tributário, existia no banco uma série de corpos de circulares. O primeiro livro AG-1 ensinava como deviam ser feitas as circulares. Nelas está depositada a história da transformação do banco. Abaixada a poeira, compreendido o sentido do processo, o bom humor se fez presente numa frase que corria:

"Erre dentro da circular, mas não acerte fora dela".

Olden Victorino, que começou como secretária na Duratex em 1960, depois foi chamada por Olavo para o banco e passou a vida a seu lado, lembra-se de que, no Federal de Crédito, Olavo e Eudoro partilhavam a mesma sala. As circulares eram ditadas por Setubal e ela datilografava direto no estêncil que seria usado no mimeógrafo para as muitas cópias. Era melhor mesmo que Olavo as ditasse, pois, se ele as tivesse escrito, seria muito mais difícil decifrar os garranchos que rabiscava no papel. Olden sabia que o chefe era detalhista, queria tudo no devido lugar. A primeira máquina de escrever elétrica que entrou no banco foi a dela, para atender à velocidade das instruções e das comunicações de Olavo. Em relação às secretárias, ele exigia que houvesse sempre uma de prontidão, não se permitia que duas saíssem ao mesmo tempo, nunca se deixava a sala vazia. Se ele chamasse e não houvesse ninguém, a voz do trovão troava irritada.

Outra grande mudança na administração do Federal de Crédito foi a exigência, imposta por Olavo, de precisão na apresentação dos números.

"Eu já tinha descoberto na Deca que contabilidade era a peça fundamental", contou Olavo, ao justificar sua preocupação com a exatidão das demonstrações contábeis e financeiras.

Seus amigos e antigos auxiliares lembram-se de sua preocupação quase obsessiva com o que chamava de "amarração contábil". Para Olavo, as coisas só funcionavam se estivessem fechadas contabilmente. Seu primo Laerte, por exemplo, costuma dizer que Olavo era o melhor poeta da família, mas um poeta hermético, pois sua "poesia era a dos balanços contábeis". Carlos da Câmara Pestana, que presidiu o Banco Itaú nos anos 1990, diz que, por exigência de Olavo, o banco chegou ao perfeccionismo em termos de controle. Isso tudo começou no momento que ele chegou ao Federal de Crédito.

Depois que Alfredo Egydio morreu, em 1961, Olavo assumiu totalmente as operações do banco. Eudoro Villela, eleito presidente em assembleia, estava cem por cento a seu lado. Conta-se que, pouco antes de morrer, Alfredo Egydio chamou Olavo e Eudoro e advertiu:

– Juntos, vocês têm nas mãos uma grande empresa e a farão maior ainda. No entanto, se se separarem, enfraquecerão o que está sendo criado, poderão até acabar com tudo o que se conseguiu.

Não se separaram.

Olavo continuou a cuidar da administração do banco.

Planejar, organizar, inovar

Conservador, precavido e cauteloso com relação às finanças da instituição e rigoroso com a contabilidade, hábitos que trouxera de sua passagem pela área industrial, Olavo era inovador nos métodos de operação. No lugar das velhas práticas, que se revelavam primitivas e superadas, o banco devia valorizar as funções técnicas. Era o engenheiro planejando, inovando, fugindo ao amadorismo da época. Ele mergulhou fundo nas metodologias modernas de organização. Traçava uma rota, media os resultados, avaliava as correções e jamais agia emocionalmente. Mais do que nunca o racionalismo o sustentava.

Muitos anos depois, seu filho e sucessor como principal executivo do banco, Roberto Setubal, politécnico como o pai, avaliaria desse modo o modelo de gestão que Olavo colocou em prática:

"Meu pai trouxe para o mundo bancário, e particularmente para o Itaú, uma racionalidade muito grande ao processo decisório. A formação de engenheiro que ele teve trouxe outra coisa muito importante, além da racionalidade: a visão clara da necessidade de se criar uma infraestrutura adequada para o desenvolvimento do banco. Isso diz respeito particularmente à questão da tecnologia, que estava surgindo quando ele veio para o mundo bancário. Com a visão de engenheiro, ele soube organizar melhor essa área. Os concorrentes não tinham um dirigente com essa visão".

Por decisão de Olavo, foi contratado o Bureau de Organização e Racionalização do Trabalho, Borat, para fazer uma análise do banco. O Borat sugeriu a mecanização, indicou equipamentos, coordenou a concorrência e orientou a implantação. Uma atitude inédita no setor. Não era mais possível fazer a contabilidade com papel, lápis e borracha, livros-caixa, carbonos. Comprado o primeiro equipamento com comando eletrônico – não era ainda computador –, que já fazia o cálculo de juros, Olavo entrou em pânico ao saber que eram máquinas alemãs. Terminada a Grande Guerra, ouvia-se falar com insistência que haveria novo conflito, não se sabia de onde saíam essas histórias.

"Compradas as máquinas, fui procurado pelo importador, um grande industrial, que veio a mim e foi honesto: 'Sabe aquelas máquinas que você comprou? Pois é, estão na alfândega, não tenho dinheiro para retirá-las, preciso de um adiantamento. Não tenho nada para dar em garantia, apenas minha palavra'. Olhei para a cara dele, liberei o adiantamento, dias depois cheguei no banco, as máquinas estavam lá. O homem se chamava Mathias Machline, mais tarde o todo-poderoso da Sharp. Seu equipamento funcionou por vinte anos. Foi uma audácia avaliar assim o homem e fazer a operação. Intuição pura. Toda a minha carreira foi baseada na correta avaliação das pessoas. Há uma blague que sempre repito. De homem eu entendo e se entendesse de mulher como entendo de homem, não teria me casado..."

Sobre sua capacidade de avaliar pessoas, seu filho Paulo Neto, que acompanhou seu trabalho por muitos anos e conheceu seus principais colaboradores, diz:

"Quanto à escolha das pessoas, ele pode não ter acertado cem por cento na competência, mas acertou cem por cento na lealdade".

Pela visão que Olavo tinha da equipe com a qual trabalhava, a lealdade era recíproca. Em depoimento que deu em dezembro de 1999 para a revista *Exame*, seu filho Roberto, já no cargo de presidente do Itaú, recordou uma frase que sempre ouviu do pai:

> *Um banco não se faz apenas com capital. Ele é construído por homens e ideias. Esses dois elementos são o maior lastro.*

Olavo passou a trazer engenheiros como ele para dentro do banco, homens com uma lógica diferenciada que se revelaram banqueiros de talento, ligados ao planejamento, aos estudos econômicos, à análise de números e projeções, ao estabelecimento de organogramas e metas, racionalização do trabalho. Eram o diferencial, o dado novo na estrutura bancária, executivos e estruturas diferentes num mundo em mutação.

"Em diferentes momentos, eu trouxe Jairo Cupertino, José Pedro de Toledo Piza, Carlos Eduardo Correa da Fonseca, Alex Thiele, Olavo Bueno, Randolpho Vasconcelos, Rubens Zaidan, Renato Cuoco, Sérgio Sawaia, entre outros. Vários vieram da Duratex, eram jovens. Começamos a modernização do banco nos aspectos gerenciais, nos aspectos comerciais, na contabilidade. Também foi trazido o *corporate lawyer* José Carlos Moraes Abreu, que era advogado do Banco Comercial do Estado de São Paulo. Foi ele quem organizou juridicamente o Federal."

Começou a conquista das contas da classe média em ascensão e dos assalariados, uma classe beneficiada pelo surto de industrialização. Ampliava-se o espectro social do banco, antes voltado apenas para as elites. O uso do cheque passou a ser difundido, a se popularizar. Vieram as reformas das agências, que ganharam visuais menos pesados (era tudo madeira escura) e solenes, atraindo a clientela. Em matéria de correntistas, uma conquista extraordinária foi a das mulheres casadas que puderam, pela primeira vez no Brasil, abrir contas em bancos, impossibilitadas antes por uma lei retrógrada.

Outra revolução interna estava em curso desde 1961, a da mecanização de dados, como se chamava então. Equipes próprias do banco punham em ação o projeto criado pelo Borat, atualizando equipamentos. Chegaram as máquinas de conta corrente da mesma linha que as dos caixas, enquanto na contabilidade central estavam sendo usadas calculadoras eletrônicas do sistema Robotrom, criadas na Alemanha. Em 1962, foi a vez de equipamentos Burroughs para controle de conta corrente e emissão de saldos, que permitiam 180 lançamentos por hora e o cálculo do saldo vinha impresso em cartelas. Era o embrião do Centro de Processamento de Dados, o departamento que impulsionou o banco. A máquina sonhada por Olavo Setubal lá atrás, na Deca, quando falava em fechamento contábil. O passo seguinte foi a implantação do sistema Hollerith na recém-criada carteira de cobranças, caução e descontos.

O mundo em transformação

Transformavam-se o mundo, o Brasil, os hábitos, a vida cotidiana. Havia agitação e inconformismo por toda a parte, um universo envelhecido estava ficando para trás. Mudavam a moda, a música, o cinema, havia a *nouvelle vague*, o cinema novo, Glauber Rocha, o teatro político do Arena e Oficina, havia a *pop art*, a literatura *beat* americana, explodiam Elvis Presley, os Beatles, Janis Joplin, a Revolução Cubana estava no auge, o Leste Europeu assinalava inconformismo, o Muro de Berlim tinha sido erguido, americanos e russos preparavam-se para ir à Lua, pesquisar as galáxias, a Guerra do Vietnã polarizava a juventude americana.

No plano interno, a instabilidade política aproximava-se de seu ponto crítico. O veto dos ministros militares à posse do vice-presidente João Goulart após a renúncia do presidente Jânio Quadros, em agosto de 1961, resultou na instituição do parlamentarismo no Brasil, com Goulart na Presidência. Mas, submetido a um plebiscito, o sistema parlamentarista foi derrotado, restaurando-se o presidencialismo em 1963. Sentindo-se forte, Jango, como era conhecido popularmente o presidente, começou a colocar em prática sua política de reformas de base. Refinarias de petróleo foram estatizadas, criou-se a Eletrobrás, uma Lei de Remessa de Lucros para o exterior foi aprovada, começou a reforma agrária. Dirigentes sindicais, a começar pelos membros do Comando Geral dos Trabalhadores (CGT), e estudantis, à frente dos quais estava a União Nacional dos Estudantes (UNE), apoiavam o governo. Mas boa parte da população tinha dúvidas sobre o acerto dessas medidas. A classe média e as classes altas se opunham a elas, de maneira cada vez mais ostensiva. O confronto parecia iminente.

Um movimento militar iniciado em 31 de março de 1964 depôs o presidente João Goulart e, em abril, colocou na Presidência da República o marechal Humberto de Alencar Castelo Branco. Para os principais ministérios da área econômica, da Fazenda e do Planejamento, Castelo nomeou dois conhecidos economistas, Octavio Gouvêa de Bulhões e Roberto de Oliveira Campos. (Em janeiro de 1966, Castelo Branco nomeou para o Ministério da Indústria e Comércio um jovem engenheiro com experiência na área empresarial, Paulo Egydio Martins, amigo de Olavo.)

A dupla Bulhões-Campos tinha duas tarefas de emergência: reorganizar as finanças públicas e adotar medidas para conter a aceleração da inflação. Estava preocupada também em reorganizar a economia brasileira, para dotá-la de instrumentos compatíveis com as mudanças que haviam ocorrido no País e no mundo. Era preciso criar mecanismos que estimulassem a poupança, um sistema de impostos mais racional – que, ao mesmo tempo, simplificasse o pagamento e a coleta de tributos e assegurasse receitas suficientes para o governo –, um sistema financeiro e bancário moderno. Eram tempos de grandes mudanças na economia brasileira. Algumas estavam sendo colocadas em prática com presteza, outras certamente viriam num prazo curto.

Os bancos precisavam adaptar-se à nova época. O fato de que, entre 1961 e 1966, dez por cento das instituições foram fechadas, enquanto o número de agências aumentou trinta por cento, mostra o impacto das mudanças.

Olavo compreendeu o momento, apossou-se dele. Um dia, no ano de grandes mudanças que foi 1964, teve uma conversa com Eudoro Villela e José Carlos Moraes Abreu:

– Não podemos continuar assim. Estamos com uma estrutura maior do que o banco e não podemos mantê-la. Precisamos tomar uma decisão – afirmou.

– Que tipo de decisão? – perguntou um dos dois.

– Ou dividimos a estrutura ou aumentamos o banco.

– Aumentar o banco?

– Proponho fazer uma fusão com outro banco para podermos nos desenvolver.

A instalação de agências bancárias dependia da concessão, sempre difícil, de cartas patentes. Num momento em que o governo estudava mudanças profundas nas estruturas privada e estatal do setor financeiro e na legislação bancária, era pouco provável que novas cartas patentes fossem concedidas pela Sumoc, que ainda detinha o poder para isso. Assim, a expansão do Federal de Crédito só seria viável por meio de uma fusão. E tinha de ser fusão, porque o Federal não tinha recursos para comprar um banco. Seu capital era equivalente a um milhão de dólares – o Federal era mesmo um banquinho.

– Resolvemos escolher um banco da maneira mais racional possível, o que sempre caracterizou o meu comportamento – acentua Olavo.

– Vamos fazer uma fusão – concordou Eudoro, na época. – Pois bem, mas como encontrar esse banco?

– Onde está a noiva? – indagou José Carlos Moraes Abreu.

– No guia das noivas. A *Revista Bancária* – foi a resposta de Olavo.

Nasce o Federal Itaú

A *Revista Bancária* publicava todos os balanços de centenas de bancos, fazia um diagnóstico da situação de cada instituição. Os três folhearam a revista por dias e dias. Até darem com o banco que pareceu o ideal. O Itaú de Minas Gerais, fundado em 1944 por um grupo de fazendeiros e industriais mineiros, que tinham obtido êxito com a fábrica de cimento Itaú, encontrava-se na 47ª posição do *ranking*. Itaú era uma pequena cidade do sul do Estado, uma região de minas, depósitos de calcário preto, daí o nome, pedra preta, itaú na língua indígena. Os diretores estavam velhos e não tinham preparado a sucessão. As primeiras sondagens foram desanimadoras, o líder do banco, José Balbino

Siqueira, não queria nem ouvir falar em fusão, recusava-se a conversar, a receber propostas. Só que Balbino Siqueira morreu e a questão foi reaberta por meio de Milton Meirelles, um diretor do Itaú, amigo de Eudoro Villela. No início de julho, Jorge Oliva, que sucedera Balbino Siqueira, concordou em receber o grupo do Federal de Crédito.

– Meirelles deve ter falado de nós, de nossas intenções.

– Falou.

Olavo expôs a ideia da fusão e Oliva parecia não prestar atenção. O homem era seco, hostil. Gelado, não queria conversa, respondia por monossílabos. De repente, Olavo viu em cima da escrivaninha um retrato de Paula Souza. Somente um engenheiro teria a foto de um dos maiores ícones da Escola Politécnica. Olavo arriscou:

– Dr. Jorge, o senhor é engenheiro?

– Sou. Por quê?

– Também sou. Formado na Poli.

– Na Poli? Eu também.

O gelo foi quebrado, as conversações prosseguiram amistosas. No final, Jorge Oliva estendeu a mão.

– Estou indo para Caxambu fazer uma estação de águas. Em três semanas darei a resposta.

Passaram-se as semanas e nada. Silêncio. Oliva não deu sinal de vida. No começo de setembro, um telefonema dele para Olavo.

– Conversei com os demais diretores, há apenas um contra, mas vamos negociar.

A primeira reunião foi no escritório da Companhia Seguradora Brasileira (mais tarde Itaú Seguradora) com Olavo e Moraes Abreu, pelo lado do Federal de Crédito, e Mário Tavares e João Nantes Júnior, pelo Itaú. Contou Olavo:

– Debaixo do meu braço estavam as circulares que tinham estruturado nosso banco. As negociações foram demoradas, mas, por sorte, o doutor Nantes era uma personalidade extraordinária, homem simples, grande figura humana. Quando a primeira reunião terminou, ele me pegou pelo braço: "Cheguei à conclusão de que devemos fazer essa fusão e quem vai dirigi-la é você. Minha carreira é a de um homem prático, não a de um homem instruído". Ele se mostrava bem envelhecido, tinha cabelos brancos e sessenta e poucos anos, imaginem.

O Federal de Crédito e o Itaú se fundiram. Até mesmo o diretor que esteve contra acabou aceitando – Haroldo, filho de Balbino Siqueira. Nenhuma fusão ou incorporação entre bancos de médio ou grande porte tinha sido realizada até então. Na fusão, dois bancos se unem para formar um terceiro. "As fusões eram interessantes", explica Olavo, "por causa das cartas patentes e também pelo capital que vinha e somava." Na incorporação, o incorporado desaparece dando lugar ao incorporador.

Coube a José Carlos Moraes Abreu delinear os ajustes jurídicos, solucionando principalmente questões de ego e vaidades. Jorge Dias Oliva ficou como presidente e, para Olavo, hábil e sutilmente José Carlos Moraes criou o cargo de diretor geral, denominação encontrada no sistema bancário francês, que ele admirava e conhecia a fundo. Na França, havia o PDG, presidente diretor geral, figura-chave. Criou-se o diretor-geral, responsável pela administração interna, o que era bastante conveniente para Olavo que, assim, na verdade, era quem mandava.

– Ninguém disputou o cargo de diretor-geral porque, aparentemente, era só operacional. Todavia, era quem mandava em tudo. Olavo, quando tinha um objetivo, perseguia com tenacidade e transigia, mas transigia nas aparências, para ficar com o comando operacional – contou José Carlos Moraes Abreu.

Já o presidente era figura decorativa, um relações públicas, mas tinha *status*.

O nome do banco deu margem a novas discussões e negociações. A solução foi simples: Federal Itaú. Segundo Olavo, um dirigente da Febraban na época comentou:

– Você quebrou um tabu, negociou o nome do banco. Com essa técnica, vi que vai longe.

O modelo para o nome foi baseado na fusão, em Nova York, dos bancos Manhattan e Chase que passou a ser simplesmente Chase Manhattan. O Federal juntou suas 58 agências às 76 do Itaú, num total de 134, espalhadas pelo Brasil inteiro.

– O Itaú foi o salto fundamental na minha vida – confessava Olavo.

A primeira assembleia de acionistas do Federal Itaú aprovou a proposta de compra do edifício 176, na Rua Boa Vista, pertencente ao Banco Interestadual de Comércio, destinado a funcionar como agência central. A localização deu maior visibilidade ao Federal Itaú, afinal era a rua dos bancos. O prédio ainda em construção foi ampliado, chegando até a Rua 25 de março.

Nesse momento foi comprado pela Companhia Brasileira de Seguros o primeiro computador de segunda geração, transistorizado, o modelo 1401 da IBM, que armazenava oito mil posições em sua memória e significava esplêndido avanço na época. Ao perceber que o aparelho era mais útil e necessário no banco, a seguradora cedeu-o. Para adquirir experiência, foi feito entre um contrato *block time* com a IBM e um grupo de funcionários, considerados hoje os pioneiros da informática no Itaú, ia todas as noites para uma loja da multinacional, numa esquina da Avenida São Luís, levando maletas com cartões e fitas magnéticas para processar o material.

Atenção à indústria

No entanto, Olavo não deixava de ter os olhos na Deca, que vinha sendo conduzida por Renato Refinetti. Não porque a gestão da empresa, sem sua presença, o preocupasse. Mas, por sua formação e por suas convicções, ele entendia que o grupo que dirigia deveria ser forte nos seus dois campos de atuação, o industrial e o financeiro, por entender que, numa economia saudável e com capacidade para crescer, o setor produtivo e o financeiro devem caminhar juntos.

Tinha um fascínio pela atividade industrial, como recorda Paulo Diederichsen Villares, que foi o principal executivo do grupo industrial da área de metalurgia que levava o nome de sua família. Olavo disse várias vezes a Villares que tinha grande admiração pelas empresas da família Villares e, por isso, convidava Paulo para saber do andamento do grupo. Nas conversas, sempre pedia detalhes da situação, números – e números precisos, como lembra Villares:

– Toda vez que o procurei, ele queria saber mais do que aquilo que imaginava que fosse de seu interesse. É uma pessoa extremamente detalhista. Para as conversas, eu ia sempre muito preparado com números, tabelas etc. E ele perguntava, lia tudo, queria entender exatamente o que era aquilo.

– Não é o empresário tradicional – completa seu filho Roberto.

De fato, Olavo nunca esteve preocupado com cargos ou prestígio pessoal – tanto que já na fusão do Federal de Crédito com o Itaú não quis ocupar a presidência, atitude que repetiria em outros processos de fusão do banco –, nem apenas com o andamento dos negócios. Nem mesmo com o controle da empresa resultante das fusões. No caso da fusão da Deca, da qual Olavo detinha cinquenta por cento do capital, com a Duratex, por exemplo, ele ficaria claramente minoritário, mas aceitou o negócio, sugerido por seu tio Alfredo Egydio. Questionado por seu então genro Ruy e também por seu filho Paulo Neto, deu essa explicação:

– Eu tomo a decisão que é boa para a empresa e não para o meu interesse particular.

Sabia que uma empresa sólida e em crescimento, independentemente de quem detivesse seu controle acionário, era melhor para todos.

– Ele nunca desvinculou suas empresas do papel que elas desempenham na sociedade – diz Roberto.

Era com esses olhos e essa mentalidade que ele acompanhava a evolução da Deca, a empresa que criara quase duas décadas antes. Nesse ano de 1964, teve início a produção da Linha Italiana, a primeira campeã de vendas da história da empresa que ascendeu à liderança do mercado no setor, possibilitando, três anos depois, a incorporação da Válvula Hydra, empresa sucessora da Metalúrgica Mar, fabricante de válvulas de descarga, que detinha noventa por cento do mercado.

A economia brasileira passava por grandes mudanças. O governo militar queria modernizar rapidamente o mercado financeiro e de capitais para atrair investimentos estrangeiros necessários ao desenvolvimento do País. Em 21 de agosto de 1964, foi sancionada a Lei nº 4.380, que criou o Sistema Financeiro da Habitação e instituiu a correção monetária nos contratos imobiliários, a qual criou condições para financiamentos e aplicações de longo prazo num ambiente inflacionário. Em 31 de dezembro de 1964, foi sancionada a Lei nº 4.595, que ficou conhecida como a Lei da Reforma Bancária. Em 14 de julho de 1965, foi assinada a Lei nº 4.728, que disciplinou o mercado de capitais (de títulos e valores mobiliários) e estabeleceu mecanismos para seu desenvolvimento.

A Lei de Reforma Bancária criou o Sistema Financeiro Nacional, formado pelo Conselho Monetário Nacional, Banco Central, Banco do Brasil, Banco Nacional de Desenvolvimento Econômico, "demais instituições financeiras públicas" e um "sistema financeiro privado". Estabeleceu também mecanismos rigorosos de controle da atividade financeira, a ser exercido pelo recém-criado Banco Central, que absorveu as principais funções até então desempenhadas pela Sumoc.

Era um ambiente inteiramente novo. Mas agora o sistema financeiro dispunha de regras claras, definidas.

Dois anos depois da união do Federal com o Itaú, aconteceu nova fusão, desta vez com o Banco Sul Americano. Esse banco tinha alardeado pela imprensa que estava se fundindo com o Comércio e Indústria. Foi feito um grande barulho, mas tudo deu em nada, porque correu nos bastidores financeiros que havia no Sul Americano um grande rombo e o Comércio e Indústria se retirou.

Foi quando Eudoro Villela e Olavo Setubal entraram em cena. Tiveram uma reunião com João Batista Leopoldo Figueiredo, que estava na presidência do Sul Americano, cuja sede, projetada pelo arquiteto Rino Levi, era na Avenida Paulista, na esquina com a Rua Frei Caneca, prédio hoje ocupado pela Duratex e por uma agência do Itaú. Quando tiveram o relatório real da situação, incluindo o rombo, que era grande, Olavo e Eudoro se assustaram, perderam a fala, literalmente. O rombo tinha sido provocado pela operação de um diretor no Paraná que teria vendido um estoque inexistente de café e desaparecido com o dinheiro. No Paraná, todos comentavam que o café do Sul Americano era "frio", café de papel, como se dizia.

Em silêncio, atordoados, Eudoro e Olavo deixaram a sede e foram caminhando pela Avenida Paulista, sem saber o que dizer, o que pensar. De repente, Setubal segurou o braço do companheiro:

– Vamos topar a parada!

Por quê? Olavo explicou:

– Fiz uma análise da situação, um mundo de cálculos e formulei uma proposta menor, que acabou aceita. Como sabíamos do rombo e ainda assim fizemos uma proposta, o pessoal do Sul Americano se viu numa posição extremamente subordinável. Feita a fusão, o nome do banco cresceu para Federal Itaú Sul Americano. Agora, eram 184 agências e um capital social de quinze milhões de cruzeiros (6,7 milhões de dólares). Um dia, encontrei-me com o presidente do Banco Comercial, Emanuel Whitaker. Ele disse: "Vocês adotaram um nome muito grande". Respondi: "E o nome do seu? Banco Comercial do Estado de São Paulo. Contando o número de letras e intervalos, o seu é maior do que o nosso".

Naquela mesma noite, Olavo e Tide passaram pela casa de Antonieta e Augusto da Rocha Azevedo, outro do grupo Alarga a Rua. Iam ao cinema. Quando deram com uma agência do Sul Americano, Augusto voltou-se para Olavo:

– Não acha que esse aí, por tudo o que andam dizendo, é um bom banco para você fundir com o seu?

Olavo deu um sorriso orgulhoso.

– Acabamos de fundir com ele, hoje. É nosso!

O banco foi limpo e colocado em ordem.

– O problema é que todo o sistema bancário brasileiro era primitivo, primitivíssimo – avalia hoje Olavo Setubal.

Tecnologia, modernização

No momento da fusão, já existia no Sul Americano uma empresa, a Sulprocess, destinada à prestação de serviços na área de processamento, na qual foram instalados os programas do Federal Itaú. Nesse ano, a IBM lançou o 360, modelo 30, o mais avançado do setor em seu tempo, de tal complexidade que um técnico brasileiro foi enviado aos Estados Unidos para um estágio no Manufacturer's Hanover Bank, que já não existe mais.

Em 1966, três jovens engenheiros foram admitidos no banco – e Olavo participou pessoalmente da equipe de seleção – designados para área de processamento de dados: Carlos Eduardo Correa da Fonseca, que ficou conhecido pelo apelido de Karman, Sérgio Sawaia e Henrique Zaidan. O gerente geral da área, pelo qual Olavo tinha especial carinho, era Geraldo Toledo de Morais. Quando Olavo se reunia com Geraldo, fazia questão de chamar aqueles a quem denominava seus "jovens engenheiros", para discutir em conjunto as ideias que ele tinha no sentido de informatizar o grupo.

– O doutor Olavo estava modificando o banco, usando a computação como instrumento das rotinas, dos processos, de tudo o que ele queria incluir – avalia Correa da Fonseca. – Éramos jovens e tínhamos um poder fantástico dentro do grupo, porque nos tornamos um instrumento para implantar novos métodos de gestão, tanto que fomos do sistema de contas correntes à carteira de títulos, ao gerenciamento de custos, à contabilidade, amarrando todos os sistemas.

O emprego de novas tecnologias reforçou em Olavo sua preocupação com a exatidão dos números. Fonseca conta:

– A grande preocupação era que todos os relatórios estivessem perfeitamente batidos, daí uma frase famosa que corria internamente, a amarração contábil, que gerou uma outra, a síndrome da amarração contábil. Uma das coisas que deixavam o doutor Olavo excitado e, às vezes, muito aborrecido, era quando levávamos dois números e eles não fechavam. Ficava furioso, queria o negócio batido, mandava fazer de novo, exigia: "Tem de acertar, tem que estar certo!".

Mas estava sempre aberto a opiniões novas, desde que fundamentadas. Comandava reuniões quase diárias, pela manhã, queria ouvir todos os analistas de sistemas. Mas também para as reuniões tinha um método:

– As reuniões eram interessantes – recordam-se antigos diretores. – Um deles relata que um dia, levantou a mão: "Doutor Olavo, com licença, gostaria de falar uma coisa". E ele: "Não precisa pedir licença, você está aqui para falar, dar sua opinião". Dito o que se tinha a dizer, a pessoa não podia voltar ao tema, discutir com um companheiro a sua ideia, porque era interrompido por ele: "O senhor já falou, não precisa repetir, vamos ouvir todos!". Ele ouvia, fazia uma síntese e decidia o que fazer. E, se alguém dissesse uma bobagem, recebia uma cortada forte, firme.

A maneira de conduzir as reuniões era outra característica de Olavo como administrador. Seu filho Paulo Neto participou de muitas reuniões com o pai e as descreve assim:

– Suas cobranças eram sempre na linha construtiva. Nunca o ouvimos dizer: "Você não conseguiu vender tanto, que absurdo! Não conseguiu vender tal produto? Inacreditável". Jamais afirmou: "Vocês não conseguiram". Ele se incluía: "Nós não conseguimos". Não havia hierarquias de inteligência no debate.

O momento em que todos deveriam se levantar, porque a discussão estava encerrada, também era claramente indicado por Olavo:

– Suas reuniões eram rápidas – dizia Paulo – e sabíamos quando terminvam porque ele batia as duas mãos na mesa, com as palmas para baixo. Aquele gesto, todos conheciam, significava: "Acabou".

Tomava decisões com rapidez, e não voltava atrás:

– Não me lembro de ter ouvido de Olavo: "Eu preciso pensar nisso". Ele realmente pensava rápido sobre qualquer questão – diz o empresário e acadêmico José Mindlin, amigo de longa data de Olavo.

Para seu primo Laerte, que ocupou cargos na alta direção da Duratex, a capacidade de Olavo decidir com rapidez era fruto de sua formação na Politénica – que Laerte também cursou – e de seus conhecimentos de administração, sobretudo de contabilidade:

– Inteligente e realista, e com conhecimentos de contabilidade, Olavo tinha também uma qualidade muito importante para o empresário, que é a capacidade de análise e de síntese. Qualquer assunto que você conversa com ele, ele imediatamente pega o cerne, o tema. Mas gostava de precisão. Ele tinha um mote para balizar suas decisões: "Se não entendo um negócio em dois minutos, eu não faço".

Estava em curso um processo no qual o Itaú seria o pioneiro, o da informatização, o do estabelecimento das agências *on-line*.

No mesmo ano da fundação da Febraban, 1967, quando o computador IBM 360/30 tinha acabado de chegar ao Federal Itaú Sul Americano, já em sua nova sede na Rua Boa Vista, foi realizado em Recife, entre os dias 21 e 26 de novembro, o VI Congresso Nacional de Bancos. Olavo decidiu ir.

– Nunca ninguém deu muita importância aos congressos, mas queríamos visibilidade e montamos uma equipe técnica, sentamo-nos dia e noite e fechamos nosso projeto. Levamos inclusive o Moraes Abreu e desembarcamos em Pernambuco altamente motivados para dominar o congresso com uma série de propostas novas – *lembrava-se*.

O Itaú apresentou teses que revolucionaram o funcionamento do sistema bancário, como a introdução do cheque magnético e a utilização do sistema CMC 7, que permitia a leitura ótica de todos os documentos pelo computador, sem necessidade de transcrevê-los, o que queimava etapas. Padronizavam-se os procedimentos bancários. Os tempos modernos tinham chegado. Foram inovações estudadas, desenvolvidas e depois adotadas pelo Banco Central.

Nesse congresso, Olavo encontrou-se com Luiz Carlos Levy, filho de Herbert Levy, o político e comandante do Banco da América, "um banco maior e mais evoluído", conforme o próprio Olavo comenta. Os contatos foram muito frequentes entre Setubal e Luiz Carlos, de apelido Lisca, que funcionava como secretário-geral do Congresso. Ambos se encontraram em seguida em Salvador, onde o Federal Itaú Sul Americano iria inaugurar uma agência, e a aproximação cresceu, impulsionada por amigos comuns como Ângelo, João Antônio e Frank Calmon de Sá.

Foi nesses contatos entre Olavo e Lisca que ocorreram as primeiras conversações sobre uma nova fusão entre o Federal Itaú Sul Americano e o Banco da América.

"O Banco da América era tranquilo, sua base eram as agências em São Paulo, sua rede eficiente e a lucratividade alta", conta Luiz Carlos Levy. "Mas víamos que os bancos grandes estavam bem, é óbvio, os médios se desenvolviam e os pequenos estavam condenados. Tínhamos tentado algumas fusões que não deram certo, tratamos com bancos que nos queriam engolir, por terem posição acionária muito forte. Então, chegamos em Olavo, banqueiro diferenciado, que não estava preocupado em ser o maior acionista. Ele projetava uma organização melhor, mais bem estruturada do que as outras, era um homem agregador. Foi quando as conversações caminharam."

Ruy Souza e Silva, que conviveu longos anos ao lado de Olavo, faz a análise de sua personalidade no aspecto de mando e controle acionário:

"Ele caminhou fazendo as fusões independentemente do controle acionário. Ele acabava controlando tudo pela liderança que impunha. Claro que mais tarde ele ia readquirindo a maioria acionária, comprando as ações na bolsa, consolidando o controle. Por que ele não se preocupava com quem mandava? Porque exercia o mando pela capacidade de ação, pelas ideias, pela estratégia que desenvolvia com a lógica do engenheiro".

O olhar paralelo de Olavo, para o lado industrial do grupo, continuava. Deca e Duratex caminhavam com grandes passos. Em 1968, a Deca fundiu-se à Companhia Cerâmica Jundiaiense, dirigida pelo empresário Manoel Ildefonso Archer de Castilho, pioneira na fabricação de louças sanitárias no Brasil. Nesse ano, a Duratex comemorou a produção de cem milhões de metros quadrados de chapas e mudou sua logomarca, entrando em cena o rinoceronte, símbolo de força e solidez. Ao mesmo tempo, foi inaugurada a Linha III de Jundiaí. O mercado externo crescia e abriu-se o escritório de Nova York, hoje a Duratex North America Inc., consolidando a imagem da empresa e de seus produtos. A expansão contínua levou a Duratex a enfrentar o problema do abastecimento de matéria-prima com a compra da Gleba Rio Claro, área de 16,6 mil hectares em Lençóis Paulista, para o plantio de árvores. Duas empresas novas surgiriam em poucos anos, a Duratex Florestal e a Duraflora Silvicultura e Comércio Ltda.

Enfim, em 1969, o Banco da América foi incorporado e nasceu o Itaú América. Mas as pessoas, cada vez mais, se referiam a ele apenas como o Itaú. Sonoro, era mais fácil de dizer.

O Banco da América ainda funcionava com o que se chamava *listões*, prática já abandonada no Itaú, por causa da mecanização. Tratava-se de um sistema copiado dos americanos, chamado *teller*, o falador. No Brasil era a *cartelinha*. Todos os dias, as agências recebiam as listas dos clientes com os saldos atualizados. Processavam-se os dados para se fechar o caixa. Nos Estados Unidos, o horário de funcionamento de agências era menor, trabalhava-se com cheques magnéticos, a coisa andava. Não havia, como aqui, além das transações normais, a obrigatoriedade do recebimento de contas de água, luz, gás, impostos, telefone, dezenas de procedimentos. Com a informatização e a melhoria das comunicações e dos transportes, os *listões* foram desaparecendo, os fechamentos adquiriram velocidade.

O fim da década de 1960 marcou igualmente a chegada do que foi chamado "os siameses", os MP 65, com duas CPUs, que trabalhavam com 25 fitas magnéticas, tinham 30 impressoras e uma infinidade de discos. Computadores de última geração que executavam múltiplas programações ao mesmo tempo. O Itaú América saía na frente.

Ao encerrar a década, o Banco Itaú América alcançava a sétima colocação entre os maiores bancos, com um capital social de 60 milhões de cruzeiros novos, cerca de 14,8 milhões de dólares. Ganhara muitas posições na classificação dos bancos brasileiros num período de grandes mudanças institucionais e de grande movimentação do mercado bancário. Em 1960, estavam em operação no País 350 bancos nacionais e oito estrangeiros, totalizando 358 instituições. Dez anos depois, os mesmos oito estrangeiros continuam a atuar, mas o número de bancos nacionais tinha se reduzido para 170.

O Itaú

"Com o América, encerramos o período das fusões, dali para a frente foi só compra", acentuava Olavo.

O Itaú estava agora interessado em aquisições. E seu interesse se voltou, primeiro, para o Banco Aliança, que tinha nascido após a liquidação dos bancos estrangeiros durante a Segunda Guerra Mundial. O Deutsche Bank do Rio de Janeiro, vendido ao usineiro paraibano João

Ursulo Ribeiro Coutinho, tornou-se o Aliança e possuía uma excelente carteira, uma vez que todas as empresas alemãs continuavam suas clientes. O Itaú América, que se concentrava todo na Região Sudeste, levava em conta a excelente penetração do Aliança no Nordeste, onde tinha quinze agências. Mas Ribeiro Coutinho era mais usineiro do que banqueiro, e o banco começou a se deteriorar. Foi quando Olavo se aproximou com uma proposta.

A reunião foi realizada no escritório de advocacia Bulhões Pedreira, Lamy, de José Luiz Bulhões Pedreira, amigo pessoal de Roberto Campos e autor da Lei de Sociedades Anônimas de 1976, e de Alfredo Lamy. Conta-se que, quando entrou na sala e sentou-se à mesa, Olavo teve diante dele um magnífico panorama da Baía de Guanabara. Olhou para tudo aquilo por uns momentos, maravilhado, e pediu para mudar de lugar, colocou-se de costas. Aos outros diretores, intrigados, explicou que não podia negociar olhando para tal paisagem deslumbrante, perderia a capacidade de raciocínio.

"Na primeira reunião, contei de nossas intenções e comuniquei que só poderíamos pagar determinada quantia", recordava-se Olavo. "Houve protestos e esclareci que só poderíamos pagar aquilo porque o banco tinha um grande rombo e teríamos de arcar com ele. Naquele tempo, os rombos eram comuns. Um alemão levantou-se indignado: 'Não quero nem ouvir falar. Não sei de rombo nenhum, não sou um patife, não quero participar dessa conversa. Até logo'. Não quis assistir à nossa exposição, deixou a sala. Compramos o banco. No dia em que assumimos, tivemos de jogar metade do crédito rural em despesas, porque eram empréstimos da família do vendedor e estavam todos atrasados."

Com o Aliança, o capital social subiu para 71 milhões de cruzeiros novos (16,1 milhões de dólares).

"Um treino para o que viria a seguir", brincava Olavo.

Enquanto isso, mudanças de porte estavam acontecendo nas empresas industriais que eram as meninas dos olhos de Olavo. A Deca tinha adquirido o departamento de válvulas industriais da Indústria Pires Fontoura, passando a fabricar registros industriais em bronze e ferro fundido com a marca Válvula P. A empresa inaugurou a mais moderna fundição de bronze da América Latina, além de colocar em funcionamento o terceiro forno contínuo para louças, em Jundiaí. Essencial, contudo, foi a incorporação da Deca à Duratex em 1972, momento particularmente decisivo.

Nesse ano, Paulo Neto, o filho mais velho de Olavo, também engenheiro e ainda fazendo o mestrado, entrou para a Duratex como analista econômico-financeiro, depois de ter trabalhado em outras empresas, como a Volkswagen. Candidato a uma vaga na Camargo Corrêa, Paulo foi chamado pelo pai: "Você vai é trabalhar conosco". Foi quando ambos passaram a estreitar as ligações e Paulo passou a conhecer melhor algumas características do pai:

"Comecei a ver de perto o lado desenvolvimentista dele, a busca pelo crescimento. Ele vinha, e vem, dirigir a reunião uma vez por mês na sede da Duratex. As questões que o interessavam mais eram as de níveis estratégicos, tipo: devemos crescer mais no Brasil ou no exterior?".

Após o Banco Aliança, foi definido outro alvo, Banco Português do Brasil. Era uma compra complicada. Montado pelos portugueses, ele foi primeiro adquirido por José Adolpho da Silva Gordo, que detinha 64% das ações através da Companhia Santista de Participações. Mas Silva Gordo se aborreceu com Olavo, saiu e vendeu suas ações. É Olavo quem relembrou:

"Soube, depois, que foi porque me achava muito centralizador. O banco quebrou – grande parte devido às mudanças políticas em Portugal, com a Revolução dos Cravos – e foi posto à venda por ordem do ministro Delfim Netto. Um terço do banco era do governo português, por meio da Sociedade Financeira Portuguesa, estatal que tinha colocado dinheiro no banco, num acordo com os acionistas. Naquele tempo nem se falava de acordo com acionistas, havia quem dissesse que era ilegal no Brasil. O Banco Real mostrava-se interessado em comprar o Português. Precisávamos conversar com o governo português e não encontrávamos com quem negociar. Até que soubemos de um diretor, mas estava em Paris, era um homem que andava pelo mundo, sujeito estranho, tinha sido ministro da Fazenda de Salazar. Às cinco da tarde, José Carlos Moraes Abreu e eu decidimos ir para a França, à noite estávamos no avião, no dia seguinte sentamo-nos com o homem que confessou não ter nenhum acordo com Silva Gordo para a venda do banco".

Gelson, o motorista que servia Olavo, lembra que, apesar da presteza com que decidiu partir para Paris, seu patrão escolheu um estranho trajeto para ir de sua casa na Rua Sergipe, por onde passara para apanhar a mala, até o Aeroporto de Congonhas (o de Cumbica-Guarulhos ainda não existia). "O normal", diz Gelson, "era sair da Rua Sergipe, descer a Avenida Angélica, virar à esquerda da Rua Jaguaribe e depois à direita na Avenida Amaral Gurgel, dali seguindo para a Avenida 23 de Maio, que levava ao Aeroporto." Dessa vez, porém, Olavo ordenou: "Suba a Angélica e vá pela Paulista".

"Era a pior escolha para o horário", pensou Gelson, "mas, já que o patrão mandara, que fazer?"

Já na Avenida Paulista, quando passavam em frente à sede do Banco Português do Brasil, Olavo olhou atentamente o prédio e disse: "Esse".

Sobre a viagem de Olavo, a revista *Veja*, em sua edição de 7 de março de 1973, publicou o seguinte:

> *Na madrugada da primeira sexta-feira de fevereiro, um Boeing 707 da Air France levava para Paris um discreto passageiro da classe econômica, alheio ao carrinho de bebidas e à natural animação da maioria dos que viajam para a Europa. Era Setubal, levando uma oferta de associação para a Sociedade Financeira Portuguesa (SFP), uma instituição de investimentos controlada pelo governo (67%) e todos os bancos comerciais daquele país, que tinha comprado em maio último por vinte milhões de dólares uma participação de 32% no grupo Português do Brasil. No mesmo dia, o professor Luís Maria Teixeira Pinto, ex-ministro da Fazenda de Portugal, deixava a sede da SFP, em Lisboa, um edifício moderno no começo da elegante Rua Duque de Palmela, e seguia também para Paris. (...) Teixeira Pinto preocupava-se em fazer prevalecer um artigo no contrato entre a SFP e seus sócios brasileiros, pelo qual o grupo de Lisboa indicaria um comprador de sua preferência, caso os acionistas majoritários resolvessem vender a organização.*

Era Teixeira Pinto a misteriosa figura portuguesa envolvida nas negociações. Foi Olavo quem contou:

"Mostramos a ele que havia três hipóteses. Silva Gordo e os portugueses vendiam o banco juntos pelo mesmo preço. Os portugueses podiam se interessar pela compra, mas o negócio não seria permitido pelo Banco Central, ou indicavam um comprador. Acentuamos que o que o Banco Real pagaria pelo Português era baixo e eles perderiam dinheiro, tinham colocado trinta milhões de dólares por um terço das ações, mas só receberiam quinze milhões de dólares, porque tinha havido desvalorização da moeda no Brasil. Acentuei: 'Vocês podem não vender e quererem ficar sócios do Real. Mas o Real não os aceita como sócios, conheço Aloysio Faria, ele me disse que não quer saber de sócios, separou-se até do irmão. De modo que vocês não têm outra alternativa senão a de nos indicarem', concluí. Uma semana depois, os portugueses concordaram, vieram ao Brasil, fechamos as negociações. Silva Gordo não se conformou e, na hora de assinar a escritura, fez questão de ressalvar por escrito no documento: 'Estamos vendendo por ordem do Banco Central'".

Formalizada em dezembro de 1972, a compra foi aprovada em fevereiro de 1973. Essa compra foi o embrião da expansão do Grupo Itaú em Portugal, dezesseis anos depois. Com o Banco Português, o Itaú América tornou-se o segundo maior banco por volume de depósitos no sistema bancário nacional, com mais de dois bilhões de cruzeiros (327,3 milhões de dólares), além de assumir a liderança em número de agências, 468, 12 a mais do que o Bradesco, que até então estivera em primeiro lugar. Nesse momento, o banco tomou o nome definitivo de Itaú.

A disputa da liderança

Nas fusões, Olavo mostrava grande capacidade de negociação, mas também assumia riscos, se sua avaliação indicasse que isso era necessário para o crescimento do banco. Embora tenha trabalhado pouco diretamente com o pai, Roberto Setubal acompanhou o trabalho de Olavo e, como sucessor deste na presidência do banco, faz hoje esta avaliação:

"Meu pai sempre teve a visão de médio e longo prazo, de desenvolver a empresa da melhor forma possível. Isso o diferenciou de seus pares na época de uma forma muito clara. E meu pai soube também, pelo dinamismo dele, claramente assumir riscos no desenvolvimento do banco que se mostraram corretos. Ele teve uma visão muito correta do mundo em que vivia, e soube assumir os riscos para fazer o banco crescer".

Paulo Neto, o filho que ficou encarregado da área industrial do grupo, completa: "Meu pai repete muito uma frase: 'Dei certo na vida porque acertei 51% das decisões'. Claro que isso é uma forma de agregar, porque ele acertou, eu diria, 90% das decisões".

Decidia com rapidez, de acordo com um método que seu amigo e ex-genro Ruy Souza e Silva descreve desse modo:

"Para se ter ideia de como ele funcionava, lembro que, quando alguém levava a ele um plano, a primeira pergunta dele era: 'Qual é o objetivo?. Tem de haver um objetivo claro, determinado. O dele sempre foi: 'Quero fazer uma empresa, forte, grande'. Sempre foi seu norte".

Por essa época, o Itaú lançou a campanha "Ajude o Itaú a ser o primeiro", para atrair mais clientes e anunciar, de maneira elegante, que já era o segundo maior banco privado do País. O primeiro, o Bradesco, sentiu o golpe. Muitos anos depois, em maio de 2007, em depoimento aos autores deste livro, o presidente do Conselho de Administração do Bradesco, Lázaro de Mello Brandão, disse:

"Não se apagou de minha memória a impactante campanha que ele (Olavo) promoveu na televisão, há décadas, explorando imagens reproduzindo as Cruzadas da Idade Média, como retumbante bordão: 'Ajude o Itaú a ser o primeiro'. Levou-nos ao encolhimento e a redobrar a ação para enfrentar o agudo desafio".

Brandão, como seu antigo chefe Amador Aguiar, sempre se deu muito bem com Olavo. Com certa frequência, os três se encontravam, geralmente na sede do Bradesco, na Cidade de Deus, em Osasco, e muito poucas vezes na sede do Itaú, na Rua Boa Vista, "porque seu Aguiar era um pouco recluso", explica Lázaro Brandão.

"Ele (Amador) me convidava e eu ia almoçar com ele", recorda-se Olavo. "Eu gostava muito dele pessoalmente. Era uma figura humana extraordinária."

A amizade entre os dois era tão intensa que outro banqueiro de destaque da época, Gastão Vidigal, do Banco Mercantil, ficava intrigado. Gastão não se dava bem com o Amador e não entendia o comportamento de Olavo:

"Eu nem olho para ele", dizia a Olavo, referindo-se a Amador. "Mas você só olha para o Amador."

Era verdade. Olavo respeitava Amador Aguiar. Várias vezes, lembra-se Olavo, Amador lhe disse: "Olha, você tem instrução, eu tenho intuição. Eu sinto as coisas".

E completava:

"Só tenho inveja de sua voz. Com essa voz e esse tamanho que você tem, eu ia muito mais longe".

Outra frase que Olavo recordava de ter ouvido com certa frequência de Amador Aguiar, especialmente no momento em que a disputa pela liderança no sistema bancário se acirrou, é esta:

"Olha, Olavo, você vai passar todos eles, mas, a mim, não".

Na época, o tamanho dos bancos era medido pelos depósitos à vista. E era notável o avanço do Itaú na captação desses depósitos. No fim do ano, porém a campanha saiu do ar e, na avaliação do Bradesco, muito do espaço que o Itaú havia conquistado dos concorrentes se perdeu.

Certo dia, num encontro social com Olavo, Lázaro Brandão lhe perguntou: "Escuta, Olavo, por que você não sustentou a posição do banco?".

A explicação de Olavo, segundo Brandão, foi a de que a campanha tinha sido programada para ser intensa e curta, e assim foi feito. O Bradesco deve ter agradecido.

Em seguida, veio a grande cartada de Olavo Setubal, aos 51 anos, uma das operações mais delicadas em que ele se envolveu e que gerou controvérsias profundas e ataques dos concorrentes: a compra do Banco União Comercial (BUC).

A odisseia do BUC vem narrada no livro Itaú 50 anos:

O BUC teve uma história breve. Seu maior acionista era o Grupo Soares Sampaio, proprietário da Petroquímica União, em São Paulo, que, em 1971, tinha comprado o Banco Irmãos Guimarães, em seguida o Brasul e o Comercial do Estado de São Paulo. Vieram também as financeiras Brascred, Investcred, Univest e os bancos de investimento Cofibens e Investbanco, resultando no BUC com 265 agências. A ascensão rápida trouxe problemas que começaram a comprometer a instituição a partir de maio de 1974. Cauteloso, o Banco Central, temendo uma crise no mercado, procurou interessados na incorporação do BUC. Convocados por Mário Simonsen, ministro da Fazenda, Olavo Egydio Setubal e José Carlos Moraes Abreu iniciaram as negociações, tidas como das mais complexas e difíceis, dado o número de agências e recursos envolvidos. A descrição desses encontros é relatada por Moraes Abreu: 'Conheci José Luiz Bulhões Pedreira, um dos mais notáveis advogados do Rio de Janeiro, representando os controladores do BUC. Fomos negociar em Brasília, no Banco Central instalado na cobertura do prédio-sede do Banco do Brasil. Das janelas víamos a catedral e a Praça dos Três Poderes, uma paisagem muito bonita. Olavo e eu permanecemos ali negociando, na presença do presidente do Banco Central, Paulo Lira. Ficamos 48 horas sem sair da sala. Vimos o sol nascer e se pôr duas vezes. Nas interrupções, descansávamos nas poltronas, para depois reiniciar. Paulo Lira debatia em separado com o pessoal do União Comercial, enquanto aguardávamos. Depois vinha a nossa vez. A montagem jurídica era muito complexa. A exigência do ministro era que nenhum depositante tivesse prejuízo. Esses interesses foram preservados. Depositantes e demais passivos foram assumidos sem restrições.

Em seu livro de memórias *Lanterna na popa*, o ex-ministro e ex-presidente do BUC Roberto Campos descreve o rápido processo de deterioração das finanças do banco – atribuindo-o aos controladores, que relutaram em adotar integralmente o modelo de gestão sugerido pelos administradores profissionais, chefiados pelo próprio Campos –

e a corrida dos depositantes logo depois da saída da maioria desses administradores. Em três dias, o BUC perdeu oitenta milhões de cruzeiros de depósitos e suas controladas Investbanco e União Financeira passaram a enfrentar dificuldades para captar recursos. Assim Campos relata o período final do BUC:

"Os acionistas não tinham um esquema gerencial alternativo e deixavam o BUC praticamente acéfalo, sangrando pela perda de depósitos, enquanto o Bacen dava assistência pelo redesconto, mas hesitava em promover a incorporação do BUC a um outro conglomerado melhor capitalizado. A escolha não era ampla, pois o BUC era o terceiro conglomerado do País em patrimônio e valor de depósitos. Sua absorção pelo Bradesco, então como hoje o maior banco privado do País, dar-lhe-ia, no ver do Bacen, uma alavancagem exagerada em termos de poder econômico. O Unibanco, de outro lado, não parecia à autoridade monetária ter porte suficiente para gerir o novo complexo. Após quase seis meses de hesitação, com o BUC praticamente leiloado, o Bacen se decidiu em favor de sua absorção pelo grupo Itaú. Foi um milagre que não tivesse ocorrido uma corrida bancária, fato só explicável pela grande fidelidade dos depositantes do interior de São Paulo ao velho Banco Comercial, da família Whitaker, que representava a principal parcela do BUC. Mas foi uma longa e desnecessária agonia".

A transferência do controle do BUC para o Itaú, negociada em condições difíceis para as três partes envolvidas – os antigos controladores, o governo e os representantes do Itaú –, quase não se concretizou por causa da resistência de Paulo Fontainha Geyer, genro do fundador do grupo Soares de Sampaio, Alberto Soares de Sampaio. Ele não concordava com os termos que haviam sido fechados depois de longa e ininterrupta negociação.

"Na hora de assinar o contrato, o Geyer não queria assinar", lembra-se Olavo. "O presidente Geisel mandou um recado: 'Quer vir sozinho ou mando dois praças para buscá-lo?'."

Sobre a incorporação do BUC pelo Itaú, em sua edição de 4 de setembro de 1974, a revista *Veja* publicou:

(O negócio) garante ao Itaú, pela aquisição das 255 (sic) agências do BUC, uma firme liderança estratégica entre os bancos comerciais: tem agora 723 casas e quase 40% da nova rede estão plantados nas privilegiadas áreas metropolitanas do Rio e São Paulo. Uma tão valiosa concentração poderá até mesmo avalizar, em favor do Itaú, insuspeitadas modificações na ordem de classificação das instituições particulares. No conjunto, o Bradesco administra recursos estimados em 12 bilhões de cruzeiros, valor equilibrado agora pelo seu mais tradicional concorrente, com a incorporação dos 5 bilhões que se poderiam exumar do BUC.

De fato, a incorporação assustou o Bradesco, como admitiu o presidente do Conselho de Administração, Lázaro Brandão. Para justificar a preocupação, ele vai direto ao ponto:

"Basta um detalhe: o Bradesco, que incorporara o BNI, de Roxo Loureiro, aumentou de uma vez sua rede de agências na cidade de São Paulo em 40 unidades. Pois bem, essa aquisição do Itaú lhe dava a dianteira, somente na cidade de São Paulo, de 120 agências".

E por que o Itaú, e não o Bradesco, foi escolhido para ficar com o BUC? Fernão Bracher, que era diretor da área externa do Banco Central na época, foi diretor do Bradesco e depois fundiu seu banco BBA com o Itaú, explica:

"Pouco tempo antes, o Bradesco tinha comprado o Mineiro do Oeste e o Banco da Bahia (onde Bracher fizera carreira), estava digerindo isso e estava ficando muito maior do que os outros. Então, o Banco Central, acho que acertadamente, convidou o Itaú".

Lázaro Brandão, do Bradesco, completa a explicação:

"Era preciso encontrar uma solução para o BUC. Já naquela ocasião se decidiu, como se fez posteriormente com outros bancos, separar o banco bom do banco ruim. O banco bom é que seria entregue para a instituição que assumisse seu comando e trouxesse tranquilidade para o sistema financeiro. Nós estávamos conversando com o Banco da Bahia, uma conversa preliminar, porque tinha uma briga entre o Ângelo Calmon de Sá (do grupo Econômico) e o Clemente Mariani (do Banco da Bahia). Nós estávamos apoiando o Clemente. Nas entrelinhas, o Banco Central disse que, se entregasse o acervo do BUC ao Bradesco, desequilibraria muito o mercado, marcaria uma distância muito grande. Daí a opção de entregar para o Itaú".

Olavo Setubal, olhando a distância, definiu a compra do BUC como uma "decisão audaciosa, porque a dimensão da absorção pediu um esforço gigantesco" – mas considerou necessário assumir também esse risco. Acrescentou que o objetivo, "no início dos anos 1970, era absorver as fusões e unificar um conglomerado de bancos heterogêneos, com problemas internos complicados".

Corriam cem mil casos pendentes no BUC. Créditos em liquidação. Isso tudo levou quatro anos para ser resolvido, no fim dos quais o banco estava saneado. Exigiu-se de imediato uma completa reformulação da rede. As áreas de marketing e comercial definiram as agências iniciais. Houve coincidências de localização das agências do Itaú e do BUC e trezentas foram fechadas para posterior relocação. Mais tarde, essa reimplantação exigiu da Itaú Planejamento, Itauplan, empresa de arquitetura e engenharia do grupo, a entrega de dez agências por mês. A rede toda passou a ser operada pelo sistema Itaú. Houve tensão inicial entre os funcionários do BUC. Nas praças em que houve duplicidade, a agência do BUC foi a fechada. Os que ficavam se adaptariam? Havia preconceitos em relação aos sistemas do Itaú. Trezentos inspetores e auditores se distribuíram pelo Brasil para instruir quanto aos procedimentos, organizaram-se cursos para reciclagem, o grupo do BUC teve acesso às circulares normativas do Itaú. Operação sofisticada e de alta precisão. No final de seis meses, o Itaú tinha 561 agências em funcionamento e galgou cem posições no *ranking* dos quinhentos maiores bancos particulares do mundo.

Lázaro Brandão, do Bradesco, recorda-se, com alívio, dos problemas que o Itaú teve para absorver integralmente o BUC, o que deu à instituição por ele dirigida fôlego para tentar recuperar o espaço perdido. Mesmo assim, como ele diz: "Mourejamos por dez anos".

Consolidação e expansão

Eudoro Villela, Sérgio de Freitas, Olavo, José Carlos Moraes Abreu e Alfredo Egydio Arruda Villela em reunião na sala de Olavo Setubal, na antiga sede do Banco Itaú.

Olavo Setubal e sua equipe de engenheiros, atuando praticamente em todos os setores do banco, vinham modificando a cena no sistema bancário nacional. Desde a nova Lei de Mercado de Capitais, de 1965, o Itaú tinha acelerado os passos, a partir da criação do Bankinvest, de 1966. Em 1971, as Instituições Financeiras Itaú eram uma realidade. Nelas se incluíam o Banco Itaú-América (comercial), o Itaú de Investimentos, a Financeira, a Distribuidora, a Corretora e o Fundo 157. A instituição era líder no mercado em segmentos como o Itaúcred (Investimento, Crédito e Financiamento), o Itaúcor (Corretoras de Valores Mobiliários e Câmbio) e no Fundo 157.

Estava, mais do que nunca, cristalizada a visão de Olavo de que a atividade bancária era de transformação, como a indústria. A matéria-prima eram os recursos captados através das diversas instituições financeiras e transformados em créditos, sob a forma de produtos voltados

201

diretamente ao consumidor ou aos setores produtivos de maneira geral. A indústria era a área de processamento de dados que, por meio da movimentação dos recursos, informava e viabilizava a produção para as equipes de vendas instaladas nas agências. Havia as áreas de captação como contas correntes, letras de câmbio e certificados de depósito. E as de crédito como o Miscelbank (financiamentos de bens como televisores, a grande novidade da década), o Credicheck (financiamento de fogões, geladeiras, eletrodomésticos), Autobank (para carros), Checktur (viagens), o cartão Credicard, além de créditos agrícolas e para a indústria e comércio. Eram as respostas às demandas do mercado. Nesse período, surgiram também os caixas automáticos.

As informações de todo o Brasil estavam centralizadas na matriz da Rua Boa Vista e eram processadas por meio dos computadores. Para isso, montou-se a maior rede particular de comunicação do Brasil, possibilitando o sempre almejado fechamento contábil, alma da visão setubalina. Os computadores, cada vez mais aperfeiçoados, de ponta, continuaram chegando através dos anos, como os 370/158, ligados à multiprogramação e dotados de três milhões de posições de memória, permitindo que diversos sistemas rodassem simultaneamente. Um poderoso auxiliar surgiu com o desenvolvimento das comunicações e o surgimento do DDD e do DDI, discagens diretas. Essa evolução levou à construção do Centro Técnico Operacional, inteiramente planejado pela Itauplan.

As atuações do mundo financeiro foram favorecidas pela política do crédito oficial, com o Estado marcando presença em todos os setores econômicos e o Banco Central ditando as regras. Com a Resolução 63, incentivou-se o ingresso do capital estrangeiro, permitindo aos bancos contraírem empréstimos no exterior a juros de mercado e repassando-os ao setor produtivo. Neste processo, o Itaú participou com 10% das ações do Libra Bank (dissolvido entre 1986 e 1987), que objetivava propiciar fontes de recursos e métodos de financiamento para a América Latina. Os contatos com a área financeira internacional passaram a ser frequentes. Nessa altura, o Bankinvest se tornou Banco Itaú de Investimentos e logo Itauvest. O capital estava 70% nas mãos do Itaú e 27% com grandes bancos do exterior, como a Union Suisse des Banques, o Kiowa, atual Asahi, e o Bayerische Vereinsbank da Alemanha. Os negócios cresceram e se entendeu que era necessário criar uma *holding* para coordenar o movimento harmônico entre os diversos interesses do grupo, como o banco, a seguradora e a Duratex, que já tinha absorvido a Deca. Foi quando surgiu o Itausa, sendo que 1974, pouco antes de Olavo Setubal deixar o banco e assumir a prefeitura, havia 561 agências operando, 164 por instalar e 26.316 funcionários.

Os anos de 1973 e 1974 foram marcados por enorme inquietação na área internacional, com ampla repercussão no Brasil, por causa do súbito aumento dos preços do barril de petróleo. Houve um abalo na economia mundial, os juros aumentaram, os empréstimos ficaram caros, o serviço da dívida externa passou a exigir mais recursos. O governo brasileiro procurou estimular a exportação, como um dos meios para reverter a situação e se posicionar no mercado internacional. Nesse clima, o Itaú foi procurando seu espaço, de modo que cinco anos mais tarde, já em 1979, com Olavo Setubal retornando ao Itaú após a prefeitura, foi aberta a primeira agência em Nova York, na Madison Avenue, 540, um trabalho complexo, elaborado, que exigiu uma engenharia de porte. No ano seguinte, seria aberta a de Buenos Aires, marcando a escalada no exterior.

Em 1975, Olavo deixou o banco e mudou seu escritório de trabalho para o Ibirapuera. Sabe-se que, apesar de ter entregue o comando a José Carlos Moraes Abreu, eram comuns as visitas de diretores, gerentes e principalmente de técnicos de informática ao Ibirapuera, segundo o depoimento de Carlos Eduardo Correa da Fonseca, para reuniões das quais Olavo participava com imenso prazer. Gostava de sentir o gostinho de tomar decisões ou ajudar os seus engenheiros a encontrarem soluções. Ainda com Olavo prefeito, começaram os primeiros estudos e experimentações para a informatização das agências, na construção do banco *on-line*, sonho de Olavo, capítulo especial que levou à criação da Itautec. Daí a falta de tempo que o tirou dos jantares com a família, em sua casa, às oito e meia da noite, diariamente.

Capítulo 6
Anos de medo e angústia

Início da década de 1970. Vivia-se sob a ditadura do general Garrastazu Médici, que governava com mão-de-ferro e por meio dos Atos Institucionais que tinham suprimido todas as liberdades. Censura, cassações, alguns focos da luta armada, principalmente no Araguaia, repressão, prisões, exílios, torturas. Tempos do "Brasil, ame-o ou deixe-o", do Brasil grande, das obras faraônicas como a Rodovia Transamazônica. Também do tricampeonato mundial de futebol, da televisão em cores, do desenvolvimento das telecomunicações, do milagre econômico brasileiro apregoado por Delfim Netto. Dizia o ministro que era preciso primeiro fazer crescer o bolo para só depois pensar em distribuí-lo. Houve grande expansão do comércio exterior. Os programas sociais do Estado foram abandonados.

Em julho de 1971, Tide e Olavo partiram para a Europa para comemorar suas Bodas de Prata. "Foi minha primeira viagem de luxo", ele comentou. Porque até então as viagens tinham sido de trabalho, viagens simples, hospedados em hotéis simples.

"Por alguma razão meu pai, sem ser pão-duro, o que nunca foi, o que ele era é austero, se privava de certos confortos mesmo podendo se dar a eles. Não conseguia se distanciar daquela imagem espartana de adolescência e juventude, que o marcou pronfundamente", avalia Alfredo Setubal.

Paulo Setubal Neto tinha se formado engenheiro industrial, em 1971 pela FEI, com mestrado em Administração Contábil Financeira na Getúlio Vargas, e fazia estágio como *trainee* na Volkswagen. Paulo ganhou um Rolex. À medida que se formavam, os filhos ganhavam um Rolex.

Maria Alice entrou na Universidade de São Paulo, cursaria Ciências Sociais. Ao saber disso, Paulo questionou-a: "Como é que vai estudar naquele antro de comunistas?". Os pais de algumas amigas dela tinham proibido terminantemente as filhas de prestar vestibular na USP. Maria

Alice enfrentou a oposição do irmão, não a do pai, apesar de viver se contrapondo a ele, era quase um jogo um com o outro. Ela buscou perseguir seu próprio destino, não quis fazer carreira no mundo empresarial, achava-se muito mais dona de casa. Por sua vez, Olavo achou ótimo a sua Neca ter entrado na USP, jamais disse: "Não vá, não faça!". Deixou transparecer que tinha ficado até orgulhoso por ter uma filha intelectual. Em outra época teria usado uma frase que era recorrente: "Nossa, se sua avó Francisca estivesse viva! Agora, deve estar rolando no túmulo". Ela ficou surpresa ao encontrá-lo lendo textos do sociólogo Chico de Oliveira, um dos ideólogos do PT, que faziam parte do currículo da USP e que levara para casa. Mais tarde, a surpresa aumentou ao vê-lo citar, em conversas, trechos do sociólogo.

"Ele gostou... bem, não posso dizer exatamente gostou, mas ele admirava, tinha um lado dele que gostava de uma filha socióloga, até hoje ele fala nisso. Era um homem cuja ideologia se aproximava da Arena, enquanto eu, claro, tendia para o MDB[3], nos opusemos muito, mas não a ponto de brigar, eu estava buscando um caminho que fosse meu."

Ao entrar na faculdade, Neca ganhou o seu carro, um Fuscão. Até a faculdade os filhos usavam transporte público, eventualmente um motorista, caronas. Muitas vezes, o carro de um irmão passava para o próximo.

Nas inclinações, José Luiz, caminhando dos quinze para os dezesseis anos, muito ligado à mãe, sempre ao lado dela, desde cedo tendeu para a Medicina. Acentue-se que Tide contava que queria ter sido médica, no que foi impedida por Aldo Mário, seu pai. Dos filhos homens, apenas José Luiz se afastou da carreira empresarial, seguiu também rumo próprio, a Medicina.

---

3 O Ato Institucional nº 2, de 1965, extinguiu os partidos políticos, acusados pelos generais de serem responsáveis por todas as crises. Pela nova legislação, permitiu-se a criação de dois partidos apenas, a Aliança Renovadora Nacional, Arena, conservadora, pró-governo, com os militantes da UDN e parte do PSD, e o Movimento Democrático Brasileiro (MDB), que agregou a oposição, com os que vinham do PTB e elementos do PSD.

Os anos 1970 começavam e iniciava-se para a família Setubal um calvário, como diria dona Francisca. Abril de 1972. Tudo pronto para comemorar os 23 anos de Paulo. O aniversário era no dia 12, mas a festa foi programada para dia 14. Foi quando os telefonemas começaram, confusos, a princípio, depois claros, e o clima de tensão e apreensão se instalou. Olavo Júnior tinha sofrido um acidente. Acabou a festa, correria. Informações desencontradas sobre o hospital. Olavo Júnior, a esta altura campeão brasileiro de esqui, voltava do Clube de Campo São Paulo de carona com um amigo. Os dois conversavam e em dado momento o carro bateu em uma árvore, o cinto de segurança não era obrigatório, ninguém o utilizava, Olavo Júnior foi jogado para a frente, bateu com a cabeça no painel, sofreu traumatismo craniano, entrou em coma. Foi levado a um pronto-socorro da Prefeitura em Santo Amaro, sem as mínimas condições de atender um paciente em coma. Ricardo Setubal conta que o pai, naquele momento, teve de tomar uma decisão crucial, lidando com a vida do filho. Precisava tirar Olavo Júnior daquele hospital, todavia, a transferência podia significar também a morte do filho no caminho. Ele decidiu: "Vamos embora!". Colocado em uma ambulância, o veículo não dava partida, novos momentos de angústia, lutava-se contra o tempo. Finalmente com empurrões, a ambulância pegou no tranco. Um segundo hospital nas proximidades do Masp também negou atendimento, alegando "falta de condições". Finalmente transferido para a Beneficência Portuguesa foi socorrido.

Muitos dias depois, as datas ficaram confusas para todos, fala-se em um mês, em quarenta dias, em duas semanas, o paciente voltou do coma, mas permaneceu em estado de letargia, apagado. Não conseguia falar. Em um 11 de maio, dia das mães, abriu os olhos e, ao ver Tide diante da cama, murmurou:

– Mamãe...

Como se soletrasse. Incrédula, Tide virou-se para a mãe dela, Alice, que estava junto:

– Você ouviu? Ou é minha imaginação? Ouviu?

– Ouvi bem.

Ele voltou ao mutismo, comunicava-se por meio de frases precariamente escritas. Ao deixar o hospital, Olavo Júnior murmurava sílabas desconexas, a voz muito débil, quase inaudível. Ele retornou a casa, porém a família mal conseguiu respirar.

Tide seria internada para uma bateria de exames. Diagnóstico: câncer no intestino. Operada pelo cirurgião Paulo Branco, acreditou-se que a doença estivesse debelada. O médico advertiu que teriam de fazer um acompanhamento rigoroso por um prazo de cinco anos, antes de considerar cura total. Olavo foi informado da gravidade da situação e não contou a ninguém, guardou segredo. Por um longo tempo foi o único a saber e conteve-se. Ainda que dúvidas e desconfianças perpassassem pela cabeça de todos, a palavra câncer jamais foi pronunciada. Todos se recusavam a admitir a possibilidade. Uma atmosfera de angústia total dominava a casa como um fantasma de medo e horror. Tide permaneceu 45 dias no hospital acompanhada pela mãe, presença forte na família.

Olavo Júnior era atendido em casa por Maria Alice, que assumiu o papel da mãe.

"Para se ter ideia do estado de meu irmão, de o quanto estava defasado cognitivamente, basta dizer que eu lia para ele contos de fada de uma coleção de livros para crianças, fartamente coloridos chamada *Caminho do Outro*. E ele estava com 18 anos!", lembra Maria Alice.

O filho convalescente em casa, a mulher no hospital, os negócios em expansão; depois da incorporação dos bancos Aliança e o Português do Brasil, já estavam em curso os estudos para se tomar uma das decisões mais importantes na história da instituição, a absorção do Banco União Comercial, passo difícil, complexo e fundamental. Olavo dividia-se em três frentes: hospital, com a mulher, em casa, com o filho, e no banco, então em sétimo lugar entre os grandes bancos brasileiros. E carregando um segredo que ele, fiel ao seu racionalismo cruel, insistia em não dividir com ninguém para aliviar a dor.

Olavo Júnior não andava, mal mexia a mão. Tinha perdido os movimentos do lado esquerdo, falava por meio de parcas sílabas. Certo dia resolveu jogar xadrez com a namorada, a quem tinha ensinado, e perdeu.

"Fui fazer testes, e o resultado deu um QI três, o mais baixo, porque o zero nem existe. Fiquei deprimido. Não conseguia multiplicar nem dividir por dois algarismos, e para perplexidade minha – e de todos – lembrava-me de raízes quadradas, de potências, sabia a prova dos nove, e não conseguia dividir. Teria de reaprender tudo. O primeiro grau foi refeito com um professor particular, refiz o ginásio em um cursinho, retomei tudo, eu queria ser engenheiro. Acontece que eu vinha de uma enorme decepção, que me tinha marcado. Bem antes do acidente, eu tinha feito o Científico, depois cursinho no Anglo Latino, mas no dia do vestibular acordei com uma infecção, mal podia abrir os olhos inchados, estava com febre alta. Sei que era um problema psicossomático. Fui reprovado e meu pai se decepcionou, porque eu era bom aluno. Rígido, ele se manteve fiel às suas regras, não ganhei o carro que todo filho ganhava ao se formar. Fiquei uma onça, gritei, esperneei, chorei. Não teve jeito, ele não voltou atrás. Retomei o cursinho de Engenharia e aí sofri o acidente. Quando readquiri a lucidez, só ouvia dizerem que eu tinha renascido. Pensei: 'Se renasci, quero viver sem os defeitos que eu tinha'. Um desses defeitos era não comer nada. Desde criança, como era obrigado a comer tudo, sob a tirania da ampulheta, decidi comer para não gostar. Inverti, passei a experimentar tudo o que antes rejeitava."

Outra resolução radical de Olavo Júnior foi abandonar a Engenharia para fazer Administração de Empresas, que ele considerava ter mais a ver com ele, "pelo lado humano, uma faceta moldada pelo Colégio Santa Cruz, onde estudei Filosofia e um pouco de Sociologia". O pai concordou com a decisão, tudo o que viesse do filho naquele momento era apoiado. Todos os dias, ele ia ao CPP, um cursinho na Rua da Consolação.

"Andava mal, o reaprendizado era longo e difícil, muitas vezes caía na rua, nossas calçadas são ruins, cheias de buracos e de frestas onde eu prendia o pé, principalmente o esquerdo que movia com dificuldade. Caía na escada do CPP, que ficava num primeiro andar. Recuperava-me lentamente, achava que não evoluía, não melhorava, ainda que os médicos, os neurologistas, vivessem me dizendo: 'Você está ótimo'. Não estava. Sentia que não, vivia angustiado, até o dia em que tomei uma resolução maravilhosa. Mas isso foi mais à frente."

Em janeiro de 1973, Olavo Júnior acompanhou a irmã Neca aos Estados Unidos, ela ia visitar o noivo, Ruy Souza e Silva, que estava fazendo pós-graduação em Stanford. Ruy tinha sido colega de Paulo Setubal Neto na FEI. Naquele início de ano, os três viajaram pela Califórnia e Olavo decidiu fazer um curso de inglês. Na escola encontrou um padre com quem conversava longamente todos os dias, gostava da visão de vida do sacerdote, trocavam ideias. Ao voltar, comunicou ao pai:

– Quero ser padre!

– Padre?

O espanto de Olavo não podia ser maior. Ficou olhando para o filho, perplexo. Para Ricardo, o filho mais novo, o pai teve o primeiro *break through* de sua vida com o episódio de juventude em que o escritor Paulo Setubal menosprezou a Engenharia, definindo-a como profissão menos nobre. Naquele instante aprendeu que era preciso deixar a pessoa seguir seu caminho. Não se sabe se a imagem do pai dele, Paulo Setubal, veio à cabeça de Olavo, porque havia outro momento forte ligado ao pai. Este, quando jovem, num acesso de misticismo também quis seguir a carreira sacerdotal.

"Não eduquei vocês para serem padres. Seus irmãos não vão ser. Eles vão ser outras coisas, fazer outras coisas. Mas se quiser, se essa é a sua vontade, siga. Só quero que pense bem!"

O que os filhos ressaltam é que quando estavam no Colégio Santa Cruz houve uma aproximação entre o pai e o que tanto o padre Lionel Corbeil, fundador da instituição, quanto o padre Charboneau, um de seus principais mentores, pregavam: uma atitude mais social, com uma preocupação com famílias sem moradias, com a miséria que grassava no País. Nos currículos, lia-se e discutia-se até Marxismo, Filosofia, Sociologia. Olavo resgatou para si o lado do pai escritor que valorizava o humanismo.

Em janeiro de 1974, Tide e Olavo foram aos Estados Unidos visitar a filha que tinha se casado com Ruy em agosto de 1973. Desceram em São Francisco, alugaram uma limusine, foram para a universidade. Ao entrar no campus, onde Neca e Ruy tinham um apartamento modesto, Olavo saiu do carro e, mesmo antes de cumprimentar alguém, riu:

– Sabem como estou me sentindo? Nem imaginam!

– Como quê, papai?

– Como aquele pai do *Love story*.

O filme baseado no romance de Eric Segal, direção de Arthur Hiller, tinha feito um sucesso sem precedentes no mundo. Ryan O'Neal, filho de um multimilionário vivido por Ray Milland, se apaixona por Ali McGraw, uma moça pobre (que morreria de câncer, provocando rios de lágrimas) e a leva até a casa dele para conhecer a família. Ali McGraw fica perplexa quando o carro penetra na propriedade do sogro, hectares e hectares de árvores e gramados com uma mansão principesca no meio.

Foi um breve fim de semana durante o qual a mãe mostrava-se firme, confiante de que não tinha nada, tudo tinha passado. No entanto, meses depois, em meados do ano, as datas tornaram-se nebulosas, eram muitos acontecimentos ao mesmo tempo, Olavo Júnior voltou ao hospital por causa de um acidente corriqueiro, provavelmente uma daquelas quedas que sofria, sua mãe foi internada, e Olavo sentiu-se mal, passou por uma bateria de exames, ficou hospitalizado por três dias e em observação médica. Uns dizem que foi uma hepatite, outros um estresse provocado pela situação familiar, somado ao momento de ajustes do banco, em pleno processo de projeto de compra do Banco União Comercial, operação bastante complicada, que contou com opositores e críticas. Suportava uma carga pesada. Os três anos seguintes seriam de cuidados constantes com Tide que se recusava a admitir que estava com câncer, bloqueara o assunto. Um dos reflexos mais claros da crise foi que o jantar, momento em que todos estavam juntos, perdeu sua característica de ritual, cada um comia quando podia, quando chegava, a mesa estava ali sempre posta, as empregadas à disposição.

"Mamãe nunca admitiu que estava gravemente doente, havia apenas uma pessoa com quem ela conversava a respeito, a Zita, a arrumadeira. Para ela, mamãe dizia que ia morrer. Nenhum dos irmãos reconheceu ou sequer admitiu que ela podia morrer. Não descobrimos como, mas foi armado um esquema com os laboratórios, para que os exames entregues à família não fossem os verdadeiros, estes iam direto para os médicos – e para meu pai, certamente. Eram os únicos a par da real situação. Papai continuava sem dividir a angústia. Isso foi feito porque mamãe abria os exames, não há quem não os abra e ali estava escrito claramente que não era câncer. Era uma tentativa de protegê-la, manter a autoestima, o bom astral", recorda-se Neca. "A doença continuava a miná-la e então, em 1975, meu pai foi nomeado prefeito, aceitou, tomou posse. E mamãe firme ao lado dele, como se nada estivesse acontecendo."

Nesse momento, Olavo Júnior, com todas as dificuldades, tinha entrado para a Faap, para fazer administração de empresas, e Roberto estava pronto para entrar na Politécnica, onde faria engenharia de produção. A prefeitura seria um novo *break through*, sob vários aspectos na vida de Olavo Setubal, momento em que ele abriu os olhos para situações que flutuavam perto, mas sem que ele as visse, e que o tocaram e mudaram sua maneira de ser e sentir.

Capítulo 7
Da Boa Vista para o Ibirapuera – I

"Esse não é o cargo para Olavo"

Indicado pelo presidente Ernesto Geisel para governar o Estado de São Paulo, Paulo Egydio Martins contara com o apoio financeiro de Eudoro Villela para elaborar seus planos administrativos. Apesar da diferença de idade – Eudoro era 21 anos mais velho –, havia entre eles uma amizade profunda, baseada na confiança. Eudoro sabia que, com a posse de Paulo Egydio no cargo, os estudos financiados por ele seriam utilizados pelo governo de São Paulo, como de fato foram. Foi no início de 1975, numa das visitas que fez à casa do amigo, na Rua Carlos Comenale, ao lado da Avenida Paulista, nos Jardins, para tratar dos planos de governo, que, logo à chegada, Paulo Egydio foi interpelado por Lourdes – mulher de Eudoro e prima de Olavo –, com quem se dava muito bem.

– Soube que você está querendo levar o Olavo para a Secretaria da Fazenda. É verdade?

– É.

– Não, esse não é o cargo para o Olavo.

– Não? E qual é o cargo para ele?

– Olavo não é homem para ficar nessa função. É homem para concorrer à Prefeitura de São Paulo.

Paulo Egydio não havia pensado nisso. Queria mesmo levar Olavo para a Secretaria da Fazenda, função que, a seu ver, o amigo exerceria com competência. Mas a sugestão de Lourdes fazia sentido. Olavo demonstrara, nos diversos processos de fusão e incorporação que levaram à constituição do Banco Itaú, uma habilidade rara entre empresários. Soubera administrar bem as disputas por cargos e títulos na instituição resultante das fusões, acomodando interesses sem ferir egos e preservando, na medida do possível, os espaços para abrigar eventuais vaidades pessoais. Nunca tomou para si as principais funções. Era um talento, via agora Paulo Egydio, muito útil na vida pública.

213

Mais ainda, o governador indicado estava diante de um problema político sério, que não sabia como resolver. Havia fortes pressões partidárias para a manutenção na Prefeitura paulistana do então ocupante do cargo, Miguel Colasuonno. Não era a solução de seu agrado, mas Paulo Egydio não tinha, ainda, um nome que pudesse apresentar ao meio político e que tivesse condições de ser aprovado pela Assembleia Legislativa – por exigência constitucional, os prefeitos das capitais indicados pelos governadores tinham de ser aprovados pelos respectivos Legislativos estaduais – onde, por causa da onda antigovernista na eleição anterior, a oposição conquistara a maioria.

Para Paulo Egydio, Olavo era o nome ideal. Conhecia-o muito bem. Desde que, tendo se desligado da empresa familiar em 1963, montara negócio próprio com escritório na Rua Boa Vista, Paulo Egydio passou a almoçar no restaurante da antiga sede do Jockey Club de São Paulo, que funcionava no prédio do Banco de São Paulo, de propriedade de Ademar de Almeida Prado, na Rua 15 de Novembro, 347. A nova sede do Jockey, na esquina da Rua Boa Vista com a Ladeira Porto Geral, ainda estava em construção.

Era também nesse restaurante que almoçavam dois dirigentes do Banco Itaú, Olavo Egydio Setubal e José Carlos Moraes Abreu. Ocupavam sempre a mesma mesa, na companhia de outros dirigentes do banco. Formavam a "mesa do Itaú". Com o tempo, pessoas não ligadas ao Itaú, mas amigas dos participantes da "mesa", como Paulo Egydio, amigo de Moraes Abreu, foram incorporadas a ela. Passaram a ser dois politécnicos à mesa, um formado em São Paulo, outro, um pouco mais jovem, no Rio de Janeiro, pela Escola Nacional de Engenharia, que anteriormente era conhecida como a Politécnica do Rio. Essa formação comum os aproximou. Numa certa época, surgiu no mercado uma nova calculadora, da marca Hewlett-Packard, na qual os dois amigos engenheiros conferiam suas habilidades. Além da disputa diária de habilidades, uniam esses politécnicos suas convicções políticas. Suas famílias também passaram a almoçar juntas nos domingos. Lila, mulher de Paulo Egydio, tornou-se grande amiga de Tide Setubal.

Os dois já haviam trabalhado juntos na área pública. Em 1965, aos 37 anos de idade, nomeado ministro da Indústria e do Comércio pelo presidente Humberto de Alencar Castelo Branco, Paulo Egydio montou um conselho de empresários, com os quais discutia de maneira franca, mas em caráter reservado, os problemas do País. Um dos problemas mais sérios estava na área de seguros, na qual Olavo já tinha experiência, pois fora responsável pela re-estruturação desse setor do Itaú. Paulo Egydio chamou-o, em novembro de 1966, para ajudá-lo a reorganizar o setor no Brasil, integrando um grupo do qual fazia parte também um antigo professor na Escola Nacional de Engenharia, Jorge Oscar de Melo Flores, que tivera ativa participação na articulação do movimento que levou os militares ao poder em 1964. Paulo Egydio fora aluno de Melo Flores.

Nessa comissão, foi com o professor Fábio Konder Comparato – da Faculdade de Direito da USP, então recém-chegado de Paris e que mais tarde seria diretor do Comind – que Olavo teve as discussões mais acirradas. Mas foram essas discussões que, longe de afastar, aproximaram os dois. Durante muitos anos eles mantiveram uma relação profissional e de amizade intensa.

Era um período difícil para o governo, por causa da má situação financeira de algumas empresas seguradoras. A imposição de normas rigorosas para o setor, sugeridas pelo grupo do qual Olavo fazia parte, provocou a quebra de duas dezenas de empresas.

Além dessa passagem pela equipe do ministro da Indústria e do Comércio, Olavo tivera outra experiência no setor público. Nomeado em 1961, pelo governador Carlos Alberto de Carvalho Pinto, foi diretor financeiro do Banco do Estado de São Paulo, cargo que exerceu de acordo com critérios técnicos. Não importava nome nem tamanho da empresa ou das posses do cliente. Os negócios eram concluídos apenas quando cumpriam as regras estabelecidas pelo banco. De um grande cliente exigiu que reduzisse o volume de empréstimos em aberto, pois o valor excedia as boas normas da gestão bancária. Explicadas de maneira técnica as razões que o levaram a fazer a exigência, foi prontamente atendido pelo cliente. Era o empreiteiro Sebastião Camargo, fundador e proprietário da empresa Construções e Comércio Camargo Corrêa S.A.

Desse relacionamento, nasceu uma amizade forte e duradoura. Muito tempo depois, para comemorar oitenta anos de idade, Sebastião Camargo ofereceu um jantar para um reduzidíssimo grupo de amigos, dois ou três casais. Entre eles estavam Olavo e Daisy Setubal.

Embora tivesse desempenhado funções no setor público, o que lhe rendeu amizades como a de Sebastião Camargo, Olavo não tinha passado político-partidário – aliás, nem era filiado a partido político – que pudesse gerar resistências entre os deputados estaduais a sua indicação para a Prefeitura paulistana. Sua carreira na iniciativa particular era uma prova de sua capacidade administrativa – embora, como logo Olavo perceberia, a administração pública fosse regida por critérios e valores diferentes dos que prevalecem na administração privada.

"Minha Nossa Senhora"

O convite formal de Paulo Egydio para Olavo Setubal ocupar a Prefeitura de São Paulo foi feito no dia 6 de janeiro de 1975. Alguns dias antes, Olavo ouvira do deputado federal Israel Dias Novaes, seu amigo de juventude – foi na festa de quinze anos de Marina Villares, que mais tarde se casaria com Israel, que Olavo conheceu Tide Azevedo, sua futura mulher –, um raciocínio político que levava a uma única conclusão: Olavo seria o prefeito. O raciocínio de Israel era perfeito. Paulo Egydio sofrera grande derrota eleitoral no ano anterior e não poderia indicar para o cargo um político influente de seu partido, pois a indicação seria rejeitada pela oposição, agora majoritária na Assembleia. Teria, portanto, de escolher entre seus amigos pessoais, o mais indicado dos quais era justamente ele, Olavo.

Olavo aceitou imediatamente o convite e virou a noite conversando com Paulo Egydio sobre política, redemocratização – que Paulo Egydio garantiu ser o objetivo político principal do presidente Ernesto Geisel –, mas nada falaram sobre problemas administrativos.

"No dia seguinte, me dei conta da imensa tarefa que tinha assumido", lembrou mais de quatro anos depois, na véspera de deixar o cargo, em entrevista ao jornal *Folha de S.Paulo*. "E, pela primeira vez na vida, fiquei deprimido."

Tide o apoiou desde o início. Mas foram dias difíceis até a aceitação completa da ideia de se envolver diretamente na política. No primeiro fim de semana depois de ter recebido o convite de Paulo Egydio, Olavo viajou com a família para o apartamento no Guarujá. Sua filha Maria Alice recorda-se de que ele ainda estava atordoado: "Dormiu o fim de semana inteiro".

O que leva um homem que constrói, com êxito, uma carreira destacada no meio empresarial a abandonar tudo para aventurar-se por um ambiente novo, onde com frequência escasseia a racionalidade, um dos valores pelos quais tem mais apreço? Por que um banqueiro aceita um cargo público?

A paixão por São Paulo, a convicção de que as pessoas com certa competência devem ter uma passagem pela vida pública, a noção de que o cargo era de natureza eminentemente administrativa e o fato de o convite ter sido feito por um velho amigo são as razões que, muitos anos depois, Olavo Egydio Setubal invocaria para explicar por que aceitara sua indicação. Na essência, é a mesma explicação que ele dava quando estava no cargo não fazia muito tempo.

"A gente não pode, quando tem um mínimo de condições, passar a vida em brancas nuvens, dentro de um interesse limitado", disse numa entrevista em janeiro de 1976, antes de completar um ano na Prefeitura. "Já que eu tinha tido na vida particular o suficiente sucesso para assegurar a mim e a minha família uma vida tranquila, eu achava que era minha obrigação aceitar um desafio que me foi proposto pelo governador Paulo Egydio."

Do momento em que o convite foi feito, entre quatro paredes, ao anúncio oficial da indicação do nome de Olavo Setubal para a Prefeitura de São Paulo se passou mais de mês, período no qual foram muitas as especulações na imprensa. A confirmação foi feita no dia 13 de fevereiro de 1975, por meio de nota conjunta divulgada após reunião do governador eleito Paulo Egydio Martins com os principais dirigentes da Arena e do MDB no Estado: seus presidentes regionais, Jacob Pedro Carolo e

Lino de Matos, seus líderes na Assembleia, Nabi Abi Chedid e Alberto Goldman, e os líderes na Câmara Municipal de São Paulo, Naylor de Oliveira e Mário Hato. Na reunião, de acordo com a nota, "o sr. Paulo Egydio Martins comunicou oficialmente que, consoante o preceito da Constituição, submeterá à Assembleia, para a Prefeitura da capital, a indicação do sr. Olavo Egydio Setubal, o qual, após entendimento com os partidos, tornará públicas as diretrizes gerais de sua futura atuação político-administrativa".

Tão logo o anúncio foi feito, os jornalistas se colocaram a postos na sala de espera no 14º andar do edifício-sede do Itaú, na Rua Boa Vista, onde o prefeito indicado tinha seu escritório. Ao chegar ao local às seis e quarenta da noite e ver aquele monte de gente com máquinas fotográficas, câmeras e luzes de televisão, cadernos de anotação, pronto para cobri-lo de *flashes* e perguntas, Olavo se assustou: "Minha Nossa Senhora!".

Esquivou-se com rapidez: "Tenho de atender um telefonema no meu gabinete".

Saiu apressado da sala, deixando para seu assessor, Cláudio Lembo, a tarefa de distribuir aos jornalistas uma declaração formal, com apenas três parágrafos. No primeiro, disse-se honrado com a indicação de seu nome pelo governador eleito. No segundo, reconheceu a enorme responsabilidade de dirigir a cidade onde nasceu e que viu crescer de maneira espetacular. No último, disse que, se seu nome fosse aprovado pela Assembleia, apresentaria aos partidos suas ideias para administrar a cidade.

Os jornalistas não se contentaram. Queriam ouvi-lo. Resistiu. Considerava inoportuno adiantar ideias ou planos para seu governo antes de seu nome ser submetido aos dirigentes do partido da oposição.

"Tudo será revelado no momento oportuno", limitou-se a dizer.

Só fez uma comparação entre a São Paulo de seus tempos de garoto e a São Paulo que teria a tarefa de dirigir: "Em 1932, quando eu ainda estudava no Ginásio do Carmo, São Paulo tinha apenas 1.020.000 habitantes. Agora, se assumir realmente a Prefeitura, vou defrontar-me com uma metrópole com mais de oito milhões de almas. E isso me impressiona muito".

Depois, ligou para casa, para avisar a governanta Mercedes da Penha que jantaria fora. Naquela noite não haveria o tradicional jantar na ampla casa da Rua Sergipe, sempre servido às oito e meia, com toda a família reunida. Um jantar caprichado tinha sido preparado, com rosbife de contrafilé como prato principal. Tide sempre sugeria esse prato, porque era fácil de servir para a família toda, nove pessoas, e dera instruções precisas para dona Mercedes da Penha: "Nada de temperos fortes".

Mas, naquela noite, além dele, só dois de seus filhos estavam na cidade. Tide viajara para uma fazenda no Estado do Rio, com a filha Neca e os filhos mais novos, Alfredo e Ricardo. Olavo Júnior estava no exterior e Roberto viajara para a Bahia. Em São Paulo, só ficaram Paulo, que também jantaria fora, e José Luiz, que costumava fazer as refeições na Santa Casa, onde cursava Medicina.

Dona Militina, que lavava e passava a roupa da família, estava tranquila naquele dia – com a casa vazia, não tinha muito o que fazer. E muito satisfeita com a indicação do patrão para o cargo de prefeito. Já a copeira, Natalícia, denotava preocupação. A escolha do dr. Olavo, como ela se referia ao patrão, aumentaria o movimento na casa. Mas estava também feliz: "São os melhores patrões que já tive".

A população, porém, não conhecia o prefeito indicado. Houve até quem, vendo seu nome, imaginasse que fosse tudo coisa de família: "Paulo Egydio indica seu parente Olavo Egydio, uma pouca vergonha", chegaram a dizer. Olavo ainda podia sair à rua sem ser reconhecido.

Mas os jornalistas não largavam de seu pé. Seguiam-no de manhã cedo, ao sair de casa, até o encerramento do expediente, no meio da noite. Alguns o acompanharam durante toda a jornada. Registraram opiniões do futuro prefeito que prenunciavam rumos de sua administração.

"Nessas ruas entupidas, quem sofre mais não são os que viajam em seus carros próprios", disse a um jornalista que o acompanhava no carro, no trajeto de casa até o banco. "São os que perdem seis horas diárias de suas vidas dentro dos ônibus a caminho ou de volta do serviço. Isso é massacrante, principalmente para quem vive numa cidade onde a deterioração do ambiente, tanto física quanto esteticamente, é insofismável."

Trocando os nomes

Procurava estreitar as relações com os políticos, mas, novato na política, cometia gafes e erros. Confundia nomes dos partidos (num encontro com deputados dos dois partidos representados na Assembleia, chamou a Arena de Aliança Renovadora Brasileira e o MDB de Movimento Democrático Nacional, invertendo os últimos adjetivos) e até do presidente da República, referindo-se ao "presidente Médici", quando já se estava no governo Geisel.

Filiou-se à Arena, o partido do governo. Mas ainda teve de esperar algum tempo até que seu nome fosse formalmente submetido à Assembleia Legislativa. Isso porque a nova legislatura, a qual competiria discutir e votar sua indicação, só se iniciou no dia 31 de março. No dia seguinte, 1º de abril, o governador Paulo Egydio, no cargo desde o dia 15 de março, propôs à Assembleia seu nome para a Prefeitura paulistana.

"Convocado para prestar sua colaboração à administração do Estado, o engenheiro Olavo Egydio Setubal possui, como títulos que o indicam ao exercício do cargo de prefeito da capital, não apenas sua formação profissional e universitária, mas também a experiência que adquiriu durante os longos anos em que desenvolveu atividades empresariais", justificou o governador em sua mensagem à Assembleia.

À mensagem, anexou o currículo de Olavo Setubal.

Embora remoto, havia o risco de a oposição majoritária na Assembleia dificultar a votação da proposta. Mas a pequena demora – a indicação foi aprovada na madrugada do dia 10 de abril – se deveu apenas a problemas internos da bancada do MDB, não a eventuais restrições ao nome proposto. Se alguma coisa o partido da oposição podia contestar era o procedimento, a indicação do nome pelo governador em lugar da eleição direta defendida pelo MDB, não a pessoa indicada, à qual não fez objeções. O MDB até fechou questão pelo voto favorável ao nome proposto. Assim, Olavo Egydio Setubal teve seu nome aprovado pela Assembleia com os votos de toda a bancada da oposição, além dos da bancada governista, e nenhum voto contra.

O dia 16 de abril de 1975 era duplamente especial para Olavo. Completava 52 anos de idade. No mesmo dia, seria empossado no cargo de prefeito de São Paulo. Naquela manhã, quando chegou ao escritório no 14º andar do prédio da Rua Boa Vista para levar embora os papéis que ainda estavam lá, o Conselho de Administração do Itaú já havia distribuído a circular informando que lhe concedera licença do cargo de diretor-geral enquanto fosse prefeito – em seu lugar, ficaria seu amigo José Carlos Moraes Abreu. Dona Olden Victorino, sua secretária, auxiliada por dona Vera Lúcia Pérez de Siqueira, empacotava os últimos documentos que seriam levados para a Prefeitura.

"São os planos de governo que o dr. Olavo vinha estudando diariamente", contou.

Em outros pacotes havia pastas pessoais – documentos do Imposto de Renda, anotações pessoais, contas. Tudo isso iria para as prateleiras no novo escritório, no Parque do Ibirapuera. Dona Olden o acompanharia na mudança. Por volta do meio-dia, Olavo deixou a sala que ocupara durante dezesseis anos, convidando todos os antigos auxiliares a comparecerem a sua posse às quatro horas da tarde, no Palácio dos Bandeirantes. Foi para casa preparar-se para a solenidade.

São Paulo, de Paulo a Olavo Setubal

Sempre rigoroso com o horário e acompanhado apenas por Tide, chegou exatamente às três e quinze da tarde ao Palácio dos Bandeirantes, conforme programara o Serviço de Cerimonial do Governo do Estado, encarregado de organizar a festa da posse. Entrou pela garagem, no subsolo, e, imediatamente, foi conduzido ao gabinete do governador, no segundo andar. De lá, poucos minutos antes das quatro horas, como mandava o rígido programa elaborado pelo Cerimonial, ele e o governador Paulo Egydio Martins, com as respectivas esposas, Tide e Lila, desceriam de elevador até o andar térreo e atravessariam o amplo saguão do Palácio, em direção ao grande auditório com capacidade para cerca de 2.500 pessoas.

Paulo Egydio determinara ao Cerimonial que organizasse uma grande solenidade para a posse de Olavo Setubal. A ordem foi cumprida. Quem conhecia bem o Palácio não se recordava de ter visto uma cerimônia de posse tão concorrida como aquela. Alguns até disseram que havia mais gente do que na posse de Paulo Egydio, realizada um mês antes. O auditório estava lotado e centenas de pessoas, que não puderam entrar, circulavam pelo saguão.

Quando deram quatro horas, hora marcada para o início da cerimônia, as pessoas começaram a agitar-se. No governo Paulo Egydio, o horário era cumprido com rigor. Mas passaram-se dez, vinte minutos, sem nenhum sinal de movimentação das autoridades que comporiam a mesa principal da solenidade. Mais de meia hora de atraso. Só pouco depois das quatro e quarenta, Paulo Egydio, Olavo Setubal, suas esposas, as autoridades mais importantes se dirigiram para o auditório, tendo de cruzar com uma multidão até chegar a seus lugares à mesa. Quem tomou a palavra imediatamente, para explicar o atraso e pedir desculpas, foi o governador. O prefeito que estava deixando o cargo, Miguel Colasuonno, tivera uma crise hepática – crise renal, disse equivocadamente o governador – à chegada ao Palácio e retornara à sua residência, para repousar e receber atendimento médico. Deixara sua esposa, Marlene Cintra Colasuonno, e seu secretário dos Negócios Extraordinários, Luiz Mendonça de Freitas, para representá-lo no ato.

Da obra do pai, pessoa de quem pouco costumava falar, Olavo retirou um trecho para incluir em seu discurso de posse:

> *Nem arranha-céus, nem avenidas largas, nem bairros de residências suntuosas, nem o milhão de habitantes, nem a envaidecedora selva de chaminés furando o azul. Nada disso. É uma cidade tristonha, garoenta, que tem no inverno os lampiões de gás acesos até as nove horas da manhã. É cidade ainda provinciana, ainda caipirona, com seus tílburis, com a sua velha Sé, com os seus becos, com as suas ladeiras, mas que, apesar de tudo, futura capital de um bilhão e quinhentos milhões de pés de café, já principiava a agitar as*

*asas para proferir o voo alucinante que, no curto espaço de
trinta anos, soberbamente desferiu.*

Era assim que seu pai via a São Paulo de 1900 e a transformação
pela qual a cidade passava.

"Meu pai não viveu o bastante para ver que aquele 'voo alucinante'
de São Paulo era apenas uma decolagem; a predestinação da cidade era
para uma grandeza ainda maior", completou, logo após a citação.

Falou depois da ocupação desordenada do espaço urbano, da de-
gradação ambiental, da ineficiência do sistema de transportes públicos
que consome "esterilmente as horas de lazer do trabalhador", da carência de saneamento básico, da deficiência dos serviços de saúde e assistência médica, da insegurança, dos acidentes, para justificar as críticas
acerbas feitas à cidade que, no entanto, "não deixamos de amar". E citou
novamente o pai, Paulo Setubal, que assim descreveu São Paulo:

*(...) esta minha cidade de São Paulo... a mais dura, a
mais fria, a mais materialista do Brasil, mas, com tudo isso,
a cidade mais ardorosamente estremecida desta minh'alma
de tatuiano...*

Sua responsabilidade era, justamente, torná-la menos dura, menos
fria, menos materialista: "Temos de conseguir, agora, uma cidade com
significado humano, uma cidade na qual a expressão qualidade de vida
urbana adquira um sentido existencial e cotidiano – em termos concretos, e para todos – de acesso às condições básicas de higiene, de ar e
de sol, de acesso aos processos culturais de educação e recreação; de
garantia à saúde e segurança; de liberdade de locomoção – uma cidade
criativa, estimulante, inspiradora".

Administrador experiente e de competência testada no setor privado, sabia que sua primeira grande tarefa na nova função era domar
a máquina administrativa e extrair-lhe o máximo que ela podia dar em
termos de eficiência. Era preciso, por isso, contar com gente competente, de confiança, para ter êxito nessa empreitada. Do banco, onde sabia

que poderia recrutar profissionais com essas qualificações, porém, não levou quase ninguém para compor sua equipe. Além da secretária pessoal, dona Olden Victorino, e de sua assistente, dona Vera Lúcia, apenas Cláudio Lembo iria com ele para a Prefeitura, onde ocuparia o cargo de secretário de Negócios Extraordinários.

Depois de discretas negociações, montou o núcleo operacional de sua administração com funcionários de carreira e de experiência comprovada na área pública. Muitos tinham participado de administrações anteriores, como Teófilo Ribeiro de Andrade, secretário dos Negócios Jurídicos, Otávio Camilo Pereira de Almeida, de Vias Públicas, Leopoldina Saraiva, de Bem-Estar Social, Fernando Proença de Gouvêa, de Higiene e Saúde, e Mário Osassa, do Abastecimento. Também ocuparam postos importantes em gestões anteriores os coordenadores das Administrações Regionais, Celso Hahne, e do Planejamento, Benjamin Ribeiro. Outros eram políticos escolhidos pelo prefeito ou indicados por seus aliados, como Caio Pompeu de Toledo, secretário de Esportes, e Armando Simões Neto, de Turismo.

Para alguns cargos, pediu sugestões a amigos, como o governador Paulo Egydio, que lhe indicou o nome de Hilário Torloni para a Secretaria da Educação. Aceitou na hora a sugestão. Um dos nomes escolhidos fora dos quadros do serviço público, o secretário das Finanças, Sérgio Silva de Freitas, tinha experiência na atividade bancária e lhe fora recomendado pelo amigo José Bonifácio Coutinho Nogueira, o Bonifácio da turma do América, então dirigente de banco e que, em seguida, ocuparia o cargo de secretário da Educação no governo de Paulo Egydio Martins. A conversa com o futuro auxiliar não demorou trinta segundos. Perguntou a Freitas, que nada sabia de sua indicação, se aceitava trocar sua função de executivo de banco pela de gestor das finanças municipais, para a qual fora indicado por Bonifácio. "Aceito", é tudo de que Freitas se lembra ter dito naquele dia. Só voltou a se encontrar com Olavo Setubal no dia da posse. Permaneceram amigos desde essa época.

Para a Secretaria da Cultura, convidou o intelectual Décio de Almeida Prado, que não pôde aceitar o convite e, a seu pedido, sugeriu o nome do jornalista e teatrólogo Sábato Magaldi para o cargo.

Seu amigo de muitos anos José Mindlin, empresário industrial muito ligado à área cultural e que, no governo estadual de Paulo Egydio, ocuparia o mesmo cargo de Magaldi, reforçou a indicação. Da Politécnica, onde poderia ter montado o núcleo operacional de sua equipe, Olavo chamou apenas um profissional, Souza Dias, do Instituto de Eletrotécnica, indicado para uma diretoria da Companhia do Metrô.

Mas politécnico, como ele, era o futuro secretário dos Transportes, Olavo Guimarães Cupertino. Cupertino recorda-se do dia em que Olavo, seu contemporâneo na Poli, o chamou para discutir a formação do secretariado. Cupertino o cortou tão logo Olavo Setubal começou a expor seu plano de ação e os critérios para a formação de sua equipe:

– Antes que você prossiga, deixe que te alerte que tenho três irmãos com problemas com o Departamento de Ordem Política e Social (DOPS) por causa da ideologia comunista.

– Isso não me interessa – foi a resposta de Olavo Setubal, que encerrou a discussão do assunto e o convidou para a Secretaria dos Transportes.

(Quando faleceu Fausto, um dos irmãos de Cupertino que tinham problemas com o DOPS, em março de 1984, ao velório compareceram familiares, jornalistas amigos do falecido e... Olavo Setubal.)

Tudo para ontem

O primeiro dia de trabalho na Prefeitura foi cheio de surpresas.

"As instalações são péssimas, os locais são inadequados e não entusiasmam ninguém", queixou-se depois de visitar por cinquenta minutos as repartições municipais espalhadas pelos pavilhões Manoel da Nóbrega e dos Estados, no Parque do Ibirapuera.

Comentários ainda mais duros foram feitos durante a inspeção:

"É uma coisa horrorosa. Nada é funcional. As instalações estão completamente fora do propósito para um escritório do serviço público", disse após conhecer as salas de sua assessoria técnica e de imprensa.

A manutenção da sede da Prefeitura no Parque do Ibirapuera o incomodava: "Os prédios estão estragando o padrão do Ibirapuera. O parque deveria ser a joia da cidade, mas os prédios tiram da população um de seus poucos espaços de lazer".

Como outras instalações da Prefeitura, seu gabinete de trabalho era acanhado e feio. Os armários escondiam a bela vista do parque. Uma das primeiras sugestões que recebeu da secretária, Olden, foi mudar a posição dos móveis para aumentar a luminosidade da sala e abrir a vista para o parque, as árvores, os passarinhos. Gostou e, algum tempo depois, deu ordens para que fossem colocadas frutas que atraíssem as aves. Depois, para ter os sabiás mais perto de si, decidiu colocar também gérmen de trigo, que mandava buscar na Duratex.

No início, as jornadas eram longas. Começavam pouco antes das nove da manhã e raramente terminavam antes das nove da noite. Com frequência se estendiam até as onze horas. Olavo e sua equipe não tinham tempo nem para almoçar. Comiam sanduíches. O desgaste físico "foi impressionante", confessou Olavo numa entrevista que concedeu um mês depois da posse. Gastou muitas horas de trabalho para se inteirar dos processos mais urgentes, conhecer os problemas e despachar o que era absolutamente necessário para evitar a paralisia da Prefeitura. Sentia-se, porém, satisfeito. Achou que tinha feito tudo o que era necessário, não deixara nada parado, deu soluções que, se não foram as definitivas, representaram passos importantes.

Só a partir do segundo mês as coisas começaram a melhorar. O prefeito começou a sair para almoçar, ora com diretores do Itaú e da Duratex, como Moraes Abreu, Jairo Cupertino, Luiz Guimarães, Renato Refinetti e Henrique Fix, ora com amigos ou com os filhos. Ia a restaurantes como La Tambouille, Rubayat, Dinho's, entre outros, mas ficava pouco tempo fora do gabinete. Saía por volta da uma hora da tarde e antes das três tinha regressado, para retomar a rotina dos despachos.

Como no tempo do banco, não tinha gavetas nem deixava processos sobre a mesa. Despachava tudo na hora, dando instruções frequentes, mas nem sempre muito precisas ou claras para dona Olden, que precisava traduzi-las, anotá-las, remetê-las para as repartições competentes

Olavo Setubal em seu gabinete na Prefeitura de São Paulo, em seu primeiro dia de trabalho, 1975.

ou cobrar providências. Tudo tinha de estar bem organizado, pois de tempos em tempos o prefeito reclamava.

– Dona Olden, traga-me o processo tal – ordenava.

Dois minutos depois, cobrava:

– Cadê o processo?

Com frequência acompanhava, de pé, ao lado da cadeira de dona Olden, o trabalho de datilografia de instruções que precisava transmitir a auxiliares. Cobrava maior velocidade, apontava eventuais erros. Decidia com rapidez e queria rapidez na implementação do que decidira.

Levara para a Prefeitura uma de suas manias, das quais poucas vezes se deu conta: a de pegar um punhado de clipes de papel e enganchar um no outro quando conversava, dava instruções ou concedia entrevistas em seu gabinete. Formava, às vezes, longas correntes de clipes, que a secretária, Olden Victorino, tinha de desfazer pacientemente.

As entrevistas eram muitas. Tornara-se celebridade para a imprensa. Batalhões de jornalistas o perseguiam o tempo todo. No segundo dia de trabalho, marcara com o secretário das Vias Públicas, Otávio Camilo Pereira de Almeida, uma visita a obras de retificação de córregos. Ao sair de sua casa na Rua Sergipe, surpreendeu-se com a quantidade de jornalistas que iriam acompanhá-lo na inspeção. Havia uns dez carros de jornais que seguiriam o seu. Nas ruas, porém, ninguém o reconhecia. Continuava um desconhecido para a população.

Mas visitas como essas, que se tornaram rotineiras, se transformaram no grande meio para Olavo Setubal conhecer a cidade. Quando assumiu a Prefeitura, dizia-se que o ponto mais distante do centro da cidade que ele conhecia era Rua dos Amores, onde décadas antes instalara a fábrica de Artefatos de Metais Deca. Agora, São Paulo o surpreendia. Não imaginava que certas coisas ainda acontecessem no meio da rua de uma cidade tão grande. Numa das inspeções a obras, sempre acompanhado do secretário Otávio Pereira de Almeida, foi a uma avenida nova no bairro do Limão, perto da Marginal do Tietê, e notou que as pessoas começaram a correr, carregando coisas, à medida que a comitiva do prefeito se aproximava.

– De que essa gente está correndo, Otavinho? – perguntou, curioso, ao secretário, que tratava de maneira carinhosa.

– Eles estão pensando que é o "rapa" (o serviço de fiscalização da Prefeitura, que apreendia objetos e bens que estivessem sendo vendidos ou preparados de maneira irregular) – foi a resposta.

Insistiu:

– E por que eles estão com medo do "rapa", Otavinho?

O secretário conhecia bem a cidade e respondeu com firmeza:

– É que eles estão matando porco aí na rua e têm medo de que a Prefeitura recolha tudo.

Ainda se matava porco na rua. A carne era, em seguida, vendida diretamente aos consumidores do bairro. Era um dos traços de uma São Paulo ainda quase interiorana, mas que, na essência, se transformara numa metrópole desigual, florescente em certas áreas, impressionantemente pobre e sofrida em outras.

Nos bairros mais afastados do centro, as carências eram visíveis no estado de abandono das ruas, a maior parte das quais nem merecia essa designação, nas casas precárias, nas roupas gastas das mulheres, das crianças e de alguns homens, que ali estavam a observar a chegada de gente engravatada porque não conseguiam emprego.

A miséria, chocante

Não fazia muito tempo que ele tinha assumido a Prefeitura quando, a convite do governador Paulo Egydio, este o acompanhou ao ato que marcaria o início de uma campanha de vacinação em massa contra a meningite, do qual participaria também o secretário estadual da Saúde, Walter Leser. O programa tinha caráter de emergência por causa da epidemia que ameaçava São Paulo, mas a gestão anterior, por instrução do governo militar, tentara esconder da população. Era a primeira vez que, nas novas funções, Olavo e Paulo Egydio participavam juntos de um ato público.

O local escolhido, uma escola, era num bairro distante, na Zona Leste, ao qual o governador, o prefeito e o secretário da Saúde foram de helicóptero. A chegada de um aparelho desses num bairro da periferia da capital atraía muita gente, apesar do incômodo que invariavelmente provocava nas pessoas que se aglomeravam. À medida que o helicóptero se aproximava do local de pouso, geralmente um campo de futebol sem nenhuma grama ou um terreno baldio, mais densa ficava a nuvem de poeira que levantava. A correria daquela gente para ver o helicóptero, mas sobretudo a pobreza, a miséria ali exposta de maneira crua, numa região encostada aos principais bairros de São Paulo, impressionaram o prefeito.

"Depois de uns quarenta minutos no local, voltamos ao helicóptero", recorda Paulo Egydio. "O Olavo subiu na frente. Quando entrei, vi o Olavo com a mão no rosto. Pensei que estivesse incomodado com a luz. Aí prestei atenção e vi que ele estava chorando. Pensei que estivesse passando mal e perguntei: 'Você está bem?'".

"Levei um choque. Nasci nessa cidade, vivo nessa cidade, amo essa cidade, mas nunca pensei que nessa cidade existisse isso que estou vendo agora. Você me fez ver minha cidade de uma maneira que me deixou profundamente emocionado", respondeu Olavo.

Esse homem conhecido por um traço de sua personalidade que amigos e auxiliares mais próximos chamavam de "racionalidade cruel" – e o levava a tomar com presteza as decisões necessárias, mesmo as mais duras – era também capaz de se emocionar até as lágrimas diante de uma realidade muito pior do que poderia ter imaginado quando lia relatórios e decidia sobre programas de ação na Prefeitura. Havia um outro mundo dentro de São Paulo ao qual ele passaria a dedicar atenção especial. Não que, por razões sentimentais, pensasse em abdicar de sua principal característica, a racionalidade. Continuaria a agir de acordo com a razão, mas, nos dados que dali em diante balizariam suas decisões e seus atos, os problemas sociais ganharam muito mais peso.

Foi uma mudança muito rápida.

"Toda pessoa que conhece os problemas teoricamente tem uma imagem dos fatos", disse numa entrevista que concedeu em maio, um mês depois de se tornar prefeito. "A realidade é outra."

Quando assumiu o cargo, confessou, tinha conhecimento de dados sobre as deficiências de infraestrutura na cidade, das estatísticas sobre a renda média da população, dos problemas urbanos em geral. Mas, quando se assume um cargo como o de prefeito de São Paulo, "com a responsabilidade de dirigir uma cidade como esta", o impacto da realidade supera qualquer estudo, explicação, aula, plano: "A situação da periferia é muito mais grave do que esperava".

Recordava-se de uma conversa que tivera algum tempo antes, já indicado para a Prefeitura, mas ainda não empossado no cargo, com o professor de Ciência Política da USP e jornalista Oliveiros S. Ferreira, redator-chefe do jornal *O Estado de S.Paulo*. Sua filha Neca, que sabia do interesse do pai em debater e discutir ideias com pessoas de diferentes posições políticas e ideológicas, organizara, com o marido, Ruy, um jantar em sua casa para propiciar esse encontro entre o engenheiro racional e o jornalista e professor universitário que tratava com naturalidade a luta de classes e as rebeliões populares. Num certo momento da conversa, Oliveiros disse a Olavo: "A diferença social nesta cidade é tão grande que o senhor está sentado em cima de um barril de pólvora".

Aquilo o incomodou tanto que, como confessou no dia seguinte ao genro Ruy, não conseguira dormir naquela noite.

Mesmo dispondo de informações e opiniões como essas, a realidade o surpreendia. Já introduzia uma nuance política nas suas avaliações, mas continuava o mesmo engenheiro racional na análise dos dados objetivos dos problemas: "Administrar uma cidade como São Paulo é um problema político, mas, para que as decisões políticas possam ser implementadas, elas precisam ser baseadas em dados, informações e formulações que necessitam de toda uma estrutura administrativa. Para que essas formulações políticas sejam eficientes, precisam partir de uma realidade bem conhecida e ter um objetivo claro".

Reclamava da carência da Prefeitura de instrumentos adequados para analisar com maior precisão os problemas. Achava, por isso, que a realidade da cidade não era bem conhecida da administração municipal.

A população da periferia, por exemplo, não recebera até então a atenção de que carecia dos órgãos públicos. Além de enfrentar as difíceis condições de vida que o prefeito observara com os próprios olhos, essa população ainda se submetia a longos e cansativos deslocamentos entre a casa e o trabalho. Era mais um sacrifício que a cidade impunha a uma população sofrida, problema para o qual Olavo voltara sua atenção havia tempos, como pudera constatar o jornalista que o acompanhou por um dia logo depois que seu nome foi indicado para o cargo. Já com um mês de experiência na nova função, dizia: "O maior problema da Prefeitura é o transporte de massa".

Apesar de tudo, sentia-se estimulado e seu otimismo crescia. Percebeu, nas visitas que fazia à periferia, que a população confiava nele.

Acostumava-se, aos poucos, à nova função. Meio ano depois da posse, já não sentia saudade do gabinete confortável do Itaú, na Rua Boa Vista. Começava a gostar da paisagem do Ibirapuera, "com o trinado de seus poucos passarinhos e a visão do verde insuficiente". Seu modo de vida mudara, mas valia a pena, diante da possibilidade cada vez mais real de que poderia vencer o grande desafio de tornar São Paulo mais humana, apesar da complexidade de seus problemas.

Administração mais leve, ágil

Mas, perfeccionista quase obsessivo com relação a questões administrativas e analista rigoroso e preciso – seus amigos costumavam dizer que se, num relatório ou balanço, apontasse o dedo para um dado ou um item, era porque ali havia problema –, continuava a concentrar suas atenções na máquina municipal, para dotá-la de instrumentos que lhe dessem mais eficiência. Para se livrar do peso excessivo que as exigências legais lhe impunham, delegou competências a seus secretários, ao chefe de gabinete, aos coordenadores. Queria dar maior agilidade à máquina, desemperrá-la, e reduzir o papelório que atravancava as repartições e irritava os cidadãos.

"Como no banco, criei órgãos setoriais para descentralizar a máquina", justificou, numa entrevista.

Um exemplo da reforma da máquina foi a criação da Secretaria de Vias Públicas para eliminar a dispersão do poder de interferência no setor viário. Vários órgãos cuidavam do assunto, o que gerava visões fragmentadas dos problemas. A Secretaria dos Transportes tornou-se responsável pela parte operacional do sistema viário e, para cumprir seu papel, passou a contar com a recém-criada Companhia de Engenharia de Tráfego (CET) e com um Departamento de Operações do Sistema Viário (DSV) reformulado. As obras ficaram com a Secretaria de Vias Públicas. As administrações regionais, criadas na gestão Faria Lima para descentralizar as decisões operacionais, estavam isoladas das demais áreas da Prefeitura. Olavo as integrou à ação das secretarias municipais.

Houve quem considerasse a simplificação dos atos administrativos, o enxugamento das atribuições de diversos órgãos municipais e a redução do número de projetos a serem executados um esvaziamento das atividades da Prefeitura. Para Olavo, era uma demonstração de realismo. Nos anos anteriores, o setor público se enchera de projetos e planos que não tinha condições de executar. Agora, a Prefeitura concentraria esforços naquilo que precisava ser feito com mais urgência e poderia executar com mais eficiência e rapidez.

"Nós vamos fazer o que for possível", costumava dizer. "Não dá para fazer o ideal, então faremos o essencial."

O primeiro orçamento municipal elaborado por sua gestão, referente ao exercício de 1976, refletia essa forma de decidir. Era, como afirmou o prefeito, um orçamento "eminentemente voltado para o lado social". Nada de grandes obras, porque não havia dinheiro para isso.

"É um orçamento sem qualquer obra marcante, porque eu não trabalho pela placa", justificou-se.

Mas sabia que, mesmo selecionando de maneira criteriosa os setores mais carentes, para neles concentrar os recursos escassos, ainda assim faltaria dinheiro. Para resolver o problema dos transportes, sua grande preocupação, seriam necessários recursos que correspondiam a todo o orçamento municipal de dez anos. Ou seja, só se a Prefeitura gastasse todo o dinheiro de que dispunha exclusivamente nessa área, e em nada mais, ao longo de uma década, São Paulo passaria a ter um sistema de transporte eficiente. Era, obviamente, uma hipótese absurda. Também era imensa a demanda por investimentos em educação, especialmente na pré-escola. Para atendê-la, a Secretaria Municipal de Educação precisaria de todo o seu orçamento dos sessenta anos seguintes só para construir parques infantis. Não havia dinheiro para isso, nem para coisas bem menos caras. Era preciso repartir.

"Dividir recursos entre áreas carentes é realmente um exercício doloroso de administração", confessou algum tempo depois, quando, como já fizera muitas outras vezes, estava em Brasília atrás de auxílio federal para obras indispensáveis na cidade.

233

Não estava decepcionado. E justificava seus sentimentos com frieza: "Não me decepcionei porque não tinha ilusões. Sou muito realista".

O ambiente político, porém, insistia em espicaçar essa racionalidade, esse realismo, essa frieza. Não era comum entre os políticos e entre os munícipes a consciência de que toda decisão de gasto público tem de ser antecedida pela definição das fontes de recursos. Só muito mais tarde, com a redemocratização e depois dos tremendos prejuízos que o crescimento dos déficits públicos trouxe para o País, é que se passou a discutir quem sustentava o aparato estatal e como este empregava os recursos colocados sob sua responsabilidade – tema essencial do relacionamento do cidadão com o Estado, do contribuinte com o governo. Parte da sociedade ainda acreditava que o poder público criava dinheiro do nada. Muito tempo depois de ter deixado a Prefeitura, Olavo recordou que, certo dia, recebeu com solicitude comerciantes de um bairro da cidade que pediam a construção de uma ponte para melhorar o trânsito da região. Achou o pedido justo, mas observou que havia um problema: o orçamento já estava fechado e não havia verba reservada para a obra solicitada. Mas, se os comerciantes estivessem dispostos, poderiam ajudar a Prefeitura a cobrar uma contribuição dos moradores para construir a ponte.

"Com um pouco de cada um, a gente arrecada o dinheiro necessário", explicou.

Os comerciantes coçaram a cabeça e reagiram: "Prefeito, o senhor não entendeu. Nós queremos construir a ponte com o dinheiro da Prefeitura, não com o dinheiro dos impostos".

Aqueles homens achavam que a Prefeitura dispunha de dinheiro que não era produto da arrecadação de impostos.

Como no caso do pedido desses comerciantes, Olavo não aprovava projetos nem autorizava despesas se não houvesse dinheiro suficiente. E o dinheiro era pouco. Era nesse cenário de grave carência de recursos para enfrentar os grandes problemas da cidade que o prefeito tinha de tomar decisões. E as tomava.

Olavo Setubal mostra agilidade ao saltar a mureta de uma obra no Tatuapé, Zona Leste de São Paulo. 1976.

Mudando o eixo

No entanto, grandes decisões, algumas que podiam ser chamadas de revolucionárias em termos urbanísticos e financeiros, eram ignoradas pela população. Algumas tinham esse destino por não produzirem resultados imediatos, como a mudança na estrutura administrativa; outras por não serem devidamente avaliadas pelos meios de comunicação. Uma das principais decisões do prefeito Olavo Setubal foi a criação da tarifa integrada para o sistema de transporte de massa, que permitia aos passageiros do metrô terminar sua viagem em ônibus, e vice-versa, com a mesma passagem, mas não se deu muita atenção a isso.

O plano de abertura das avenidas de fundo de vale foi outra novidade pouco notada pela imprensa e pela população. Representava uma inversão nas diretrizes seguidas pelos antecessores imediatos de Olavo Setubal, que concentravam os esforços da Prefeitura na construção de vias expressas, em geral de sentido radial, isto é, saindo do centro em direção aos bairros. Olavo tinha explicações convincentes para a mudança na política de obras viárias na cidade.

"Optei pelas avenidas de fundo de vale porque, ao mesmo tempo, conseguiria melhorar o sistema viário da cidade e daria alternativa para o tráfego e o transporte de massa com o saneamento dos vales e atacaria o problema das enchentes, atualmente um dos maiores males que afligem a população."

Abertas ao longo de rios e córregos retificados – para eliminar os pontos de retenção das águas e aumentar a vazão, reduzindo a frequência das inundações e em boa parte dos casos eliminando definitivamente o problema –, essas avenidas de fundo de vale dariam uma nova feição à malha viária da cidade e orientariam a ocupação do espaço urbano.

O exemplo mais conhecido dessas obras é a Avenida Aricanduva, na Zona Leste, que permitiu a retificação e canalização de seis quilômetros do Rio Aricanduva, o quarto maior da cidade. A Avenida começa no Parque do Carmo e liga a Avenida Itaquera à Avenida Marginal do Tietê. Termina em um viaduto de 1.800 metros para a transposição das Avenidas Radial Leste e Celso Garcia e os trilhos da então Rede Ferroviária Federal (hoje Companhia Paulista de Trens Metropolitanos) e da linha Leste-Oeste do Metrô (atual Linha Vermelha). Mas há vários outros.

O Programa de Obras Viárias (POV) da administração Setubal previa a canalização de 163 quilômetros de córregos. Dos 1.400 quilômetros dos 147 cursos d'água da cidade, apenas 400 quilômetros estavam canalizados. Em quatro anos, a Prefeitura pretendia fazer quarenta por cento de tudo o que se fizera até então. Eram obras de grande importância para a cidade, pois o objetivo da construção das avenidas de fundo de vale não era apenas dar maior fluidez ao trânsito. Elas seriam também indutoras da ocupação de áreas até então consideradas sem atração e, mais do que tudo, permitiriam reduzir a ocorrência de enchentes.

"Quando se constrói uma avenida ao longo do córrego, ela propicia a urbanização do vale, integrando assim os espigões, a malha viária, os sistemas de tráfego", justificou Olavo no relatório que apresentou à população em 1979, ao concluir sua gestão na Prefeitura. "A avenida de fundo de vale constitui a antítese da via expressa projetada exclusivamente em função do automóvel, a um custo altíssimo em obras de engenharia e em desapropriações."

Mas quase ninguém notava essas obras, porque, estando longe das regiões mais focalizadas pela imprensa, não se falava delas.

Abandonar o plano das grandes vias expressas não significou, porém, esquecer o papel dessas importantes artérias urbanas. Obras complementares de avenidas iniciadas em administrações anteriores foram executadas durante a gestão Olavo Setubal. A interligação das avenidas Sumaré e Brasil é uma delas. Muitas outras desse tipo foram feitas em diferentes áreas da cidade. Cerca de dez mil pequenas obras, que implicaram o redesenho, a baixo custo para os cofres públicos, de alguns pontos críticos onde os congestionamentos eram frequentes resultaram em maior fluidez do tráfego. Uma delas foi feita na Praça Armando de Salles Oliveira, no Ibirapuera, onde pequenos deslocamentos de canteiros e a mudança de alguns semáforos melhoraram o trânsito na área. Intervenção com a mesma finalidade foi feita na Praça Oswaldo Cruz, no Paraíso, onde foi eliminado um canteiro central ajardinado, transferido para as laterais, que passaram a oferecer mais espaço para os pedestres.

A forma de elaborar e executar o orçamento municipal, que se tornara efetivamente um instrumento de planejamento e administração, deixando de ser uma peça fictícia, como fora até então, foi outra novidade pouco notada.

"Existia um hábito, não sei a razão, de se fazer exposições complicadas", disse o prefeito, referindo-se ao método tradicional de elaboração dos orçamentos públicos no País. Já na primeira proposta de orçamento municipal elaborado por sua gestão se mudou esse hábito.

"Neste orçamento, colocamos tudo com a clareza do empresário, sem uma palavra difícil, tanto que qualquer criança pode entender."

O orçamento municipal para 1976 não era, como costumam ser os orçamentos públicos, um amontoado de tabelas em geral incompreensíveis para o contribuinte e para os demais cidadãos. Copiava-se o modelo americano, no qual se mostra, de modo compreensível para o cidadão comum, onde está sendo aplicado o dinheiro arrecadado e se explicam as razões para a realização desta ou daquela obra, como a das avenidas de fundo de vale, por exemplo.

Saudades da Prata, da bicicleta

No dia de seu 53º aniversário, quando completava exatamente um ano à frente da Prefeitura, Olavo ganhou de presente dos filhos um par de sapatos, um estojo para fazer as unhas e um exemplar do livro *Desenvolvimento econômico e evolução urbana*, do economista Paul Singer, autor de formação marxista. Não era uma escolha surpreendente. Olavo sempre lera autores de esquerda. "Por que vou perder tempo lendo gente que pensa como eu e tem as mesmas conclusões? Quero ler, isto sim, aqueles que podem me objetar", costumava dizer.

Os filhos fizeram uma "vaquinha" para pagar os presentes e, nesse ano, o encarregado de organizá-la foi Olavo Júnior, o mais velho dos filhos que ainda moravam na espaçosa casa da Rua Sergipe (Paulo e Neca já estavam casados). A escolha do presente foi dos filhos, com a colaboração de Tide. Nunca era um presente caro. O pai não ligava para o valor material, preferia o valor sentimental, a união da família na escolha.

A casa da Rua Sergipe vivia cheia de gente, dos filhos e seus muitos amigos. Mas agora era observada também por outras pessoas, pois ali residiam o prefeito e sua família.

E como se sentiam os filhos na nova condição, agora filhos do prefeito da cidade? Ricky, o mais novo, que dali a uma semana completaria catorze anos de idade, sentia a mudança na vida em casa: "Pra mim, como meu pai, é pior ele ser prefeito. Mas pra ele é uma experiência boa".

Ricky sentia falta das viagens frequentes que a família costumava fazer para o refúgio da família em Águas da Prata – a Prata, como eles diziam em casa. Tinha saudade da bicicleta que ficava na Prata. Aqui, continuava a ir a festas – "tem festa, tô indo", contava – e curtia suas fitas.

Também no Colégio Santa Cruz, onde estudava, o fato de ser filho do prefeito mudava o relacionamento com os colegas. Mas Ricky levava numa boa: "No começo me enchiam bastante com esse negócio de filhinho do prefeito. Eu levava na maior. Se a gente se enfeza, pega.

É que nem apelido. Ficavam dizendo: 'Olha, tem buraco na minha rua!'. Por bem ou por mal, fui me acostumando. Nunca briguei por causa disso".

Olavo Júnior, aos 23 anos, não via mudanças no relacionamento com o pai: "Ele é um pai que, no dia em que você precisa de ajuda, conta com a compreensão dele. Sempre de uma forma direita, sempre limpa, sempre certa. A gente pode se abrir com ele sobre qualquer coisa".

Quanto a ser filho do prefeito, Olavo Júnior não tinha dúvidas: "Ah, é ótimo. Pelo menos ser filho de Olavo Setubal. De outros eu não saberia responder".

Paulo, o filho mais velho, já com 27 anos, também tinha orgulho do cargo que o pai ocupava. Conversava sempre com ele sobre os problemas da cidade e reconhecia o esforço de Olavo para fazer o necessário contando com poucos recursos. Nova York, comparava Paulo, tem população semelhante à de São Paulo, mas seu orçamento correspondia a dez vezes o da capital paulista. E Nova York não enfrentava os sérios problemas sociais de uma metrópole como São Paulo, que tinha, dentro dela, várias "Suíças" e várias "Biafras", expressões que o pai costumava utilizar para falar dos contrastes paulistanos. Mas Paulo, como o pai, adorava a cidade, e expunha suas razões: "Gosto mesmo daqui de São Paulo. Cidade que tem vida. Vida noturna que grandes cidades do mundo não têm. Um restaurante às cinco horas da manhã, como o Amico Piolin, o Giggeto. Gosto da turbulência da cidade. Dá orgulho de ser paulista. A gente sente a grandeza de São Paulo quando vai ao Paraná. Você pode notar, fora de São Paulo todo mundo compara tudo com o que acontece aqui nesta cidade".

Os filhos ainda perguntavam por que Olavo abandonara a vida confortável de empresário bem-sucedido para enfrentar as agruras da vida pública. Olavo lhes dizia: "Meus filhos, porque se nós não tivermos a capacidade de assumir a liderança do processo, nós não teremos condições de continuar a ser uma família que sempre foi partícipe do processo decisório brasileiro".

Banqueiro comunista?

Mas São Paulo, como Olavo sabia bem, não era só festa, celebração, alegria, só "Suíças". Havia o lado menos vistoso, para o qual voltava sua atenção e chamava a de seus auxiliares. A preocupação com a população da periferia, que sua sensibilidade pessoal e sua experiência administrativa lhe impuseram, já era motivo suficiente para surpreender as pessoas com as quais convivera até então e que faziam parte da chamada elite paulistana. Sabia disso desde o momento em que aceitara o convite de Paulo Egydio para ocupar a Prefeitura.

"Vai ser muito difícil os meus amigos continuarem sendo meus amigos", disse então.

Os verdadeiros amigos continuaram sendo seus amigos. Mas Olavo os surpreendia com suas decisões, palavras e atitudes.

Talvez a maior de todas as surpresas ele tenha causado quando, ao detectar os estreitos limites institucionais impostos ao planejamento urbano e, assim, à eficácia da ação do poder público na cidade, passou a criticar acidamente a legislação urbana em vigor. Dizia que São Paulo mantinha uma legislação patriarcal, em que a propriedade "foi imaginada como um fator familiar de tradição, de herança e memória", e montada para uma cidade pequena, envolvida por áreas agrícolas. As regras da propriedade privada, em resumo, afetavam o crescimento da cidade, influíam de maneira direta no processo de urbanização e no direito da população à habitação. Foi dessa preocupação que nasceu uma das propostas mais inovadoras de sua gestão em termos institucionais, e por isso mesmo das mais polêmicas, a do solo criado.

Olavo a apresentou em março de 1976, menos de um ano depois de tomar posse no cargo de prefeito da capital. Foi numa sessão plenária do XX Congresso Estadual dos Municípios, que se realizou no Guarujá. Citando a legislação francesa, explicou que, por sua proposta, o proprietário interessado em construir além da área permitida poderia adquirir do poder público o direito de fazer a obra. O valor pago pela área construída além dos limites inicialmente fixados seria aplicado na instalação de equipamentos urbanos e infraestrutura necessários para

240

atender à demanda por esses serviços decorrente da ocupação mais intensa da região.

Chegou a assustar a plateia quando disse: "Numa época em que a tecnologia de construção permite multiplicar dezenas de vezes a área de um terreno, não podemos ter a propriedade regida por princípios historicamente ultrapassados". Estaria começando a mudar de lado, para se alinhar aos críticos do capitalismo? Tratou logo de esclarecer: "Não se trata de questionar ou duvidar do direito de propriedade, mas aperfeiçoar o controle sobre um aspecto específico desse direito, que é o ato de construir. Controlar as consequências desse ato sobre a vizinhança e a comunidade total é um dever do poder público, reconhecido, aliás, pelas atuais leis de uso do solo e códigos de edificações".

Em resumo, a proposta desvinculava o direito de propriedade do direito de construção. Baseava-se no fato de que, até então, a construção de vários pavimentos num mesmo terreno multiplicava a exigência de serviços urbanos, mas sem impor contrapartidas ao proprietário, cabendo à Prefeitura todo o ônus de instalação desses serviços. A proposta previa que o proprietário interessado em utilizar mais intensamente seu terreno, executando uma obra com área maior do que a definida pela legislação e regulamentos municipais, poderia adquirir o direito de construir, ou o direito de "criar solo". A nova legislação, ao dar ao poder público o controle sobre o direito de construir em "solo criado", asseguraria à Prefeitura não apenas a contrapartida financeira pela utilização mais intensa da infraestrutura urbana por ela fornecida, mas também a possibilidade de induzir a ocupação mais intensa de determinadas áreas, de acordo com as conveniências da cidade e com a disponibilidade de serviços públicos e equipamentos urbanos.

A explicação, seus fundamentos nas leis e códigos vigentes, tudo parecia claro. Mas era uma ideia tão inovadora e polêmica para a época que Olavo chegou a ser chamado de "banqueiro comunista", como admitiria muitos anos mais tarde, com um discreto sorriso nos lábios diante da contradição que a expressão contém. A ideia não foi aprovada em sua gestão, mas transformou-se na semente de mudanças que ocorreram muitos anos depois e que deram à Prefeitura instrumentos mais adequados para atuar na questão da ocupação do solo urbano.

Aos críticos do solo criado igualmente revolucionária deve ter parecido a ideia defendida por Olavo de taxar mais pesadamente os terrenos vazios, para forçar seus proprietários a construir neles. Em depoimento que prestou em 30 de maio de 1978 perante a CPI da Câmara dos Deputados que investigava a especulação imobiliária no País, o prefeito de São Paulo disse que a extraordinária valorização dos terrenos urbanos nos dez anos anteriores criara grandes "vazios urbanos" na cidade. Ou seja, quem comprava um terreno não precisava construir nada porque, depois de algum tempo, o preço teria aumentado tanto que bastaria vendê-lo do jeito que foi comprado para ganhar muito dinheiro.

Os números apresentados por Olavo eram impressionantes. De 1969 a 1976, enquanto as cadernetas de poupança renderam 230% e as Obrigações Reajustáveis do Tesouro Nacional (ORTNs) – os títulos do governo que balizavam a correção monetária na época –, se valorizaram 280%, o preço dos terrenos urbanos subiu 1.310%. Levantamento feito pela Prefeitura pouco antes de seu depoimento perante a CPI da Câmara dos Deputados, tomando como base os dados para o lançamento do Imposto Predial e Territorial, mostrou que estavam vazios 45% dos espaços edificáveis na cidade. Na área central, os terrenos vazios representavam 13% do total de propriedades; na área considerada intermediária, 48%; e na periferia, 76%.

"Numa economia de livre iniciativa como é a nossa, o aparecimento de especulação, entendida como a obtenção de lucro socialmente inadmissível, denota um mau funcionamento do mercado naquele setor", disse Olavo em seu depoimento.

Para corrigir essa falha, sugeriu o uso da tributação. Para isso seria necessária uma reforma tributária, que atingisse principalmente as terras usadas como reserva de valor, isto é, que seus proprietários mantinham para se proteger da inflação ou para auferir, mais tarde, os ganhos de sua valorização. A reforma, no seu entender, deveria instituir o imposto progressivo sobre os terrenos urbanos não edificados, tanto mais elevado quanto maior fosse a área retida pelo proprietário, permitida somente a retenção de um lote por proprietário.

Olavo propunha também a criação de um imposto sobre a valorização da propriedade imobiliária. Esse tributo deveria substituir a taxa de melhoria, que o munícipe deveria recolher sempre que algum novo serviço urbano oferecido pela Prefeitura resultasse em valorização de sua propriedade ou outra forma de ganho. Por causa da complexidade do cálculo do ganho do proprietário, essa taxa nunca foi cobrada. Já o imposto sobre valorização da propriedade imobiliária seria cobrado no momento em que o proprietário auferisse a valorização, isto é, no momento em que transferisse a propriedade.

Propostas como essas, diziam os críticos, tinham como único objetivo aumentar a arrecadação municipal. Indiscutivelmente, este seria um de seus principais efeitos. Mas, preocupado com a situação dos bairros mais pobres, Olavo via na tributação uma forma eficaz de praticar a justiça social, expressão que causava certa preocupação entre os que compunham a elite paulistana. Em 1977, propôs à Câmara Municipal projeto que concedia desconto na base de cálculo do Imposto Predial e Territorial, que beneficiava mais os moradores da periferia da cidade. Diante da resistência da bancada oposicionista majoritária do MDB ao projeto, disse que, por seu interesse público e por reduzir a tributação sobre os mais pobres, não abria mão da proposta. Tratava-se, dizia, de uma providência "urgente e essencial para a justiça social, na implantação da tributação". O caráter de urgência se devia ao fato de que, se não fossem aprovadas ainda em 1977, e já se estava em meados de dezembro, as medidas não poderiam vigorar no exercício seguinte.

Para não votar o projeto, e outros que o prefeito encaminhara à Câmara, a bancada oposicionista alegava que ele aumentava os tributos. Mas seu efeito seria exatamente o contrário, a redução dos impostos. Na essência, o projeto – que, na Câmara, ganhou o número 184/77 – autorizava descontos nos cálculos da planta básica de valores, que serviria de base para o lançamento do Imposto Predial e Territorial de 1978. A proposta da Prefeitura previa a redução de quarenta por cento para todos os imóveis residenciais com menos de cem metros quadrados de área construída, índice que caía paulatinamente até vinte por cento para casas com mais de trezentos metros quadrados.

"Temos de reconhecer que trezentos metros quadrados não são casas de periferia ou de população de baixo nível econômico", justificava o prefeito.

O mesmo projeto onerava a especulação com terrenos vazios, sobretudo na periferia. Para terrenos com até 250 metros quadrados, seria mantido o desconto de 37,5% na planta básica de valores. Para terrenos maiores, o desconto ia sendo reduzido, até não haver mais desconto nenhum para os com área superior a mil metros quadrados. Era uma forma de desestimular a especulação que Olavo considerava um dos grandes problemas da periferia, pois provocava a subutilização da infraestrutura disponível e levava ao encarecimento das terras, tornando ainda mais remota a possibilidade de a população mais pobre obter casa própria.

"Não há nenhuma justiça social (novamente ele usava a expressão que incomodava a elite paulistana) em se conceder descontos na periferia para os donos dos grandes terrenos", justificava.

Desarmar a bomba social

Tributar proporcionalmente menos os que menos podiam era, na sua visão, uma forma de melhorar a distribuição de renda numa cidade tão desigual socialmente como era São Paulo, uma forma de aliviar as tensões e tentar desarmar a "bomba social" sobre a qual lhe falara o jornalista Oliveiros Ferreira. O uso adequado dos recursos arrecadados, atendendo com prioridade os que menos dispunham dos serviços públicos oferecidos pela Prefeitura, por sua vez, podia ser uma forma eficaz de distribuir esses serviços de maneira mais equitativa, o que igualmente seria uma forma de redistribuir renda.

Olavo tinha uma interpretação sociológica do processo de ocupação dos espaços urbanos em São Paulo que fundamentava sua visão de justiça social e balizava seu programa de governo. Sempre se orgulhou de ter estudado Sociologia na Escola Politécnica, matéria que considerava decisiva para ele passar a refletir sobre os grandes acontecimentos econômicos e políticos. Conhecia bem os trabalhos do padre Lebret, cujo pensamento marcou engenheiros e advogados católicos nos anos 1950. Sua interpretação da forma de ocupação dos espaços urbanos era influenciada por esse pensamento. O processo de urbanização continha, na sua análise, um elemento socialmente injusto. O crescimento se dava do centro para a periferia, de modo que, à medida que o centro se desenvolvia, outras áreas eram melhoradas. Quando um bairro passava a contar com mais e melhores serviços públicos, por um processo perverso de seleção, seus moradores passavam a ser os de melhor renda, afastando dali e empurrando para mais longe os de renda baixa.

"Os que sobem na escala econômica melhoram sua propriedade, providenciam calçadas. Quando a Prefeitura executa essas melhorias, os que não têm condições vendem o imóvel, obtêm o lucro e vão para a periferia", descreveu Setubal numa entrevista.

Já os novos moradores desse bairro podiam contar com uma infraestrutura pela qual não pagaram sozinhos, pois foi a cidade inteira que pagou por ela. Nos seus cálculos, um grupo de 1,5 milhão de famílias vivia em áreas que dispunham de toda a infraestrutura necessária, mesmo que não tivessem pagado por isso.

"Eles têm tudo. Por isso, vão ter de pagar pelos outros, que têm uma infraestrutura inadequada."

Era o que Olavo procurava fazer à frente da Prefeitura.

"Em vez de abrir uma avenida na Zona Sul, preferi abrir uma na Zona Leste", dizia, referindo-se aos investimentos vultosos que fez na construção da Avenida Aricanduva, por exemplo.

Mas os meios de comunicação não conseguiam avaliar inteiramente o efeito dessa política. Continuavam concentrados nas realizações visíveis na parte mais conhecida da cidade, a Zona Sul.

"Fiz uma ponte na Zona Sul, a Ari Torres (que liga a Avenida Marginal do Tietê à Avenida Juscelino Kubitschek), que custou cem milhões de cruzeiros e é dois por cento do total de investimentos. Entretanto, ela teve uma repercussão política imensa porque está numa região de classe média. Se as obras do Aricanduva fossem feitas em torno da Zona Sul, minha imagem, entre a classe média, seria muito melhor do que é hoje."

E por que a Zona Leste?

"Era uma prioridade necessária, visível", justificaria Setubal numa entrevista concedida quando completou quatro anos no cargo. "Já se falava muito nela, mas a ação do poder público até então não tinha passado da fase de avaliação. Nós investimos alguns bilhões de cruzeiros lá, rompemos certos pontos críticos. (...) Tínhamos de evitar, a qualquer preço, que a Zona Leste se transformasse na nossa Baixada Fluminense. A tensão ali estava florescente."

As duas primeiras minicreches inauguradas pela Prefeitura em outubro de 1978 estavam localizadas justamente na Zona Leste, uma em Itaquera, outra em São Miguel Paulista. No mesmo dia em que entregou essas obras à população da Zona Leste, Olavo inaugurou também a nova ala do Hospital Municipal Tide Setubal, novo nome do Hospital Municipal de São Miguel Paulista. No discurso, em que recordou o papel de sua mulher na área social, destacou sua preocupação com a situação em que vivia a população da Zona Leste. "Nada me sensibiliza mais do que o Hospital Tide Setubal, onde minha mulher trabalhou como voluntária, me transmitindo diariamente informações sobre os problemas dessa região tão carente."

Falou também por que, desde sua primeira visita à região, nos primeiros dias de sua gestão, transformou a região no foco de atenção prioritária da Prefeitura enquanto estivesse no cargo: "Não foi preciso fazer análise ou pesquisa. Bastou apenas ver como esse povo vivia".

Mas ele tinha plena consciência de que o que fizera, embora absolutamente necessário, era insuficiente.

"A região só estará realmente integrada à cidade e com um nível de urbanização que corresponda à média de São Paulo quando o metrô estiver pronto até Itaquera, assim como todo o conjunto de obras viárias projetadas para a área", reconheceu, já prestes a encerrar sua gestão.

"Mudei, amadureci"

Sentia-se à vontade no cargo, mas reconhecia que mudara desde que o assumira: "Visivelmente mudei, amadureci", reconheceu numa entrevista que concedeu ao completar dois anos na Prefeitura. "Olhando recentemente uma fotografia de minha posse, achei que estava bem mais velho. Dois anos de Prefeitura deixaram a sua marca na minha fisionomia e nas atitudes. Mas, pessoal, subjetivamente, acho que minha sensação como prefeito evoluiu de uma preocupação e de uma tensão muito grandes ao assumir o cargo, devido à dimensão da responsabilidade e da tarefa, até passar para uma fase de adaptação, de sentir que eu tinha condições de auscultar o processo".

Estava um pouco mais cansado, reconhecia. Mas isso era natural: "Foram dois anos sem férias, trabalhando todos os dias de doze a catorze horas, inclusive muitas vezes aos sábados e domingos".

Sua vida familiar foi afetada: "Hoje tenho menos convívio com meus filhos, até mesmo menos ação sobre minha vida familiar do que eu exercia antigamente".

Mas isso não lhe reduzia a satisfação pela experiência: "Aceitei o cargo achando que tinha condições para exercê-lo. Ele me deu muitas satisfações, alargou meus horizontes, deu-me uma sensação de participação muito importante na vida de minha cidade e até mesmo uma integração na vida pública, que era algo que não estava nos meus planos. Mas, se vierem, topo novos desafios".

Tinha, visivelmente, tomado gosto pelas coisas da política. E queria mais.

"Comunista" ou "representante do grande capital"?

Curiosamente, esse prefeito que chegou a ser chamado de "comunista" por parte da elite paulistana por causa de suas ideias inovadoras, voltadas para proteger os que mais careciam da proteção do poder público, não passava de um "representante dos bancos e do grande capital" para certa parte da esquerda brasileira. Olavo abandonara os ambiciosos planos de expansão da Companhia de Gás de São Paulo (Comgás), por considerar que não cabia à Prefeitura controlar nem operar uma empresa que teria uma área de atuação que se estendia para muito além dos limites do Município. Esses planos implicavam a importação de uma grande quantidade de gás da Argélia, a um custo insuportável para o orçamento municipal, daí ter tomado a decisão de cancelar a compra. O prefeito teria sofrido pressões para tomar essa decisão, visto que a compra seria feita de um país cujo governo era considerado de esquerda?, perguntavam parlamentares da esquerda brasileira.

Para respondê-la, Olavo foi convidado a depor perante a Comissão de Minas e Energia da Câmara dos Deputados. Dispunha de fortes e convincentes argumentos a seu favor e não tinha motivos para não ir a Brasília. Foi – armado de números e explicações. Não sofrera nenhuma pressão de empresas distribuidoras de gás engarrafado reunidas na Associgás, garantiu, quando questionado pelos deputados Ayrton Soares (MDB-SP) e Lysaneas Maciel (MDB-RJ). Determinara a suspensão do contrato de importação de gás da Argélia porque seu custo chegaria a 270 milhões de dólares e implicaria a aceitação, pela Prefeitura, de prejuízos operacionais da Comgás de cerca de catorze milhões de dólares nos primeiros anos após concluído o plano de expansão da empresa. O plano exigiria o imediato aumento do capital da companhia num montante superior ao que o orçamento municipal reservara para todo o programa de pavimentação da Prefeitura. Optara, por isso, por aplicar o dinheiro em obras mais prementes para o município, como o transporte de massa e o saneamento.

O plano de expansão da Comgás, justificou, fora elaborado entre 1972 e 1974, antes da eclosão da crise do petróleo, e, portanto, seus preços estavam defasados. Além disso, nele não se incluíra o custo do gasoduto São Sebastião-São Paulo, dos navios-tanques que transportariam o gás da Argélia para o Brasil (cem milhões de dólares cada um) e dos financiamentos que teriam de ser concedidos ao país fornecedor (de cerca de duzentos milhões de dólares), nem se previram as necessárias autorizações do Banco Central, do Ministério da Fazenda ou da Petrobras para movimentações de dinheiro e de fontes de energia naquelas proporções.

Sua decisão não implicava a paralisação da empresa. Ao contrário, o plano de expansão da rede estava mantido e envolvia a construção do anel metropolitano de difusão de alta pressão, com 120 quilômetros de extensão, ligando vários municípios da Grande São Paulo.

"A população não deu a mínima"

Ao realismo que o levava a suspender planos como os da Comgás e obras gigantescas que não cabiam no orçamento nem na área de competência da Prefeitura, Olavo combinava a preocupação com os problemas da comunidade e com a preservação da cultura, a história e o modo de vida da população local. Exemplo dessa preocupação foi sua decisão de recuperar e proteger a Capela de São Miguel Paulista.

Era uma das igrejas mais velhas de São Paulo. Na inspeção que fez às obras da região logo depois de tomar posse, viu o estado de abandono em que ela se encontrava. Aquilo lhe doeu no coração. Lembrou-se dos tempos em que, com sua mãe, dona Francisca, por ali passava quando ia visitar o pai, Paulo, que, para tratar da tuberculose, vivia em São José dos Campos. Seu pai lhe dissera que aquela era a igreja mais antiga da cidade. Católica fervorosa, dona Francisca sempre parava ali para rezar.

O trabalho exigiu, além da pintura e da recuperação da capela, a mudança do traçado de algumas ruas, para retirar o tráfego mais denso de sua frente, e a demolição de algumas casas na parte de trás, para a ampliação da praça. Mais tarde, Setubal reconheceu que "a população não deu a mínima" para o trabalho da Prefeitura. Mas não se arrependera.

"Cabe ao prefeito zelar pelos valores culturais de sua cidade", justificava. Por seu pioneirismo, por sua imponência, por seu significado para a cidade, da qual foi um dos principais cartões-postais, o prédio Martinelli, no início da Avenida São João, também era um desses valores culturais que a cidade precisava manter e preservar. Mas, quando Olavo chegou à Prefeitura, seu estado era lastimável.

Estavam lá os mármores de Carrara, as portas de pinho de Riga, as ferragens inglesas. Mas haviam desaparecido do local os escritórios elegantes, o cinema, o hotel, o restaurante, o *night club* que no tempo de esplendor do Martinelli atraíam a elite paulistana. Ao longo dos anos 1950 e 1960, o Martinelli foi se transformando em imenso cortiço vertical, com a divisão de suas salas em cubículos que chegaram a abrigar quatro mil residentes.

"Virou bordel, reduto de marginais, inseguro, imundo, insalubre", como descreveu o relatório "São Paulo – A cidade, o habitante, a administração" que a equipe de Olavo preparou no final de sua gestão. Era preciso intervir no prédio, mas a Prefeitura não dispunha de meios legais nem de experiência para fazer isso. Uma lei municipal aprovada em maio de 1975, logo no início da gestão Setubal, equiparou a recuperação do Martinelli a uma obra de reurbanização, o que permitiu à Prefeitura desapropriar o prédio para a reforma. Foram vários meses de negociação com proprietários e locatários até que a Prefeitura, por meios amigáveis ou judiciais, pudesse transferir o domínio do Martinelli para a Emurb, que, na condição de condômina majoritária, passou a coordenar os trabalhos de recuperação, ao lado de antigos proprietários que aceitaram participar do rateio da reforma.

Os engenheiros fizeram o levantamento técnico completo de todos os andares do prédio, porque não havia mais as plantas originais. O interior seria remodelado, mas a fachada original do prédio inaugurado em 1934 seria preservada, bem como seriam recuperados os adornos, os caixilhos de vedação em madeira e ferro. Atenção especial mereceria a cobertura, de onde se tem uma bonita vista da cidade.

As obras só começaram em junho de 1977. A primeira providência foi a desinfecção total e retirada de centenas de caminhões de lixo, que estava atulhado nos pátios internos e nos corredores. O prédio já não era o mais alto da cidade, mas, terminada a reforma, voltou a ser um símbolo da cidade, na sua cor rosa original.

Humanizar o centro, a cidade

À preocupação em preservar os valores culturais se somava a que Olavo devotava aos habitantes da cidade, que não eram tratados apenas como números, estatísticas de planejadores e tecnocratas, mas como pessoas, indivíduos. A ideia de "humanizar" a cidade, de dar atenção especial ao homem, não à máquina ou às obras, presente em seus discursos e entrevistas desde que fora indicado para o cargo, começou a tornar-se realidade com medidas como dar prioridade absoluta ao pedestre no centro da cidade, dele afastando os automóveis. Ali estava o principal polo de serviços e comércio de toda a região metropolitana paulista, mas a concentração cada vez mais intensa de veículos nessa área restrita resultava em congestionamentos permanentes, com prejuízos para todos. A Prefeitura criou, então, ruas exclusivas para pedestres e trajetos especiais para ônibus e táxis.

Esse programa teve o nome de Ação Centro. Começou com a montagem de bloqueios em algumas ruas, para impedir a passagem de veículos. Com sua aceitação pela população, a Ação Centro foi sendo estendida para outras ruas. Em sua fase final, reservava para pedestres a área que se iniciava na Praça da Sé, incluindo as ruas próximas, se ampliava na direção dos Viadutos Santa Ifigênia (este também exclusivo para pedestres) e do Chá, e alcançava as ruas em torno do Teatro Municipal, dali se ampliando até a Praça da República.

Mais tarde, essas ruas foram transformadas em calçadões.

Numa manhã ensolarada de sábado, Olavo decidiu passear por essa área reservada a pedestres. Chegou sorridente, por volta do meio-dia, à Rua Xavier de Toledo. Estava rodeado por outras autoridades. E feliz, depois da caminhada: "Atravessei toda a área de pedestres e foi um passeio muito agradável. Encontrei amigos, conversei bastante e acho que estamos conseguindo transformar o centro num lugar mais humano".

Ali perto, motoristas desorientados faziam queixas e não sabiam bem para onde ir. O prefeito nem ligava: "O pessoal precisa aprender a andar a pé. O exercício faz bem para a saúde".

Sempre sorrindo, dizia que em pouco tempo o espaço reservado aos pedestres ficaria ainda mais agradável: "Quando forem instaladas as floreiras, a iluminação, os bancos, o centro ficará ainda melhor para o pedestre, proporcionando-lhe um ambiente de convívio e animação".

Num terreno de três mil metros quadrados na Rua Conselheiro Crispiniano, que durante meio século abrigara o quartel-general (QG) do II Exército, foi instalado um cantinho para o lazer das crianças do centro da cidade, o Recanto Monteiro Lobato. Projetada em 1893 pelo arquiteto Ramos de Azevedo, a mansão abrigou o comando do Exército em São Paulo de 1919 a 1968, quando o QG se transferiu para sua nova sede, no Ibirapuera, ao lado da Assembleia Legislativa. Cinco anos depois, por falta de interessados na concorrência pública para sua venda, o imóvel foi adquirido pela Prefeitura, que decidiu criar o Recanto. Em outro espaço na área central, de 540 metros quadrados, no cruzamento das avenidas Duque de Caixas e São João, onde havia um estacionamento de automóveis, foi instalado o Recanto do Pica-Pau Amarelo, igualmente para o lazer das crianças.

Cartas, muitas cartas

A população cercava o prefeito nas inspeções de obras, nas inaugurações e em outros atos públicos. Muitos queriam falar-lhe diretamente, para agradecer alguma realização da Prefeitura ou reivindicar providências. Mas os munícipes dialogavam com ele também por meio de cartas. Eram umas oitenta cartas por dia.

Chegavam sugestões variadas. Um cidadão propôs uma lei que permitisse o plantio de árvores no alto dos prédios, para aumentar a área verde da cidade. Outro sugeriu a desapropriação de toda a Rua Santo Antônio, no centro da cidade, para a construção de estacionamentos subterrâneos e o aproveitamento da superfície para a instalação de jardins. Havia também pedidos de natureza pessoal ou familiar.

As cartas eram lidas e selecionadas por dona Olden, a secretária particular do prefeito, e por sua auxiliar, dona Vera Lúcia. Depois, elas davam o destino adequado para cada uma, como explicou dona Olden a um jornal: "Quando o assunto é rotineiro, como pedidos de pavimentação, iluminação, nós enviamos a carta ao assessor parlamentar do prefeito que tem a programação de obras. Se o pedido já faz parte do programa, a resposta é enviada sem demora. Caso contrário, consultamos a secretaria municipal correspondente para saber as possibilidades de inclusão do pedido na programação".

Havia uma particularidade nessas cartas: a maioria era de homens. Dona Olden explicava assim esse fato: "Os homens escrevem mais talvez por terem maiores oportunidades de contatos com os problemas, já que no trajeto casa-trabalho eles podem observar as dificuldades e falhas nos diversos setores da vida da cidade. Quanto às mulheres, só escrevem para expor casos mais graves e quase sempre de caráter particular".

A instrução do prefeito era de que nada ficasse sem resposta porque, como ele dizia às secretárias, as formas de diálogo entre a população e os representantes do governo "andam bastante raras".

Uma carta mereceu tratamento especial do prefeito:

> *Sr. Prefeito, mando um retrato de minha filha com meu genro. É seu último retrato. Como ele é libanês, eles estão morando no Líbano, mas tenho escrito há meses e não obtenho qualquer resposta. Peço sua intervenção.*

O prefeito interveio na questão. Mandou uma carta ao embaixador do Brasil no Líbano: "Atendendo aos apelos de uma família que está em desespero por falta de contato com uma filha que reside no Líbano, permito-me transmitir a V. Exa. a minha solicitação no sentido de que possa ser localizada a Sra....". A pessoa foi localizada e, algum tempo depois, veio ao Brasil para visitar os pais.

Era uma das muitas maneiras que Olavo encontrava para estabelecer com a população paulista uma relação menos formal, menos fria, mais humana. Era um jeito de tornar a cidade mais humana.

Recuperar o sistema de ônibus

Também significava "humanizar" São Paulo a execução do programa de recuperação do sistema de ônibus da cidade, com o objetivo de dar mais conforto e segurança aos milhões de moradores que utilizavam esse meio de transporte e cujas condições de vida preocupavam o prefeito. Entre 1967 e 1977, a demanda de viagens por ônibus na região metropolitana crescera 105%, mas a frota aumentara apenas 64%. No município de São Paulo, o crescimento da frota fora ainda menor, de apenas 51%. O resultado, no início da gestão Setubal na Prefeitura, era a notável deterioração dos serviços, expressa na redução do número de viagens, superlotação, velocidade média em queda, veículos mal conservados e justa irritação dos passageiros.

Ao mesmo tempo em que era necessário recuperar institucionalmente o sistema de ônibus – o sistema de permissões crescera de maneira desordenada, chegando a mais de setenta empresas que concorriam de maneira ruinosa; em 1976 se encerraria o prazo de concessão da Companhia Municipal de Transportes Coletivos, conhecida como CMTC –, a Prefeitura precisava dar-lhe maior eficiência com rapidez, pois a população, com razão, exigia serviços de melhor qualidade, com o aumento da oferta de ônibus, mais conforto e redução do tempo de viagem. Algumas empresas atendiam sozinhas determinadas regiões, enquanto outras disputavam passageiros nas mesmas áreas; umas operavam linhas curtas e rentáveis, outras eram responsáveis por itinerários longos e pouco lucrativos. Algumas empresas tinham permissão para operar em caráter precário, concedida muitos anos antes, mas continuam a atuar, prestando serviço de má qualidade.

Olavo convocou todos os proprietários das empresas de ônibus para uma reunião em setembro de 1975. Compareceram 68 empresários sócios de 35 grupos econômicos que controlavam as 74 empresas de ônibus particulares da cidade. Eles estavam dispostos a defender suas reivindicações, entre as quais um novo aumento das passagens, o fim da fiscalização que sofriam por parte da CMTC e a criação de suas próprias "linhas especiais", com tarifas também especiais, para concorrer com a empresa municipal.

Foram surpreendidos pela atitude do prefeito. Olavo criticou a "péssima" qualidade dos serviços prestados à população paulistana pelos ônibus urbanos e disse que tomaria as providências necessárias para melhorar o transporte de massa na cidade.

"Cabe ao prefeito a responsabilidade de tomar as decisões capazes de modificar o panorama na área de locomoção popular. E, quando elas se tornarem necessárias, eu as tomarei, em nome dos interesses dos que viajam dez milhões de vezes por dia nos ônibus existentes."

Olavo foi irônico, ao criticar também os serviços prestados pela empresa municipal.

"Construam um monumento de gratidão em homenagem à CMTC", recomendou aos empresários de ônibus. "Ela consegue ser pior do que as suas empresas, e acaba salvando a imagem dos senhores como empresários. Se não fosse a imagem dos descalabros que a CMTC apresenta hoje, todas as companhias de ônibus já teriam sido nacionalizadas ou estatizadas. Por mais obsoletos e absurdos que sejam (os métodos de trabalho das empresas particulares), eles parecem ser obra-prima, em relação aos da nossa companhia de transportes."

A cidade foi, então, dividida em 23 setores, cada um sob responsabilidade de uma empresa ou consórcio de empresas e com distribuição equânime de linhas. O prefeito decidiu também estender a concessão da CMTC e recuperar a empresa, dos pontos de vista administrativo, financeiro e operacional, por entender que o poder público necessitava de um instrumento para aferir o desempenho das empresas particulares permissionárias, operar linhas de baixo interesse econômico e financeiro (mas necessárias) e funcionar como uma reserva operacional no caso de ocorrer problema com linhas operadas por empresas particulares. E também por entender que, sem uma empresa pública sólida, não seria viável promover uma profunda reformulação do sistema de permissões, como a que foi feita.

No plano operacional, a criação de faixas exclusivas para ônibus numa extensão de sessenta quilômetros pelos principais corredores de tráfego da cidade permitiu a redução do tempo das viagens. O trecho de dois quilômetros entre o centro e a Avenida Paulista, que consumia vinte minutos, passou a ser percorrido na metade desse tempo com a criação da faixa exclusiva na Avenida Brigadeiro Luís Antônio.

Para resolver o problema da excessiva demora nos pontos de parada, onde cada ônibus tinha de esperar sua vez para encostar, o que resultava em perda de tempo, foram criados os comboios. Por esse sistema, três ônibus para percursos e destinos diferentes eram liberados simultaneamente do ponto de partida, numa ordem predeterminada, percorriam o trajeto comum em comboio e paravam simultaneamente nos pontos de parada, redesenhados para redistribuir os passageiros de acordo com seu destino. Assim, a parada, que antes consumia minutos, se reduziu a vinte segundos para todo o comboio. Os comboios funcionaram nas avenidas Nove de Julho e Celso Garcia.

Os passes da CMTC, de volta

Um problema típico da década de 1950, a falta de troco, ressurgiu no início de setembro de 1977, quando houve brigas entre passageiros e cobradores de ônibus. O Conselho Interministerial de Preços (CIP) – que então controlava as principais tarifas e preços da economia, para reduzir seu impacto sobre a inflação – autorizara o reajuste das passagens dos ônibus urbanos para Cr$ 2,10 (a moeda da época era o cruzeiro). Não era hábito da população carregar moedas nos bolsos, nem havia em circulação moedas em quantidade suficiente, por isso muitos passageiros ficavam sem o troco, o que levava a tumulto.

O maior culpado, segundo Olavo, era o Banco Central, que, por meio da Casa da Moeda, deveria produzir moedas suficientes, mas não tinha capacidade para isso. Mas havia também o problema dos costumes que a população paulistana foi adotando ao longo do tempo.

"Para que o dinheiro se torne facilmente manuseável, é necessário que todo munícipe carregue uma carteirinha de moedas e que os vendedores de todos os produtos forneçam o troco exato, um velho hábito que fomos perdendo com o tempo."

A solução alternativa, a seu ver, seria o estímulo ao uso do passe da CMTC, aceito por outras companhias de transporte urbano. Também nesse caso, a ideia era recuperar uma prática comum nas décadas anteriores: o uso do passe da CMTC como moeda. Nos anos 1950, o passe amarelinho da CMTC era usado não só para pagar a viagem de ônibus ou de bonde, mas também o cafezinho no botequim, as balas para as crianças e muitas coisas mais.

Menos petróleo, mais metrô

O mundo vivia na época a primeira grande crise do petróleo, marcada por uma alta espetacular do produto no mercado internacional decidida em 1973 pelo cartel formado pelos principais países árabes produtores. Era preciso reduzir o consumo da gasolina e buscar fontes alternativas de energia. O Brasil tinha, na época, fartura de energia elétrica, razão pela qual o prefeito tomou a iniciativa de expandir o sistema de trólebus, que considerava – com razão, se levadas em conta as condições da época – altamente conveniente para São Paulo e para o Brasil. O trólebus não consumia petróleo, não poluía, era adequado para uma cidade com as características de São Paulo e podia ser produzido localmente, pois São Paulo reunia potencial tecnológico e industrial para isso. Além disso, abria campo para o desenvolvimento de uma tecnologia que poderia gerar divisas importantes para o País.

Restringir a circulação de carros no centro, para desestimular o uso do veículo particular, era outra das medidas que a Prefeitura paulistana adotaria para enfrentar a crise do petróleo. Chegou a prever o esvaziamento gradativo da importância dos táxis na cidade, em decorrência das medidas de racionalização do uso de combustíveis que estava colocando em prática. Haveria, de acordo com sua previsão, aumento automático das tarifas de táxi, que perderia o papel que tinha em São Paulo, "talvez a cidade onde o táxi tenha maior expressão no mundo". Neste caso, a história não lhe deu razão.

A aceleração de projetos e obras do metrô era outro ponto fundamental da política da Prefeitura para reduzir o consumo dos combustíveis derivados de petróleo. Mas as obras do metrô eram caríssimas, de um custo quase insustentável mesmo para a maior e mais rica prefeitura do País.

Coube a Olavo Setubal, em 12 de setembro de 1975, declarar de utilidade pública para fins de desapropriação 944 imóveis nos distritos da Sé, Brás e Mooca, numa faixa de terreno de 178 mil metros quadrados que começava na Rua do Carmo e avançava na direção da Zona Leste, até a Rua Bresser, no Brás. Era a maior desapropriação feita de uma só vez na história do Brasil. A medida afetaria a vida de cerca de duas mil famílias, mas era indispensável para o início da construção da nova linha do metrô, a Leste-Oeste. Olavo previa uma convulsão na região quando as obras começassem. O plano de construção do metrô previa dois outros trechos, da Estação Bresser à Estação Vila Matilde, com prazo mais longo de construção do que o primeiro pelo fato de atravessar a área com a maior concentração populacional da Zona Leste, e o final, entre as estações Vila Matilde e Itaquera.

A outra linha, a Norte-Sul, estava então completando um ano de operação comercial. No início, o metrô circulou entre as estações Jabaquara e Vila Mariana e, depois, a operação se estendeu até a Estação Liberdade. No dia 25 de setembro, um sábado, ao encerrar a cerimônia religiosa de inauguração da Estação São Bento exatamente no momento em que o relógio do Mosteiro de São Bento marcava oito horas, o abade, D. Joaquim Arruda Zamith, disse às centenas de pessoas que estavam na praça: "Em nome da diretoria do Metrô, convido todos a conhecerem o interior da nova estação".

Foi nessa estação que, no dia seguinte, com uma pequena cerimônia, sem festas nem discursos, o governador Paulo Egydio e o prefeito Olavo Setubal, acompanhados de seus secretários, iniciaram a viagem inaugural do trecho norte da Linha Norte-Sul, até a Estação Santana. Essa viagem marcou o início da circulação do metrô por todos os dezessete quilômetros de extensão da primeira linha. Naquele domingo, a população pôde utilizar esse moderno meio de transporte sem pagar, passando, se quisesse, por dezenove estações. No entanto, ainda não poderiam conhecer a Estação Sé, a maior prevista para a Linha Norte-Sul, e que serviria também para a interligação com a futura Linha Leste-Oeste. Ela só ficaria pronta três anos depois. Até lá, as composições – 12 no total, cada uma com seis vagões, e cada vagão poderia transportar até 300 passageiros, dos quais 62 sentados – passariam direto sob a futura estação, fazendo todo o percurso em 36 minutos, à velocidade média de 60 quilômetros por hora. A partir da segunda-feira, a operação seria comercial, ao preço de Cr$ 1,50 a passagem, e entre as seis horas da manhã e oito e meia da noite, apenas nos dias de semana.

Integração metrô-ônibus

Apesar da eficiência do sistema, não foi fácil atingir o movimento que ele poderia suportar, de um milhão de passageiros por dia. Somente os passageiros que moravam ou trabalhavam nas proximidades das estações utilizavam o metrô. Os passageiros que não estivessem nessa situação precisavam ser trazidos para as estações, por meio de um sistema que permitia a integração física – com a construção de terminais de ônibus junto a algumas estações – e tarifária, com a criação do bilhete de ida e volta no sistema metrô-ônibus ao preço de uma passagem de metrô. A experiência deu resultado, fazendo crescer para seiscentos mil o número de passageiros diários. Foi com base nela também que, no planejamento da nova linha, a Leste-Oeste, foi incluída a construção de terminais de ônibus, o mais importante dos quais justamente na Estação Barra Funda, extremidade oeste da linha, que reuniria num único terminal metrô, ônibus urbano e interurbano, trens de subúrbio, táxis e até veículos de passageiros.

A ideia de construção de terminais de ônibus interurbanos junto a estações do metrô já tinha sido testada com êxito no terminal rodoviário do Jabaquara, inaugurado em fevereiro de 1976, para receber pelo menos trinta por cento do movimento da Estação Rodoviária instalada na Praça Júlio Prestes, ao lado da estação ferroviária de mesmo nome. Outros terminais interurbanos seriam inaugurados, o que permitiria desativar a antiga Rodoviária no centro da cidade, desafogando o trânsito na região.

O problema era que os proprietários da Rodoviária tinham vínculos com o jornal *Folha de S.Paulo*, que obviamente se opunha à desativação. Em entrevista que concedeu em 4 de janeiro de 1976 ao jornal, o prefeito explicou as razões técnicas que o levaram a autorizar a construção de terminais interurbanos em vários pontos da cidade.

Nós imaginamos estações descentralizadas, interligando os terminais de ônibus metropolitanos nas estações principais da rede básica (do metrô). No momento, vamos implantar a primeira, no Jabaquara, no mês de fevereiro, quando o metrô começa a operar aos domingos. As outras serão implantadas em torno das estações Santana, Ponte Pequena (Linha Norte-Sul) e Lapa (Linha Leste-Oeste).

Isso seria feito para reduzir os congestionamentos nas ruas do centro. O problema só seria resolvido com um novo sistema viário, o que estava fora das possibilidades da cidade. A descentralização dos terminais de ônibus interurbanos, embora não fosse a solução ideal, pois exigia o transbordo dos passageiros, era uma forma de reduzir o problema.

Só que é preferível fazer baldeação por um sistema de grande capacidade (o metrô) a ficar num engarrafamento.

O jornal questionava a decisão, invocando uma pesquisa realizada dois meses antes, mostrando que oitenta por cento dos usuários prefeririam que os ônibus continuassem na Estação Rodoviária da Praça Júlio Prestes. O prefeito concordava com a pesquisa.

Eu mesmo, o cidadão Olavo Setubal, se me perguntarem onde prefiro tomar o ônibus para a Baixada Santista, evidentemente escolherei o ponto central, que é a Estação Rodoviária.

Mas a questão principal não era a busca da máxima comodidade para o usuário no momento, e sim o que poderia acontecer nos dez anos seguintes.

Essa é a função do administrador: ter capacidade para avaliar uma situação e prever razoavelmente seus desdobramentos.

Apesar das resistências, a mudança foi feita e o centro ficou menos congestionado.

A cidade para para ver a implosão

Essa era uma das grandes mudanças pelas quais passava a área central da cidade. O impacto das obras do metrô se estendia para outras áreas da capital, como a Praça da Sé e cercanias. A construção da estação Sé, o início das obras do ramo Leste da futura Linha Leste-Oeste e a reurbanização do espaço que resultaria da junção das antigas praças da Sé e Clóvis Bevilacqua exigiam a demolição de diversos prédios da área. Um deles, por ironia, era o do antigo Colégio do Carmo, onde estudara o prefeito, preocupado com a preservação da memória da cidade, mas consciente de que o progresso às vezes impunha o sacrifício de edificações históricas.

Nada, porém, podia se comparar à demolição do Edifício Mendes Caldeira. O espetáculo, pois se tratava de fato de um espetáculo, foi marcado para a manhã de um domingo, 16 de novembro de 1975. Mas já na noite de sábado as pessoas começaram a chegar à Praça da Sé, para garantir o melhor lugar para assistir à demolição. O espetáculo prometia. Pela primeira vez se utilizaria no País o método que chamavam de implosão, pelo qual o edifício, submetido a cargas de dinamite meticulosamente calculadas e instaladas, em vez de se despedaçar para os lados como numa explosão convencional, se desmanchava, encolhia e, se desfazendo em milhões de pedaços, caía sobre suas bases, deixando quase sem arranhões o que houvesse a seu lado. Se tudo ocorresse da maneira como os jornais descreviam previamente, seria mesmo um feito espetacular.

A cidade parou para ver a implosão do Mendes Caldeira. Quem não foi à praça viu pela televisão.

Olavo foi com a mulher, Tide. Como sempre, estava de paletó, mas, ao contrário dos de cor escura que usava nos dias de semana, este era de tom claro. Estava sem gravata. Em lugar da camisa social sempre branca, naquele dia vestia uma camisa esporte, estampada, mas de mangas compridas. O colarinho estava cuidadosamente sobreposto à gola do paletó.

Parecia bem tranquilo nos momentos que antecederam a implosão. Conversou animadamente com o presidente do Metrô, Plínio Assmann. Lembrou que, quando a diretoria da Companhia do Metrô lhe solicitou

Olavo e Tide, minutos de tensão durante a implosão do Edifício Mendes Caldeira, 1975.

E o júbilo.

autorização para empregar a técnica inédita da implosão na demolição do Mendes Caldeira, quis ver o filme que a empresa especializada nesse tipo de trabalho – a norte-americana Controlled Demolition Inc. (CDI), que no Brasil se associou à Triton – fez de demolições que executara.

"A gente sempre tem a impressão de que uma dinamitação é perigosa, não é?"

Mas o fato de as companhias seguradoras terem estabelecido um prêmio relativamente baixo para o serviço indicava que os riscos eram pequenos. Quando tocou a sirene de dois minutos para a implosão, Tide reagiu:

– Estou tão aflita!

Olavo tentou tranquilizá-la:

– Pois nós (ele e Assmann) estamos todos calmos.

Mas todos foram ficando tensos com o correr da contagem regressiva, em inglês:

– *Ten, nine... Fire!*

Exatamente às sete horas e trinta e cinco minutos, Jack Loiseaux, presidente da CDI, e Edmundo Fonseca, da Triton, apertaram os botões que acionaram os 412 quilos de dinamite distribuídos por 1.400 bananas.

Quando foi detonada a primeira bateria de explosões, Olavo estava com o corpo relaxado. Com a sucessão das explosões e o início do desmanche do prédio para dentro de si mesmo, de cima para baixo, foi ele também se encolhendo, até afundar a cabeça no pescoço, levantando as pontas do colarinho da camisa. De repente, as explosões pararam e o prédio estava no chão, de onde se levantava uma nuvem de poeira. Só então Setubal voltou a relaxar o corpo, para aplaudir e, eufórico, comentar:

– Tive a sensação de estar vendo um terremoto. Mas foi um espetáculo, que beleza!

Tudo aconteceu muito depressa. Em apenas nove segundos, os trinta andares do Mendes Caldeira e seu peso de 36,8 mil toneladas se transformaram numa montanha de 4,5 mil metros cúbicos de escombros.

Capítulo 8
Uma página virada

A Tide Setubal que assistira a esse espetáculo não era a mesma que Olavo, os filhos, os amigos conheciam. A partir de 1975, Tide mudou. Embora continuasse aparentando o que sempre fora, lutasse para manter a vitalidade, se esforçasse para se mostrar ativa, agarrada à vida, os que estavam próximos sentiam que, internamente, ela era outra, quebrada. Alternava euforia e abatimento. A chama tinha perdido o vigor, por mais que ela procurasse não deixar transparecer. Apesar de sua força de vontade, medo e apreensão se faziam presentes. O câncer reapareceu, ela fez mastectomia, retirou um dos seios, as cirurgias plásticas não tinham a tecnologia de hoje, não existia o silicone, ela saiu traumatizada. Foi uma fase de antidepressivos, ansiolíticos e de terapias. Apesar de não falar da doença, Tide tinha consciência do que se passava, mas bloqueava o assunto. Há um trecho de um texto que ela escreveu, "A escolha do caminho", ao qual recorria em momentos de aflição: "Eu tenho uma só vida. Uma vida, em que cada momento é precioso. Em que cada momento é definitivo. Em que cada momento é único". Como nunca, ela se apegava a sua fé e a este pensamento: cada momento é único. De qualquer modo, todos acentuam que sua vontade de viver era avassaladora. A essa altura, Tide e Olavo viram seu filho mais velho, Paulo, se casar com Maria Francisca, em uma grande festa na casa da Prata.

Nesse ano de 1975, houve outro casamento, o de Marta Azevedo, a sobrinha predileta de Olavo, a que usava maria-chiquinha e costumava romper a carapaça severa que ele mantinha. O tio abriu a casa da Rua Sergipe para a festa. E abriu uma fresta na sisudez. Quando Marta ia sair à igreja, o religioso foi na Capelinha de São Pedro e São Paulo no Morumbi, Olavo se aproximou:

— Agora, você vai no carro com meu motorista, o Gelson!

— Não vou não! Vou no Chevetinho do meu marido.

– Não tem Chevettinho coisa nenhuma, pode entrar no carro com o Gelson.

– Mas, o Gelson já me trouxe, agora ele leva você e a tia Tide.

– Já tem outro chofer para mim e sua tia, pode entrar ali.

Não houve como resistir, porque era impossível ir contra uma ordem dele, de maneira que Marta foi com Gelson, no Mercedes-Benz que pertencera a Alfredo Egydio de Souza Aranha. Marta, aos 19 anos, era uma das rebeldes da família, tanto que se casou de verde, em lugar do tradicional vestido branco, o que gerou murmúrios. Mal entrou no carro, Gelson disparou e deu uma gargalhada, Marta estranhou, Gelson tinha uma cara malandra, um sorriso debochado.

– Olha a surpresa que o teu tio te arrumou!

Marta olhou para o lado, ouviu e quase morreu. Olavo simplesmente tinha enviado batedores de modo que seguiram ao lado do carro nupcial, as sirenes ligadas. Atrás vinha o carro do tio, quase grudado, também rodeado pelos seus batedores, afinal era o prefeito. Ela gritou:

– Gelson, foge deles. Pelo amor de Deus, foge deles!

Bem que Gelson tentou – ou, cumprindo ordens, fingiu tentar –, mas não conseguiu, de maneira que Marta voltou para a casa da Rua Sergipe seguida alegremente pelos batedores e suas sirenes. Vamos abrir uns parênteses.

Momento para um breve parágrafo para se falar deste personagem, Gelson, numa descrição feita por um dos filhos de Olavo, homem feito em 2008. "Era uma pessoa que contrariava todos os seus princípios, conceitos e maneiras de ser e viver, e que talvez demonstrasse que meu pai também tinha um rabo de olho para o outro lado da vida. O homem rígido, que não suportava burrice, conversa mole, asneiras, teve um contraponto em Gelson, o motorista que, a vida inteira, fez e desfez. Ainda que preservasse a qualidade que meu pai mais admira, a lealdade. Ele foi o segundo motorista de meu pai. O primeiro era o Paulo, um alemão severo, quase cópia de meu pai, disciplinador, chegou a ser caseiro de Águas da Prata. Já o Gelson era tudo o que meu pai odiava nos outros. Um homem cheio de amantes, que contava seus casos com orgulho e desembaraço, com detalhes às vezes escabrosos. Dizia palavrões a pro-

Olavo Setubal e Tide, em 1975.

pósito de tudo e de todos. Pensar que meu pai jamais disse um. Meu pai relevava, devia achar engraçado. Gelson era uma pessoa irregular, malandra, fugia das normas do banco, pedia para ser mandado embora, tinha o Fundo de Garantia liberado, ia para outra empresa do grupo como a Duratex, fazia horas extras fajutas. Dirigia bem e era pontual, duas qualidades. Se meu pai precisasse, ele estava ali, dia e noite, fins de semana, feriados. Nunca reclamou: 'Puxa, onze da noite e ainda estou aqui'. Simplesmente estava. Uma noite, meu pai em campanha política foi deixado no hotel e Gelson disse que ia a um bailinho. No dia seguinte, na hora marcada, estava na porta. Meu pai perguntava: 'Dormiu?'. E ele: 'Não deu tempo, fui ao baile, peguei mulher...'. E lá vinha uma história libidinosa. Gelson falava mal, falava errado, era solto, o oposto da formalidade, da linguagem e das atitudes desses seguranças de hoje. Ele batia boca com diretores e meu pai segurava as pontas. Dizia: 'Com o Gelson não pode brigar'. Outras vezes, após um arranca-rabo com algum figurão do banco, ao conversar com Gelson meu pai ria: 'Fez muito bem, fez muito bem'. Ele tinha tatuagem num dos braços, andava com a camisa arregaçada, se bem que em serviço devia usar terno. Trabalhava um pouco, pedia: 'Me manda embora, preciso do dinheiro, estou com umas dívidas'. Faziam as vontades dele. Uma pessoa que era o contrário de meu pai, quem sabe representasse uma válvula de escape, simbolizasse um mundo que papai gostaria de ter vivido, ou ao menos conhecido de perto." Fechar parênteses.

Gelson aposentou-se em 1999. Muitos anos depois, ao recordar o período que serviu Olavo e a família Setubal, dizia que seu ex-patrão só lhe fazia uma exigência: pontualidade.

Quanto a Tide, como primeira-dama do município, ela se recusou a ser figura decorativa. Quando refletia sobre como participar, uma inspiração veio através da amiga Lila Martins, esposa do governador Paulo Egydio. Lila era neta de Pérola Byington, mulher emblemática na história de São Paulo. Filha de imigrantes americanos, durante a Primeira Grande Guerra serviu na Cruz Vermelha nos Estados Unidos. No Brasil, preocupada com a mortalidade infantil, criou a Cruzada Pró-Infância, que dirigiu por 33 anos, até sua morte, aos 84 anos. A Cruzada foi um movimento pioneiro no Brasil. Por outro lado, Maria Lúcia Whitaker Vidigal, mulher de Marcelo Vidigal, um dos "Alarga a Rua", lembra-se de que Tide tinha tido uma experiência social anterior com o Centro Santa Cecília – bairro vizinho a Higienópolis –, um clube de mães onde eram ministradas aulas de artesanato, de higiene, comportamento etc. Aliás, esse grupo foi ativo quando José Bonifácio Coutinho Nogueira fez sua campanha ao governo do Estado em 1962.

A Cruzada de Pérola Byington e o Centro serviram de molde para Tide desenhar seu projeto e o prefeito criar, a 11 de setembro de 1975, o Corpo Municipal de Voluntárias, sociedade sem fins lucrativos, políticos ou religiosos, que reunia um grupo de mulheres decididas a empreender uma ação social concreta em uma cidade carregada de problemas. Outra vez se fez presente o texto "A escolha do caminho": "O campo de ação é imenso. A necessidade é extrema. O trabalho exige cooperação. É preciso que nós todos, cada um com aquilo que tem para dar, unamos os nossos esforços para construir um mundo melhor".

Até aquele momento, a promoção social não era uma tradição entre as primeiras-damas do município. O CMV colaborava com os programas do Fundo de Assistência Social do Palácio do Governo, presidido por Lila Martins. A boa relação Estado-Município facilitava as ações. Ela disseminava o apelo: "Você, minha cara amiga, quer juntar-se a nós, para unidas ampliarmos o nosso trabalho? Para unidas multiplicarmos os nossos esforços? Para unidas repartirmos a nossa alegria? Venha! Temos muito pelo que lutar!". Foram trazidas inicialmente as mulheres que estavam ao seu redor, em quem confiava, amigas como Lila Sarmento, Maria Antonieta da Rocha Azevedo, Neusa Cupertino, Matilde Lacerda Pinto, Yole Mendonça Guimarães, Marina Q. S. Kneese, todas bem situadas e relacionadas, o que facilitaria a implantação dos núcleos assistenciais. Essa meia dúzia de mulheres rapidamente se reproduziu, de maneira que em pouco tempo o CMV, instalado no Pavilhão Tibiriçá, no Ibirapuera, contava com centenas de voluntárias que se dedicavam em tempo integral. Essas voluntárias vinham das comunidades de periferia e das lideranças dos bairros menos favorecidos, esquecidos.

O Corpo de Voluntárias iniciou seu trabalho pela Zona Leste, em razão das carências da região, ali instalando o seu primeiro plano piloto. As voluntárias promoviam encontros com os líderes das comunidades, orientavam doentes, davam atenção, apoio e calor humano às grávidas, aos necessitados, às crianças e aos velhos, forneciam noções de pediatria, de educação sanitária e alimentar, promoviam oficinas de brinquedos, conseguiam auxílio material na forma da cadeiras de rodas e próteses, pernas mecânicas, encaminhavam pessoas para hospitais, prontos-socorros, maternidades, creches, orientavam quanto a documentação, como RGs e outros. Promoviam-se cursos e palestras, principalmente sobre drogas e alcoolismo. Incluía-se o lazer com esportes, recreação, filmes, teatro popular. O CMV trabalhava em parceria com as Secretarias de Higiene e Saúde, do Bem-Estar Social e da Educação.

Tide parecia se multiplicar, como se tivesse o dom da ubiquidade, dava a impressão de estar em todos os lugares ao mesmo tempo, atravessava a cidade, frequentava a periferia. Passou a ter consciência de uma realidade que lhe era distante, soube o que significava ser povo, suas necessidades e seu assombro foram tão grandes quanto os do marido. A experiência da prefeitura estava sendo, para ambos, um *break through*, diria o filho Ricardo.

Talvez ela estivesse mitigando a própria angústia, ao escrever: "É preciso que os meus pés saibam enfrentar as pedras do caminho. Que as minhas mãos saibam se estender aos meus companheiros de jornada. Que a minha vontade saiba querer. Que a minha mente saiba compreender. Que o meu coração saiba sempre amar", definindo o cerne da ação no CMV e dando diretrizes filosóficas às suas companheiras. A ação no Voluntariado a fazia se esquecer de si, da doença que a corroía, as aflições dos outros pareciam maiores do que as suas.

Por outro lado, se fazia sempre presente a questão da saúde de Olavo Júnior, cuja reabilitação não evoluía tão bem quanto ele achava que deveria ser. No Brasil não havia um especialista de primeira linha nem equipamentos de última geração, então, Olavo decidiu mandar o filho, acompanhado da mãe, aos Estados Unidos em 1976. Mesmo ano em que José Luiz, chamado em família por Lu, entrou para a Faculdade de Ciências Médicas de São Paulo.

Olavo Júnior conta:

"Passamos vinte dias em Nova York e foi maravilhoso. De manhã, íamos ao hospital para a fisioterapia e para eu aprender a fazer os exercícios sozinho. A tarde era dedicada às compras, aos museus, mamãe, tanto quanto papai, adorava um museu, à noite era teatro ou cinema. Na hora das compras, ela ficava constrangida de pedir descontos, morria de vergonha, e eu negociava. 'Seu pai nunca me deixou pedir desconto.' Conseguido o abatimento, ela ria, gostava, na verdade nosso orçamento era curto, a situação não tão boa quanto hoje, o controle de despesas era rígido, aprendemos desde cedo o regime da austeridade.

Muitas vezes, entrávamos em uma lanchonete, mamãe se alegrava com um simples hambúrguer: "Que delícia! Nunca vim a um lugar assim com seu pai". O que não podia fazer com papai, fazia comigo, frequentávamos os barzinhos e pequenos restaurantes do Greenwich Village, as lojas *outlet*. Ela se mostrava bem disposta, não deixava transparecer nada, vez ou outra eu a surpreendia ensimesmada, logo passava".

Esta viagem foi decisiva para Olavo Júnior. Numa das sessões com o neurologista, este cumprimentou-o: "O senhor está ótimo!". Como sempre, Olavo contestou, insatisfeito com seu progresso. Foi quando ouviu uma longa fala, "que me trouxe à realidade", admitiu. O neuro argumentou:

"O senhor tem problemas? Tem. Quem não tem? Uns de coluna, outros de pulmão, do coração, de tudo. O senhor tem visto aqui no hospital problemas muito maiores do que os seus. Mas o senhor já aprendeu a fazer sozinho seus exercícios, sabe todos os procedimentos, tem pleno domínio das capacidades mentais. Já foi longe! Se quiser subir, melhorar, vá, é como alguém escalando uma montanha e, tendo chegado alto, quer subir mais alto ainda, e vai poder, mas vai ter vento, ter neve, pode escorregar, cair, é perigoso, vai ter de fazer muito esforço e não vai ver muito mais longe do que está vendo. Siga sua vida! Esqueça seu acidente, pare de se dedicar *full time* à sua recuperação. Vá viver a vida que lhe foi oferecida, não se coloque mais na postura do doente, você tem problemas, mas não é mais doente, vá em frente!".

Tide, com os transparentes olhos azuis fixados hipnoticamente no médico, ouviu tudo, respirou fundo. Como se aquilo servisse também para ela. Quanto a Olavo Júnior, reconhece: "Dei uma guinada total na minha postura, mudei inteiramente".

Os anos de Prefeitura significaram para Olavo a abdicação dos fins de semana na Prata. Não havia tempo, os sábados e domingos eram tomados por reuniões, visitas a obras, à periferia. Também o jantar ritual deixou de contar com ele, chegava tarde, tinha comido em algum lugar. Os filhos, com exceção de Ricardo, estavam na faculdade, tinham namoradas, Roberto estava praticamente noivo de Maria Hilda, que foi sua primeira mulher. A mãe vivia perguntando: "Como vai o namoro? Casa ou não casa? Acho que ela é uma menina ótima para você".

Alfredo estava cursando Administração de Empresas na Getúlio Vargas, ganhara o carro que tinha sido do Roberto. Um Corcel vermelho.

A preocupação continuava sendo Tide. A doença progredia, a metástase se espalhava pelo organismo. Em 1977, Olavo não hesitou, tirou licença da Prefeitura. No dia 4 de janeiro os jornais noticiaram:

> *Olavo Setubal passou o cargo de prefeito, antes de sua viagem a Nova York. Acompanhava Tide Setubal, sua mulher, que foi se submeter a exames médicos. A prefeitura foi ocupada por Sampaio Dória, presidente da Câmara.*

Ele foi para Nova York levando também a filha Neca, que conta:

"Eu estava com mamãe no consultório, o médico do The New York Hospital fez os exames, olhou as radiografias, sentou-se e, prático e direto como bom americano, disse: 'A senhora está com câncer!'. Ela rebateu, enérgica: 'Não estou não!' .

O médico, imperturbável, confirmou.

'Os exames mostram, a verdade é essa!'

Ela recuperou-se, se recompôs: 'Quanto tempo tenho?'.

'Eu diria nove meses!'

Lembrei-me de que, antes, mamãe fazia quimioterapia, via os cabelos caindo, e justificava, não era câncer, ela encontrava mil explicações para o tratamento".

No dia 18 de janeiro, o jornal *O Estado de S.Paulo* comentou:

> *Com fisionomia abatida, Setubal volta a São Paulo, depois de ter passado treze dias nos Estados Unidos.*

Neca: "Mamãe foi operada no segundo seio, houve rejeição, as coisas se complicaram, o que provocou um trauma em papai, o estado de espírito de mamãe piorou". Ricardo foi o único a se lembrar de uma conversa que Olavo teve com os filhos. "Ele nos revelou que mamãe tinha apenas seis meses de vida. Ficamos em estado de choque, logo compreendemos o raciocínio. Como ele sabia, achou-se no dever de nos preparar. Ele nos poupou ao máximo e deve ter tido dificuldades nessa conversa. Porque se mamãe não morresse naquele prazo, ficaria uma situação estranha. Não soubéssemos e ela morresse de repente, seria um enorme abalo. Ele nos preparava para o momento definitivo que carregava sozinho há anos".

Tide continuou à frente do Voluntariado, sonhando com um projeto, o de construir na Zona Leste um grande clube recreativo e esportivo que aumentasse o lazer oferecido à população de uma região carente de recursos. "Era curioso", ressalta Neca, "porque papai montou uma entidade jurídica para ela trabalhar e deu todo apoio, era uma inovação o que ela criara. Só que havia um lado interessante, porque ela trabalhava com quem queria, com quem escolhia, esquecia o lado político. Porque muitas vezes, em uma comunidade, é necessário atender e trazer para si os aliados do prefeito. Ela fazia do modo que achava que devia ser, discutiam, a casa caía, nada mudava. Era mulher firme nas convicções."

Ela insistiu e foi à casa da Prata. Seria a última vez. Paulo Egydio Martins colocou o helicóptero do governo à disposição. Sorte, porque Tide passou mal e tiveram de voltar rapidamente. Alguém precisava acompanhar, Olavo virou-se para a sobrinha Marta Azevedo:

– Já andou de helicóptero?

– Nunca!

– Então venha. Vai fazer a viagem mais bonita de sua vida.

Ele veio conversando, um olho em Tide o outro na paisagem, falando dos cafezais, das plantações, o que tinha sido em determinado lugar, no outro. Desceram no Ibirapuera, havia um carro à espera, seguiram para o hospital.

A doença evoluíra, Tide teve de se render. Sofria muitas dores. As medicações não conseguiam amenizar o desconforto. A seu lado, dedicada, permanecia a empregada Zita: "Doía, aquilo eu via que doía no fundo da alma dela. Com um aparelho eu massageava sua coluna. Ela chorava, depois secava as lágrimas e dizia: 'Pronto, pode abrir a porta, está tudo bem!'".

Ela tinha então um único neto, Guilherme, com um mês, filho de Neca e Ruy Souza e Silva. Tide, que nunca se lamentava ou reclamava, alimentava uma frustração, a de que não veria a casa cheia de netos rui-

273

dosos, aquela jamais tinha sido uma casa silenciosa. Era lúcida: "Sei que não vou sair dessa. Sinto que não vou. O prazo está acabando. O médico americano me deu nove meses, e sei que está chegando... Tenho certeza, eu vou ficar num jardim de flores. Lá vou ficar bem".

Duas semanas antes, Olavo reuniu os filhos outra vez e comunicou que o processo era irreversível. Em um dos primeiros dias de outubro, Yolanda Setubal, prima-irmã de Olavo, entrou no quarto e foi recebida com uma frase que a fez se arrepiar: "Yolanda, veja que fracasso o meu!".

Ricardo, com quinze anos e sempre muito próximo à mãe, sofreu um desgaste tão grande com o sofrimento que presenciava, que bloqueou lembranças, ainda que algumas ainda aflorem. Como aquele dia em que ela confessou: "Viver assim mais um mês não vale a pena". As voluntárias continuavam a visitá-la, ela perguntava, despachava, decidia, solucionava, recomendava ações.

Uma noite, sábado, 1º de outubro de 1977, José Luiz foi ao cinema e na volta foi ver a mãe, ficaram conversando sobre o filme, ela adorava cinema, queria saber tudo, a história, os atores. No dia 2, domingo, Paulo foi à casa da Rua Sergipe jantar com a mãe. "Ela respirava penosamente mal, usava um balão de oxigênio, mantinha o tubo junto a boca, ao nariz, e tomava doses cavalares de morfina. Todos estávamos preocupados, sabíamos que estávamos assistindo aos momentos finais. Mesmo assim conversamos, contei que sua neta Carolina estava a caminho, vi esboçado um débil sorriso." No dia seguinte, segunda-feira, José Luiz estava na faculdade e levou um susto, um funcionário, ele imagina hoje que fosse do banco, ou teria sido uma das empregadas da casa, foi chamá-lo. Correu, cheio de apreensão. "Sabia que ela estava mal, não sabia o quanto." Eram as últimas horas. Neca, ao meio-dia, foi para casa amamentar o filho, Guilherme, e regressou correndo, muito triste. No meio da tarde, Olavo deixou a prefeitura e voltou para casa. Ao vê-lo, Tide perguntou: "O que você está fazendo? Será que estou tão mal que você está aqui?".

Fraca, profundamente debilitada, em meio ao torpor da sedação e instantes de plena consciência, via todos ali. Devia esta compreendendo. O dia terminava, começava a escurecer. Alfredo assistiu à primeira aula da faculdade e retornou rápido. Entravam no quarto, saíam, reuniam-se na sala, em silêncio. Roberto precisou ajudá-la a tomar água. "Estava tão fraca que até beber água era uma dificuldade. Era mais molhar a boca, umedecer os lábios secos. Ela ainda encontrava forças para me perguntar: 'E a faculdade? Como vai?'. Mal ouvia sua voz."

Pouco depois das sete e quarenta, o sol se pondo, anunciava-se uma lua cheia, a família inteira estava em volta, incluindo o irmão dela, Nonô, e a mãe, Alice Azevedo. Tide retirou o tubo de oxigênio com o qual às vezes se debatia, a incomodava.

Minutos depois, partiu.

Todos fizeram uma oração em conjunto. Olavo foi para o quarto que Neca sempre ocupara na casa, reuniu os filhos, chorou. Falou sobre a mãe e concluiu com uma frase que marcou a todos, marcou por toda a vida: "Esta é uma página virada". Mas alguns filhos, o que é natural na emoção do momento, situam esse encontro e sua frase depois do enterro. Os amigos começaram a entrar. José Bonifácio Coutinho Nogueira e Cláudio Lembo, José Carlos Moraes Abreu, diretores do banco, das empresas, seguidos por todo o secretariado e políticos, deputados, familiares. Mais tarde, vieram o governador Paulo Egydio Martins e Lila. O corpo de Tide foi preparado em casa, de onde saiu às dez e vinte da noite para o velório de Vila Mariana.

O velório esteve lotado a noite toda e a nota foi dada por mais de quatrocentas voluntárias, naquela altura coordenadas por Renéia Lembo, que compareceram com seus aventais cor-de-rosa destacando-se da sobriedade do cinza e do preto dos demais. Passaram a noite, seguiram para o cemitério, acompanharam Tide até a campa se fechar. Olavo foi até em casa às seis e trinta da manhã, trocou de roupa, mal tocou no café e regressou com um terno cinza, camisa branca de listras azuis e gravata preta. Preocupava-o o filho Ricardo, que desde o dia anterior se viu tomado por uma crise incontrolável, dominado por um choro convulsivo. A própria imprensa registrou: "Da família Setubal, o prefeito foi o único a conter suas emoções. Visivelmente abatido, demonstrando o mesmo esforço que fazia para conter a dor, Setubal ainda amparou os filhos, principalmente o mais moço".

Às onze horas, após as orações fúnebres feitas pelo cardeal-arce-bispo Dom Paulo Evaristo Arns, o funeral seguiu para o Cemitério da Consolação. Olavo tinha um jazigo no Morumbi, mas preferiu colocar Tide junto aos pais dela, na quadra 43 do terreno 35. Um esquema especial de trânsito foi montado pelo DSV para evitar congestionamentos, deslocando dezesseis batedores e centenas de policiais para orientar o cortejo de 1.500 veículos e quatro mil pessoas. À beira do túmulo, a oração final foi feita pelo amigo, o padre Corbeil, do Colégio Santa Cruz. Presente ainda o arcebispo do Rito Ortodoxo. A família inteira se lembrou do final de "A escolha do caminho" que, no Natal anterior, ela tinha pedido ao genro Ruy Souza e Silva para ler: "O que importa quando a caminhada chegar ao fim, Senhor, é que eu tenha deixado algo atrás de mim, e que as minhas mãos não estejam vazias".

Não houve sessão da Câmara Municipal nessa terça-feira. No dia seguinte, Olavo Setubal compareceu à Prefeitura para o expediente normal.

Capítulo 9
Da Boa Vista para o Ibirapuera – II

A praça é do povo

A demolição do edifício Mendes Caldeira, a que Tide assistira encantada e assustada, era necessária para as obras da estação Sé do metrô e para o projeto de reurbanização do local. A técnica da implosão foi utilizada na demolição de dois outros edifícios da área.

Outros haviam sido demolidos pelos métodos tradicionais antes de Olavo assumir a Prefeitura. Entre eles, estava o histórico edifício Santa Helena, de 1922, famoso por abrigar o ateliê de Francisco Rebollo Gonsales, que atraiu para ali nomes como Aldo Bonadei, Fúlvio Pennacchi, Alfredo Volpi, Clóvis Graciano e outros, que formaram o Grupo Santa Helena. Tudo isso foi necessário para se criar uma grande praça, com 52 mil metros quadrados, projetada para receber grandes eventos e, ironicamente, abrigar obras de arte. Olavo imaginava a nova Praça da Sé como o grande centro de manifestações cívicas, políticas e religiosas da cidade, "como o lugar da procissão, o lugar do comício, o lugar do preito".

"É uma obra que projetamos gigantesca e monumental, pensando em você, morador de São Paulo, lembrando que por ali, pela sua praça-estação da Sé, ainda antes do ano 2000 transitarão diariamente um milhão de paulistanos", disse o prefeito em mensagem ao povo de São Paulo que divulgou na véspera da inauguração da nova praça. Chamou-a de praça-símbolo da democracia, "por incorporar em seu perímetro as fachadas austeras do Palácio que abriga nosso Tribunal de Justiça e seus veneráveis juízes".

No discurso que fez durante a inauguração, no dia 17 de fevereiro de 1978, lembrou o gigantismo da obra – "a maior que já se realizou neste município" –, justificando-a "pela necessidade inadiável de atenuar uma de suas mais dramáticas carências, o transporte de massa, aflição diária das populações de trabalhadores que têm seu emprego em locais distantes de suas moradias". Novamente manifestava a profunda preocupação com a situação dos que diariamente precisavam enfrentar longas distâncias para ganhar a vida. A grandeza da praça sintetizava, dizia Olavo, o objetivo principal de sua administração: "a recuperação da metrópole para o homem".

O piso da nova Praça da Sé era o teto de concreto da estação e, para enfeitá-la, "esmeraram-se os arquitetos e artistas". Para humanizá-la, nela estariam um relógio-relíquia, palmeiras e tipuanas, "tantas quantas foi possível plantar", pequenos lagos e cascatas, e esculturas "criadas pelo talento de nossos artistas". Era, de fato, um espaço de arte, pois na nova Praça da Sé estavam, para serem apreciadas pela população, esculturas de artistas como Bruno Giorgi, Franz Weissmann, Amílcar de Castro, Francisco Stockinger, Mário Cravo Júnior, Felícia Leirner, Caciporé Torres, Sérgio Camargo, Rubem Valentim, Domenico Calabrone, Nicolas Vlavianos, Yutaka Toyota, José Resende, Marcelo Nitsche e Ascânio Monteiro. Talvez essa tenha sido a maneira que Olavo viu de devolver à praça a importância artística que ela tivera nos tempos em que abrigou o Grupo Santa Helena.

Depois de três dias de comemorações, a praça estava suja, canteiros tinham sido pisoteados e destruídos, arbustos, arrancados. Mas Olavo estava feliz ao visitá-la.

"Os incidentes, como a destruição dos canteiros, estavam previstos. O trabalho, agora, será o de recolocar as plantas."

A entrega da praça à população tinha sido um sucesso.

"A repercussão da festa mostra o interesse da população pelas coisas da cidade e endossa, realmente, a conhecida frase de Castro Alves: 'A praça é do povo, como o céu é do condor'. Superou em muito minhas expectativas. Foi espantoso ver que dois milhões de pessoas, desde crianças a velhos, saíram de suas casas e andaram de metrô, com o objetivo de conhecer a praça, uma obra necessária para São Paulo."

Ali estava, a seu ver, o novo símbolo da cidade:

"A praça tem um sentido integrado na vida da população da cidade. Ela é o símbolo da participação popular. Assim como a rua é o símbolo da locomoção e do acesso da população aos seus destinos, que

Prefeito de São Paulo, 1975.

incluem o lazer, a praça é o centro de participação. A Praça da Sé, particularmente, é o símbolo da cidade e de sua tradição especial. É uma área própria para a integração pública."

Olavo tinha muito orgulho daquela obra. Enfrentou problemas para concluí-la, mas, dez anos depois de entregá-la à população, sentiu-se recompensado com a forte impressão de que aquele espaço urbano causara no artista plástico alemão Joachin Schmettau, que se definia como um artista ligado a espaços livres. Schmettau era um dos escultores mais respeitados em seu país e autor de uma famosa escultura/fonte localizada na Breitscheldplatz, marco zero de Berlim. Viera a São Paulo participar de um *workshop* no Museu de Arte Contemporânea e, a convite do jornal *O Estado de S.Paulo*, foi conhecer, sob forte chuva, as principais esculturas distribuídas pela cidade.

O que mais o impressionou foi a Praça da Sé.

Schmettau sacou logo no primeiro olhar que estava num espaço nobre da cidade, descreveu o jornal. *Ele, que se interessa por esculturas e escultores contemporâneos, foi pego de surpresa pela arquitetura. "Belíssimo conjunto. Harmonia perfeita entre a natureza, espelho d'água e as obras, tendo como pano de fundo a catedral. Não gostaria de comentar cada peça em particular." Empolgado, Schmettau já nem desviava das poças d'água – queria passear por toda a praça. De repente mudou sua decisão anterior diante das chapas recortadas e pintadas de vermelho de Franz Weissmann. "Não é novidade, mas é bem solucionada como forma-espaço."*

Achou interessante também a escultura de Bruno Giorgi no meio da fonte. E comparou a Praça da Sé com uma importante avenida de Berlim: "Tudo aqui tem unidade, diálogo e analogia, ao contrário do que acontece em Berlim, onde o governo colocou na Kurfürstendam, principal avenida da cidade, dezenas de esculturas, sem qualquer projeto prévio ou pesquisa junto à população para saber se ela queria ou não conviver com aquelas obras. Tudo isso para comemorar os 750 anos da cidade".

No fim da visita à praça, achou que os paulistanos tiveram sorte. "É muito bonita."

Leitor atento e meticuloso, Olavo não perdeu essa reportagem do jornal. E, como sempre fez com textos que considera importantes para o País, a empresa, os familiares, os amigos e auxiliares, distribuiu a reportagem. Enviou-a para Ernest de Carvalho Mange, que presidira a Emurb durante sua passagem pela Prefeitura. Na mensagem a Mange, à qual anexava a matéria do *Estado*, com cópia para todos os filhos, Olavo escreveu: "Algumas vezes, certos comentários a respeito do que fizemos na Prefeitura são extremamente gratificantes e compensam o esforço e a dedicação que tivemos naquela época, sem falar nos aborrecimentos e incompreensões que enfrentamos".

No grande terreno entre a Rua Vergueiro e a Avenida 23 de Maio remanescente das obras do metrô, ao lado da Estação Vergueiro, a Prefeitura projetou o futuro edifício-sede do Departamento de Bibliotecas Públicas. O projeto, elaborado com a cooperação de arquitetos e biblioteconomistas, previa um centro cultural, o maior da cidade, não apenas com livros, mas com fotografias, fitas e discos, peças às quais o público teria fácil acesso. O centro conteria também espaços para exposições, um museu de folclore, restaurante e auditório para conferências, cursos, ciclos de cinema, concertos e outras manifestações culturais. Verbas foram reservadas para essa obra no último orçamento anual elaborado pela administração Olavo Setubal. O projeto foi executado pela administração que a sucedeu, mas sem a grande biblioteca municipal.

Em outras grandes estações, o prefeito decidiu não interferir de maneira tão nítida no espaço urbano. A construção da Estação República, na linha Leste- Oeste, provocou grande debate, pois, pelo projeto inicial, exigiria a demolição do prédio que abrigava o tradicional Instituto de Educação Caetano de Campos ou a remodelação quase total da praça, com a redução de sua área verde. Por causa da reação dos ex-alunos da escola, o prefeito determinou que o projeto fosse alterado. A solução foi construir a estação em forma de "L", mas as obras exigiram outras demolições na área, como a do antigo Cine República, para a instalação, no local, do canteiro de obras.

Domingo não é dia de descansar?

Ao mesmo tempo que tomava decisões que afetavam o ambiente urbano, alterando-o ou, na medida do possível, o preservando, Olavo colocava em prática medidas administrativas que pareceriam até corriqueiras numa metrópole como São Paulo, mas que tinham grande repercussão na imprensa. Uma dessas medidas, que o prefeito adotou com a finalidade expressa de "humanizar a cidade", foi a assinatura, no segundo semestre de 1975, do decreto proibindo os supermercados de abrir aos domingos.

"A decisão de fechar os supermercados, hipermercados e lojas de departamentos aos domingos envolve interesses comerciais, comunitários e humanos", reconheceu, ao explicar o ato. "No entanto, a primeira lei social da Humanidade previu o descanso dos trabalhadores aos domingos."

Era um problema antigo que se arrastava havia quase dez anos. O tema fora longamente debatido em mesas-redondas e grupos de trabalho, sem que se chegasse a um entendimento. Olavo não queria adiar o problema por mais dez anos. Determinou a seus auxiliares que ouvissem as partes interessadas – Clube dos Lojistas, Sindicato do Comércio Varejista de Gêneros Alimentícios, empresários da área de supermercados, o Sindicato dos Comerciários de São Paulo, especialistas em legislação trabalhista – e, com base nas informações obtidas, tomou a decisão que lhe pareceu a mais sensata.

Surpreendeu-o, entretanto, a reação que uma medida por ele considerada de rotina para um administrador municipal provocou, sobretudo nos jornais. O assunto foi tratado intensa e extensamente pela imprensa, como se na questão da abertura dos supermercados aos domingos estivesse em jogo todo o futuro da cidade e de seus habitantes. Anos depois, Olavo diria que a repercussão desse tema na imprensa e a reação da opinião pública a sua decisão foram desproporcionais a sua importância real. A opinião pública muitas vezes reage de maneira inesperada.

Gastar dinheiro com mato?

A ideia de humanizar a cidade, porém, era forte o bastante para resistir a reações como essa. Como componente essencial da política de "humanização" da cidade, a Prefeitura iniciou um programa inédito de aquisição de grandes áreas que seriam transformadas em parques e áreas de lazer para a população, especialmente na periferia. A compra de parte da Fazenda Nossa Senhora do Carmo, em Itaquera, foi a primeira de uma série de aquisições. Era uma gleba enorme, que tinha pertencido à Ordem Terceira do Carmo e, na época, era propriedade de Oscar Americano, que ali implantara um parque, com uma residência que abrigava muitas obras de arte. A área adquirida foi transformada num parque com 150 hectares para o lazer da população. Nem todos, porém, aceitaram a iniciativa.

"Por que, em vez de gastar dinheiro com mato, o prefeito não asfalta ruas do bairro?", chegaram a queixar-se alguns moradores.

Ao Parque do Carmo, como ficou conhecido, seguiram-se outros, como o Piqueri, no Tatuapé, na antiga chácara dos Matarazzo, com 97 mil metros quadrados; o São Domingos, na região de Pirituba-Perus, com oitenta mil metros quadrados; o Vila dos Remédios, na mesma região, com 110 mil metros quadrados; o Nabuco, no Jabaquara, no caminho para Diadema, com 31 mil metros quadrados; o Jardim da Previdência, na Rodovia Raposo Tavares, com 75 mil metros quadrados; o Raposo Tavares, na mesma rodovia, com trezentos mil metros quadrados; e o Floresta Negra, no Butantã, com 95 mil metros quadrados. Outro parque, o do Jardim São Francisco, na Penha, resultou do aproveitamento da área de um aterro sanitário, uma iniciativa inédita para oferecer novos espaços públicos para o lazer da população da periferia.

Mas o maior de todos foi o Parque Anhanguera, junto ao complexo rodoviário Anhanguera-Bandeirantes, numa área negociada com a União, que confiscara nove milhões de metros quadrados pertencentes ao Grupo J. J. Abdalla, por sonegação de tributos e descumprimento da legislação trabalhista. O proprietário do grupo ficou conhecido como o "mau patrão" e chegou a ser preso. Havia na época débitos e créditos cruzados entre União, Estado de São Paulo e a Prefeitura, alguns envolvendo dívidas do grupo Abdalla. Olavo incumbiu seu secretário dos Negócios Jurídicos, que na época era o vereador licenciado Sampaio Dória, de entrar em contato com o Ministério da Fazenda, chefiado pelo professor Mário Henrique Simonsen, para discutir a possibilidade de a União entregar à Prefeitura as terras confiscadas do Grupo Abdalla, ou parte delas, como forma de compensação de créditos a que a Prefeitura tinha direito.

O respeito recíproco entre Olavo Setubal e Mário Henrique Simonsen facilitou os entendimentos. Deles resultou a criação do maior parque municipal da cidade, que superava em área os do Ibirapuera e do Carmo.

"Interessante como o dr. Olavo Setubal viu naquele quadro nebuloso de ativos e passivos, de créditos e débitos, envolvendo J. J. Abdalla, Prefeitura, União e Estado, a possibilidade de obter para o município uma área gigantesca, para ampliar bem a área verde *per capita* da capital", recordou o ex-vereador Sampaio Dória, trinta anos depois.

A intenção de retirar a sede da administração municipal do Ibirapuera para devolver o parque integralmente aos paulistanos, que manifestara já no primeiro dia de sua gestão quando percorreu as instalações da Prefeitura, começou a tomar forma em novembro de 1975. Como nenhuma empresa privada se apresentara na concorrência para a exploração do Hotel Anhembi – cuja construção fora interrompida alguns anos antes, deixando um esqueleto de concreto na área do Parque Anhembi, onde já estavam em pleno funcionamento o Pavilhão de Exposições e o Centro de Convenções –, Olavo decidiu transferir para lá a sede da Prefeitura. Era uma boa ideia. Abandonava-se o caro projeto do Centro Administrativo Municipal, elaborado pela gestão anterior, para dar um destino ao que, por culpa de outros prefeitos, começava a se transformar num símbolo perfeito da descontinuidade administrativa, do erro de planejamento, do desperdício de dinheiro público. O plano era fazer a mudança em dois anos, mas a falta de recursos forçou a Prefeitura a continuar ainda por muitos anos no Ibirapuera – e a falta de empenho dos gestores seguintes em transferir o esqueleto do Hotel Anhembi para um empreendedor privado disposto a explorá-lo manteve ainda por muito tempo aquele fantasma urbano a assombrar os que passavam pela Marginal do Tietê.

Político, sem perder a racionalidade

A desistência do projeto de mudança da sede da Prefeitura, imposta pelas condições financeiras do município, era uma prova clara de que Olavo não perdera, nem perderia depois, a racionalidade que muitos de seus amigos consideravam cruel. Mas, mesmo mantendo a frieza no momento de tomar decisões difíceis, era visível que o exercício de um cargo público daquela importância lhe impusera mudança de hábitos e lhe trouxera nova visão do mundo político. A perfeita compreensão da natureza política de sua função foi imediata. Tornou-se um político. Quando aceitou o convite de Paulo Egydio para ocupar a Prefeitura paulistana, "assumi uma responsabilidade política muito definida", contou a um jornalista um ano e meio depois de tomar posse no cargo. Tinha consciência, também, de que, naquele momento da história brasileira, São Paulo estava no centro da política nacional.

"O que acontecer aqui nesta cidade se refletirá pelo país inteiro. Assim, o prefeito é evidentemente um homem que tem responsabilidade política muito grande."

Era natural que, tendo essa visão de seu cargo, admitisse continuar na política.

"Se as condições me levarem a permanecer na vida pública, não fugirei nem a sua responsabilidade, nem às lutas que ela implica."

Já incorporara a atividade política como parte da rotina de sua vida de prefeito. Às segundas-feiras de manhã, recebia os deputados estaduais que tivessem algum assunto para despachar com o prefeito. Na segunda-feira seguinte, era a vez dos deputados federais.

Às quartas-feiras, semanalmente, se encontrava com os vereadores paulistanos. Não havia restrição à filiação partidária dos parlamentares. Eram recebidos pela ordem de chegada. Conversavam isoladamente com o prefeito, a portas fechadas, o que lhes dava maior liberdade para expor seus problemas e reivindicações, numa prática que a imprensa chamava de "confessionário". Algumas vezes, o prefeito dizia que não podia atender a todos os pedidos, mas se o vereador os reduzisse para uns poucos, dois ou três, poderia examinar melhor. Só assumia compromissos que podia cumprir.

Os vereadores ouviam, como ouviam todos os que trabalhavam com Olavo Setubal, respostas claras, muitas vezes negativas a seus pedidos. No começo, chegaram a ficar irritados. Mas se acostumaram com o estilo franco de Olavo e, depois de algum tempo, não se queixavam mais das respostas negativas. O prefeito sempre lhes expunha as razões pelas quais não podia atender a todos os pedidos. Quando possível, atendia a um ou outro. E os vereadores saíam satisfeitos do encontro. Afinal, mesmo não tendo seus pedidos atendidos, podiam explicar a seus eleitores – "as bases", como diziam – que haviam feito o possível.

Se algum vereador levasse uma sugestão concreta que, na sua rápida avaliação, beneficiava a população, Olavo a acatava prontamente. E quando o vereador insistia em discuti-la, Olavo o interrompia, como o vereador João Brasil Vita testemunhou algumas vezes, para dizer: "Não precisa discutir nem justificar nada. Estou convencido de que isto é bom para a cidade e por isso aceito a ideia".

E tratava de colocar a ideia em prática.

Seus contatos com os vereadores eram facilitados por seu líder na Câmara Municipal. O vereador Alfredo Martins exerceu essa função durante o primeiro ano da gestão Setubal. Seus companheiros de bancada, porém, o vinham criticando no plenário e nos corredores do Palácio Anchieta, sede do Legislativo municipal, porque, segundo diziam, Martins se omitia na defesa dos interesses dos vereadores junto ao prefeito. O presidente da Casa, vereador Sampaio Dória, dizia-se preocupado com o processo de desagregação da bancada situacionista e passou a agir para encontrar uma solução que permitisse superar as divergências e evitar que a administração Setubal fosse afetada por isso. Ao final de uma sessão tensa, realizada no dia 20 de fevereiro de 1976, os vereadores da Arena decidiram, após consultas telefônicas ao prefeito feitas por Sampaio Dória, destituir Alfredo Martins e substituí-lo por João Brasil Vita.

Brasil Vita era um antigo amigo de Olavo, tinham sido contemporâneos no Ginásio do Carmo. Vita formou-se lá em 1939, um ano depois de Olavo. Foi estudar na Faculdade de Direito do Largo de São Francisco. Advogado criminalista de renome, tornara-se também político, já exercera vários mandatos de vereador na capital e agora era o líder do amigo na Câmara Municipal.

Com a oposição, mantinha uma relação de respeito. O hoje ministro do Superior Tribunal Militar e na época líder da bancada do MDB na Câmara Municipal de São Paulo, Flávio Bierrenbach, recorda:

"Quando estava para deixar a vereança para assumir o mandato de deputado federal, perguntaram-me qual tinha sido, a meu ver, o maior mérito do prefeito durante o período em que exerci a liderança. Disse que foi ter tido uma relação institucional correta com a Câmara. Isso nunca mais aconteceu em São Paulo, porque todos os prefeitos a partir de então trataram de dominar a Câmara, assim como os governadores passaram a dominar as Assembleias Legislativas e os presidentes, o Congresso Nacional, com um expediente ou outro".

Tendo acumulado experiência de contato com a população nas muitas visitas administrativas a obras e estabelecido diálogos frequentes com políticos dos dois partidos e de diferentes níveis, Olavo passou, com naturalidade, a comparecer a atos de natureza essencialmente política. Num domingo de junho de 1976, pela primeira vez desde que assumira a Prefeitura, não participou do almoço com a família na Rua Sergipe. Decidiu trocar a tranquilidade e o conforto de sua casa em Higienópolis para almoçar na casa de um líder político da Vila Maria, de nome Serrano. Era um compromisso necessário para fazer de Serrano um importante cabo eleitoral de seu candidato a vereador, Sampaio Dória, que pleiteava a re-eleição. As eleições municipais seriam realizadas dali a cinco meses, e as pesquisas indicavam a existência de trinta por cento de eleitores que ainda não haviam escolhido seu candidato. Era preciso conquistar essa fatia para os candidatos que apoiavam sua administração.

"Numa eleição – justificava –, o prefeito precisa defender as obras realizadas pela administração e dar cobertura, ao mesmo tempo, ao político que ajudou a sua obra."

Golbery, homem difícil

Não aceitava interferências em seu trabalho, nem mesmo quando elas partiam de Brasília. Seu relacionamento com uma autoridade destacada do governo federal, o chefe da Casa Civil, o general da reserva Golbery do Couto e Silva, não era nada tranquilo. Logo no início de sua gestão, em 1975, o governador Paulo Egydio tentou estabelecer um bom relacionamento com a equipe do presidente Ernesto Geisel, em particular com seu ministro mais importante, que era justamente Golbery. Enviou a Brasília seu vice-governador Manoel Gonçalves Ferreira Filho, o prefeito Olavo Setubal e todo o secretariado estadual, para um encontro formal no Palácio do Planalto com o general Golbery. Não foi um encontro amigável. Golbery recebeu os membros do governo de São Paulo de pé, mal cumprimentou os visitantes e os dispensou em pouco tempo.

Olavo fazia seu trabalho sem se preocupar com o que pudesse pensar dele o ministro Golbery do Couto e Silva. Estava no segundo ano de seu mandato quando ficou pronta a avenida que liga a Avenida Santo Amaro à Marginal do Rio Pinheiros, obra iniciada na gestão anterior. Pela legislação municipal, o prefeito não podia mudar nomes de ruas, mas podia dar nome às que ainda não o tivessem. Fazia pouco tempo que falecera o ex-presidente Juscelino Kubitschek, em desastre de automóvel na Via Dutra. Para homenageá-lo, Olavo decidiu dar seu nome à nova avenida, mesmo sabendo que Juscelino era malvisto pelo regime militar, que cassara seus direitos políticos. O prefeito do Rio de Janeiro, Marcos Tamoio, viu nos jornais o que Olavo fizera e quis prestar homenagem idêntica em sua cidade. Telefonou para o general Golbery, pedindo sua autorização, mas ouviu um "não". Ainda tentou argumentar: "Mas como é que o Olavo Setubal pode fazer?".

A resposta de Golbery: "Ele não me perguntou".

Não foi a primeira manifestação de desagrado do general Golbery com relação a atitudes de Olavo Setubal. Por meio de seus agentes, o chefe da Casa Civil ficou sabendo que, numa palestra pronunciada em

Milão sobre o desenvolvimento do teatro brasileiro, o secretário municipal da Cultura, Sábato Magaldi, fizera referências à peça *Abajur lilás*, de Plínio Marcos, nome maldito para a ditadura militar.

Isso irritou Golbery, que em correspondência ao governador Paulo Egydio o advertia de que o secretário Sábato Magaldi tinha desrespeitado o Exército Brasileiro e exigia providências. Paulo Egydio enviou a correspondência a Olavo, que, inicialmente, argumentou que Magaldi viajara à Itália por insistência do Itamaraty, isto é, do governo federal. Depois, com racionalidade politécnica, mostrou que o trecho que tanto irritara o general Golbery correspondia a apenas umas poucas linhas de uma conferência de várias páginas e cuja leitura integral consumira quase duas horas. Além do mais, a palestra fora acompanhada por menos de quarenta pessoas – entre as quais seguramente um agente dos órgãos de informação do governo federal, como Olavo constatava agora. Não havia, pois, argumentava, problema maior nesse episódio. Em resumo, não entregaria a cabeça de Sábato Magaldi, como queria Golbery. E não entregou, o que fez crescer a irritação do general, que só esperava o momento adequado para dar o troco, sem criar um problema político mais sério. Golbery só reagiria algum tempo depois, no episódio da sucessão de Paulo Egydio no governo de São Paulo (veja adiante).

"Banco por banco, fico com o Itaú"

Por essa época chegou a ser noticiado que Olavo Setubal fora convidado pelo então ministro da Fazenda (e futuro ministro do Planejamento), Mário Henrique Simonsen – com quem Olavo sempre se entendeu muito bem –, e por seu sucessor indicado, Karlos Rischbieter, para ocupar a presidência do Banco Central. "É verdade?", perguntou-lhe a repórter Inês Camargo, do jornal *O Estado de S.Paulo*, quando Olavo visitava a obra de uma passarela perto da fábrica da São Paulo Alpargatas, na Zona Leste.

"Banco por banco, volto para o Itaú", respondeu Olavo.

Golbery, que continuava na chefia da Casa Civil do governo federal e não gostava de Olavo, deve ter detestado ler isso.

Dias depois, após ter se reunido em Brasília justamente com Simonsen e Rischbieter – apenas "para conversar sobre assuntos econômico-financeiros", como procurou justificar –, os jornalistas voltaram a perguntar se rejeitara o convite para a presidência do Banco Central. Sua resposta:

"Convite só se aceita ou recusa a quem o faz".

Insistentes, os repórteres lhe perguntaram se confirmava ter dito "banco por banco, fico com o meu". Olavo apenas sorriu.

Em carta de natureza privada, datada de 8 de janeiro de 1979, que enviou ao presidente eleito João Figueiredo, Olavo se disse "extremamente honrado pelo convite que me foi transmitido pelo dr. Karlos Rischbieter para assumir, no governo de Vossa Excelência, a presidência do Banco Central do Brasil". Mas, afirmando que a função "exige muito mais qualificações especializadas do que disposição para um desempenho fundamentado na atuação administrativa", dizia-se não se sentir "adequado para dar ao governo de Vossa Excelência toda a colaboração que precisará receber do titular de tão relevante posto".

Cara feia, não

Afável, mantendo sua timidez mesmo depois de ter adquirido experiência e traquejo no exercício de uma função política que o obrigava a manter contatos frequentes com pessoas de diferentes níveis sociais e culturais, Olavo dialogava com quem quisesse dialogar. Mas tinha plena consciência de sua autoridade – e a exercia, com coragem.

"Todo governante que quer mudar o *status quo* tem que enfrentar interesses arraigados. Se assumi a responsabilidade de prefeito é porque eu tinha a coragem necessária para enfrentar esse problema."

Não se assustava com as reações nem resistências que via pela frente: "O homem público que tiver medo da primeira reação e procurar governar sempre seguindo a primeira reação não vai à parte nenhuma. No fim, ele vai acabar destruído pela sua incapacidade de ação em todos os campos".

Essa compreensão da responsabilidade da autoridade pública e de exercício do poder Olavo deixou clara na prática durante encontro com professores em greve em junho de 1979, quando já não precisava se indispor com ninguém, pois aguardava apenas a formalização do nome de seu sucessor para deixar o cargo.

Aceitou receber em seu gabinete uma comissão formada por doze professores que lhe apresentaria as reivindicações. Aparentava bom humor ao receber os grevistas. Cinco deles, com o vereador João Aparecido de Paula, sentaram-se à mesa da qual ele ocupava a cabeceira; os demais ocuparam cadeiras ao lado. Seis minutos depois de iniciada a reunião e tendo o representante dos professores lido um manifesto, no qual se reivindicava a não-reposição das aulas, a suspensão do desconto das faltas não justificadas e o arquivamento dos processos administrativos contra doze grevistas, o prefeito perguntou: "Em que esse documento leva em conta o aluno?".

Um dos membros da comissão, o professor Benedito Testa, assessor da Associação dos Professores do Ensino Oficial do Estado de São Paulo (Apeoesp), levantando-se, perguntou ao prefeito:

– O senhor está questionando nossa função de educadores?

– Estou! – respondeu Olavo Setubal, também se levantando.

Benedito disse então:

– Desse modo, não vamos continuar o diálogo.

Imediatamente, batendo na mesa, como sempre fazia quando encerrava uma reunião, Olavo disse:

– Está cancelado o diálogo.

Apontando para a porta, determinou então que seu interlocutor deixasse a sala:

– Eu sou o prefeito e estou mandando que o senhor se retire de minha sala.

Aos demais disse que, se quisessem, poderiam continuar o diálogo. Alguns professores ameaçaram seguir o companheiro expulso da sala, mas acabaram ficando.

O prefeito compreendia o problema dos professores, mas não podia deixar de cumprir o que determinava a lei. Se erros existissem no sistema de cálculo de pagamentos e dos descontos, prometia corrigi-los. Mas insistiu: "O aluno não pode ser prejudicado".

Foi essa ideia-chave, de dar atenção prioritária ao aluno, que serviu de parâmetro para a realização, em outubro de 1977, do Censo Escolar Municipal, que não era feito desde 1934. Cruzando os resultados do Censo com dados das matrículas nas 280 seções em que foi dividida a cidade, tanto nas escolas municipais como nas estaduais e nas particulares, a Prefeitura elaborou uma listagem das crianças não matriculadas. Foram enviadas cartas aos pais para que eles fizessem a matrícula dos filhos e, nos casos em que nem cartas resolviam, foram feitas visitas. O resultado foi que, em 1979, além das crianças matriculadas espontaneamente, a rede municipal contou com mais 45 mil alunos.

Mesmo sem ser, na época, uma obrigação legal do município, a pré-escola era uma exigência da sociedade a que a Prefeitura atendeu. Antes, apenas famílias de mais recursos podiam matricular suas crianças na pré-escola, mas as que mais necessitavam dessa modalidade de ensino eram justamente as crianças de famílias pobres, "que não encontram, no ambiente em que vivem, os estímulos necessários ao seu desenvolvimento intelectual, à sua preparação para a vida escolar", como justificou então o prefeito.

"O monstro não me devorou"

Educação, saúde, vias públicas, sistema de ônibus, metrô, saneamento e combate a enchentes, equilíbrio das finanças municipais, ocupação e uso do solo e, sobretudo, qualidade de vida da população foram temas a que Olavo se dedicou por mais de quatro anos. No entanto, já prestes a transferir o cargo a seu sucessor, reconhecia com realismo que não conseguira resolver todos os problemas da cidade, pois isso exigiria o trabalho de várias gestões. Afinal, dizia, "o maior problema da cidade é ela mesma, suas dimensões, sua infraestrutura (precária) e também o fato de ter uma sociedade mais exigente". Mas parecia tranquilo e satisfeito ao dizer a um jornalista que, depois de quatro anos à frente da Prefeitura, conseguira "dominar esse monstro que é São Paulo e conduzi-lo". O monstro, completava, "não me devorou, eu o segurei". Foi gratificante "realizar muita coisa e lançar sementes importantes para o futuro da cidade".

Sim, a cidade podia esperar um futuro melhor. Mas, e Olavo Egydio Setubal, que futuro tinha?

Por seu trabalho na Prefeitura, pelas qualidades políticas que revelara no cargo, tornara-se, naturalmente, um forte candidato à sucessão de Paulo Egydio. Embora não fizesse comentários diretos sobre isso, Olavo reconhecia a importância da experiência na Prefeitura: "Ser prefeito de São Paulo é um desafio gigantesco, porque o prefeito é o homem de quem tudo se espera".

Não se considerava "puro demais" – expressão em cujo significado se embutia a ideia de ingenuidade – para a política, pois a contraposição entre pureza e política resultava de um enfoque equivocado: "Eu não engano a população. Quando eu chego e digo que para resolver os problemas das enchentes nós precisamos trabalhar e investir ao longo de dez ou vinte anos, com quantias gigantescas de vinte ou trinta bilhões, a meu ver estou sendo político e realista. Não é através da prestidigitação ou através de fantasmas, de transferências de culpas ou de responsabilidades que esses problemas serão resolvidos".

O troco de Golbery

No início de janeiro de 1978, com a confirmação do nome do general João Baptista de Oliveira Figueiredo para a sucessão do presidente Ernesto Geisel, começou o processo sucessório em São Paulo (o futuro presidente e os futuros governadores tomariam posse na mesma época) e Olavo Setubal era sempre citado como um candidato com grandes chances de ser escolhido.

Não era, porém, um processo simples. Havia outros interessados no cargo de governador do Estado de São Paulo, entre os quais alguns secretários do governo Paulo Egydio, como Rafael Baldacci Filho, do

293

Interior, e Murilo Macedo, da Fazenda. O ex-ministro da Fazenda do governo Médici, Antônio Delfim Netto, estava deixando o posto de embaixador do Brasil em Paris para também se apresentar como postulante ao governo de São Paulo. O ex-governador Laudo Natel queria voltar ao cargo pela terceira vez e era considerado um candidato forte, por causa de sua proximidade com o futuro presidente João Figueiredo. Como coronel, Figueiredo comandou a Força Pública de São Paulo quando Natel foi governador pela primeira vez, de junho de 1966 a março de 1967, em substituição a Adhemar de Barros, cassado pelo governo militar (na segunda vez, Natel exerceu o mandato completo, de março de 1971 a março de 1975).

Quando seu nome começou a surgir com mais força no noticiário, Olavo reconheceu publicamente sua candidatura. Chegou a admitir que, por exigência da legislação eleitoral, que determinava sua desincompatibilização, deixaria a Prefeitura em 31 de maio de 1978 caso fosse escolhido o candidato oficial ao governo do Estado. Nas vésperas do anúncio do nome escolhido por Brasília – o processo era todo conduzido de lá –, cresceram os rumores de que o futuro governador era mesmo Olavo Setubal.

Era o nome que o governador Paulo Egydio considerava o melhor para sua sucessão. Olavo demonstrara também no setor público grande competência administrativa. Sabia lidar com os políticos, mas não tinha os vícios que marcavam algumas das principais figuras do partido governista citadas como prováveis sucessores. Não era um político que adorava holofotes, que vivia a falar de sua competência ou de suas realizações.

"Nós púnhamos ovos, mas não cacarejávamos", descreveu muitos anos depois o ex-governador Paulo Egydio.

Paulo Egydio apresentou argumentos como esses ao presidente Ernesto Geisel – que não abriu mão do papel de condutor da escolha de seu sucessor e do processo sucessório nos Estados – numa reunião realizada na Granja do Riacho Fundo (então, a residência presidencial), num domingo, dia 9 de abril, e à qual estava presente o chefe da Casa Militar, general Gustavo de Moraes Rego Reis. Geisel ouviu os argu-

Olavo inaugurando o Hospital Tide Setubal, em 1978.

mentos, pareceu ter concordado com eles, mas, fiel a seu estilo, não disse sim nem não.

Paulo Egydio retornou ao Hotel Nacional, onde se hospedava, sem esconder seu estado de ânimo: estava muito satisfeito. Com companheiros políticos, entre eles o presidente da Arena em São Paulo, Cláudio Lembo, o secretário do Interior Rafael Baldacci e o deputado federal Cantídio Sampaio, comentou: "Saí do encontro reconfortado porque encontrei o mesmo presidente Geisel, que é meu amigo há catorze anos e que, mais uma vez, não me decepcionará".

Algum tempo depois, ainda no hotel, recebeu um telefonema do general Moraes Rego, que lhe disse que o "Alemão" – era assim que alguns auxiliares se referiam a Geisel, na ausência deste – aparentava às vezes certa vacilação, mas aceitara os argumentos em favor de Olavo Setubal.

"A reunião foi maravilhosa", disse Moraes Rego. "Volte para São Paulo, prepare uma enxurrada de telegramas de congratulações pela escolha, compre rojões e solte por todo o interior, porque o anúncio (da escolha de Olavo como novo governador) será feito em três dias."

Quando regressou a São Paulo, Paulo Egydio foi recebido por seu secretariado, que esperava a confirmação da boa novidade. Afrânio de Oliveira, que presidira a Caixa Econômica do Estado de São Paulo e na época chefiava a Casa Civil no Palácio dos Bandeirantes, divulgara a notícia entre os correligionários.

Na capital federal, Geisel entendeu que chegara a hora de acertar com seu sucessor Figueiredo o caso de São Paulo. Já havia acertado o de outros Estados e deixara este para o fim, por causa das dificuldades em se entender com Figueiredo. O candidato da preferência de Geisel era Olavo Setubal, "um homem de muito valor, tinha sido muito bom prefeito", como o ex-presidente reconheceu em suas memórias. Mas o general Golbery vivia lhe dizendo que Figueiredo queria Laudo Natel. Ele dizia a Golbery: "Não é possível".

Eis como, em suas memórias, Geisel relata a conversa que teve com Figueiredo:

> Afinal chamei o Figueiredo e disse-lhe: "Temos de resolver agora quem a Arena vai indicar para governador de São Paulo". Disse ele: "Tem que ser o Natel. Ele tem muito prestígio político, já foi governador...". Respondi: "Pois é, já foi governador duas vezes. O prestígio dele vem do futebol. Ele é líder do São Paulo, mas foi um governador medíocre". Figueiredo: "Mas ele é meu amigo e tem apoio". E ficamos numa discussão desagradável. Acrescentei: "Figueiredo, você não está vendo que está menosprezando e ofendendo os paulistas? (...) Você quer comparar o Natel com o Olavo Setubal?". Ele insistiu, e afinal concluí: "Olha, quem vai governar o País é você, quem vai viver com o governador de São Paulo é você, eu não tenho mais nada com isso. (...) Bota o Natel".

Dois dias depois da conversa com Geisel sobre sua sucessão, Paulo Egydio recebeu em sua casa, à noite, um telefonema do general Moraes Rego: "Paulo, preciso conversar com você. Estou indo a São Paulo amanhã cedo, chego por volta das seis ou sete horas, vou direto para sua casa. Fatos novos ocorreram".

A conversa com Moraes Rego foi na sala da confortável residência particular de Paulo Egydio, no bairro do Morumbi.

"O presidente me pediu para comunicar a você que, infelizmente, o Olavo não será indicado", disse o general.

Moraes Rego explicou a Paulo Egydio que, antes da conversa com Figueiredo, Geisel tivera outra com o general Golbery do Couto e Silva. Golbery recordara fatos ocorridos na sucessão anterior. Ao concordar com a escolha de Geisel para sucedê-lo, o general Emílio Garrastazu Médici quis colocar seu ministro da Fazenda, Antônio Delfim Netto, no governo de São Paulo. Mas Geisel argumentou que precisava ter um homem de sua confiança no principal Estado da Federação e esse homem era Paulo Egydio Martins. Médici concordou com a argumentação de Geisel. Episódio semelhante ocorria na sucessão de Geisel. O sucessor escolhido, João Figueiredo, que contava com a inteira aprovação de Golbery, também queria escolher o governador de São Paulo. Sua preferência não coincidia com a de Paulo Egydio – nem de Geisel –, e não era possível que a preferência de um governador em fim de mandato se sobrepusesse à de um presidente da República prestes a iniciar o mandato.

Golbery, enfim, encontrava a oportunidade para dar o troco ao prefeito de São Paulo oferecendo argumentos para fortalecer a escolha de Figueiredo e, assim, estimular o veto à indicação de Olavo para o governo paulista.

Para Olavo, era assunto encerrado. Era uma página virada. Não havia mais nada a ser debatido sobre a sucessão em São Paulo. Diante da insistência dos jornalistas em ouvir sua opinião sobre o episódio, respondeu com bom humor: "O que vocês querem, como dizia o velho Adhemar (de Barros, político populista que governara São Paulo), é tirar suco de bola de taco".

Laudo Natel foi o nome que, por imposição de Brasília, a direção da Arena em São Paulo submeteu à convenção regional do partido para concorrer ao governo do Estado em eleição indireta pela Assembleia Legislativa.

(Aproveitando as circunstâncias em que a candidatura Natel fora imposta à convenção, Paulo Salim Maluf também se apresentou ao partido e, valendo-se dos atributos que possuía, venceu a disputa. Em seguida, foi eleito pela Assembleia, onde seu partido era majoritário, para suceder Paulo Egydio Martins no governo do Estado de São Paulo.)

Olavo tinha explicações muito frias para o episódio. Numa entrevista que concedeu em julho de 1979, nas vésperas de deixar o cargo de prefeito, disse: "Eu nunca fiquei deslumbrado pelo sucesso político. Mesmo no momento em que meu nome estava muito cogitado para ser governador de São Paulo, eu via com clareza as dificuldades e as limitações que tinha, as chances que tinha de ser escolhido, e porque tinha clara visão dessa situação não fiquei frustrado. Isso está muito ligado a uma característica de minha personalidade: eu analiso as situações de cabeça fria e as frustrações vêm das ilusões".

(Quase três décadas depois, num dos vários depoimentos para sua biografia, Olavo repetiria essa explicação, mas a ela acrescentaria o papel de Golbery no episódio da escolha do sucessor de Paulo Egydio.

"Eu nunca acreditei que ia ser governador de São Paulo. Intimamente, portanto, o fato de não ter sido escolhido não me causou o menor trauma. Eu sempre achei que as forças políticas não me escolheriam. E, realmente, o ministro Golbery vetou frontalmente meu nome, dizendo que não podia dar posição política e econômica para o mesmo homem. Ele não queria que eu tivesse posição importante em São Paulo.")

Fica, não fica...

Entre fevereiro e março de 1979, já formalmente resolvida a questão sucessória no Estado, com a eleição de Paulo Maluf, e quando Paulo Egydio estava prestes a encerrar seu mandato, políticos da oposição levantaram a tese de que Olavo deveria deixar o cargo no momento em que quem o indicara concluísse o mandato, isto é, em 15 de março. Esse era o entendimento, por exemplo, do senador Mauro Benevides (MDB-CE), autor de uma emenda que restabelecia a autonomia das capitais.

Em São Paulo, a oposição – que queria a definição rápida do Congresso sobre a emenda Benevides, o que poderia resultar na convocação de eleição direta do sucessor de Olavo – não aceitava votar a indicação do nome que o futuro governador, Paulo Maluf, já havia escolhido para o cargo, o do engenheiro Reynaldo Emigdio de Barros. O MDB, o partido oposicionista, tinha força suficiente para agir desse modo. Dos 79 deputados estaduais eleitos no ano anterior, 53 formavam sua bancada, cabendo ao partido governista, a Arena, apenas 26, menos da metade.

Olavo já tinha decidido que permaneceria no cargo até a escolha de seu sucessor e tornara pública a decisão.

"O próximo dia 15 (de março, quando se iniciaria o mandato do novo governador de São Paulo) é um dia igual aos demais. Vou assistir à cerimônia de posse do governador Paulo Salim Maluf e, em seguida, terei diversas reuniões. Minha agenda está lotada, há muito trabalho em andamento na Prefeitura."

Diante da dificuldade de Maluf para obter a aprovação da Assembleia Legislativa ao nome que escolhera para a Prefeitura, a direção nacional da Arena chegou a admitir a possibilidade de Olavo continuar no cargo. Depois de uma reunião com os principais dirigentes partidários, o futuro ministro da Justiça, senador Petrônio Portela, disse que a permanência de Olavo no cargo era "jurídica e politicamente válida, para evitar impasse entre o governo de São Paulo e a Assembleia Legislativa". Curiosamente, nem o MDB, que retardava a votação do nome do sucessor de Olavo na Prefeitura, rejeitava essa hipótese. O partido, justificou o senador Franco Montoro, não se opunha a nomes, mas apenas defendia o princípio da eleição direta nas capitais.

Foi no início de maio, quando ainda não havia definição sobre como ficaria a administração municipal, que a cidade enfrentou a greve de cobradores e motoristas de ônibus por aumento de salário. O País ainda vivia sob o regime militar, não estava acostumado a greves. Olavo entendia as razões dos grevistas, mas não aceitava discutir sobre bases irreais, que onerassem excessivamente a Prefeitura, os usuários ou as empresas. Racional, como sempre, só aceitava discutir com os grevistas em termos realistas.

"Nós estamos num processo democrático de negociação de salários e não podemos imaginar que a democracia possa prometer algo acima da realidade. Não adianta imaginarmos que, através de decretos, artifícios ou qualquer outra forma de ação, podemos chegar a aumentos elevados de salários sem que os custos venham a ser distribuídos e pagos por toda a comunidade."

Nem mesmo nos momentos críticos como aquele deixava de lado sua lógica administrativa ou seu senso de justiça social: "O preço da greve é incalculável, mas elevar a tarifa na proporção necessária para pagar o aumento reivindicado pelos grevistas seria um despropósito que esmagaria a economia popular".

Foi assim que negociou até o fim da greve.

Finalmente, no dia 22 de junho de 1979, o governador Paulo Maluf enviou à Assembleia a mensagem indicando Reynaldo de Barros para a Prefeitura de São Paulo.

No dia 29 de junho, já certo de que deixaria o cargo, Olavo participou pela última vez da cerimônia mensal de hasteamento das bandeiras no Ibirapuera. Depois do Hino Nacional, ouviu-se a "Valsa da despedida". Centenas de estudantes que assistiam à cerimônia acenaram com lenços brancos. Olavo emocionou-se: "É uma cerimônia que sempre me sensibilizou. Hoje, pela última vez, presido essa solenidade e me despeço das crianças do ensino municipal, a quem dediquei um esforço muito grande ao longo dos últimos quatro anos, quando conseguimos aumentar de duzentos mil para quinhentos mil o número de escolares na rede de ensino da Prefeitura".

Aprovada a indicação de Reynaldo de Barros, sua posse foi marcada para o dia 12 de julho, quase quatro meses depois da posse do novo governador. Na véspera do dia em que deixaria o cargo, Olavo acordou bem-humorado, pois imaginava que o dia seria tranquilo, provavelmente um dos mais tranquilos que teria desde que, mais de quatro anos antes, assumira a Prefeitura. Ainda à mesa posta com o café-da-manhã simples que tomava em sua casa na Rua Sergipe, basicamente meia xícara de café com leite, passou os olhos na agenda do dia e comentou: "Hoje não tem problema, vai ser simples".

Saiu de casa pouco depois das oito e meia da manhã, acompanhado de seu ajudante-de-ordens. Em seu gabinete, concedeu entrevista para uma equipe de jornalistas da *Folha de S.Paulo*, que lhe tomou uma hora e meia. Chegou a se emocionar em vários momentos da conversa com os jornalistas. Não aceitou para si a qualificação de "tecnocrata que deu certo" que um dos entrevistadores quis lhe atribuir, e explicou as razões:

"Quando entrei, queria ser apenas um bom prefeito. E tinha certeza de que poderia sê-lo, embora reconheça que a grande maioria da população me encarasse apenas com um banqueiro e uma incógnita como administrador. Mas não sou apenas um banqueiro. Minha formação foi multifacetada. Sou engenheiro por vocação – e acho que ser engenheiro é importante para administrar São Paulo. Com minha família, tive uma formação humanista e convivi com inúmeros homens públicos. Fui chefe de indústria e essa experiência de dirigir grupos heterogêneos também me ajudou".

Depois da entrevista, visitou as Secretarias de Vias Públicas, de Higiene e Saúde e de Negócios Jurídicos. Foi aplaudido em alguns momentos, recebeu cumprimentos de funcionários em outros, ouviu uma última exposição do secretário de Higiene e Saúde, Fernando Proença de Gouvêa, sobre realizações da Prefeitura em sua área.

Para quebrar a rotina dos últimos anos, não almoçou com políticos. Acompanhado de assessores e jornalistas, almoçou no restaurante do Parque do Ibirapuera. A refeição se resumiu a um sanduíche chamado "Ibirapuera", de presunto, queijo empanado e ovo.

De volta ao gabinete, assinou as portarias de exoneração de seus secretários, retirou da mesa as fotos de sua mulher, Tide, e dos filhos e recolheu os objetos pessoais. Deixou sobre a mesa os quatro volumes do orçamento do município e um exemplar de "São Paulo: a cidade, o habitante, a administração", um balanço de sua gestão. Achou que seriam úteis para seu sucessor.

À tarde, foi se despedir dos juízes do Tribunal de Contas do Município. Depois, visitou a Câmara Municipal para agradecer o apoio que teve dos vereadores ao longo de sua gestão.

Por volta das quatro horas da tarde, percorreu a pé os calçadões centrais por ele criados. Um grande número de pessoas se juntou nas Ruas Barão de Itapetininga, 24 de Maio e Dom José de Barros. Elas queriam abraçá-lo, pediam-lhe que ficasse na Prefeitura. Olavo ouviu discursos de improviso, recebeu cumprimentos e, como registrou o jornal *Folha de S.Paulo*, percebeu que era um homem querido. Em alguns momentos, não conteve as lágrimas. De um transeunte ouviu: "Muito obrigado, prefeito, porque São Paulo não é mais aquela cidade antiga, mas a cidade do nosso coração".

Cumprira o que prometera no discurso de posse, tornar São Paulo mais humana. As lágrimas ameaçaram voltar. Achou melhor sair dali. Entrou no carro e voltou para casa. O dia não foi tão simples como imaginara de manhã.

"Que ar solene é esse, Zé Luiz?"

No dia 12 de julho, os convidados começaram a chegar cedo ao Palácio dos Bandeirantes. Às oito e meia já estavam lá delegações de diretórios da Arena vindas do interior. Os políticos estavam excitados. Não queriam ficar de fora da festa de posse que só começaria quase duas horas depois.

Olavo, ao contrário desses políticos que chegaram cedo ao Palácio, estava tão tranquilo, que só desceu para o café – a meia xícara de café com leite, sem tocar no pão – às nove horas da manhã. Pouco antes, às oito e quarenta, preocupado com o risco de o pai perder a hora, coisa que nunca acontecera, Alfredo batera na porta de seu quarto. "Estava tudo bem", disse ao assustado Alfredo. À mesa do café, brincou com José Luiz, outro filho: "Que ar solene é esse, Zé Luiz, de colete? Está todo mundo aqui com roupa e cara de velório".

Saiu de casa às nove e quarenta, indo direto para o Palácio dos Bandeirantes.

Como era de seu estilo, o governador Paulo Maluf transformou a solenidade de posse de Reynaldo de Barros num *happening*. No auditório do Palácio dos Bandeirantes, soldados dos Dragões da Independência formavam um corredor por onde passariam as autoridades. Maluf à frente, com a esposa, acenando para todos os lados e com o sorriso aberto, o prefeito a ser empossado e o que deixava o cargo, o cardeal dom Paulo Evaristo Arns. Ocuparam a mesa de acordo com a ordem estabelecida pelo protocolo. Atrás das autoridades se sentaram as esposas. Uma cadeira ficou vazia, a de Tide Setubal.

No discurso de despedida, que começou exatamente às dez horas e trinta e sete minutos, Olavo explicou por que aceitara o cargo: "Fascinavam-me os imensos desafios da gestão de um dos maiores aglomerados urbanos do mundo, pleno de dinamismo, desejoso de progresso, mas também fragmentado por contrastes inaceitáveis e desbalanceado por vastas áreas carentes reivindicando melhores condições de vida".

Aí estava novamente sua preocupação com as imensas desigualdades dentro da cidade e com as dificuldades de parte da população. Como no discurso de posse, lembrou-se do pai: "Creio que meu afeto por esta cidade foi herdado de meu pai".

Conter "o processo de deterioração urbana que afligia São Paulo" foi a tarefa a que se dedicou na Prefeitura. A ação municipal foi concentrada em quatro áreas: transportes coletivos, saneamento básico, habitação popular e melhoramentos de caráter social.

Num pronunciamento técnico, de balanço da gestão, de agradecimento aos que o apoiaram ou auxiliaram – na área política, fez questão de destacar o reconhecimento ao governador Paulo Egydio Martins –, acrescentou uma referência que emocionou os presentes: "Permitam-me que assinale, em primeiro lugar na hierarquia de meus sentimentos, um preito de saudade à esposa carinhosa de quem recebi sempre inestimável apoio, até que os desígnios de Deus dela me privaram em meio à minha jornada de prefeito".

Ficou emocionado quando leu esse trecho do discurso. O público aplaudiu. Aplaudia Tide.

Terminada a cerimônia, às onze e meia, Reynaldo de Barros o acompanhou até a entrada principal do Palácio. Olavo saiu de lá às onze horas e quarenta e um minutos, de volta para casa na Rua Sergipe.

Ao chegar de volta a casa, foi recebido, nas escadarias, por um coral de funcionários municipais, que cantou três músicas folclóricas para ele. Olavo ouviu, aprumou-se, agradeceu a cada membro do coral, entrou respirando fundo.

Sentia-se mais leve, mais solto, mais livre. Tão livre que, pouco depois, não era nem uma hora da tarde ainda, estava deixando a casa, com um largo sorriso no rosto. Não esperou para ouvir recomendações da governanta, Elizabeth, que trabalhava na casa fazia um ano e meio. Ela queria lhe dizer que não ficasse triste, pois, sendo "um homem honesto, inteligente e trabalhador", teria outro cargo público.

Olavo não vestia mais o terno escuro, a camisa social azul-clara nem a gravata sóbria de todos os dias. Vestia camisa esporte de bolinhas, colete cinza-claro, um paletó esporte bege, uma calça cinza.

Virara a página da Prefeitura.

Mesmo assim, ao chegar à calçada, estranhou: "Não tem mais ninguém da segurança aqui?".

Não, não tinha. Era a primeira vez, em mais de quatro anos, que saía sozinho de casa. Mas ficou sozinho muito pouco tempo. O amigo Henrique Fix, vice-presidente da Duratex, o esperava na calçada e o conduziu até um Opala creme. Ao volante do automóvel estava seu velho amigo Renato Refinetti, dos tempos do Colégio do Carmo, da Poli, da fundação da Deca e que agora presidia a Duratex. Iam os três para um churrasco na chácara que a Duratex tinha nas proximidades de Jundiaí.

No dia seguinte, Olavo iria para uma fazenda em Cosmópolis, de propriedade de seu amigo José Bonifácio Coutinho Nogueira, onde ficaria até o fim da semana. Domingo à noite, participaria de uma recepção que Paulo Egydio, de regresso da Europa, ofereceria em sua casa. Na segunda-feira de manhã, Itaú.

Numa carta que enviara alguns meses antes (30 de janeiro de 1979) aos "queridos Hilda e Roberto" (sua nora e seu filho Roberto, que então fazia o curso de pós-graduação na Universidade Stanford, na Califórnia), revelou seu estado de espírito naquela época: "Volto para o banco com um pouco de apreensão, porque acredito que durante o dia o trabalho me absorverá, mas à noite e nos fins de semana acho que a falta de sua mãe será aguda. Isso sem falar de viagens, pois não sei mesmo como conseguirei me habituar a viajar sem ela".

Na Rua Boa Vista

Às nove e quarenta de segunda-feira, dia 16 de julho de 1979, o automóvel conduzido por seu motorista particular, Gelson, entrou, pela Rua General Carneiro, na garagem do prédio do Itaú, cuja entrada principal ficava na Rua Boa Vista. Olavo subiu o primeiro lance de escada, até o piso do mezanino. Lá, acompanhado de seu amigo José Carlos Moraes Abreu, tomou o elevador privativo e foi direto para sua sala.

Quando chegou de volta a seu escritório no banco, que continuava a dividir com Moraes Abreu – que o substituíra durante sua ausência –, encontrou sobre a mesa os mesmos objetos que mantinha na Prefeitura: a caneta dourada sobre um suporte de granito preto com seu nome gravado; um aparelho com relógio, termômetro e medidor de umidade do ar, que ganhara de Tide; a foto de Tide tirada num dos últimos jantares a que ela comparecera em sua companhia. No balcão atrás da mesa, a novidade: a foto colorida do prefeito com o secretariado, tirada alguns dias antes de sua despedida do cargo.

Ficou ali pouco tempo. Às dez horas, já estava no auditório do 19º andar, para a primeira reunião agendada para o dia. Ainda de manhã, viu-se obrigado a explicar aos jornalistas que insistiam em entrevistá-lo que não mais poderia recebê-los como fizera até poucos dias antes. Dedicava-se agora à administração de uma empresa privada.

"Meu ritmo de trabalho agora é outro e me exige atenção integral."

Era o fim precoce de uma carreira política que parecia promissora? Em várias entrevistas quando estava prestes a deixar a Prefeitura, dissera que continuaria na vida pública. Sua gestão era reconhecida pela população e pela imprensa. O jornalista Ricardo Kotscho assim encerrou o balanço da gestão Setubal que publicou na revista *IstoÉ* em junho de 1979:

*Setubal deixa a prefeitura com uma proeza absoluta-
mente inédita: nestes cinquenta meses, não foi levantada
por ninguém uma única suspeita sequer sobre corrupção ou
malversação de dinheiros públicos. Até seus maiores inimigos concordam, certamente, num ponto: este é um homem
honesto. E São Paulo, com ele, ficou melhor de se viver.*

Ele mesmo sabia que a São Paulo que conduzira por mais de quatro anos, tinha mudado para melhor, uma mudança que começara no
primeiro dia em que se sentou na cadeira de prefeito. Em pouco tempo,
um ano no cargo, já avaliava a transformação: "Acho que me tornei mais
tranquilo. Pode parecer contraditório, mas não é. A vida pública me deu
uma certa humildade. A gente aprende a se dominar para ajudar os outros a resolverem os seus problemas".

Era esse o princípio que desenvolveria nos anos seguintes e trans-
formaria em baliza para sua atuação política, que queria manter mesmo
depois de encerrado seu período na Prefeitura.

De apoio político dispunha, como Olavo pudera constatar nos
últimos meses em que ocupou o cargo. Entre fevereiro e março de
1979, compareceu a atos públicos nos quais sempre era o mais aplaudido. Foi assim, por exemplo, na inauguração do Recinto de Exposições no Parque da Água Funda, quando o formalismo do ato – ao
qual estavam presentes o presidente Geisel e o governador Paulo
Egydio, ambos em fim de mandato – foi quebrado por uma longa
salva de palmas assim que o nome de Olavo Egydio Setubal foi citado pelo locutor oficial. Na inauguração da Avenida Aricanduva, foi
homenageado com faixas que diziam: "Jamais o esqueceremos". Na
inauguração da ligação das Avenidas Brasil e Sumaré, presentes o governador Paulo Egydio e o cardeal de São Paulo, dom Paulo Evaristo
Arns, uma faixa definia o sentimento de boa parte da população com
uma única palavra: "Prefeitão".

Menos de um mês depois de ter deixado o cargo, a Câmara Municipal aprovou – por proposta de seu antigo líder João Brasil Vita e com
os votos contrários de vereadores que teriam agido por instrução direta

ou indireta do Palácio dos Bandeirantes então chefiado por Paulo Maluf, entre os quais a imprensa citou Eurípides Sales, Jorge Thomaz de Lima e Mário Américo – a concessão a ele do título de "Prefeito Emérito" de São Paulo.

Disposição de continuar na atividade política também não lhe faltava. Na última entrevista que deu como prefeito, na véspera de transmitir o cargo a seu sucessor, garantiu que passaria a se dedicar à composição de um novo quadro político-partidário, de tendência centrista e de raízes urbanas, baseado numa visão reformadora:

"Até hoje, a Arena, que tem maioria no Congresso, elegeu seus representantes em pequenas cidades do interior do País. Só que, hoje, o País se transformou e deixou de ser patriarcal, rural, para se transformar numa sociedade urbana, industrializada e desenvolvida. E essa nova sociedade que emergiu no País, com as transformações ocorridas, precisa se integrar no processo político novo".

Uma pregação dessas teria apoio fora do âmbito municipal?

307

Capítulo 10
Instalando o banco *on-line*

Nos anos 1970, o banco já tinha um desenvolvimento bastante adiantado na parte de processamento. Jairo Cupertino, que foi da Duratex para o banco, tem viva a lembrança daquele momento:

"Olavo, como um engenheiro, ao analisar o funcionamento de um banco, previu a importância do processamento. Era necessário processar informação e o dinheiro era a informação que se processava. Daí que dominar o controle dessa informação era fundamental para o poder central. Ao controlar a administração, sabe-se o que está acontecendo. Quando o Itaú começou a trabalhar com processamento de dados, ninguém na área bancária utilizava plenamente essa ferramenta. O segundo ponto, que mostra a objetividade dele, foi ter visto que o processamento de dados tinha de ser centralizado e sob controle da direção superior. E ele assumiu o controle do processo. Conseguiu introduzir o processamento através de uma disciplina severa do banco, elaborando normas detalhadas. Conversando certa vez com um grande administrador de banco, que dizia não entender o processo, ele explicou: 'Meus gerentes são orientados para seguir religiosamente as regras estabelecidas. Todos sabem que o processamento de dados rege não apenas a sua área, mas também toda a operação do banco e tem supremacia sobre a área comercial'. Esse administrador reconheceu que em sua organização era impossível fazer assim. No fundo, o Itaú desenvolveu um sistema de controle absoluto. Num banco, se você não tem esse controle, está condenado a ter problemas. Na época, ao tomar uma decisão, no lançamento de um produto, o Olavo praticamente definia passo a passo o processamento, e como se dizia naquela época, definia até mesmo o impresso, como devia ser. Havia total racionalidade no processo. Ele tinha plena consciência do objetivo a atingir. Diziam dele: 'É o analista de sistemas chefe'".

"Não foram tempos amenos", ressalva Jairo Cupertino. "Havia um cuidado imenso com a inflação, quase pavor. De maneira que foram

Olavo Setubal em visita ao Centro Técnico Operacional do Itaú em São Paulo, 1980.

criados vários sistemas de computador dentro do banco, porque na realidade havia no Brasil diversas 'moedas' (índices de correção monetária para cada atividade, tanto no passivo como no ativo. Se não houvesse maneira de se controlar e fazer o 'hedging' entre ativo e passivo, a instituição quebrava. Então, nossas análises de custo tinham 'caixinhas' com diversas 'moedas' e isso permitiu ao banco sobreviver dentro do processo inflacionário, no meio da orgia de índices existentes. O desequilíbrio que podia ocorrer entre ativo e passivo era grande. O que manteve o banco de pé foi a capacidade de ordenação de processamento. E o que ele significava senão a transposição do espírito de Olavo, a sua capacidade de raciocinar que impregnava toda a cadeia hierárquica do banco? Eu diria que o banco não era um grande sucesso comercial – esse sucesso veio depois –, mas tinha uma área técnica excelente, das melhores. Isso manteve o banco de pé na fúria inflacionária."

Os primeiros sistemas informatizados do banco estavam muito voltados a produtos, como conta corrente, empréstimos, fundos de investimentos, depósitos a prazo fixo, financiamentos ao consumidor, entre muitos outros. Naqueles anos os computadores foram sendo usados gradualmente para eliminar primeiro as cartelas usadas para o registro das posições dos clientes através dos "listões". Os velhos sistemas bancários iam ficando para trás. As novas regras do jogo eram implantadas rapidamente nos bancos que se fundiam ao Itaú, ou naqueles comprados.

Entre 1973 e 1974, Olavo Setubal começou a se preocupar com o que ele chamava de "Sistemas de Controle de Gestão do Banco" e queria todos os dados batidos com a contabilidade, essa era uma obsessão permanente que se tornou conhecida pelo time da informática por "Síndrome da Amarração Contábil". Já existia no Itaú uma rede informatizada que integrava alguns sistemas do banco, contabilidade, posições dos clientes, e assim por diante, mas ainda não se obtinha o fechamento total, no qual todos os dados batessem. Olavo costumava convocar seus "jovens engenheiros", a fim de saber sobre o andamento de questões informáticas, fascinado que estava com a amplidão do alcance dos computadores, visualizando o que poderiam significar no futuro.

Mas obsessão com o fechamento contábil, a já conhecida "Síndrome da Amarração", ocupava como uma obsessão permanente o pensamento de Olavo. Muitas vezes nessa reuniões, esquecia-se do tempo, os técnicos se entreolhavam, alguém ousava murmurar:

– Não é melhor parar, doutor Olavo?

– Não! Continuemos, é a minha terapia.

Era um período de preocupação com a doença de Tide, sua mulher, e com a recuperação do filho Olavo Júnior, após o acidente automobilístico. Envolver-se com um assunto novo, que exigia o máximo, era uma forma de alienar-se da realidade dura que dominava a sua casa. Circulava no ar a ideia do banco *on-line* e, como o Itaú tinha uma das maiores redes de telex do Brasil, uma consultoria inglesa foi contratada para fazer os estudos sobre a interligação dessa rede telex com os computadores do banco. A conclusão foi de que essa interligação era impossível naquele estágio. Então, a área de tecnologia, liderada por Geraldo Toledo de Moraes, contava com dois executivos de primeira linha, Carlos Eduardo Correa da Fonseca, o Karman, e Renato Cuoco. Foram peças fundamentais a dar base para Cupertino desenvolver o segmento que viria a dominar a tecnologia na época. Os dois, mais os jovens engenheiro Milton S. Noguchi e Fábio Vitaliano Filho, duvidaram do "veredicto" dos ingleses e disseram que a interligação era possível, necessitavam apenas de alguns componentes encontráveis facilmente no mercado. Jairo Cupertino autorizou a compra e a ideia era fazer uma surpresa a Olavo Setubal. Numa reunião, negaram a impossibilidade e aceitaram o desafio:

– É possível. Podemos mostrar a esses ingleses que a gente faz!

Olavo acendeu. Se o problema fosse técnico, ele logo se interessava, entrava na conversa, pronto para raciocinar junto.

– Fazem? Partindo do quê?

– Estão surgindo novos componentes, que se chamam microprocessadores, e temos certeza de que é possível usá-los para interligar a rede de Telex com os computadores IBM.

– Fizemos testes, pesquisamos, temos certeza de que podemos converter os sinais da rede de telex em sinais que poderão ser compreendidos e aceitos pelos computadores. É a melhor alternativa. – E do que precisam para isso?

A resposta surpreendeu:

– Não muito! Libere uma verba e nos deixe passar uma tarde na Rua Santa Ifigênia. Vamos comprar umas pecinhas para montar umas placas e fazer um conversor de dados, para ler o sinal do telex e converter esse sinal para a linguagem do computador.

A Santa Ifigênia, em São Paulo, conhecida pela sua especialidade, a dos materiais elétricos, começava a mudar para os eletrônicos, ali se encontrava de tudo, cada loja tinha um artigo, oferecia um componente, bastava percorrer o circuito para se ter o que era necessário. Depois de alguns meses começou a funcionar no Itaú um aparelho que fazia a interface com o computador e foram feitas as primeiras ligações experimentais. Quando o interface telex foi apresentado a Olavo, o entusiasmo dele foi enorme, tanto que ele extrapolou, não fosse um engenheiro fascinado pela tecnologia. Perguntou imediatamente a Karman:

– Será que vocês poderão fazer um terminal de caixa que possibilite a automação dos serviços das agências, em tempo real?

– Podemos.

– Então, esse projeto tem prioridade.

O passo seguinte foi produzir para as agências, em laboratório, o protótipo de um terminal que possibilitaria aos clientes acompanhar a movimentação de suas contas. Testes foram feitos, com bons resultados. Nessa altura estava sendo montada uma parceria Bradesco com a SID para produzir terminais bancários. Olavo soube e mandou chamar o grupo.

– Temos a Deca, a Duratex, precisamos de coisas novas. Decidi criar uma outra empresa aqui dentro. Quero ter uma nova área de atuação. – Um nova empresa? – Sim, a Itautec.

Ele tinha até o nome. Acrescentou: – O ponto de partida da Itautec será implantar o sistema *on-line, real time* no Itaú.

– O *on-line*? É um grande desafio, doutor Olavo...

Foi lembrado que, naquela altura, já havia o banco de investimentos, existiam todo tipo de aplicações, controle de ações de renda fixa, esquemas de recursos humanos, sistemas de todos os lados. Olavo foi firme:

– É o futuro do banco. Levem trinta ou quarenta pessoas. Quero uma área específica voltada para esse projeto. Vou liberar um computador exclusivo, usado e administrado para o projeto. E vamos escolher uma agência que possa ser o piloto do projeto.

O computador exclusivo, usado e administrado somente pela equipe, tinha uma razão de ser, a pressão que o grupo sofreria da IBM, que então alugava equipamentos para o Itaú. Sem esse computador exclusivo, seria necessário ficar preso, atrelado aos padrões IBM, quando se procuravam exatamente novos caminhos fora deles. A equipe teve liberdade total, organizando os trabalhos e a agência do jeito que queria. Ou melhor, do jeito que ele, Olavo, queria. Organizou-se um primeiro sistema rudimentar e assim foi fundada em 1979 a Itautec com Olavo, Jairo Cupertino, José Carlos Moraes Abreu, Carlos Eduardo Correa da Fonseca e Renato Cuoco. Instalada na Avenida do Estado, tinha cinco áreas: planejamento e assessoria, administração, projetos, sistemas de suportes e eletrônica digital, com estrutura para o desenvolvimento de hardware, software e aplicativos. Começou o trabalho de implantar um sistema que colocasse todo o banco em rede a serviço do cliente. Em onze meses, entre novembro de 1979 e outubro de 1980, foi preparada a primeira agência inteiramente informatizada do Itaú, a Mercúrio, na Zona do Mercado. Localizada em região de tráfego intenso, sujeita a inundações e frequentes quedas de linhas telefônicas, servia para um teste feito em condições extremas.

Na Mercúrio, que recebeu, no dia da inauguração, toda a administração do banco e centenas de visitantes e curiosos, foram instalados vinte terminais de caixas e dois equipamentos para uso da administração. "Entramos na era da telemática," declarou Olavo, "um processo inevitável. A quantidade de documentos manuseados por uma instituição bancária determina hoje a necessidade de automação eletrônica, já adotada em todos os grandes centros do mundo. Há quinze anos, quando o Itaú comprou seu primeiro computador, eram processados 100 mil cheques por dia. Agora, o movimento é de 1,5 milhão de cheques e, dentro de cinco anos, estima-se que será de 10 milhões por dia."

A Mercúrio foi a primeira agência do Brasil que implantou um sistema *on-line*. O tempo para projetar um servidor local, criar o processo de comunicação com o computador central e desenvolver os aplicativos foi exíguo. Era impossível, mas Olavo não aceitava essa palavra. Acompanhava cada passo, queria estar informado do andamento. Corria-se contra o tempo e contra o Bradesco que tinha montado na Cidade de Deus, em Osasco, uma agência modelo, com grandes investimentos, tinha contratado até *designers* para o *layout* dos terminais. No Itaú a preocupação não tinha sido o *design*, e sim a solução técnica. O sistema do Bradesco era descentralizado com minicomputadores nas agências e terminais para uso dos clientes, o sistema do Itaú era centralizado e estava apenas com terminais de caixa. O Bradesco tinha terminal para o cliente, o Itaú ainda não, estava apenas com os terminais de caixa. Toda a equipe técnica do Itaú, Olavo inclusive, foi convidada a ir ao Bradesco conhecer a inovação. Olavo mostrava-se preocupado, mas o grupo garantia: "O nosso sistema é diferente". Um sábado de manhã, todos foram convocados para uma reunião no Itautec, Setubal foi direto:

– Todo mundo está indo para um lado, da descentralização. Por que estamos indo para o outro?

– Porque nosso sistema é outro, mais voltado para o futuro.

– Como outro?

– Clientes não são clientes da agência, são clientes do banco. Precisamos ter o banco de dados centralizado. Está chegando o tempo em que os clientes não irão mais às agências, vão acessar o banco por telefone, por rede. Vão acessar de suas casas, de seus escritórios. Portanto, o que temos de montar é um banco de dados centralizado. O caminho mais curto entre dois pontos é uma reta, ou seja, do cliente ao computador central.

– Mas o Bradesco está adiantado, viu o tamanho das telas para os caixas?

– O caixa não precisa de tanta informação, quem precisa são os clientes e eles é que terão uma tela grande no Itaú para visualizar tudo.

Olavo mandou tocar o projeto e bateu as duas mãos sobre a mesa com as palmas voltadas para baixo. A reunião planejada para a manhã inteira, em meia hora estava terminada. Algum tempo depois, soube-se que o Bradesco estava com tudo pronto para inaugurar sua primeira agência *on-line*. Nova reunião no Itaú.

– E nós? Como ficamos?

– Vamos inaugurar antes deles. Com muito impacto. Na agência central.

– Na Boa Vista?

– Na Boa Vista e com uma grande festa.

Olavo olhou em torno, a diretoria à sua volta. – O que vocês acham?

Um coro de nãos ecoou pela sala. É loucura, é muito arriscado, diziam alguns. Mas algumas vozes se ergueram, excitadas pela ousadia:

– Pode ser uma boa oportunidade para mostrarmos quem é líder. Olavo não hesitou:

– É isso! Vamos inaugurar a Central. E com uma grande festa.

Mesmo Lazaro Brandão, presidente do Bradesco, convidado, compareceu. Até 1985, quando, em fevereiro, Olavo Setubal foi chamado para compor o ministério Sarney, a Itautec cresceu e, etapa por etapa, criou o Grupo de Microeletrônica que deu origem a Itaucom. Em 1982 se deu a primeira venda, um concentrador telex comprado pela Mercedes-Benz, enquanto na II Feira Internacional de Informática foi apresentado o primeiro microcomputador Itautec, o I-7000. Criada a Itaucam, Itautec Componentes da Amazônia, primeiro empreendimento na Zona Franca de Manaus, foram lançados os processadores de textos. Em 1984, a Itautec transferiu-se para a nova sede na Rua Bela Cintra e foi criado o "chip set" para o PC 286. Vieram depois os sistemas de videotexto, foi ampliada a linha I-7000, produzido Supermini I-9000 e colocado no mercado o Balcão Eletrônico Itaú (BEI), um conceito pioneiro em caixas automáticos de baixo custo. O banco eletrônico, com processamento *real time*, deixou de ser um sonho, passou a ser um conceito real no cotidiano do Itaú.

Enquanto no campo prático Olavo estimulava sua equipe técnica e cobrava velocidade nas ações na área de informática, no campo institucional se envolvia num debate que causava divisões até mesmo dentro do governo, o da reserva de mercado para a área de informática. Deixou clara sua posição ao participar da 7ª Reunião Empresarial Brasil-Estados Unidos, no dia 6 de outubro de 1983. Defendeu a necessidade de aprovação, pelo Congresso, de uma legislação específica para a política nacional de informática. Surpreendeu o público ao dizer que essa legislação deveria definir duas questões básicas: a primeira trataria dos mecanismos institucionais, "fixando as suas atribuições e os limites de seu poder regulador, inclusive para reserva de mercado, comércio exterior e incentivos fiscais"; a segunda seria a definição da constituição e da estrutura das empresas do setor.

Sua posição foi fortemente criticada pelo senador Roberto Campos, com quem almoçou na sede do Itaú algum tempo depois e trocou correspondência sobre o assunto. Em depoimento que prestou à Subcomissão de Informática da Câmara dos Deputados em 7 de junho de 1984, voltou a defender a manutenção da reserva de mercado para a indústria de informática e condenou a criação de *joint-ventures* em determinados segmentos do setor, argumentando que a associação com empresas estrangeiras poderia transformar as nacionais em meras subsidiárias de grupos internacionais. Na ocasião, travou novo debate, agora público, com Campos.

Em pequeno livro que lançou em outubro de 1984 – *A questão da reserva de mercado* (Editora Brasiliense) –, expôs com mais clareza seu pensamento sobre o tema. Sua tese era a de que se não quisesse permanecer eternamente como "país do futuro", o Brasil precisaria substituir a dependência pela autonomia em tecnologia, e para isso a reserva de mercado na informática era instrumento vital. A seu ver, o País precisava criar uma base tecnológica num segmento de mercado ainda novo no mundo. Era uma posição controvertida, mas a reserva de mercado revelou-se importante durante o período em que vigorou, pois permitiu a criação no Brasil de uma cultura em informática totalmente distinta do restante da América Latina, a qual conseguiu evitar a expansão do contrabando, que se enraizou no País quando o regime foi extinto.

Capítulo 11
A alegria de viver de Daisy

Algum tempo depois do falecimento de Tide, em outubro de 1977, Olavo Setubal voltou para casa uma noite e percorreu calmamente todos os cômodos. Sempre de terno foi até a gaiola em que estavam os pássaros. Os faisões já tinham morrido, na verdade restavam poucos pássaros, a maioria gralhas barulhentas. Olavo demorou alguns instantes e abriu as portinholas das gaiolas, libertou os pássaros. Alguns logo voaram, outros não entenderam o gesto, permaneceram na gaiola, entre assustados e perplexos, se é que um pássaro pode se mostrar perplexo. Olavo esperou e afugentou os remanescentes até que a gaiola se esvaziou. Ele deu as costas e foi para a sala, para a sua poltrona de camurça, sentou-se olhando para lugar nenhum. Não disse nada, não justificou o gesto presenciado pelo filho Alfredo, também um tanto perplexo, que, todavia, lembrou-se de uma história recente, relatada pela mídia e ocorrida quando o pai, prefeito, cumpria uma agenda de comemorações na periferia. Como era a inauguração de um parque, um assessor decidiu inovar, criar um clima, levando uma gaiola com um sabiá que o prefeito deveria soltar no auge da festa. Olavo discursou, enfiou a mão na gaiola, apanhou o pássaro e soltou. Porém o sabiá não quis saber de voar, ficou ali na palma da mão. Setubal agitou a mão, nada. Os minutos passavam, o silêncio era constrangedor, os assessores sem saber o que fazer. Então, um garoto gritou: "Puxa o rabo dele, prefeito". Ressabiado, Setubal obedeceu. O pássaro se foi.

Desde que a mulher morreu, Olavo retardava a volta para casa depois do expediente. Verdade que a Prefeitura propiciava um expediente prolongado. Ele mesmo reconhecia:

"A Prefeitura me absorvia de tal maneira que vivi os dois primeiros anos de viuvez de maneira tranquila, porque sempre tinha muita gente a meu redor, de manhã, de tarde, de noite. Mas, no dia em que deixei o cargo e retomei o cotidiano de um cidadão comum, de repente se fez um vácuo em torno de mim, a vida normal passou a ser uma enorme solidão".

Dali em diante eram Olavo e cinco filhos: Olavo Júnior, com 24 anos, Roberto, com 23, José Luiz, com 21, Alfredo, com 19, e Ricardo, com 15. Naquele momento, Paulo e Neca estavam casados. Algum tempo após a morte da mãe, Olavo Júnior anunciou ao pai seu desejo de morar sozinho, queria assumir seu próprio caminho. O pai pediu: "Espere um pouco, você agora é o filho mais velho da casa, sua mãe acabou de partir". Um ano depois, Olavo Júnior saiu de casa. Logo após a morte de Tide, Roberto cursava a faculdade, estava noivo, deveria se casar em julho de 1978, parava pouquíssimo em casa. Todavia se lembra da casa vazia, silenciosa, sem graça, porque "tinha perdido a alma". Foi um momento de dor, Olavo sentindo-se solitário. "Porém papai não chorava, não se lastimava, ele continuava colocando o racional acima do emocional. Nunca o ouvi dizer: 'Estou com saudades de sua mãe'. Ele digeria calado, o que não quer dizer que não fosse sensível." As visitas, que não chegavam a alterar a rotina da casa, foram mais constantes no começo, os amigos, a turma do América, a mãe de Tide, dona Alice, que morava vizinha e à qual ele era afeiçoado. Neca, com o filho, Guilherme, recém-nascido, passava todos os dias de manhã para ver o pai.

A José Eduardo Faria, um de seus assessores mais chegados no banco, presente em todos os momentos difíceis, pessoais ou profissionais, Olavo, quebrando seu hábito de não fazer confidências mais íntimas, confessava que sua atenção se voltava para Ricardo, o filho caçula. Com quinze anos, tinha sido o mais afetado com a morte da mãe, a qual era profundamente ligado. Desacostumado a diálogos com os filhos até que entrassem na faculdade, Olavo sentiu, de um momento para o outro, que "precisava se reinventar, porque não sabia o que dizer, como dizer, as conversas entre nós eram difíceis, eu não sabia conduzir os assuntos, tinha muita insegurança. Foi preciso me rever, rever meus conceitos de vida, minha relação com a família". Talvez por essa razão chegasse em casa, muitas vezes, propositalmente tarde. José Luiz, que estava cursando a Faculdade de Medicina, diz que o pai chegava entre nove e meia e dez horas da noite e ele, que estava estudando, interrompia e descia para conversarem um pouco. Quando Lu, como era chamado em família, optou pela Medicina, não ouviu nenhum questionamento, não levou nenhum contra. Quando entrou na faculdade, ganhou o carro, quando se formou, o Rolex. No dia da formatura ouviria do pai: "Bem, agora é se virar, Medicina é o tipo da coisa em que eu não posso ajudar".

Por sua vez, ao falar dessa época, Ricardo diz que foram anos bons, "em que meu pai foi bacana, se aproximou, tenho lembranças gostosas, ele ficava em casa e a gente tinha chance de conversar, dialogar. A rigidez já começara a ser quebrada na Prefeitura, ele era um homem mais suave. Um dia, quando contei que sonhava cursar Filosofia, ele fez um breve comentário: 'Meu filho, pense também em outra carreira, vai ser difícil viver só de Filosofia. Pelo menos no começo precisa fazer outra coisa, depois...'. Por minha conta mudei de ideia, fui fazer Administração e, em seguida, Direito, e ele me incentivou, Direito tinha sido a profissão do pai dele e acabei sendo o único filho a seguir o avô. Quando estava escolhendo em que faculdade tentar, ouvi: 'Vai prestar isso? Procurou a melhor faculdade? Porque você tem de querer a melhor'. O homem rígido, todavia, não estava perdido de vista. Num sábado, eu tinha uma prova na escola, acordei com febre, ele apanhou o termômetro, marcava 38 graus. Eu disse: 'Não dá para fazer prova assim, não me sinto bem'. E ele: 'Acho que dá, filho. Trinta e oito graus não é tanto, você não está com uma cara ruim, claro que dá, pode ir'. Fui, fiz a prova, me saí bem". Os filhos passaram a frequentar a casa mais amiúde, iam almoçar, ou jantar com o pai, estreitaram os relacionamentos, aproximaram-se. Um dia, a empregada Mercedes, ao ver que ele estava saindo para a Prefeitura, não se conteve: "Assim não pode, assim não dá! Olha aí a camisa sem um botão! Não tem quem cuide do senhor! Está precisando se casar de novo".

Em dezembro, a família decidiu comemorar o Natal em homenagem à mãe. Neca organizou a festa, seguindo o ritual tradicional, mas acabou sendo uma cerimônia permeada por lembranças e tristezas. No *réveillon*, Neca e Paulo apanharam o pai e foram para Salvador para mudar de ambiente, de atmosfera. Aos domingos, prosseguia a tradição do almoço em família, junto a dona Alice. Olavo mantinha, igualmente, o almoço mensal com os amigos do grupo América, agora no restaurante *La Casserole*, no Largo do Arouche, um de seus lugares favoritos. A Prefeitura continuava a ocupar seu tempo, era muito trabalho, a solidão se mostrava atenuada durante o dia. O 21 de março de 1978 foi de profunda emoção. Olavo foi ao bairro de São Miguel Paulista, na Zona Leste de São Paulo, para inaugurar uma escola que recebeu o nome de Tide. Ao falar, agradecendo, chorou.

Terminado seu mandato como prefeito, Olavo passou uma semana na fazenda de José Bonifácio para descansar e retornou ao banco. No meio de uma grande festa, reassumiu a posição que tinha sido exercida na sua ausência pelo braço direito, José Carlos Moraes Abreu. Ao reocupar seu gabinete no Itaú, deu uma declaração que repercutiu: "Saí, como administrador, volto como político". Quer dizer, o bicho da política já tinha se instalado nele, de maneira que nos meses seguintes, dividiu-se entre o banco e uma série de contatos e de viagens nas quais se encontrava com líderes como o presidente Figueiredo e Tancredo Neves, Roberto Santos, Jaime Canet, Affonso Camargo, José Sarney, Paulo Egydio Martins, Tito Costa, Murilo Macedo, Karlos Rischbieter, Murilo Badaró, Herbert Levy, articulando o que deveria ser o Partido Independente (PI). Ele foi a Brasília várias vezes, ao Rio de Janeiro, a Ribeirão Preto, Mogi das Cruzes, percorreu o ABC, Florianópolis, participava de formaturas como paraninfo, discursou na Escola Superior de Guerra. Uma pesquisa do Instituto Gallup apontou-o como o segundo político mais popular do Estado, logo depois do senador Franco Montoro. Polemizou com Brizola, que pretendia a estatização dos bancos, afirmando que o velho político estava "muito mal informado sobre o Brasil, provavelmente devido a sua longa ausência do País".

O ano de 1980 mostrou-se particularmente propício a Olavo Setubal em momentos variados. Em fevereiro ele foi a Nova York inaugurar a primeira agência do Itaú no exterior. Em junho, ele recebeu das mãos do embaixador francês François Rey-Coquais a comenda da Legião de Honra, a maior honraria da França, país bem amado de Olavo. A Legião de Honra seria enviada para a casa da Prata, para figurar ao lado da Comenda da Ordem do Infante Dom Henrique, recebida em 1977, em Portugal; da Ordem de Francisco de Miranda, da Venezuela, recebida em 1978; da Comenda da Orden de Isabel la Católica, outorgada pelo rei de Espanha, Juan Carlos I, do título Gran Oficial da Orden de Mayo, da Argentina e de dezenas de outros títulos, vários doutor Honoris Causa e comendas brasileiras.

Vivia numa agitação febril, até que certa noite compareceu a um jantar, ao qual nem estava disposto a comparecer, e seu futuro foi mudado, a vida pessoal tomou outra direção. O que Olavo não sabia na época, porque não era do seu feitio ouvir diz-que-diz, nem frequentava as rodas de sociedade, é que havia um certo *frisson* entre as mulheres, afinal ele era um homem de prestígio, posição, dinheiro, carregava uma carga de sedução e enigma, era temido e poderoso. E viúvo aos 54 anos. Sabia-se que era um "alvo" e existiam até movimentos de aproximação, contidos pela personalidade setubalina – como costumava dizer José Bonifácio Coutinho Nogueira – seca e fechada. Esses movimentos foram traduzidos na linguagem dos mexericos sociais como "caça ao Olavão". O que Olavo também não sabia é que havia uma mulher de personalidade e prestígio que já o tinha escolhido para companheiro de vida. Mulher conhecida na sociedade paulistana, da qual era uma das "locomotivas", termo muito usado pelos colunistas sociais da época. Eram as mulheres que alavancavam os acontecimentos, estavam à frente dos eventos, conheciam todo mundo que contava, tinham listas imensas de convidados, sabiam receber e ser recebidas. A elite paulistana era pequena naquele ano de 1979, girava sempre em torno das mesmas pessoas, festas e jantares e descidas ao Guarujá. Não tinha havido ainda grandes alterações nas camadas dessa sociedade que misturava os tradicionais quatrocentões – alguns já quebrados, mas com o nome reluzindo – com os que tinham feito dinheiro em bancos e empresas. O dinheiro novo, emergente, vindo de fortunas rápidas, começava a aparecer e dentro de duas décadas estaria dominando o panorama.

Uma dessas locomotivas era Daisy Prado, viúva de Jorge Prado, de tradicional família paulista, o homem que comandava os Cristais Prado e criara no Guarujá o Jequitimar, ponto de encontro da *high society* no verão. Antes de encontrar Jorge, Daisy, cujo sobrenome de solteira é Oliveira Salles, teve um primeiro casamento e uma filha, Bia, que estava com nove anos e não conhecera o pai, mas veio a amar de paixão o padrasto. Foram vinte anos de casamento com Jorge Prado. "Até chegar onde estou, minha vida nunca foi fácil", diz Daisy, sem perder o sorriso, o alto-astral. "E ainda vou viver muito, os Oliveira Salles são longevos."

Essa vida pode ser reconstituída quase como uma saga familiar. Daisy nasceu em uma fazenda de café em Santa Rita do Passa Quatro, interior do Estado de São Paulo, região muito rica na época. O bisavô dela era José Reginaldo de Moraes Salles – tem uma sala no Museu do Ipiranga, em São Paulo, com o nome dele – que teve um filho único. Ficou viúvo e quando quis se casar de novo, esse filho já estava com vinte anos. O pai perguntou: "Quer ficar conosco ou prefere pegar sua parte, ir embora, tentar sua vida?". O avô pegou o que era dele e se foi, começou a formar tropas de burro com as quais ia a Santos buscar mercadorias que chegavam de navio, como açúcar, sal, feijão, arroz, fumo. Desse modo fez dinheiro. Eram comuns os tropeiros buscando mercadorias no porto, até os Prado, depois quatrocentões, enriqueceram com tropas. Os burros eram comprados em Sorocaba.

"Quando se casou, meu avô construiu uma casa enorme com um armazém no térreo, formou um entreposto, onde os varejistas vinham buscar as mercadorias, era um movimento sem tamanho. Esse avô era um amor, ele escrevia tudo em versos, enchia cadernos e cadernos e me mostrava; 'olha o que escrevi hoje'. Tinha participado da Guerra do Paraguai e ao morrer nos deixou uma espada que era uma beleza, que ficou com minha irmã mais velha. Minha avó nasceu na Fazenda Jaraguá, em Ribeirão Preto, e era parenta do famoso Chico Junqueira que foi casado com a célebre Elia Junqueira, mulher brava e destemida, temida por toda a parte, dona de sesmarias sem fim."

Da infância, Daisy se lembra que Santa Rita era uma cidade pequena, bonita e com uma igreja "que parecia uma catedral". Porém há imagens mais fortes, que permanecem indeléveis até hoje. "No mesmo dia em que perdi meu pai, ele era muito novo, estava com 35 anos, vi minha mãe apanhar meus três irmãos e partir para São Paulo, me deixando, aos cinco anos, com minha avó. Éramos três irmãs e um irmão, este morreu aos 24 anos, tuberculoso. Minha irmã mais velha morreu no ano em que me casei com Olavo. A outra ainda está viva, com 92 anos.

Tínhamos casa na cidade, porém minha avó, uma Junqueira corajosa, muito apegada a mim, tocava a fazenda sozinha. Não existe Junqueira sem fazenda. Era uma gente de raça aquela. Ela tinha tido um único filho, meu pai, de modo que não deixou minha mãe me levar, me adorava, e eu a ela. Quando fiz sete anos, entrei para o grupo escolar, naquele tempo não existia maternal, nem pré-primário, nem jardim de infância, você entrava na escola aos sete anos. Madrugada, eu apanhava meu cavalo, um pretão chamado Gradim, e ia para a escola na cidade. Se chovia, levava água na cara, às vezes chovia granizo. Se ventava e era inverno, batia aquele vento gelado que transformava em pedra as orelhas, o nariz e machucava a testa. Gradim ficava amarrado na porta da escola, me esperando para voltarmos."

Terminado o curso primário, quem quisesse continuar os estudos tinha de ir até Pirassununga. Quando chegou a hora de Daisy fazer o curso normal, o único disponível para as mulheres que não pretendiam ser apenas donas de casa, ela se levantava todos os dias às quatro e meia da manhã, se arrumava sonolenta e corria, porque às cinco em ponto a jardineira passava pela estrada. As jardineiras eram os ônibus intermunicipais, pequenos, vagarosos e desconfortáveis. A jardineira levava os estudantes até Porto Ferreira, cidade de cerâmicas, telhas e tijolos, deixando-os na estação ferroviária à espera do trem que vinha de Descalvado. Havia um vagão especial para os estudantes, sempre superlotado, quem conseguia pegar lugar sentado dormia melhor, os outros dormiam em pé durante o curto trajeto. Em Pirassununga, todas as manhãs, o povo estava acostumado a ver aquele bando indo a pé até a Escola Normal, um prédio grande e vistoso. "No inverno, cedo ainda, escuro, o céu cheio de estrelas, a escola não tinha aberto, sentávamos nos bancos da praça, voávamos ao ouvir o sinal. As aulas iam até o meio-dia, o sinal batia, corríamos de volta à estação, o trem passava à uma da tarde. Pense bem a que hora almoçávamos! No terceiro ano, abriram uma Escola Normal em Santa Rita e ali terminei meu curso aos dezoito anos."

"Se eu fosse contar tudo... Foi uma vida muito vivida, difícil às vezes, quase sem saída outras, mas tudo suportável, um drama, um grande drama nunca vivi, mas já passei por falta de dinheiro, submergi, mas voltei à tona sempre, e assim criei meu lema: estamos expostos a ser náufragos, muitas coisas podem acontecer, assim precisamos aprender a sobreviver. Então, eu luto, em qualquer circunstância eu luto, tem uma coisa aqui, pode-se consertar, outra ali, também, e assim cheguei aos 89 anos."

O encontro entre Daisy e Olavo é narrado por ela mesma, mulher, exuberante, sorridente, bem-humorada e conversadora:

"Apesar de termos nos cruzado em uma festa nos anos 1970, mal reparamos um no outro, afinal ambos estávamos casados. Não nos encontramos mais porque Olavo não era de frequentar, mantinha-se à parte dos potins, aliás coisa que detestava, o irritava. Não era de tititi nem de jogar conversa fora. Então, a vida armou uma situação como só ela sabe montar. Em 1979 eu trabalhava na agência de turismo do Aldo Leoni, na Avenida Europa. Havia um projeto que era a menina dos olhos do Aldo, o lançamento do navio Queen Elizabeth aos brasileiros, claro, para pessoas qualificadas e de alto nível financeiro. Ele chamou duas pessoas, eu e o Otávio Oliva, filho do Jorge Oliva, que tinha sido proprietário do Banco Itaú em Minas e que foi incorporado pelo Federal de Crédito de São Paulo. Otávio conhecia todos os nomes da indústria e do comércio. Quanto a mim, conhecia toda a gente de sociedade. Otávio e eu iniciamos uma série sem-fim de almoços, jantares e coquetéis convocando centenas de pessoas.

Uma noite, promovemos um jantar no restaurante *800*, na Alameda Lorena, nos Jardins, bem em frente a um *single-bar*, o *Plano's*, da Silvia Kowarick. Nem seria no *800*, no entanto eu tinha conhecido os donos anos atrás, quando produzimos na Cristais Prado copos com *design* especial para ele. Fui procurada e me pediram para fazer o jantar ali, porque seria inclusive o último, em seguida fechariam a casa, não sei bem por que razão.

Começamos a montar a lista de convidados. Nesse dia, na agência, peguei um jornal que estava em cima da mesa, fiquei dando uma espiada e dei com a fotografia de um homem alto, em frente de uma mesa, uma expressão enérgica. De braço em riste, decidido, apontava o dedo para alguém. Era o Olavo, então bem conhecido depois da Prefeitura. Rindo, disse para o Otávio:

– É esse que eu quero para mim.

Mas havia seriedade na minha brincadeira, aquela foto batera fundo em mim, mexera com alguma coisa lá dentro. Otávio riu e murmurou:

– Esse eu conheço, negociou com meu pai.

– Como é que fica? Vai me apresentar?

– Nossa! Nem penso duas vezes, claro que vou!

Setubal foi convidado. Mais tarde, veja como são as coisas, ele me contou que decidira não ir ao jantar, tinha ojeriza por esse tipo de eventos. Todavia, a secretária dele argumentou: "Por que não vai, doutor Olavo? O senhor precisa ir ao *Plano's*, tem o *vernissage* de uma prima sua, a Maria Amélia de Souza Aranha, que vai expor telas e esculturas. Basta atravessar a rua e pronto". Ele rebateu: "Vou, assino o ponto e saio". Ele foi, assinou o ponto... e ficou. Esteve sentado a meu lado o jantar inteiro e até se divertiu e riu, não era tão carrancudo quanto a foto mostrava, nem tão bravo quanto todos diziam. A certa altura, alguém perguntou:

– Doutor Olavo, por que o senhor não quis ser presidente do Banco Central?

– A resposta vocês já leram por aí. Banco por banco, fico com o meu...

Depois, olhando para mim, disse:

– Além disso, o que vou fazer sozinho em Brasília? O Banco Central está lá!

Ouvi isso, olhei para ele e pensei comigo: 'Temos campo para trabalhar, vamos começar". Fazia dois anos que nós dois estávamos viúvos. A mulher dele tinha morrido em outubro de 1977 e o meu marido, Jorge, em julho do mesmo ano. No dia seguinte, ele me telefonou, mandou flores agradecendo o jantar. Mandei flores também, era uma coisa diferenciada mulher mandar flores para um homem naquela época. Começou assim. Correu até uma história maluca, porque em sociedade tudo se diz, que eu teria feito um jantar para banqueiros e o convidei. Quando ele chegou, perguntou: "Onde estão os banqueiros", e eu teria respon-

327

dido: "O banqueiro é você!". Pura lenda! Ainda que engraçada como anedota. Na mesma semana, fomos jantar no *La Casserole*, o reduto predileto dele. Alguém que estava numa mesa ao longe garantiu que nos viu de pernas encostadas, ou trançadas, a imaginação não tem limites. O fato é que a nota apareceu nos jornais. Telefonei para ele: "Viu o que já andam falando de nós?".

Ele riu, parecia contente, solto. Daí para a frente estava meio oficializado o namoro entre um homem de 57 anos e uma mulher de 62, ambos superconhecidos na cidade. Passeávamos, íamos ao Rio de Janeiro de vez em quando, ficávamos dois dias, voltávamos, saíamos, jantávamos, íamos ao cinema, a um teatro, fomos para a Europa, cada vez mais ligados, enfim apaixonados. Então, começamos a nos preocupar com a família, mas, como a coisa não estava ainda madura nem sedimentada, fomos adiando. Ele, principalmente, pensava muito como seria a aproximação, a reação dos filhos. Certa manhã de maio de 1980, às nove horas, recebi um telefonema em casa.

– Quem fala?

– É o Olavo.

– Não é não, porque a voz é diferente.

– A voz é diferente porque sou o Olavo Júnior, o filho. Gostaria de ir até sua casa!

Levei um baque. Pensei: "O menino vem aqui para dizer que a família não quer o casamento, a relação, seja lá o que for... Vem pedir, em nome de toda a família, que tudo acabe!... E tem todo o direito!". Gelei, disse que ele podia vir. Apesar de muito cedo, aprontei-me rapidamente, o melhor possível, aquilo não era hora de visita. E o recebi, era um jovem alegre, parecido com o pai, alto, simpático. Começamos a conversar, nem me lembro sobre o quê, estava aturdida, inquieta. Pensava a todo momento: "Quando ele vai falar, dar o xeque-mate? O que veio fazer?". E ele não dizia a que tinha vindo. O papo prosseguiu, eu desviando para cá e para lá, louca para que Olavo Júnior abrisse o jogo. Uma hora, não me contive:

– Então, Olavo...

Ele levantou-se:

– Já vou indo...

– Sim, mas veio aqui fazer o quê? Dizer o quê?

– Ah! Sim, sim! Veja só a minha cabeça. Vim trazer o convite do meu casamento. Podia ter mandado pelo meu pai, mas estava ansioso para conhecê- la. Assim, vim pessoalmente pedir que a senhora vá ao meu casamento com a Nadia Rizzo, agora no dia 27. – Conhecer...? Casamento...? – Estava curioso demais, precisava te conhecer, estar cara a cara, conversar... – E...?

Tudo eram reticências.

– Fiquei muito contente, estou satisfeito. Obrigado.

Caí para trás. O bom é que fiquei encantada com o menino, ele foi uma gracinha. Contei para Olavo, ele se mostrou aliviado, vivia preocupado, com medo de que os filhos se ressentissem com a minha entrada na família, era preciso cuidado, habilidade."

Num aniversário dele, logo depois de iniciado o namoro, Marta Azevedo entrou na casa, beijou o tio e ao pé do ouvido dele perguntou:

– Cadê a Daisy?

– Mas como?

– A Daisy!

– Ninguém nesta festa perguntou pela Daisy, tinha de ser você, sua cara-de-pau?

– Lógico, cadê a Daisy?

"Lembrei a ele", diz Marta, "do meu pai que era um tremendo mulherengo e que cada vez que trocava de mulher, botava debaixo do braço e apresentava a todo mundo."

– Tem de fazer como meu pai, bota embaixo do braço e apresenta!

"Ele me olhou com surpresa e espanto, eu sabia que não era seu gênero, mas precisava provocar e só eu podia fazer isso."

– Pensa! Está certo fazer isso? Esconder? Traz e apresenta!

Os filhos de Olavo admitem hoje que, inicialmente, quando tiveram certeza de que o pai estava namorando, houve um estranhamento, mas não gerou uma barreira, nem discórdia. Os irmãos contam que Paulo, em um momento de nervosismo e angústia, chegou a interpelar o pai, manifestando-se contra a ligação, todavia Olavo respondeu:

Daisy e Olavo no apartamento da Rua Higienópolis em São Paulo. Foto rara, a intimidade. 1984.

"Nunca interferi nas escolhas de vocês. Não são vocês que vão interferir nas minhas". E o assunto morreu aí. Claro que era um tema a ser tratado com luvas de pelica, muito delicadamente. Maria Alice comentou: "Papai, acho que está na hora de você se casar de novo. Faz quase dois anos que mamãe morreu, você vem tendo uma vida solitária, acho que está na hora de ter uma companheira. Não conheço a Daisy, mas você sempre escolheu bem as pessoas, tenho certeza de que soube escolher perfeitamente sua segunda mulher".

Daisy rememora: "Tive uma cúmplice nessa história, uma mulher que ficou a meu lado e foi maravilhosa, atuando dos dois lados, a Vivi, Maria Vicentina, irmã do Olavo. Pessoa experiente, sensível, mulher múltipla, doce. Uma vez, viajamos juntas, fomos a Estocolmo e os homens foram cuidar das coisas deles, saímos a passeio, fomos a uma megaloja que tem de tudo, sentamos para um chá. Conversamos por três horas, veja que coisa! E tínhamos acabado de nos conhecer. Além de tudo, Vivi tem muito senso de humor. Bem, por um tempo, Olavo e eu pensamos como agir em relação aos filhos. Era um terreno delicado. Finalmente, decidimos uma estratégia. Daríamos um jantar a cada sábado, ora para um filho, ora para o outro".

Marta Azevedo, ao saber disso, brincou com Olavo: "Se você for convidar um por um e ainda formando a fila pela data de nascimento, quando chegar no mais novo, estará morto...". Daisy reforça essa blague:

"Imagine, eram sete. Um deles jovem demais, o Ricardo, nossa principal atenção. A via-sacra não acabava mais. A Neca foi a primeira e quando ela chegou, mal entrou, abri meu coração:

– Sabe de uma coisa? Estava morrendo de medo de você.

Ela como que deu um suspiro, aliviada.

– Eu também.

Rimos, o mal-estar passou. Assim, recebemos um a um, nos aproximamos, tive sorte, todos foram agradáveis comigo. Claro que existem outros aspectos, obstáculos naturais, travamento, não é fácil a relação madrasta-enteados, as coisas às vezes são ásperas. Mas eu conhecia a situação, tinha passado por ela, tinha tido a minha cota de sofrimento e dor, amadureci".

Daisy sabia bem do que falava, a relação dela com Veridiana, sua enteada, filha de um casamento anterior de Jorge Prado, tinha sido cheia de percalços. Veridiana cresceu, acabou se casando, tendo filhos que Daisy criou como seus netos, mas houve no meio uma tragédia. O menino mais velho, um dia, com os ouvidos tapados por um aparelho eletrônico, caminhava pela rua ouvindo música, não percebeu um ônibus que vinha em sentido contrário. Uma pancada e o menino, com dezoito anos, morreu. Foi pesado. Um carma, porque veio também a morte de Jorge Prado, o pai, e de uma tia de Veridiana. Sem esquecer que a dor vinha de mais longe, com a morte da primeira mulher de Jorge, depressiva, que se suicidou. "Veridiana é pessoa doce, o que passou não desejo a ninguém, a filha dela me trata de avó, sempre que posso trago as duas para junto de mim." Daisy, do casamento com Jorge Prado, teve uma filha, Maria Beatriz, que lhe deu três netos, duas mulheres e um homem.

331

Alfredo tem nítido ainda o primeiro encontro com Daisy. "Soube da Daisy por meio da Maria Alice, que foi a primeira a ser recebida por eles. Eu era muito bravo nessa época, menos do que sou hoje, claro, e os dois morriam de medo de minha reação. Fui um dos últimos a ser apresentado a ela, mas tudo correu suavemente, sem atritos, sem farpas. Achei ótimo que, finalmente, meu pai tivesse se aberto para a vida, eu o via em casa triste e solitário e quando vi que ele encontrou Daisy, achei uma ótima notícia." Ricardo era o filho que mais necessitava de atenção. Mesmo sendo muito jovem, ele intuiu isso:

"A chegada da Daisy gerou uma certa desconfiança, o que era natural. Acontece que por ser o menor, não ter ainda amadurecido, eu não me deixei permear por essa desconfiança. O que vi foi papai e Daisy construindo uma coisa fantástica, derrubando todas as resistências. Acabei tendo um belo relacionamento com ela, digo mais, a mulher com quem me casei foi ela quem me apresentou. Daisy conseguiu derrubar todas as barreiras, era vivida, com muito jogo de cintura e paciência venceu as resistências, soube esperar o momento para conquistar cada um individualmente, nunca tentou se impor, ser a mãe, ocupar o lugar da outra, a minha mãe. Acho que ambas têm em comum uma exuberante alegria de viver. Mamãe gostava de coisas culturais, Daisy, de coisas sociais. Mamãe seria alguém olhando a sociedade com olhos críticos, Daisy é alguém da sociedade olhando para a sociedade, mulher que tem um enorme poder e facilidade de se relacionar e ela conseguiu mostrar esse lado para o meu pai. Um lado mais descontraído, solto, *savoir vivre, savoir faire*. Ela soltou as amarras de meu pai, rompeu suas travas. E ele gostou desse novo Olavo que ela liberou".

Marta Azevedo conclui: "Divertida, exuberante, fácil de se relacionar, alegre, Daisy cativou tio Olavo, como cativa todo mundo".

Complexa, delicada, eram as relações com dona Alice, mãe de Tide, que estava, inclusive doente, com câncer. Ela não aceitava Daisy, manteve-se sempre arredia, quando o assunto entrava em cena, ela desviava.

Apaixonados, Olavo e Daisy decidiram se casar. Sem pressa. Marcaram para o fim do ano, dezembro seria uma boa data. A notícia correu, era destaque em toda a mídia, todavia tudo foi muito simples, ao contrário da sociedade que esperava uma megafesta, dado o nome e o prestígio dos dois. Na manhã do dia 27 de dezembro, houve uma cerimônia religiosa na Capelinha de São Pedro e São Paulo no Morumbi, um espaço pequeno, íntimo, rodeado por árvores. Não havia mais de cinquenta pessoas, quase todos familiares e uns poucos amigos. Na casa da Rua Sergipe aconteceu uma recepção íntima e, no dia seguinte, o casal embarcou para a lua-de-mel em Salvador, onde deveria permanecer até o dia 10 de janeiro. O casamento civil aconteceu apenas três anos depois.

No entanto, no meio da lua-de-mel, dona Alice, sogra de Olavo, faleceu, a viagem foi interrompida, eles voltaram rapidamente. Daisy sofreu um trauma, teve que se valer de todas as suas forças. Um momento delicado, complexo.

"Quando chegamos, estava aquela choradeira em casa, e me senti péssima, intrusa, pensando que tinha chegado na hora errada, estava tudo ruim, devia voltar para a minha casa. Respirei fundo, senti que havia uma hostilidade reprimida, mas como já vivi muito e também sei que no sofrimento se amadurece e se fortalece, aguentei, tudo precisa um tempo, tudo precisa ser reinventado a cada dia. Olavo tinha decidido não deixar a casa, pediu que eu fosse morar com ele.

– Não, respondi! Você é que vem morar comigo.

– Não posso fazer isso! Porque os meninos vão pensar que eu simplesmente os abandonei.

Os meninos eram três agora, Alfredo, José Luiz e Ricardo, Roberto já estava casado com Maria Hilda. Ficamos mais uns anos naquela casa, poucos, diga-se de passagem, e nesse tempo José Luiz se casou com Gisela Oliveira de Mattos, sua primeira mulher, em julho de 1982 e, em seguida, o Alfredo se casou com Rosemarie Teresa Nugent em setembro de 1983. Levando Ricardo, Olavo e eu nos mudamos para meu apartamento na Avenida Higienópolis, um pouco à frente. Depois, o Olavo passou a me dizer que eu devia arranjar uma esposa para o

333

Daisy e Olavo com o filho Alfredo, no apartamento em Lisboa, 2005.

filho e não é que arranjei mesmo? Ricardo acabou se casando com Lavinia Ribeiro do Valle, de tradicional família. Ficamos sós, Olavo e eu, e tocamos nossa vida, tantas coisas aconteceram, o Ministério das Relações Exteriores, a candidatura ao governo do Estado, a aposentadoria dele nas funções executivas no Itaúsa, as viagens, Paris, a paixão dele pela arte, sua saúde declinando."

Capítulo 12
Um homem cordial e seu partido

No ônibus, o dr. Tancredo

Foi a necessidade financeira da Prefeitura paulistana que aproximou Olavo do senador Tancredo Neves – e a aproximação lhe abriu caminho para uma intensa atividade político-partidária.

Olavo costumava dizer que a amizade com o governador Paulo Egydio Martins fora essencial para assegurar à Companhia do Metrô as condições para executar com a velocidade possível as obras que o crescimento da cidade exigia. Quando terminava o mandato de Paulo Egydio e ele mesmo, Olavo, estava para deixar o cargo de prefeito de São Paulo, os dois governantes acertaram que o controle da empresa passaria para a esfera estadual, visto que a capacidade financeira da Prefeitura estava esgotada. Mesmo, porém, já tendo acertado a transferência para o governo do Estado das responsabilidades pelas obras do metrô dali em diante, Olavo quis deixar a empresa suficientemente capitalizada. E, para capitalizá-la, era necessário contrair dívidas de bancos estrangeiros. As dívidas, porém, exigiam autorização prévia da Comissão de Finanças do Senado Federal.

O secretário das Finanças, Sérgio de Freitas, foi enviado a Brasília para negociar a autorização do Senado e, como forma para convencer os integrantes da Comissão de Finanças a aprovar o aumento do endividamento da Prefeitura paulistana, convidou-os para visitar a cidade e as obras do metrô.

"Os senadores fazem isso com prazer", recordou Olavo muitos anos depois, ao depor para sua biografia.

Onze membros da Comissão de Finanças, liderados pelo paraibano Cunha Lima, do MDB, estiveram em São Paulo no dia 4 de maio de 1979 para conhecer a cidade, seus problemas e suas necessidades, parte das quais seria atendida pelo empréstimo de cinquenta milhões de dólares que a Prefeitura pretendia contratar. O passeio, ciceroneado por Olavo, começou exatamente às nove e trinta e cinco, na Avenida São Luís, em ônibus especial. Depois de percorrer Higienópolis – um bairro "em processo de deterioração", como frisou Olavo –, o ônibus seguiu para a Zona Leste.

Pelo microfone, Olavo informou aos senadores que iriam conhecer a região mais pobre da cidade, mas antes enfrentariam congestionamentos, por causa das chuvas e da greve de ônibus que paralisava a cidade. Ao longo do trajeto, o prefeito foi apresentando as obras, as avenidas, os problemas desde suas origens até o presente, para, dessa demonstração, concluir que a cidade tinha necessidades gigantescas.

Na Avenida Marginal Tietê, disse que aquela era uma via idealizada por Prestes Maia e construída por Faria Lima, mas que ali ocorrera, em 1929, a maior enchente da história da cidade. Na altura da ponte do Rio Tamanduateí, lembrou que a primeira retificação do rio fora feita em 1908, mas sua remodelação recente, para aumentar sua vazão (de 100 para 408 metros cúbicos por segundo), custara quatro bilhões de cruzeiros (a moeda da época). Um dos senadores, o mineiro Tancredo Neves, quis saber do prefeito o que havia na cidade para tratamento e disposição final dos esgotos. A resposta de Olavo, curtíssima, foi chocante para o senador: "O Tietê é um esgoto a céu aberto, sem nenhum tratamento".

Já na Zona Leste, os senadores se detiveram para conhecer o Viaduto Aricanduva, que liga a avenida do mesmo nome à Marginal do Tietê. Ali, Olavo falou da importância da obra para a Zona Leste, de sua múltipla finalidade (canalização do rio para reduzir enchentes, instalação de sistema de coleta de esgotos, avenida de pista dupla para dar fluidez ao trânsito e ordenar a ocupação da área) e de seu custo: "Cr$ 2 bilhões". Depois, a comitiva parou na Cohab de Itaquera, "o maior conjunto habitacional do País", como o descreveu Olavo. Ali poderiam morar 150 mil pessoas. O senador Jorge Kalume, do Acre, não se conteve: "Puxa, tem mais gente aqui do que no meu Estado".

Não chegava a tanto. Mas era, mesmo, um conjunto enorme. Apesar das dimensões da Cohab de Itaquera, o problema habitacional de São Paulo estava longe da solução, como Olavo observou na conversa com os senadores. Sobre os repasses de dinheiro do governo federal para a cidade, o prefeito os considerou insignificantes: apenas duzentos milhões de cruzeiros por ano, um décimo do custo de uma obra como a da Avenida Aricanduva.

A visita dos senadores terminou com um jantar oferecido por Olavo em sua residência, na Rua Sergipe. Importante para São Paulo, pois serviu para mostrar aos membros da Comissão de Finanças do Senado as carências da cidade e a necessidade de financiamentos externos para a Prefeitura, o contato com os senadores teve uma consequência indelével para a vida política de Olavo, que quase três décadas depois rememoraria: "Foi meu primeiro contato pessoal com o Tancredo, que transcorreu de maneira muito cordial. Foi o início de minha convivência com ele. O contato fluiu e eu senti que o marquei".

Na Arena, não

Alguns dias depois de receber os membros da Comissão de Finanças do Senado em São Paulo, Olavo anunciou que, após deixar o cargo de prefeito, deixaria também o partido ao qual estava filiado, a Arena, para trabalhar na criação de um novo partido. Não se tratava, esclarecia, de rompimento com o governo nem de desejo de ingressar no outro partido, o MDB. Havia necessidade de criação de uma nova agremiação política, pois o bipartidarismo então existente era inviável, já que, por decisão do governo militar, não se permitia a alternância no poder.

O partido que ele pretendia organizar não devia ser igual aos já existentes.

"Não podemos continuar com partidos que discutem obras ou homens. Tem que haver ideologia."

Além de ter conteúdo ideológico, o partido de Olavo deveria ser capaz, a partir da experiência de São Paulo, de lutar em nível nacional pelo desenvolvimento social e econômico, integrando as massas marginalizadas ao processo político. Deveria defender "um modelo econômico compatível com a política social justa e realista".

"Um partido com programa baseado nos princípios da sociedade ocidental e cristã, dentro de um processo econômico de livre iniciativa", resumia.

Algum tempo depois de ter deixado a Prefeitura, Olavo recebeu um telefonema do senador Tancredo Neves, que queria visitá-lo e perguntava se ele aceitava recebê-lo na casa da Rua Sergipe. O encontro foi marcado rapidamente:

– Vim aqui para convidá-lo a ser meu homem na formação do novo partido em São Paulo – disse-lhe Tancredo.

– Mas, dr. Tancredo, eu não tenho experiência política – respondeu Olavo.

– Não, o senhor tem experiência política. Eu acompanhei sua atuação na Prefeitura e estou convencido de que o senhor tem condições para fazer carreira política.

– Convidado nesses termos pelo senhor, eu aceito.

Com o mesmo empenho com que se dedicara antes à constituição e consolidação da Deca, à recuperação e expansão da Duratex, ao crescimento do Itaú e, mais recente, à cidade de São Paulo como seu prefeito, Olavo passaria a dedicar-se à formação do novo partido. Tinha certeza de que ele desempenharia um grande papel no novo quadro político nacional que já estava sendo desenhado.

No dia 18 de julho de 1979, estava no Rio de Janeiro para uma conversa com políticos na qual discutiria a formação do novo partido, que teria uma orientação independente, seria diferente do que existia então. A reunião se realizou na casa do diplomata Villar de Queiroz, que fora assessor da área internacional de Delfim Netto, quando este ocupou o Ministério da Fazenda no governo Médici. Estavam presentes, como convidados, o ex-secretário da Educação de São Paulo José Bonifácio Coutinho Nogueira – o Bonifácio da Turma do América –, o ex-governador do Rio Grande do Norte Aluísio Alves, o deputado federal Henrique Alves, também do Rio Grande do Norte, o ex-deputado federal mineiro José Aparecido de Oliveira, assessor político do senador mineiro Magalhães Pinto.

Incomodado com as articulações que Olavo vinha desenvolvendo com êxito reconhecido publicamente, o governador Paulo Maluf começou a se referir ao partido em formação como o "partido dos banqueiros". Entre os que participavam das discussões desse partido havia, de fato, políticos que tinham desempenhado funções de direção em bancos, a começar por Olavo Setubal, do Itaú, e Paulo Egydio Martins, que fora diretor e sócio do Comind. Laudo Natel, com quem Olavo discutira a questão do novo partido, fora diretor do Bradesco. Magalhães Pinto era o controlador do Banco Nacional, instituição da qual fora diretor o ministro do Trabalho (e ex-secretário da Fazenda do governo Paulo Egydio), Murillo Macedo, com quem também Olavo mantivera conversações políticas.

A resposta de Olavo à maldade de Maluf foi quase de desdém. O quadro político brasileiro, dizia didaticamente, não oferecia espaço para a criação de partidos de banqueiros, de empresários nem de outras categorias sociais ou econômicas. O que ele, Olavo, estava organizando era baseado em ideias, princípios, não em pessoas. E, sempre didático, completava: "Os partidos devem representar interesses amplos, da população e da Nação".

A abertura inevitável

Fazia já algum tempo que Olavo vinha propagando suas ideias, para todo tipo de público que quisesse ouvi-lo. Aceitava todos os convites para proferir palestras, fossem de associações empresariais ou de bairros, clubes de serviços. Paraninfava todas as turmas de universitários que estivessem dispostas a tê-lo como paraninfo. Num dia era a turma da Escola Politécnica da Universidade de São Paulo, onde ele se formara. No outro eram as turmas de Administração de Empresas e de Economia da Pontifícia Universidade Católica (PUC) de São Paulo, a de Administração da Fundação Armando Álvares Penteado (Faap), a de Engenharia da Faculdade de Engenharia Industrial (FEI), a de Medicina da Faculdade de Medicina de Santo Amaro, a de Tecnologia da Universidade Mackenzie, todos na capital. Depois, passou a falar para formandos de outras cidades, como a turma de Psicologia da Universidade de Mogi das Cruzes. E a lista foi crescendo.

Não escolhia público. Onde houvesse uma tribuna, pregava suas ideias. Falava para membros da Associação dos Jornalistas de Economia de São Paulo e para políticos na cidade catarinense de Itajaí. Debatia com personalidades filiadas a outros partidos, como o ex-deputado Mário Covas e o deputado Alberto Goldman, do PMDB, e o ex-prefeito de Osasco Guaçu Piteri, do PDT.

Em seus pronunciamentos, dizia que, nos quinze anos anteriores, o Brasil fechara para se desenvolver, mas era a hora de prestar contas. E a prestação de contas viria pela abertura política, da qual o primeiro passo seria, a seu ver, a anistia – que veio, de fato, alguns meses depois, "ampla, geral e irrestrita", como a proclamou o governo Figueiredo.

Certo dia, recebeu do professor Riordan Roett, um conhecido *brazilianist* (expressão utilizada para designar acadêmicos americanos interessados em estudar questões brasileiras), convite para expor suas ideias na School of Advanced International Studies da The Johns Hopkins University, em Washington. Relutou em aceitá-lo. Que interesse teria aquele público em suas ideias, em sua avaliação do quadro político, em sua abnegada pregação pelo Brasil? Discutiu o convite com o amigo Moraes Abreu, com o primo Laerte Setubal e com o assessor José Eduardo Faria. Foi convencido por eles a viajar para os Estados Unidos. Isso poderia dar maior dimensão a sua pregação.

A conferência que preparou para proferir no dia 20 de fevereiro de 1980 na universidade americana, tendo como tema "A reforma partidária", tornou-se sua análise mais abrangente da evolução recente do quadro político brasileiro. Preparada para um público estrangeiro – e por isso facilmente compreensível para um brasileiro comum –, didática sem ser simplificadora, a exposição passou a ser a referência da avaliação da política brasileira por Olavo Setubal, citada por analistas da imprensa e por outros políticos.

O movimento de 1964, dizia Olavo no início da conferência, fora a resposta necessária do Exército às políticas populistas e à desordem no campo administrativo do governo de então. Iniciava-se, com a chegada dos militares ao poder, "um novo ciclo no processo brasileiro e cujo objetivo maior seria dotar o País de um capitalismo maduro: uma estrutura econômica moderna, de grandes unidades, internacionalizada e viabilizada pela associação de empresas nacionais privadas e públicas com corporações estrangeiras".

Em sua fase inicial, o regime militar colocou em prática um programa econômico ortodoxo, para recuperar a capacidade decisória do sistema político, por meio da modernização administrativa, da atualização da legislação, do controle da inflação e da criação de mecanismos de formação compulsória de poupança, para capitalizar o setor privado e gerar recursos para os investimentos públicos. Na segunda etapa, favorecida pelo bom desempenho da economia mundial, buscou-se o crescimento econômico.

O controle tecnocrático da política econômica levou à formação de um Estado planejador, regulamentador, investidor e produtor, simultaneamente, e à ampliação de seu poder de intervenção não só no campo monetário, mas também na formação dos preços, no sistema financeiro e na produção de bens. Justificava-se tudo como necessário ao processo de modernização do País. O bom desempenho da economia legitimava essa prática. Mas veio a crise externa (o primeiro choque do petróleo, na primeira metade da década de 1970; o segundo choque, no final da década, seguido da alta espetacular dos juros americanos):

"No momento em que a conjuntura internacional tornou-se sombria, com a crise do petróleo e a crise do dólar influindo decisivamente sobre a recessão e a inflação mundiais, apareceram os pontos de estrangulamento do modelo econômico e do sistema político vigentes em meu país".

O Brasil crescera, é verdade, mas pagara um "pesado ônus" por isso:

"Um custo social, em termos de distribuição de renda. Um custo político em termos de inexistência de mecanismos que canalizassem as insatisfações e as exigências por igualdade. Um custo cultural, em termos de censura e falta de estímulo à criatividade".

Em seguida, Olavo expôs uma tese inovadora, que se tornaria a chave de sua explicação para a crise brasileira:

"Ora, como o regime condicionara sua legitimidade a sua própria eficiência, a crise econômica imediatamente se converteu em crise política. Cada dificuldade conjuntural transformou-se numa crise de validade de toda a filosofia governamental pós-64. E o amplo descontentamento popular, aliado à identificação de alguns sérios equívocos na formulação de uma política socioeconômica de inspiração tecnocrática, como a construção de obras faraônicas e a ênfase à produção de bens duráveis de consumo, foi ampliando cada vez mais o hiato entre o Estado e a sociedade".

No plano político, o regime começou a colher derrotas já em 1974. Essas derrotas trouxeram lições, como a de que o contrato social do regime militar "estava sendo minado pela sua disposição de condicionar o desenvolvimento político à performance econômica", e a de que o bipartidarismo pouco representativo "transformara cada eleição legislativa numa espécie de plebiscito".

Bastou um mínimo de liberdade política para o eleitor passar "a votar sistematicamente contra o governo" e para o debate sobre a legitimidade do sistema tornar-se "contundente". Mas o debate não se travava nos partidos, "que não tinham a menor expressão", e sim nos sindicatos, nas entidades empresariais e nos meios religiosos.

"A sociedade exigia ainda mais liberdade. O governo, maior responsabilidade de cada cidadão. O confronto, portanto, tornou-se inevitável."

Sem formas institucionais de expressão política, as novas forças sociais começaram a se manifestar da maneira que podiam:

"E o resultado foi o aparecimento de canais subterrâneos que associariam novas constelações de interesses, para os quais a estrutura bipartidária rígida funcionou apenas como uma fachada de agregação de grupos de pressão. O fim da vigência do Ato Institucional nº 5, o compromisso do presidente João Figueiredo de completar a redemocratização iniciada por Ernesto Geisel, a proposta de anistia para permitir a reintegração de cassados, ex-presos políticos, exilados e ex-terroristas, e por fim a reforma partidária (em tese destinada a acabar com o bipartidarismo) foram passos no sentido de desvincular o desenvolvimento político do desempenho da economia. Como a sociedade não aceitou ser cooptada pelo regime, o processo tornou-se irreversível. Nos dias de hoje, assistimos a um profundo, saudável e consequente debate político que visa, justamente, a encontrar um grau ótimo de democratização entre o que é oferecido pelo Estado e o que é exigido pela sociedade".

Depois, Olavo apontou a importância dos partidos: "Os partidos talvez não sejam tudo numa democracia. Mas, certamente, são o mais importante ponto de partida para um regime justo, livre e aberto".

O objetivo desse regime, a seu ver, seria compatibilizar a liberdade política com a busca de maior igualdade social:

"Unificar a reivindicação de liberdade, no plano político, com a reivindicação de igualdade, no plano social, pode não ser tarefa fácil de ser executada. Mas, seguramente, não é uma tarefa impossível. Mesmo porque a tentativa de encontrar uma fórmula política que unifique o liberalismo com a democracia não é um problema peculiar ao Brasil, mas a todo o mundo ocidental nesta era de confrontação tecnológica e de escassez de energia."

No dia seguinte, Olavo voltou a tratar de temas semelhantes a esses em pronunciamento que fez no almoço que lhe foi oferecido pelo Chase Manhattan Bank no Center for International Relations, em Nova York (a homenagem se devia ao fato de o Banco Itaú estar inaugurando, naquele dia, sua agência nova-iorquina). Diante dos ministros do Planejamento, Delfim Netto, e da Fazenda, Ernane Galvêas; do presidente do Chase, David Rockefeller; de diretores do Chase e do Itaú; e de convidados, Olavo disse que a dinamização da economia brasileira foi obtida "com alguns sacrifícios de liberdade política".

Mas mostrou confiança no futuro do Brasil: "Hoje, estamos presenciando no Brasil um extraordinário desenvolvimento político, que certamente integrará nosso país no rol das nações politicamente desenvolvidas".

"Um liberal puro"

Foi num almoço em Brasília, no dia 28 de novembro de 1979, com a presença também do deputado Herbert Levy, que o senador Tancredo Neves incumbiu, formalmente, Olavo Setubal de organizar o novo partido em São Paulo.

343

"Ele me afirmou que, em sua opinião, me deve ser entregue a organização do partido em São Paulo."

Era impressionante como esse homem acostumado a tomar decisões e a transmitir ordens e instruções a subordinados sempre prontos para atendê-lo com presteza, como ocorrera ao longo de sua vida empresarial e no tempo em que ocupara a Prefeitura, agora se dispunha a ouvir pelo tempo que fosse necessário políticos desconhecidos, de importância municipal. Discutia longamente questões de alcance diminuto, de interesse meramente local, pois só assim poderia ampliar o PP. Vivia viajando pelo interior e pelos bairros da capital. Uma hora estava inaugurando um diretório distrital do PP na periferia de São Paulo, ao lado de políticos locais; em outra viajava por cidades como Ribeirão Preto, Bauru, Jaú, Águas da Prata – a Prata, onde ficava a casa na qual descansava quando podia e na qual seus filhos se divertiam nas férias, e onde politicamente formara aliança com o ex-prefeito Wolgran Junqueira Ferreira –, São Bernardo do Campo, Osasco, Sorocaba, Piedade e muitas outras.

Trocou o cardápio dos melhores restaurantes de São Paulo, que se habituara a frequentar, por sanduíches improvisados. Seu motorista – o mesmo Gelson, que o servia e à sua família, havia vários anos – era o encarregado de providenciar, nas padarias que encontrava pelo caminho, os componentes básicos do sanduíche – pão de forma, presunto e queijo –, que eram acondicionados numa caixa de isopor e se tornaram a alimentação habitual de Olavo nas viagens pelo interior.

Submeteu-se a situações que – como descreveu um companheiro de negociações daquela época, o empresário e ex-ministro Roberto Gusmão – políticos tradicionais tratavam com a manha adquirida ao longo da vida, mas ele tratava com pureza: "Quando a gente foi à Câmara Municipal de uma cidade da região de Ribeirão Preto, ele fez o discurso como se estivesse falando na Câmara Municipal de São Paulo ou para uma plateia de universitários. Não mudava sua personalidade".

Mesmo assim, angariava simpatias e adesões. Diz Gusmão: "As conversas políticas do Olavo eram muito sérias, e ele era também um ser político. Sabia agradar às pessoas. Não era autoritário, como erradamente podiam pensar algumas pessoas. Era um democrata, um liberal

Reunião do Partido Popular, 1981.

puro. Nunca tentou ser social-democrata, social isso, social aquilo. Era liberal mesmo".

Mesmo um adversário no período da reformulação dos partidos, o senador José Sarney (na época, passando da Arena para o PDS) – que mais tarde, ao exercer a Presidência da República, o teria em sua equipe como seu ministro das Relações Exteriores –, reconhece o papel político de Olavo: "Ele engajou-se com grande determinação no processo de redemocratização do País, o que não era fácil sendo um empresário à frente do império que comandava".

Mais tarde, no período de escolha do sucessor do presidente João Figueiredo, Olavo e Sarney tornaram-se aliados políticos. Juntos, participaram das articulações para a consolidação da candidatura de Tancredo Neves à sucessão presidencial. É dessa época que o ex-presidente da República se recorda bem de seus contatos com Olavo: "Olavo sempre foi um brasileiro profundamente interessado nos problemas nacionais, pelas coisas do nosso país. Sempre com ideias, que defendia com certo ar professoral, porque ele sempre tem um ponto de vista, uma doutrina já escolhida, uma visão sobre o País".

Trazia para o debate político, ainda nas palavras de Sarney, "o peso da autoridade que tinha como grande empresário e também como um homem interessado pelo País e respeitado pela visão que tinha da sociedade brasileira".

Mesmo tendo como bagagem essa grande experiência, cumpria todas as tarefas que julgava necessárias para expandir e consolidar o PP em São Paulo. Uma dessas tarefas, transmitida pelo senador Tancredo Neves, foi a de procurar o ex-presidente Jânio Quadros – então envolvido na reconstituição do Partido Trabalhista Brasileiro (PTB) ao lado da ex-deputada Ivete Vargas –, para convidá-lo a filiar-se ao PP.

No dia 1º de dezembro de 1979, Olavo foi ao Guarujá, para falar com o ex-presidente. Levava uma carta de Tancredo, resumindo os objetivos do encontro. Jânio, que adorava dizer frases curiosas, leu a carta, olhou nos olhos de Olavo e o chamou de "postalista ilustre". Era apenas uma expressão espirituosa, como outras tantas que o ex-presidente se orgulhava de ter cunhado. Não tinha relevância, nem resumia compromissos, sobretudo políticos, dos quais Jânio fugia como o diabo da cruz.

Sem nada a ganhar, Olavo tinha, porém, muito a perder na tentativa de aproximação com Jânio a partir de princípios e programas políticos, como perderiam outros que tentassem jogada semelhante. Quando jogava o jogo político, os interesses de Jânio eram outros.

O jornal *O Estado de S.Paulo*, que apoiara Olavo durante sua gestão na Prefeitura, viu com maus olhos esse encontro, como deixou claro em editorial:

> *O homem que governou com probidade impecável e com rara habilidade a cidade durante mais de quatro anos, e que no mesmo período se sagrou como exceção à regra da mediocridade nacional, esse homem é agora o*

*ambulante do Partido Independente (ainda não fora adotada a sigla PP), a ver se ainda consegue deixar a ideia pelo menos na casa dos que **já foram** alguma coisa no País. Levou-o o extremo dessa prática de mendicância política, nos últimos dias, à casa do sr. Jânio Quadros no Guarujá, cujas realizações, na árdua fase histórica que curtimos e em que nos expomos à fadiga e ao desgaste, só exprimiram diletantismos pessoais, literários ou artístico-plásticos.*

Olavo dizia esperar a adesão ao partido que estava articulando de todos os ex-governadores, com exceção de Laudo Natel (que tomara outro rumo político; os demais eram eles Lucas Nogueira Garcez, Jânio Quadros, Roberto de Abreu Sodré e Paulo Egydio Martins). Ex-governadores de outros Estados que ocuparam o cargo durante o governo Geisel, como Nunes Freire (Alagoas), Roberto Santos (Bahia), Jaime Canet (Paraná), Sinval Guazelli (Rio Grande do Sul) e Irapuan Costa Jr. (Goiás), estavam sendo consultados por Paulo Egydio para aderirem ao novo partido.

Mas malufistas, Olavo fazia questão de destacar, não cabiam no partido que estava sendo organizado por Tancredo em nível nacional e por ele em São Paulo: "Não quero os malufistas porque o Partido Independente é de oposição. Os malufistas devem ficar no partido do governador Maluf, não vejo outro lugar para eles. Seria total incoerência que, no pluripartidarismo, um partido oposicionista abrigasse adeptos da situação".

Foi isso, aliás, o que mais desgastou o bipartidarismo e impediu a consolidação da Arena e do MDB.

O nome mais citado para a futura agremiação era Partido Independente, maneira que a imprensa encontrou para se referir a ele, distinguindo-o dos partidos já existentes. Olavo até o empregava, mas preferia "Partido Democrático", pois era "um nome simples e sem compromissos com os fantasmas do passado".

Alguns dias depois, ao comparecer com Paulo Egydio à reunião de organização do partido, que se realizou em 4 de dezembro de 1979 no

Congresso Nacional, participou da votação para a escolha do nome da agremiação. Contou que, como Paulo Egydio, sugeriu o nome de "Partido Democrata Social". Venceu, porém, o nome "Partido Popular". Dali em diante, a nova agremiação seria tratada por PP.

Candidato a governador

Pelos resultados de seu trabalho de organização do PP em São Paulo, Olavo foi incluído, em janeiro de 1980, entre os membros da Comissão Nacional Provisória do partido. Por estar acima das disputas entre as várias correntes que se juntaram para formar o partido, chegou a ser citado como futuro presidente da agremiação.

O presidente nacional escolhido em 13 de março de 1980 foi Tancredo Neves. A Comissão Executiva Nacional tinha ainda os seguintes membros: vice-presidente, ex-governador Aluísio Alves; secretário-geral, deputado Miro Teixeira; primeiro-secretário, senador Afonso Camargo Neto; primeiro e segundo tesoureiros, senadores Gastão Muller e Evelásio Vieira.

A reunião da Executiva Nacional formalizou a constituição da Comissão Diretora Provisória do PP em São Paulo, presidida por Olavo Setubal e tendo como membros as seguintes pessoas: Francisco Amaral, prefeito de Campinas, como secretário-geral e, como membros, Paulo Egydio Martins (ex-governador, 1975-79), Herbert Levy (deputado federal), Caio Pompeu de Toledo (deputado federal), Waldemar Chubacci (deputado estadual), João Aparecido de Paula (vereador em São Paulo), Celso Amato (prefeito de São José do Rio Pardo), Cláudio Lembo (presidente da extinta Arena, 1975-79), José Roberto Faria Lima (ex-deputado federal, 1974-78) e Roberto Gusmão (empresário, ex-delegado Regional do Trabalho, 1960-63, e ex-vereador paulistano, 1962-66).

Como resultado de suas negociações e de seu trabalho de organização do PP em São Paulo, Olavo contabilizava, em fevereiro de 1981, a existência de 330 comissões provisórias de seu partido atuando na capital e nos diferentes municípios paulistas. Em abril, porém, ao encontrar-se em Brasília com o presidente nacional do partido, Tancredo Neves, para entregar-lhe formalmente as atas de constituição das comissões executivas provisórias registradas no Tribunal Regional Eleitoral (TRE), Olavo tinha em mãos os documentos relativos a 138 municípios.

Era bem menos do que estimara alguns meses antes, mas não era, a seu ver, um resultado desanimador, pois o trabalho ainda estava no início. Em 33 dos 138 municípios em que o PP se organizara, durante todo o regime militar só houvera um partido político, a Arena governista. Esse dado mostrava a penetração do partido nas bases eleitorais, o que levava Olavo a prever que "muita gente vai ficar surpresa com os resultados que vamos conseguir".

Tendo o terceiro partido, o PMDB, ocupado um espaço de maior resistência ao regime militar, não seria o PP apenas uma "oposição confiável" ao sistema e ao governo, como diziam alguns de seus críticos? A um jornalista que lhe fez essa pergunta, Olavo respondeu: "O senador Tancredo Neves, presidente do PP, respondeu, há muito pouco tempo, a essa indagação, dizendo que o Partido Popular é confiável, como oposição, ao povo do Brasil, aos eleitores brasileiros; que não tem nenhum compromisso com o governo; que nada no seu programa e na sua ação justifica a crítica de que ele seria uma linha auxiliar do governo. Ele é um partido novo, moderno, com uma visão reformista da sociedade, que procura manter uma posição de centro, distante dos radicalismos de direita e de esquerda, uma visão econômica descentralizada, baseada numa economia de livre iniciativa, e nada na sua estrutura justifica essa crítica, que, na verdade, vem desaparecendo por falta de embasamento".

Na convenção regional do partido realizada em 3 de maio de 1981, na Câmara Municipal de São Paulo, foi oficialmente lançada a candidatura de Olavo Setubal para o governo do Estado e aclamada a indicação de Paulo Egydio Martins como candidato ao Senado. Faixas, cartazes, confetes e serpentinas davam um ar de festa à convenção, na qual Olavo disse, em tom de campanha eleitoral: "É o início de uma grande campanha que levará o PP a assumir o governo de São Paulo e da República, para realizar o grande destino para o qual esta nação nasceu".

Olavo Setubal, ao lado de Tancredo Neves. Atrás de Tancredo, Paulo Egydio Martins na inauguração do Partido Popular, 1981.

Mas não se esqueceu de sua pregação em favor das reformas sociais:

"A sobrevivência da dignidade humana está associada à nossa capacidade de realizar politicamente as reformas sociais que se fazem necessárias. Essas reformas não podem criar um abismo entre o homem de hoje e o país do futuro, mediante a eliminação das liberdades do presente em nome de um hipotético e longínquo bem-estar".

Liberdade de organização e associação era outro tema que o preocupava: "Somente haverá igualdade política quando os sindicatos, as entidades de classe e os partidos conseguirem converter sua representatividade em poder decisório em seus respectivos níveis de atuação".

Controlar o poder estatal, em todos os níveis, era indispensável para se restabelecer o Estado de Direito:

"Sem mecanismos democráticos de controle do poder estatal, das bases municipais aos níveis estaduais e federais, não conseguiremos construir um Estado de Direito legítimo. A democracia só existe numa

sociedade livre e aberta, o que exige o reconhecimento de um plura-
lismo institucional que garanta a cada cidadão a liberdade de opinião
perante o Estado".

Economia de mercado e defesa dos interesses nacionais eram outros pontos que defendia:

"A democracia só é viável mediante uma economia de mercado,
o que exige respeito à soberania do consumidor, o fortalecimento das
pequenas e médias empresas e uma legislação eficaz e legítima contra
o abuso do poder econômico. Na democracia, a defesa dos interesses
nacionais, em hipótese alguma, deve confundir-se com a segurança dos
governantes, na medida em que a força, como todos os seus disfarces, é
incapaz de transformar o medo em lealdade".

Era, na forma e no conteúdo, o discurso de um candidato disposto
a lutar no campo eleitoral. Disposto, mas sempre atento aos riscos.

"Mário, você vai ser governador"

Num ambiente político nacional tenso, porque atentados a bomba
colocavam em risco a continuidade do processo de redemocratização,
ocorreu o primeiro encontro oficial que, na condição de presidente do
diretório regional do PP em São Paulo, Olavo manteve com o presidente regional do PMDB, Mário Covas. Foi num almoço no restaurante
Ca'd'Oro, no centro da cidade, no dia 8 de maio de 1981.

Olavo foi acompanhado do vice-presidente do PP, Roberto Gusmão;
Covas estava com seu amigo Michael Zeitlin. Os dois dirigentes políticos
evitaram conversar com os jornalistas, mas Gusmão passou-lhes algumas
informações sobre os assuntos tratados no encontro. Olavo e Covas acertaram que, se dependesse deles, não haveria acordo com o partido da
situação, o PDS. Eles se manifestaram contra a prorrogação dos mandatos
e contra as sublegendas, mas disseram ser favoráveis às coligações partidárias e aprovaram a iniciativa dos presidentes nacionais de seus partidos
de manifestar apoio ao presidente da República, general João Figueiredo,
num momento em que a estabilidade política do País enfrentava certo

risco. De público, pelo menos, disseram ter evitado discutir nomes que pudessem ser apoiados por uma eventual coligação dos dois partidos para a eleição do governador de São Paulo, dali a algum tempo.

Reservadamente, porém, Olavo tinha tratado do tema com muita franqueza com Covas, a quem disse: "Olha, Mário, eu não sei se vou ser governador de São Paulo".

Não fazia muito tempo, de fato, Olavo havia sido vetado para o cargo pelo general Golbery do Couto e Silva. Isso ocorrera em 1978. Golbery continuava no poder e, assim, poderia intervir para novamente impedi-lo de se eleger governador. A eleição seria realizada em 1982.

Covas, de sua parte, passara por um longo período de ostracismo e recuperara os direitos depois da anistia política de 1979. Mas Olavo completou seu pensamento de maneira convicta: "Mas você vai ser governador de São Paulo, disso tenho certeza".

Não foi apenas a Covas que Olavo disse isso. Certo dia, numa conversa com o senador Marco Maciel, com o qual caminhava de volta para casa após assistir a uma missa na Igreja de Santa Terezinha, na Rua Maranhão, na companhia de sua mulher, Daisy, e de seu assessor e amigo Cláudio Lembo, Olavo parou e disse: "Olha, Marco, vou lhe dizer uma coisa. O Covas vai ser governador de São Paulo".

O senador e ex-vice-presidente da República recorda-se bem do episódio:

"Na época não se falava assim tão nitidamente no nome de Covas para o governo. Era uma figura de expressão, mas não era um nome famoso. Era respeitado em São Paulo, tinha sido deputado, fora cassado, mas não era dos mais falados. Olavo estava certo. Isso mostra que, ao contrário do que muitos diziam, ele tinha intuição política".

Fusão com o partido de Jânio?

Bem ao seu estilo melífluo, sarcástico e sem compromissos de fazer política, Jânio Quadros vivia a elogiar Olavo Setubal. Em 22 de abril de 1981, dizia:

352

"Entendo que o sr. Olavo Setubal, de quem me honro de ser amigo, é um homem de bem, um excelente administrador. E, não sendo eu candidato a governador, ele seria o meu candidato, o meu candidato de preferência pessoal. Na verdade, só conheço um candidato melhor do que Olavo Setubal: eu mesmo".

No dia 2 de junho de 1981, quatro dias antes da realização da convenção nacional que consolidaria o PP em todo o País, o presidente nacional do partido, senador Tancredo Neves, desembarcou em São Paulo para uma reunião que, dizia-se, a pessoa com a qual deveria se encontrar queria manter em segredo, mas ele, mineiramente, fez chegar ao conhecimento dos jornalistas. Ele iria visitar Jânio Quadros no Guarujá, para iniciar negociações, até então não admitidas por nenhuma das partes, mas que agora se faziam às claras, da fusão do PP com o Partido Trabalhista Brasileiro (PTB), que vinha sendo conduzido pelo ex-presidente da República.

Tancredo foi hábil ao falar sobre a reunião, da qual participou também o vice-presidente regional do PP em São Paulo, Roberto Gusmão. Fora à reunião sem a necessária delegação do partido para tomar decisão sobre um assunto tão importante como a fusão. Era uma questão delicada, sobre a qual ele não poderia emitir opiniões sem antes aferir as preferências de seus companheiros em todos os Estados. A fusão nem era, insistia, uma questão oficial para seu partido.

Mas, do Guarujá, Tancredo seguiu para a residência de Gusmão, para conversar com Olavo Setubal sobre a fusão, agora levando em conta especificamente a política local e as conveniências para a candidatura já lançada pelo partido para a eleição de 1982 – a do próprio Olavo. Em São Paulo, o PP era muito maior do que o PTB, pois já estava organizado em mais de trezentos municípios e tinha número superior de filiados.

Já o PTB dependia de seu vínculo com Jânio Quadros, sua figura de maior expressão política; sem Jânio, praticamente não existiria. A fusão com o PP daria aos petebistas uma legenda que tinha a respeitabilidade de seus organizadores e também um partido ainda em formação, só que mais organizado do que o seu.

Olavo apoiava a ideia da fusão, que daria mais forças a sua candidatura: "Não resta dúvida de que o PP e o PTB juntos formarão um partido mais forte. Na medida em que eu vier a ser confirmado como candidato, terei mais chances se estiver apoiado por um partido forte".

Parecia haver entusiasmo das duas partes – os dirigentes do PP e Jânio Quadros –, mas, como sempre ocorria com as negociações em que o ex-presidente estivesse envolvido, o final era imprevisível. Jânio ingressou no PTB em 15 de novembro de 1980 e, em abril de 1981, na convenção regional do partido, fora escolhido candidato a governador de São Paulo. Agora, procurava aproximar-se do PP. Em 18 de junho, pouco mais de duas semanas depois do encontro com Tancredo, sugeriu publicamente a fusão dos dois partidos e a criação de um novo, a ser presidido pelo senador mineiro.

Pouco depois, porém, divulgou-se a informação de que o governo proibiria as coligações partidárias – o que só se confirmaria muitos meses depois –, o que levou Jânio a se afastar do PTB, em 26 de junho de 1981. Com isso, terminou a discussão da fusão dos dois partidos. (Em seguida, Jânio tentou filiar-se ao PMDB, que atacara duramente nos meses anteriores. Chegou a assinar a ficha de filiação partidária, mas teve sua entrada no partido vetada pela comissão executiva regional deste, decisão confirmada pela direção nacional. Em 3 de novembro, estava de volta ao PTB, que decidiu manter sua candidatura ao governo paulista.)

A popularidade de Olavo aumentava, sua credibilidade era exaltada por aliados e até adversários. O publicitário Alex Periscinoto, então membro dos Grupos de Ação e Participação criados pelo governador Paulo Maluf para auxiliá-lo na tarefa de tornar viável sua candidatura à Presidência da República, comparou Olavo ao chocolate Diamante Negro:

"Olavo Setubal é como o chocolate Diamante Negro: ninguém quer saber que fábrica o produz. As pessoas simplesmente gostam porque ele tem credibilidade junto à opinião pública. É um bom chocolate. A mesma coisa acontece com Setubal. Tanto faz ele estar na Arena, ou no MDB. Isso não afeta seu prestígio popular. Olavo Setubal tem o ingrediente mais importante para os dias de hoje, que é a credibilidade".

Mas o governo federal tentava dificultar ao máximo a organização e o fortalecimento dos partidos de oposição. Nessa tarefa, contou com a oportuna ajuda de uma decisão do Tribunal Superior Eleitoral, tomada em julho de 1981, de tornar inelegíveis para as eleições seguintes os políticos que deixassem os partidos com registros definitivos. Isso impedia a transferência de políticos de outros partidos para o PP. Olavo criticou a decisão: "A medida foi prejudicial, especialmente em São Paulo, porque um número enorme de prefeitos estava imaginando sair do PDS para vir para o PP e alguns, para o PMDB. A medida consolidou no partido do governo noventa por cento dos prefeitos e vereadores de São Paulo".

Medidas duríssimas contra os novos partidos viriam em novembro de 1981, quando o governo Figueiredo editou o que ficou conhecido como "pacote de novembro", numa alusão ao "pacote de abril" de 1977, com qual o então presidente Ernesto Geisel colocou o Congresso em recesso, adiou eleições marcadas para o ano seguinte e criou a figura do senador nomeado (logo apelidado de senador "biônico"). O de Figueiredo não era tão violento, mas seu efeito foi devastador para o PP.

O "pacote de novembro" alterava a composição do colégio eleitoral que elegeria o próximo presidente da República e mudava as regras para as eleições de 1982. Estabelecia a vinculação partidária do voto para todos os níveis (se o eleitor escolhesse o candidato de um partido para um cargo, todos os demais candidatos em que votasse teriam de ser desse partido; caso contrário, seu voto seria anulado) e proibia as coligações partidárias.

Olavo analisou dessa maneira o pacote de Figueiredo:

"Para o PP, essas medidas serão extremamente negativas. Acredito que, se tivessem elas sido propostas antes da reforma partidária, ou conjuntamente, nós não teríamos saído do bipartidarismo, pois consolidam os ganhos já obtidos pelos partidos do passado, isto é, favorecem o PDS e o PMDB, que já estão estruturados em todo o País, através de seus antecessores, a Arena e o MDB".

A volta do bipartidarismo o desapontaria e o faria reavaliar sua decisão de continuar a atuar na vida política, "porque o bipartidarismo levaria ao confronto, e o confronto seria a última coisa que eu desejaria para o País, porque seu resultado poderia ser catastrófico".

Ainda assim, reafirmava sua disposição de candidatar-se ao governo de São Paulo em 1982. As pesquisas de opinião o colocavam ora em terceiro, ora em quarto lugar na preferência do eleitorado. Mas as pesquisas não o intimidavam. Analisava-as com frieza, como fez numa entrevista ao jornal *Folha de S.Paulo* publicada em 8 de novembro de 1981:

> *O quadro de São Paulo é nítido, com quatro candidatos certos: um pelo PDS, que aparenta ser o prefeito Reynaldo de Barros; o senador Franco Montoro; o ex-presidente Jânio Quadros; e eu próprio. Estamos todos situados numa posição clara, nessas pesquisas. O senador Montoro em torno de vinte poucos por cento. Essa é uma posição inicial. Ao longo dos próximos meses esse quadro deve evoluir. É preciso ver para onde irão os votos indecisos, que são muitos, e os dos candidatos que não terão condições de obter legenda, agora que as sublegendas foram eliminadas. Para onde for esse contingente, estará o rumo do desfecho das eleições em São Paulo.*

Sobre o presidente nacional do PT, Luiz Inácio da Silva, o Lula (ainda não incorporara o apelido ao nome oficial), dizia de maneira enfática que se sentia à vontade nas discussões com o ex-sindicalista, com quem já se encontrara algumas vezes. Mas tinham opiniões muito diferentes:

"Ele tem uma posição socialista assumida. Eu tenho uma posição pela livre iniciativa, também assumida. Portanto, não temos problemas para saber onde estamos. Ambos sabemos onde estamos. Sempre é mais fácil as pessoas se entenderem quando sabem onde estão e quais os pontos de interesse comum. Não acho fácil é me entender com o PDS".

No entanto, fazia reparos sobre os rumos do PT:

"Ele (Lula) é um homem que quer mudar a sociedade brasileira dentro de um modelo socialista, que ele mesmo ainda não sabe qual é, como tem dito. Minha grande dúvida é que ele não sabe efetivamente para onde vai. Essa é a grande incógnita do Partido dos Trabalhadores".

Já se falava na fusão do PP com outros partidos da oposição, embora formalmente Olavo afirmasse desconhecer negociações nesse sentido. Ele não admitia o PP fundindo-se com outros partidos. Dizia que sua tarefa continuava sendo a de "organizar o partido em todos os municípios do Estado", mas não sabia se o PP teria chances de, atuando sozinho, vencer as eleições de 1982. O que sabia, isso sim, é que, se houvesse fusão, "não serei candidato a nada".

Lutava contra a fusão. Em reunião que presidiu no Vale do Paraíba, treze diretórios municipais da região votaram contra a fusão do PP com o PMDB e só três se manifestaram a favor. Alguns dias depois, iria a Brasília para defender, perante a direção nacional do partido, a necessidade de preservação da "identidade pepista", como dizia.

Mas continuava sendo um disciplinado militante partidário:

"Caso a incorporação seja decidida, tomarei todas as providências legais e burocráticas para que ela se concretize. Minha intenção é acompanhar o partido até o final. Assim, convocarei reuniões, publicarei editais, conduzirei todo o processo com o máximo empenho".

Esse sentido de cumprimento do dever partidário, porém, não o impedia de decidir de acordo com sua consciência: "No dia em que a incorporação se concretizar, se isso vier a acontecer, eu me sentirei desobrigado para com o partido, e deixarei a vida partidária".

Daí em diante, se tornaria um dissidente, pois, como justificava: "Não costumo mudar de opinião no transcurso de um problema".

Na reunião da direção nacional do PP, realizada no dia 10 de dezembro de 1981, apenas Olavo, o ex-governador amazonense Gilberto Mestrinho e o diretório regional de Rondônia votaram contra a fusão. De regresso a São Paulo, convocou uma reunião da Executiva estadual do partido para comunicar a decisão: "A incorporação é uma decisão política irreversível. Ou seja, a extinção do Partido Popular é irreversível".

Em artigo assinado por M. S. (iniciais do nome do jornalista Mauro Santayana), o jornal *Folha de S.Paulo* publicou o seguinte:

O sr. Olavo Setubal está exercendo seu papel político com dignidade. Condenado, pelas circunstâncias, a sorver o chá de losna da incorporação de seu partido ao PMDB, ele iniciou a dura tarefa de negociar as praças eleitorais. Não vai ser fácil combinar nomes e áreas de atuação. O PMDB, como o próprio Setubal admite e espera, negociará desde sua posição de força. (...) Do comportamento do sr. Olavo Setubal podemos retirar uma certa esperança: a de que os homens públicos responsáveis saibam entender, como ele parece ter entendido, a diferença entre as razões gerais e os projetos políticos de cada um.

Em 20 de dezembro de 1981, em convenção nacional, presidida pelo deputado Ulysses Guimarães e realizada no Auditório Petrônio Portela, do Senado, em Brasília, o PMDB aprovou a incorporação do PP e decidiu realizar, em 14 de fevereiro de 1982, a convenção conjunta dos dois partidos para efetivar a fusão deles.

No dia 21 de janeiro de 1982, Tancredo veio a São Paulo especialmente para convidar Olavo, ainda formalmente na presidência regional do PP, a integrar o diretório nacional do PMDB que surgiria após a fusão. Mas Olavo não aceitou o convite. Indicou, para o posto, o vice-presidente regional do PP, Roberto Gusmão, que em São Paulo fora o principal defensor da fusão; para a suplência de Gusmão, indicou o prefeito de Campinas, Francisco Amaral.

Olavo não revelava o que faria depois de terminada sua tarefa de coordenar, pelo lado do PP, a fusão em São Paulo. A pedido de Tancredo – que, na convenção conjunta, fora eleito primeiro vice-presidente nacional do novo partido (o presidente era Ulysses) –, Olavo evitava falar claramente que não se filiaria ao PMDB. Tancredo e Gusmão temiam que sua recusa em ir para o PMDB pudesse liquidar o processo de incorporação do PP.

No início de março, foi à residência do senador Franco Montoro, no Jardim Paulista, para discutir detalhes finais da incorporação do PP ao PMDB em São Paulo.

Montoro voltou a dizer que, se Olavo se filiasse ao PMDB, teria garantida a legenda para concorrer ao Senado. Mas indicava já saber que isso não ocorreria: "O dr. Olavo é um político muito inteligente, que precisa continuar dando a sua contribuição para a classe política do País. Amanhã, nós saberemos qual é a sua decisão política, e devemos respeitá-la".

No dia seguinte, 2 de março de 1982, de fato, Olavo fez um discurso na reunião do Diretório Regional do partido, realizada na Câmara Municipal de São Paulo, para anunciar que renunciava ao cargo de presidente do PP e que não se filiaria naquele momento a nenhuma agremiação, deixando sua decisão para depois das eleições de novembro daquele ano.

"Apresento nesta reunião meu pedido de licença na presidência do Diretório Regional do PP em São Paulo, reassumindo-a somente na hipótese de a Justiça Eleitoral anular a incorporação com o PMDB. Caso essa incorporação seja definitivamente homologada, não irei para partido algum, já que meu esforço tem um sentido claro: a recusa ao bipartidarismo."

Deixar o PP e rejeitar o bipartidarismo não significavam que abandonaria a vida pública: "Existem muitos outros espaços que nos permitem, embora com maiores dificuldades, continuar lutando pela democratização do País. Daí minha disposição de permanecer na vida pública, porém fora dos limites estreitos do bipartidarismo".

Depois, em conversa com os jornalistas, ao rememorar o trabalho de criação do PP, disse: "A vida não é feita só de sucessos".

Mas o insucesso deixa ensinamentos: "Nos fracassos aprendemos mais. O PP fracassou na ideia de criar uma nova opção, mas não nos arrependemos".

O colunista M. S., da *Folha de S.Paulo*, exortava-o a continuar na vida pública:

> *Preserva-se o sr. Olavo Setubal para o possível retorno à atividade político-partidária, ao mesmo tempo em que confirma vontade na continuação da luta pela proposta liberal. Em um Estado, como São Paulo, submetido, tantas vezes, ao populismo vazio ou carregado de insânia, lideranças como a do sr. Olavo Setubal não podem desertar da responsabilidade política.*

Coincidentemente, Olavo estava nos Estados Unidos em outubro de 1982, quando as autoridades econômicas brasileiras anunciaram, naquele país, a incapacidade de o Brasil continuar honrando sua dívida externa se não contasse com um socorro financeiro de emergência de instituições como o Fundo Monetário Internacional (FMI). Viajara para, como descreveu a um jornalista, cumprir "um roteiro de negócios pela comunidade financeira americana". Permaneceria em viagem até as vésperas do dia 15 de novembro, quando estaria em São Paulo para votar em Franco Montoro para o governo do Estado, embora ressalvasse que seu voto "não representa o meu apoio ao PMDB".

Se o PP tivesse sobrevivido, seu voto para governador do Estado de São Paulo seria para ele mesmo, pois era o candidato natural do partido e já lançado formalmente. Com a extinção do partido, incorporado pelo PMDB, porém, mais uma vez não conseguira concorrer a esse cargo.

Capítulo 13
Na vitrina da política

Presidente Olavo Setubal?

"Há alguém, neste Estado, que, em um dia, sem barganhas ou favores, assumiu o comando de uma das mais complexas aglomerações de seres humanos de todo o mundo. Esse homem teve a coragem de dizer que, dentro de São Paulo, existiam algumas "Suíças" e inúmeras "Biafras". E, ao fim de seu mandato, era carregado pelos braços da população mais humilde de São Paulo, na chamada marcha da gratidão. [...] Dúvidas não temos. Esse é o condutor, é o homem que poderá suceder o presidente Figueiredo, encerrando uma etapa histórica de nossa República. O seu passado e o seu presente o credenciam para o futuro, que virá trazer ao encontro de nossos anseios e sonhos a mão firme e justa, para dar continuidade ao trabalho de abertura incontestável deste governo."

Faustino Jarruche. Poucos devem se lembrar deste nome. É do autor das frases acima. Médico, Jarruche tinha intensa atuação política em Ribeirão Preto. Presidira os diretórios municipais do PP e do PMDB e, no dia em que pronunciou essas palavras, 6 de maio de 1983, estava se desligando do partido do governo, o PDS. O "condutor", por ele citado como o indicado para suceder Figueiredo, é Olavo Egydio Setubal. Jarruche queria dar ao lançamento da candidatura de Olavo Setubal à Presidência da República um caráter suprapartidário. Contou, depois, que tomara a iniciativa apoiado pelo grupo com o qual atuava na política, mas não consultara Olavo.

Candidatura à Presidência era tema do qual Olavo costumava fugir. Quando lhe perguntavam sobre seu futuro político, sempre dizia que seu objetivo, depois da passagem pela Prefeitura paulistana, era o governo do Estado de São Paulo. Considerava-se habilitado a disputar esse cargo, e, de acordo com sua lógica de ex-politécnico, dizia que só depois de exercê-lo poderia almejar a Presidência da República.

O lançamento de sua candidatura em Ribeirão Preto teve efeito político limitado, e o assunto "candidatura à Presidência" parecia não prosperar. Um mês depois, porém, o tema ressurgiu com grande força.

Oficialmente, o almoço era uma homenagem que os amigos prestariam a Olavo Setubal, e que, por falta de espaço na agenda do homenageado, vinha sendo adiado havia meses. Os organizadores garantiram que se limitaram a publicar um pequeno anúncio nos jornais, informando a data (quarta-feira, 8 de junho de 1983), o local (o salão nobre do Automóvel Clube de São Paulo, que seria usado pela última vez, pois o clube reduziria sua sede apenas ao sexto andar do edifício da Rua Formosa, 367), o preço (dez cruzeiros por pessoa) e o objetivo do almoço. Não ficaram telefonando para garantir a presença de bom público. Olavo, mesmo, não esperava muita gente. Quando entrou no carro para se dirigir ao Automóvel Clube, esperava encontrar lá "uns vinte gatos-pingados", como contou a um jornalista. Mas ali estavam entre quatrocentos e quinhentos pessoas, empresários, políticos, amigos pessoais de Olavo. Faltaram lugares, mesas tiveram de ser improvisadas.

Os empresários presentes, calculava Renato Ticoulat, presidente da Sociedade Rural Brasil e um dos organizadores da homenagem, "detêm o controle de pelo menos setenta por cento do PIB brasileiro". Entre as presenças registradas pelos jornais, estavam as de Luiz Eulálio de Bueno Vidigal, presidente da Federação das Indústrias do Estado de São Paulo (Fiesp); Roberto Konder Bornhausen, presidente da Federação Nacional dos Bancos e do Unibanco; Ney Castro Alves, presidente da Associação das Distribuidoras de Valores; ex-governadores Paulo Egydio Martins, Abreu Sodré e Carvalho Pinto; dois secretários de Estado do governo Montoro, Einar Kok, da Indústria e Comércio, e João Sayad, da Fazenda; e empresários como José Ermírio de Moraes Filho (Votorantim), Lázaro Brandão (Bradesco), Paulo Gavião Gonzaga (Comind), José Carlos Moraes Abreu (Itaú), Mário Garnero (Brasilinvest), Abílio Diniz (Grupo Pão de Açúcar), Laerte Setubal (Duratex), Octavio Frias de Oliveira (Grupo *Folha*), M. F. do Nascimento Brito (*Jornal do Brasil*), Plínio Assmann (Cosipa).

"A Nação quer um espaço na vida pública para que o Olavo venha a ocupá-lo", disse Ticoulat, encarregado de fazer a saudação ao homenageado.

Em seguida, disse que o espaço seria aberto a médio prazo na Presidência da República, ou pelo menos um ministério "muito importante". Muito aplaudido, Ticoulat repetiu várias vezes, dirigindo-se diretamente a Olavo: "Nós, seus amigos, o queremos na vida pública".

Mais tarde, Ney Castro Alves, um dos que ajudaram a organizar o almoço, explicava: "Nós queríamos colocar o Setubal na vitrina para ser aproveitado na vida pública na primeira oportunidade".

Olavo mostrou-se inteiramente preparado para ocupar seu lugar na vitrina política que seus amigos construíram. Seu discurso de agradecimento era o de um candidato a grandes postos políticos. Falou de sua confiança no Brasil, mas fez advertências:

"O grande desafio que temos pela frente é superar as dramáticas dificuldades conjunturais, que têm disseminado a insegurança e a incerteza, sem, no entanto, descuidar da fixação de objetivos explícitos de médio e longo prazos. Mesmo porque de nada servirão nossas melhores intenções, os maiores esforços, os mais sinceros discursos a favor da austeridade e os mais pungentes apelos para novos sacrifícios, se continuarmos carecendo de um projeto nacional capaz de reproduzir os valores e as expectativas de todos os que compõem a sociedade brasileira".

Era preciso delimitar com nitidez os limites para a ação do Estado e o campo de atuação das empresas particulares:

"Sem estratégias que definam claramente as competências dos setores público e privado, que resgatem a confiança no planejamento e que recuperem a autoridade moral na liderança do processo econômico, permaneceremos condenados a um pragmatismo decisório, sem sabermos como controlar o nosso próprio destino".

A expressão "pragmatismo decisório" tinha um endereço certo: o então ministro do Planejamento, Antonio Delfim Netto, que mandava na política econômica do governo Figueiredo. Na opinião de muitos empresários e políticos, as decisões do governo eram erráticas, destinadas a

363

responder a situações emergenciais, e não apontavam para um destino claro, como observava Olavo.

Seu discurso era a reafirmação de sua crença no liberalismo. Criticou o excesso de intervenção da burocracia na economia, defendeu a economia de mercado e destacou o papel da livre-iniciativa, a necessidade inadiável de democracia e, como nos tempos da Prefeitura, a justiça social:

"Minha convicção num liberalismo moderno e consequente está associada à minha experiência de vida. Venho de uma geração que acreditou na figura do empreendedor tão decantada por Schumpeter e, transformando a empresa nacional numa unidade orgânica e ativa, hoje é condenada a suportar o pesado ônus de uma legislação econômica anacrônica e burocratizante, gerida por uma tecnoburocracia acostumada a modificar tudo o que quer, como quer e quando quer, impondo até mesmo efeitos retroativos às suas decisões e corroendo desse modo o planejamento da iniciativa privada".

Foi claríssimo ao criticar o excesso de intervenção do Estado na vida econômica, social e política. A democracia exigia que governantes e governados aprendessem a respeitar-se. Mas não se podia ter ilusões:

"É preciso renunciar à ilusão de que um futuro melhor será possível sem trabalho árduo e sem nova carga de sacrifícios. Para que ele seja consolidado, é necessário acabar com aquela visão do Estado como o responsável exclusivo por tudo que se passa na sociedade, como se fosse o demiurgo do mundo moderno e provedor inexaurível de benefícios sem a contrapartida de obrigações".

O De Gaulle brasileiro?

Civil, conhecedor dos problemas brasileiros, competente, equilibrado, bom administrador e de passado inquestionável. Essas eram as características que um grupo de empresários de São Paulo, Rio de Janeiro e Minas Gerais, ouvidos pela revista *Senhor* entre abril e maio de 1983, considerava essencial do futuro presidente da República. Olavo atendia a todas. Mas, a elas, um grupo importante de empresários adicionara mais uma: ser mineiro. Assim, a preferência de 121 empresários brasileiros recaía em Aureliano Chaves, então vice-presidente da República. Em seguida, vinha o governador mineiro, Tancredo Neves. Muito próximo de Tancredo estava Olavo Setubal. Em São Paulo, Olavo liderava a pesquisa, com 27% da preferência.

Apesar da notória distorção da pesquisa, que não levou em conta a importância econômica e política do empresariado de cada um dos três Estados – foram ouvidos 48 empresários de São Paulo, 41 do Rio de Janeiro e 61 de Minas Gerais, o que fez crescer o número de votos para os políticos deste último Estado –, Olavo conseguiu se sair bem. Evitava, porém, falar publicamente de sua candidatura à Presidência. Pretendia voltar à atividade política, dizia, mas ressalvava sempre: "Qualquer cidadão que tenha vocação política e tenha algum êxito na atividade política deve ter como meta, em primeiro lugar, governar seu Estado. Só então pode almejar postos mais altos".

Mas, menos de quinze dias depois da homenagem no Automóvel Clube, ouvia novamente pedidos do empresariado para assumir posições políticas de destaque. Dessa vez, foi numa homenagem que lhe prestou o Sindicato do Comércio Atacadista de Tecidos, Vestuários e Armarinho (que, no passado, fora presidido por Alfredo Egydio de Souza Aranha, tio de Olavo e responsável por sua carreira no sistema bancário), num encontro de nítido caráter político realizado no Hotel Brasilton. O presidente do Sindicato, Márcio da Cunha Rego Miranda, foi muito claro:

"Vamos atender à clarinada e ao desafio da nova era, certos de que as esperanças renascidas com Castelo Branco terão continuidade com o cidadão Olavo Setubal, hoje representando, sem contestações, ricos e deserdados, colarinhos brancos e descamisados, classe média e os que ainda não conseguiram definir sua própria classe".

Naquele momento, o presidente João Figueiredo, em visita a São Paulo, recebia cumprimentos a poucas centenas de metros dali, no Hotel Ca'd'Oro. Mas quem se desse ao trabalho de comparar o número de pessoas na fila para cumprimentar o presidente e Olavo constataria que havia muito mais gente no Brasilton. Era, sem dúvida, um brilhante retorno de Olavo à vida política da qual se afastara desde o fracasso do projeto de formação do PP.

Poucas semanas depois, no dia 4 de julho, Olavo e Daisy embarcaram para Portugal, onde descansariam por duas semanas. O jornalista Nirlando Beirão escreveu, na revista *Senhor*, que alguma coisa poderia acontecer no Brasil enquanto Olavo estivesse descansando no Estoril. "Pode ser até que o Estoril passe, no futuro, a se chamar Colombey-les-Deux-Églises", escreveu Beirão. Referia-se ao chamado que o general Charles de Gaulle recebeu de seus compatriotas em 1958, na localidade em que vivia sua vida de aposentado desde o fim da Segunda Guerra, para retirar a França da grave crise que ameaçava transformar-se em guerra civil, por causa da guerra de independência da Argélia, e dar início à Quinta República francesa. Olavo seria chamado para retirar o Brasil da crise e iniciar uma nova etapa da vida política do País?

Algum tempo depois de retornar de Paris, voltou a viajar para o exterior, para uma nova palestra na The Johns Hopkins University, de Washington, onde três anos antes apresentara sua visão inovadora sobre a evolução da crise brasileira. Dessa vez, em setembro de 1983, iria tratar do futuro. Apesar das dificuldades do País em honrar a dívida externa, Olavo manifestava confiança no futuro: "Pessoalmente, jamais duvidei do futuro do meu país como uma nação viável, aberta e justa".

Continuava a falar como um candidato à Presidência. Até que, atribuindo a informação ao general Golbery do Couto e Silva, o jornal *Folha de S.Paulo* noticiou, no dia 6 de janeiro de 1984, que o ministro João Leitão de Abreu, chefe do Gabinete Civil da Presidência da República, escolhera Olavo Setubal como o nome de sua preferência para suceder o presidente João Figueiredo.

"Quase caí de costas", disse Olavo aos jornalistas que queriam saber o que achara da informação.

Era tudo estranho. O relacionamento político de Olavo com Golbery nunca foi fácil. Quando prefeito, Olavo não aceitara a sugestão – naquelas circunstâncias, quase uma ordem – de Golbery para demitir o secretário da Cultura, Sábato Magaldi. Na sucessão de Paulo Egydio Martins, o então presidente Geisel aprovara o nome de Olavo para o governo de São Paulo, mas, por interferência direta de Golbery, tivera de engolir a indicação – depois derrotada na convenção partidária – de Laudo Natel. Por que Golbery daria divulgação à preferência pessoal de Leitão de Abreu, sendo Olavo o nome preferido do chefe do Gabinete Civil? Parecia uma cilada política, da qual Olavo procurou escapar: "Não vejo o general Golbery desde os tempos da Prefeitura, não converso com o ministro Leitão de Abreu há pelo menos oito meses e nunca falei com ele sobre sucessão. Portanto, essa notícia é totalmente independente de qualquer vontade minha".

Mas, se fosse procurado pelo ministro, aceitaria discutir a ideia?

"Tenho horror a discutir hipóteses. Não converso sobre hipóteses principalmente quando são balões de ensaio lançados em Brasília, dentro do clima de Brasília, que é uma capital onde as articulações políticas fazem parte do dia-a-dia, onde os nomes são lançados ao sabor das circunstâncias. Aceitar essa hipótese é entrar num jogo desconhecido, e isso não é de meu feitio."

Mas o fato de a notícia ter circulado – e só sendo desmentida pelo próprio Leitão de Abreu vários dias depois – era um sinal de que podia não ser verdadeira a candidatura de Olavo à Presidência da República, mas era verossímil.

Para afastar de vez as especulações sobre seu interesse na candidatura à Presidência, Olavo anunciou, em 11 de janeiro, seu apoio à candidatura ao então vice-presidente Aureliano Chaves, a quem visitara na residência oficial, o Palácio do Jaburu, em Brasília: "Ele já governou um grande Estado, foi deputado várias vezes, é o vice-presidente e a solução que convém ao Brasil".

Nem todos ficaram convencidos com sua argumentação. O jornalista Gilberto Dimenstein publicou em sua coluna de 12 de janeiro de 1984 no *Correio Braziliense* o seguinte:

> *Setubal tem, de fato, prestígio em São Paulo: daí a importância de seu apoio ao vice-presidente Aureliano Chaves. Antes de mais nada, o ex-prefeito tem uma invejável posição na imprensa: é a menina dos olhos de* O Estado de S.Paulo,

tem fervorosos simpatizantes na Folha de S.Paulo, *transita bem na* Veja – *no mais, um de seus bons amigos e companheiros de trabalho no Itaú, o deputado Herbert Levy, acaba de adquirir a revista* IstoÉ. *Sempre esteve nos primeiros lugares na preferência dos empresários: Antônio Ermírio de Moraes, da Votorantim, já disse várias vezes que o ex-prefeito seria um ótimo presidente. Tem, é claro, apoio dos banqueiros e prestígio internacional. O cardeal-arcebispo de São Paulo, dom Paulo Evaristo Arns, não gosta, é certo, muito da ideia, mas não choraria muitas lágrimas. Enfim, a sociedade civil costuma entronizar Setubal como um de seus "donos". Certa vez, o presidente do PT, Luiz Inácio da Silva, revelou, para espanto de uma pequena plateia: "Esse eu respeito". Grande parte da classe média paulista gosta de sua imagem de administrador austero, versão moderna da UDN. Por esses fatores, poucos duvidam: se o PP existisse em 1982, teria sido eleito governador, uma espécie de Brizola de "direita".*

Até mesmo o presidente regional do PMDB em São Paulo, senador Fernando Henrique Cardoso, ao comentar declarações de parlamentares de seu partido e do PT a respeito de uma candidatura de consenso, admitindo que esse candidato poderia ser Olavo Setubal, declarou: "Setubal é um homem que dispõe de capacidade analítica muito grande, um homem respeitado. Portanto, ele podia ser candidato pelas Diretas".

Fernando Henrique só fazia uma ressalva. Olavo teria de se filiar a seu partido: "Se ele entrar no PMDB e quiser ser candidato pelas Diretas, será um forte candidato".

Para que não restassem dúvidas, na sexta-feira, dia 3 de fevereiro de 1984, Olavo estava na Assembleia Legislativa de Minas Gerais, em Belo Horizonte, para assistir ao ato de lançamento da candidatura do vice-presidente Antônio Aureliano Chaves de Mendonça à sucessão do presidente João Figueiredo.

A imprensa insistia em perguntar a Olavo se ele não seria o candidato.

– Não pensa ser presidente em hipótese alguma? – perguntou-lhe um repórter.

– Meu filho, eu não preciso ganhar na Loteria Esportiva para ficar rico. Mas, se ganhar, com certeza vou buscar o prêmio.

No dia 25 de abril, a emenda Dante de Oliveira, que restabelecia as eleições diretas em todos os níveis, foi rejeitada pelo Congresso porque não alcançou o quorum qualificado de dois terços. Mas a expressiva votação obtida pela proposta, que teve a maioria absoluta dos votos, mostrou que, se divisão havia, era no partido governista. Enquanto apenas um parlamentar da oposição votou contra a emenda das Diretas-Já, nada menos do que 54 membros do partido governista – que decidira pelo voto contrário – a apoiaram.

"Houve uma grande ruptura na linha do governo e uma mínima na linha da oposição", interpretou Olavo.

Essa ruptura do lado governista seria determinante, alguns meses depois, para a escolha do futuro presidente da República. O presidente do PDS, o partido governista, senador José Sarney, propôs que, para evitar cisão ainda mais acentuada entre seus correligionários, se realizasse uma prévia para a escolha do candidato à sucessão presidencial. Os que apoiavam a candidatura do ex-governador paulista Paulo Maluf rejeitaram a ideia, o que fez Sarney deixar a presidência do partido e, dias depois, o próprio partido.

Do lado da oposição, os governadores do PMDB, com a concordância do governador do Rio, Leonel Brizola, do PDT, anunciaram seu apoio à candidatura de Tancredo Neves na disputa no colégio eleitoral. Aureliano Chaves, que se lançara candidato, retirou-se da disputa, da mesma forma que o senador Marco Maciel, outro nome citado como possível candidato do PDS. Restavam como postulantes no partido governista apenas Paulo Maluf e Mário Andreazza, que iriam à disputa na convenção partidária. A vitória de Maluf na convenção empurrou todos os que se opunham a ele no PDS a apoiar Tancredo. Chegou-se a discutir o nome de Olavo Setubal para compor a chapa da oposição, como candidato a vice-presidente. Mas por acordo do PMDB com a dissidência do PDS, conhecida como Frente Liberal, o candidato à vice-presidência na chapa de Tancredo seria o senador José Sarney, que se filiara ao partido oposicionista.

Olavo não foi candidato, mas, em setembro, ao ser homenageado pela Câmara Municipal de São Paulo com a entrega do título de Prefeito Emérito – que, por proposta do vereador Brasil Vita, fora aprovada logo depois de ter deixado a Prefeitura –, demonstrou dispor de enorme prestígio político.

A homenagem era de natureza municipal, mas o ato teve caráter de encontro político nacional. Parecia a festa de lançamento de uma candidatura, embora não ficasse claro a que cargo. À homenagem a Olavo compareceram o vice-presidente Aureliano Chaves, seis senadores, quarenta deputados federais, dezenas de estaduais de quase todos os partidos, mais um governador e sete ex-governadores. Na mesa, além de Aureliano e Olavo, estavam o governador do Ceará, Gonzaga Mota; o prefeito da capital, Mário Covas; o presidente da Assembleia Legislativa, deputado Néfi Tales; o presidente nacional do PMDB, deputado Ulysses Guimarães; o ex-presidente do PDS e candidato a vice-presidente na chapa de Tancredo Neves, senador José Sarney; o senador pernambucano Marco Maciel; o presidente da Câmara Municipal, Altino Lima; e o presidente do Tribunal de Contas do Município, José Altino Machado. No plenário, estavam o presidente regional do PMDB, senador Fernando Henrique Cardoso; os senadores do PDS Jorge Bornhausen (Santa Catarina), Guilherme Palmeira (Alagoas) e Claudionor Roriz (Roraima). Os ex-governadores eram Carvalho Pinto, Abreu Sodré, Laudo Natel e Paulo Egydio Martins, de São Paulo; Ney Braga, do Paraná; Antônio Carlos Magalhães, da Bahia; e o citado senador Palmeira, também ex-governador de Alagoas.

Olavo já tinha deixado explícito que estava do lado de Tancredo Neves. Era um apoio importante para Tancredo, por causa do prestígio que Olavo desfrutava, especialmente em São Paulo e entre os empresários. Mas, político experiente, Tancredo sabia que se não ampliasse seu apoio no Estado, seria mais difícil derrotar Paulo Maluf na disputa presidencial.

"Ninguém será presidente sem ter o apoio de São Paulo", costumava dizer Tancredo.

"Apoio de São Paulo" significava também o apoio dos principais jornais do Estado. Sabia da férrea oposição do jornal *O Estado de S.Paulo* à candidatura Maluf, mas sabia também da histórica resistência do jornal a sua própria candidatura. Tancredo fora ligado politicamente a Getúlio Vargas, o homem responsável pela intervenção no jornal durante a ditadura do Estado Novo, o que levou a família Mesquita ao exílio. Ao longo do governo constitucional de Getúlio, do qual Tancredo fora ministro da Justiça, o jornal fez dura oposição. Mais tarde, no período parlamentarista do governo Goulart, também alvo de severa oposição do jornal, Tancredo exerceu o cargo de primeiro-ministro.

Mesmo assim, Tancredo pediu a Olavo que conseguisse um encontro com membros da família Mesquita. Olavo conhecia pessoalmente alguns deles, como Júlio Neto, então no comando do jornal *O Estado de S.Paulo*, e Ruy, diretor do *Jornal da Tarde*. Apesar da amizade, pediu ajuda a seu amigo e companheiro de direção no Itaú José Carlos Moraes Abreu, que fora colega de Júlio Neto na Faculdade de Direito do Largo São Francisco (turma de 1946). Ruy não queria conversar com Tancredo, mas, como seu irmão, acabou aceitando o encontro, que se realizou em sua residência, no bairro do Pacaembu. Tancredo foi acompanhado de Olavo e de Roberto Gusmão para o encontro com os irmãos Júlio e Ruy Mesquita.

Hábil, Tancredo não falou de temas políticos nem eleitorais. Tinha sido informado da resistência de Ruy a seu nome e, para começar a conversa, comentou elogiosamente um editorial do *Jornal da Tarde*. Depois, falou da grandeza de São Paulo e de sua importância para o Brasil. Foi o suficiente para encantar seu interlocutor.

"Nunca vi cantada em homem tão bem passada como o Tancredo passou nos Mesquita", comentaria muito anos depois, entre sorrisos, o normalmente sisudo Olavo.

Ministro da Fazenda?

Naquele momento, por volta de outubro de 1984, excetuados os malufistas, poucos duvidavam da vitória de Tancredo Neves sobre Paulo Maluf na votação do Colégio Eleitoral que se reuniria em 15 de janeiro de 1985 para eleger o sucessor do presidente João Figueiredo. O que se discutia era a composição do futuro governo Tancredo. Entre os empresários, havia uma notória preferência para o Ministério da Fazenda. Um em cada três empresários achava que Olavo Egydio Setubal era o melhor nome para ocupar o cargo.

Mas um banqueiro seria bem visto no Ministério da Fazenda? Olavo respondia dizendo que nunca teve o perfil típico de uma figura do mercado financeiro:

"O próprio Itaú é visto hoje como banco eletrônico, industrial, e eu não sou banqueiro do gênero monetarista daqueles típicos, que fazem sua vida dentro do banco. Antes, fui professor, pesquisador do IPT, industrial e só muito depois me tornei conhecido como banqueiro".

Mas tratava de dizer que, até aquele momento, não recebera nenhum sinal de Tancredo de que poderia fazer parte do futuro governo, muito menos no cargo de ministro da Fazenda.

Pelo sim, pelo não, Olavo acompanhava com cuidadosa atenção as negociações da dívida externa que vinham sendo conduzidas pelos ministros Delfim Netto (Planejamento) e Ernane Galvêas (Fazenda) e pelo presidente do Banco Central, Affonso Celso Pastore, e tomava providências para o caso de vir a ser convidado para o cargo. Convocara seus principais auxiliares para lhe fornecer informações sobre o funcionamento do Ministério da Fazenda, seu organograma e suas atribuições, os principais problemas afetos à Pasta.

Seria, afinal, como diziam a maioria dos empresários e boa parte dos que apoiavam Tancredo, o ministro da Fazenda do primeiro governo civil depois de 21 anos de ditadura militar?

Tancredo queria Olavo em seu ministério, disso ninguém tinha dúvidas. Chegou a enviar seu companheiro de chapa, José Sarney, para uma conversa com Olavo, na qual pediu que se preparasse para ocupar um ministério no novo governo. Mas, fiel a seu estilo de decidir, combinando da maneira mais adequada para si as forças políticas que o apoiavam, não dizia qual seria o ministério. Assim, as especulações corriam soltas na imprensa. Um dia noticiavam que Olavo era nome certo para o Ministério da Indústria e Comércio; em outro, que Tancredo decidira nomeá-lo ministro da Previdência; em outro, ainda, que já fora escolhido para o Ministério do Planejamento.

Sarney, pessoalmente, e o grupo político que com ele deixou o partido governista para apoiar a candidatura Tancredo queriam Olavo no Ministério da Fazenda.

"Nós tentamos, na articulação do governo Tancredo, que Olavo Setubal fosse escolhido ministro da Fazenda", contou, muitos anos depois, o ex-presidente da República e senador José Sarney.

A imprensa chegou a noticiar que Olavo era o candidato da Frente Liberal para o cargo de ministro da Fazenda no futuro governo, e essa posição seria exposta a Tancredo por Aureliano Chaves.

Outro ex-presidente e, na época, senador pelo PMDB, Fernando Henrique Cardoso, acreditava que Olavo seria o ministro da Fazenda de Tancredo: "Eu pensei que o Tancredo fosse nomeá-lo ministro da Fazenda. Todo mundo achava, e acho que ele também. Tudo que era matéria relativa à economia Tancredo mandava o Dornelles levar para o Olavo".

Também a comunidade financeira internacional via grandes possibilidades de Olavo ser escolhido para o cargo. *Will Olavo Setubal be Brazil's next finance minister?*, perguntava, em artigo de capa, a conceituada revista financeira *Institutional Investor*, em sua edição de janeiro de 1985.

O próprio Olavo parecia esperar o convite para o Ministério da Fazenda, e já agia como se estivesse se preparando para o novo posto.

"Antes de ir a Brasília, ele estava sendo cogitado para ser ministro da Fazenda. Então, nós trabalhamos muito, discutindo os assuntos do ministério", lembra-se a secretária de Olavo na época, dona Olden Victorino.

Havia obstáculos à escolha de Olavo para o cargo. O maior deles, pelo menos do conhecimento do público, era o grupo de economistas que assessorava o presidente do PMDB, deputado Ulysses Guimarães, conhecido como os "economistas do PMDB". De formação mais à esquerda no espectro político, considerados "desenvolvimentistas" e em sua maioria vinculados à Universidade Estadual de Campinas (Unicamp), esses economistas não aceitariam sem críticas a indicação de um banqueiro para o Ministério da Fazenda. O jornalista Celso Pinto, da *Gazeta Mercantil*, assim descreveu o relacionamento de Olavo com essa parte do PMDB:

> *Exposto precocemente nesta posição, Setubal acabou atraindo para si toda a oposição das alas mais à esquerda do PMDB. Hoje, há um fogo cerrado, ostensivo contra seu nome, partindo de parte do PMDB. E alguns dos envolvidos alegam que têm, como aliado, nesta tarefa, o próprio presidente do partido, Ulysses Guimarães.*
>
> *Setubal evita fornecer mais munição. Para ele, quatro políticos terão influência na composição do futuro Ministério Tancredo Neves: Ulysses Guimarães, Franco Montoro, Aureliano Chaves e Marco Maciel. É certo, de toda forma, que há um fosso separando suas ideias das do grupo de economistas ligados ao PMDB. Isto teria ficado cristalino, segundo um economista disse a esse jornal, num recente encontro entre ambos os lados.*

Tancredo não queria confronto com esse grupo de seu partido. No episódio das negociações com o Fundo Monetário Internacional (FMI), que vinham sendo conduzidas pela equipe econômica do governo Figueiredo, trabalhou apenas nos bastidores, em encontros com o secretário de Estado americano, George Shultz, para tentar acelerar a conclusão dos entendimentos. Não queria que essa responsabilidade ficasse com seu governo, justamente para não ter de dar explicações aos "economistas do PMDB". Quando de sua visita a Washington, já eleito, mas ainda não empossado, podia ter mudado sua agenda para avistar-se com o diretor-gerente do FMI, Jacques de Larosière – que desejava ouvir o futuro presidente do Brasil –, mas evitou o encontro, justamente para não aparecer numa foto ao lado daquele que a esquerda de seu partido via como o símbolo da ingerência estrangeira na política econômica brasileira. Não seria por causa de Olavo que ele compraria uma briga com esse grupo.

Havia, ainda, certo preconceito contra banqueiros no País. Quem conta é o senador e ex-vice-presidente da República (governo Fernando Henrique Cardoso) Marco Maciel:

"É natural que Tancredo tenha sofrido pressões e contrapressões (na formação de seu ministério). E deve ter ouvido coisa como: 'Vai entregar o Ministério da Fazenda para um banqueiro?'. Ou coisa como: 'Vai entregar o Ministério da Fazenda para alguém de São Paulo?'".

Mas o motivo central para Tancredo não ter escolhido Olavo para o Ministério da Fazenda, de acordo com a avaliação de alguns auxiliares diretos do candidato do PMDB e depois do presidente eleito do Brasil, era o fato de que ele mesmo, Tancredo, queria ser seu ministro, deixando no cargo alguém de sua estrita confiança, que fizesse tudo e apenas o que ele quisesse. Um homem de personalidade forte, político ou empresário, não aceitaria o cargo nessas condições.

"Tancredo tinha uma qualidade muito rara no Brasil", conta o embaixador Rubens Ricupero, que acompanhou, como assessor, o presidente eleito em sua primeira viagem ao exterior. "Tinha grande interesse por assuntos econômicos e financeiros." O ex-presidente da Eletrobrás Mário Bhering, que foi diretor da Cemig no governo de Tancredo em Minas Gerais, disse que ele tinha sido o único presidente ou governador com quem tinha trabalhado que fazia questão de ler todos os números do orçamento da empresa. Ele não era como o Sarney, que não tem nenhuma afinidade com números e orçamentos. Tancredo, portanto, ia ser seu próprio ministro da Fazenda. Não que o (Francisco Neves) Dornelles (sobrinho que Tancredo escolheu para o cargo) não tivesse talento. Mas é claro que Dornelles não acumulava autoridade política para enfrentar Tancredo.

Essa versão é corroborada pelo depoimento do senador e ex-presidente da República José Sarney:

"O Tancredo não nos disse os motivos pelos quais não escolhera Olavo, mas, quando ele anunciou o nome de Francisco Dornelles para a Fazenda, soubemos que ele estava escolhendo um homem de sua inteira confiança. Tancredo já tinha sido diretor do Banco do Brasil e era muito ligado a questões econômicas. Queria fazer um pouco aquilo que Washington Luís fez, ou seja, ser também seu ministro da Fazenda".

Quem levou a Olavo a notícia da escolha do ministro da Fazenda de Tancredo foi o próprio Dornelles, por ordem expressa do futuro presidente. Certo dia, quando conversava com seu assessor José Eduardo Faria, na sede do Banco Itaú, na Rua Boa Vista, Olavo foi avisado pela secretária, dona Olden: "O Dr. Dornelles acaba de se anunciar na portaria. Está subindo".

Quase não houve tempo para Olavo conversar com Faria sobre o motivo dessa inesperada visita, pois outra secretária, dona Vera, abriu a porta e anunciou: "Dr. Dornelles".

Olavo pediu a seu auxiliar que o aguardasse em outra sala, pois esperava que a conversa com Dornelles fosse rápida, como foi.

Pouco depois, Olavo pediu a Faria, que descera para sua sala, que retornasse ao gabinete da presidência do banco: "Eu não serei mais ministro da Fazenda. Possivelmente irei para o Planejamento. Mude todo o trabalho de estudos sobre a estrutura do Ministério que vocês estavam fazendo".

Olavo nunca foi de externar emoções, sensações, especialmente de desagrado. Virava a página rapidamente. Mas, nesse caso, não se conteve, pelo menos no ambiente doméstico: "O Olavo ficou emburrado uns tempos", recorda-se sua esposa, Daisy.

Retirar Olavo do Ministério da Fazenda foi, sem dúvida, uma vitória do deputado Ulysses Guimarães e de seu grupo dentro do PMDB. Mesmo, porém, tendo conseguido impedir que Olavo ocupasse o Ministério da Fazenda, Ulysses, paradoxalmente, sentiu-se apunhalado pelas costas por Tancredo, como escreveu a revista *Veja* na época. Olavo não foi para o Ministério do Planejamento – visto que, considerado "o banqueiro", previa-se uma difícil convivência com Dornelles, considerado o "leão", pois chefiaria a Secretaria da Receita Federal –, mas foi indicado justamente para o cargo que Ulysses vinha reivindicando para seu amigo Renato Archer, afinal deslocado para o Ministério de Ciência e Tecnologia. Era uma maneira de Tancredo mostrar ao seu velho companheiro político que este podia ganhar alguns embates, mas não todos.

Capítulo 14
Diplomacia para resultados

"Rainha da Inglaterra, não!"

Era 13 de fevereiro de 1985. As ligações começaram logo cedo. Amigos e companheiros políticos pediam a confirmação da notícia que estavam lendo no jornal ou queriam cumprimentar o dono da casa. Naquele dia, o jornal *Folha de S.Paulo* noticiou que Olavo Egydio Setubal já estava escolhido para ocupar o Ministério das Relações Exteriores no governo Tancredo Neves. Até o fim do dia, seriam centenas de telefonemas para Olavo. Quem os atendia era sua mulher, Daisy, que se sentia traída por não ter sido informada previamente pelo marido: "Olavo, não me faça de boba! Você recebeu ou não o convite?".

Olavo disse que não – o que resultou em novos protestos de Daisy. Ao jornal que publicara a notícia, ele diria a mesma coisa. Não recebera, até aquele momento, nenhum convite para compor o ministério de Tancredo, embora admitisse que poderia receber: "Sou por formação engenheiro, mas o que fiz na vida pouco tem a ver com a Engenharia. Talvez continue fazendo coisas fora de minha profissão".

Não se imaginava, porém, o ministro das Relações Exteriores do Brasil. Às primeiras especulações sobre sua ida para o cargo, afastara a possibilidade dizendo: "Já fui quase tudo na minha vida. Mas, em matéria de diplomacia, jamais tive qualquer vocação".

Alguns dias depois, entretanto, Olavo recebeu um telefonema do senador José Sarney, pedindo-lhe que viajasse a Brasília para uma conversa. É Sarney quem conta:

"Sabendo que eu era também ligado ao Olavo e tínhamos amigos comuns no grupo que formava a dissidência do PDS, o Tancredo me telefonou e me pediu que convidasse o Olavo para ser ministro das Relações Exteriores. Então telefonei ao Olavo, pedi que viesse a Brasília para conversar comigo, pois eu tinha de lhe transmitir uma mensagem do Tancredo. Recordo-me bem que, naquele tempo, o vice-presidente

Posse do Ministro das Relações Exteriores no Palácio do Planalto, 1985.

Aureliano Chaves, nosso amigo comum, tinha gabinete no edifício do Banco do Brasil. Foi nesse gabinete que recebi Olavo e disse-lhe que estava autorizado pelo presidente Tancredo a convidá-lo para ser ministro das Relações Exteriores".

Então era mesmo para o Ministério das Relações Exteriores? Olavo sabia que faria parte do governo de Tancredo, mas, embora já fosse citado pela imprensa como o principal candidato para o cargo, ainda considerava pouco provável que viesse a ocupá-lo. No entanto, recebeu o convite sem manifestar surpresa. É ainda Sarney quem descreve a conversa que tiveram:

"Sendo um homem de mente aberta e conhecendo os problemas políticos, o Olavo recebeu o convite com absoluta tranquilidade. Acho que já tinha alguma informação a esse respeito, de maneira que não me pareceu surpreso com o convite. E o aceitou".

Ao regressar a São Paulo, porém, Olavo ainda tentava entender as razões do convite e que papel desempenharia à frente da diplomacia brasileira.

"O que é que vou fazer no Itamaraty?", comentou com Daisy, assim que a informou do convite.

Mais tarde, agindo com profissionalismo e racionalidade, determinou a José Eduardo Faria – professor da Faculdade de Direito da USP, que, em razão da longa convivência profissional, se tornara seu assessor mais próximo – que reunisse todo o material disponível sobre a estrutura do ministério, para conhecê- lo melhor, e começasse a pensar nas linhas gerais da política externa brasileira sob sua gestão e de seu discurso de posse, sem deixar de observar: "Do Itamaraty, a única coisa que conheço é o prédio, e assim mesmo do lado de fora".

Passou o Carnaval estudando, em seu refúgio em Águas da Prata – "a Prata", como se diz em sua família –, a documentação que a assessoria do Itaú lhe enviou. Como descreveu, na época, o jornal *O Estado de S.Paulo*:

> *Enquanto os passistas bailavam na avenida e os foliões se expandiam nos salões, o futuro chanceler recolheu-se à sua chácara para estudar. Ele ficou muito orgulhoso quando, em poucas horas, o Banco Itaú colocou em suas mãos um verdadeiro arsenal de informações e comentários diplomáticos. Com certa timidez, admite que lances como esse são o resultado da orientação que passou a imprimir quando chegou ao lugar mais alto do Itaú.*

Assumiria, pois, o cargo já conhecendo bem suas áreas de competência e tendo uma visão precisa do que poderia e deveria fazer. Não seria, como foram outros chanceleres escolhidos fora da carreira diplomática, um joguete nas mãos dos diplomatas, como advertia o jornal:

> *Quem quiser conhecer bem, por antecipação, o chanceler Olavo Egydio Setubal fique atento a estas duas palavras:*

realismo e eficiência. Elas são consideradas por ele e pelos que o conhecem a sua marca registrada. Setubal as imprimiu nas indústrias que recuperou, na passagem pela Prefeitura da maior cidade brasileira e no comando do Banco Itaú.

Ficam desencorajados, desde então, os diplomatas brasileiros que supostamente pensavam envolvê-lo com talento, charme ou maquiavelismo. Para usar uma linguagem militar, Setubal é muito cioso da patente, não abre mão do comando. Ninguém se iluda, ele será o chefe do Itamaraty, como todo o peso que uma chefia desse tipo encarna. Por uma vez, ao menos, está natimorto o sonho acalentado pela Chancelaria brasileira sempre que alguém de fora da carreira senta na cadeira do Barão (do Rio Branco, patrono da diplomacia brasileira): o sonho de transformar o ministro na rainha da Inglaterra, enquanto um secretário-geral forte e o seu séquito de diplomatas governam. Setubal vai quebrar essa regra.

Olavo já trabalhava como futuro chanceler do governo Tancredo Neves. Mas, sempre fiel a seu estilo imprevisível, o presidente eleito demorou para fazer o anúncio formal da escolha do nome para o Ministério das Relações Exteriores. Só no dia 7 de março, cerca de um mês depois de Sarney ter dado a notícia a Olavo a pedido de Tancredo e a pouco mais de uma semana da posse, o presidente eleito o recebeu em Brasília, com um grupo de representantes da Frente Liberal, para confirmar a escolha. O futuro presidente, embora aparentasse cansaço, mostrou-se alegre e até fez piadas. Quando terminava o encontro com o grupo da Frente Liberal, Tancredo perguntou: "Olavo, você vai ficar em Brasília?".

Olavo disse que não, mas se fosse necessário poderia alterar seu programa. Tancredo pediu-lhe, então, que ficasse mais algum tempo, para uma conversa a dois. Passados uns cinco minutos, a fiel secretária de Tancredo, dona Antônia, que o acompanhava havia mais de trinta anos, entrou apressadamente na sala. Em seguida, surgiu um batalhão de fotógrafos e cinegrafistas, chamados pelo telefone para registrar a cena: o futuro presidente com seu futuro ministro das Relações Exteriores.

Olavo recebeu ali mesmo, na antessala de Tancredo, os primeiros cumprimentos formais pela escolha. Viajou de volta a São Paulo na companhia do mesmo grupo que o acompanhara para o encontro com o presidente eleito. Dona Daisy o aguardava no Aeroporto de Congonhas. Só agora, dizia ela, poderia agradecer os cumprimentos que havia tempos vinha recebendo pela indicação de Olavo para o Itamaraty. Agora, era oficial.

Resistências

Era forte a resistência dos quadros da diplomacia brasileira à presença de uma pessoa de fora da carreira na chefia do Itamaraty. Os diplomatas procuravam retirar o poder decisório de ministros nessas condições, mimando-os com viagens protocolares às principais capitais do mundo. Enquanto o ministro estivesse fora, eles poderiam resolver o que consideravam os grandes problemas da diplomacia brasileira, negociando à sua moda, e assumir o controle pleno da máquina administrativa. Era fazer do ministro a "rainha da Inglaterra" a que se referira o *Estadão*.

Sinais da disposição da "máquina" – como alguns experientes diplomatas se referem ao movimento articulado de boa parte de seus colegas em funções de chefia para dominar o ministério – de resistir ao novo chanceler eram pequenas notas passadas para alguns articulistas ou redatores de colunas políticas dos jornais. No dia 4 de março de 1985, por exemplo, antes mesmo do anúncio oficial do nome de Olavo para o Itamaraty, a coluna "Painel", da *Folha de S.Paulo*, publicou o seguinte:

> *A primeira missão do novo chanceler Olavo Setubal será um giro pelo eixo Paris-Londres-Nova York, informa-se em Brasília.*
>
> *Setubal vai sentir a pressão dos principais credores e encaminhar os primeiros entendimentos sobre a renegociação da dívida externa, abrindo caminho para Francisco Dornelles, que logo depois estará cumprindo o mesmo itinerário.*

Era uma nota curta, coberta de verossimilhança. Na época, os diplomatas brasileiros se referiam a um "circuito Elizabeth Arden", formado pelas cidades mais encantadoras onde eles preferiam servir, pois nelas a missão diplomática podia ser desempenhada com mais conforto, tranquilidade e, sobretudo, requinte. Eram também as cidades onde gostariam de servir os diplomatas que não ocupavam postos nelas. Por que uma viagem por esse circuito, ou pela parte mais importante dele, não agradaria a Olavo? Além do mais, sendo um banqueiro interessado no futuro do País, e num período crítico do relacionamento do Brasil com a comunidade financeira internacional, não haveria Olavo de se interessar em iniciar em nome do novo governo os contatos com os grandes credores, como estava escrito na nota?

A principal característica da nota, porém, era outra. Era um primor de astúcia e intriga. Ela continha não só um recado explícito da "máquina", mas um poderoso veneno político.

A "máquina", de onde certamente se originou a nota, dizia ao novo ministro que melhor para ele seria esquecer os problemas da diplomacia brasileira. Ele que não se preocupasse com isso, pois tudo estava sendo preparado para que ele cumprisse muitas missões agradáveis no exterior, começando pelas cidades mais encantadoras do mundo.

O veneno político estava no segundo parágrafo. De início, lançava-se o novo chanceler no meio dos experientes representantes dos principais credores do País, que já vinham negociando duramente com membros do governo brasileiro havia pelo menos dois anos, para ver se ele conseguiria escapar da armadilha.

Depois, atribuía-se ao futuro ministro das Relações Exteriores uma tarefa – a renegociação da dívida externa – que, já estava acertado no governo Tancredo, era de exclusiva responsabilidade do Ministério da Fazenda e do Banco Central. Era uma forma de intrigar Olavo com o ministro da Fazenda escolhido por Tancredo, seu sobrinho Francisco Neves Dornelles. Por fim, colocava-se Olavo numa posição subalterna em relação a Dornelles, pois ao primeiro caberia apenas abrir o caminho para o segundo desfilar. Era uma tentativa de reduzir seu papel no novo governo.

Quanto antes a "máquina" impusesse uma "agenda" ao novo ministro – ou seja, delimitasse e reduzisse seu campo de ação –, maiores seriam suas possibilidades de manter o controle sobre o ministério. Afinal, a equipe de Olavo ainda estava sendo montada, e, apesar do que já havia lido sobre a estrutura do Itamaraty, ele não conhecia direito as pessoas com as quais iria trabalhar nem seu novo local de trabalho.

Isso ficou claro no dia em que chegou a Brasília pronto para assumir o cargo. Assim a revista *Veja* descreveu sua chegada à capital:

> *Ao desembarcar no aeroporto de Brasília, o ministro das Relações Exteriores, Olavo Setubal, não conseguiu identificar os funcionários do Itamaraty encarregados de resgatá-lo. Teve de requisitar um veículo da frota do Banco Itaú.*

De sua equipe, fazia parte o embaixador Paulo Tarso Flecha de Lima, no cargo de secretário-geral, que correspondia à de vice-ministro. Era um diplomata ligado ao presidente eleito Tancredo Neves e teve seu nome sugerido a Olavo por dirigentes da Federação das Indústrias do Estado de São Paulo (Fiesp).

Para a chefia de seu gabinete, foi escolhido o diplomata Rubens Barbosa, genro de outro diplomata conhecido, o embaixador Sérgio Correia da Costa, o qual, por sua vez, era genro do ex-ministro Oswaldo Aranha, que tinha um parentesco distante com Olavo. Barbosa foi indicado para o cargo por Paulo Egydio Martins, com quem mantinha boas relações desde meados da década de 1960. Na época, Barbosa servia como secretário da embaixada brasileira em Londres, então chefiada por Correia da Costa, e Paulo Egydio ali se hospedou quando, como ministro da Indústria e do Comércio, participou de uma reunião sobre café promovida na capital britânica pelo Acordo Geral de Tarifas e Comércio (Gatt).

Como subsecretários, Olavo escolheu os embaixadores Alberto da Costa e Silva, Marcos Azambuja e Francisco Thompson Flores. Seu porta-voz era o diplomata Renato Prado Guimarães.

Ao contrário do que sugeria a venenosa nota publicada dias antes pela *Folha*, Olavo tinha muita clareza do papel dos diferentes membros do governo Tancredo no trato da questão da dívida externa brasileira. Em entrevista concedida pouco antes da posse, disse:

> *Enquanto a discussão for com banqueiros, deve ser negociada pelo Banco Central. Quando for discutida pelo Fundo Monetário Internacional, deve ser negociada pelo ministro da Fazenda. E, quando as discussões forem políticas, caberá ao presidente Tancredo Neve designar o negociador brasileiro.*

Sabia bem também qual seria seu papel à frente do Itamaraty: "O Itamaraty tem de atacar principalmente o problema do protecionismo, os problemas de restrição no mercado externo e no Gatt. É aí que o Itamaraty deverá atuar com grande intensidade".

De repente, a doença

Na véspera da posse de Tancredo Neves na Presidência da República, houve muitas festas em Brasília. Olavo foi a várias. Ia de uma para outra.

"E aí, quando saía de uma, nem lembro de qual era, um senador me disse: 'Escute, o Tancredo foi internado. Ele está no Hospital de Base de Brasília, para uma cirurgia. Teve uma diverticulite'".

Olavo ficou surpreso. Tinha comparecido às oito da noite a uma missa no Santuário Dom Bosco à qual Tancredo esteve presente:

"Foi a última vez que o vi. Ele estava meio cansado, mas não pensei que estivesse mal a ponto de ter de ser internado pelas onze horas da noite".

Os políticos que apoiavam Tancredo reuniram-se na sala do deputado Ulysses Guimarães no Congresso tão logo circulou a informação da internação do futuro presidente. Discutia-se se haveria ou não a posse do vice-presidente eleito José Sarney, em lugar do titular, impossibilitado de assumir o cargo naquele momento. Decidiu-se, com base numa interpretação que Ulysses deu ao texto constitucional, que Sarney deveria assumir. (O presidente que encerrava o mandato, João Figueiredo, tinha interpretação diferente e recusou-se a transmitir o cargo a Sarney. No dia da transmissão de cargo, deixou o Palácio do Planalto pela porta dos fundos, antes da chegada do sucessor.)

Em seguida, ainda no gabinete de Ulysses, discutiu-se se haveria solenidades ou não.

"Aí, eu dei um argumento totalmente idiota, na minha opinião, mas que todos acharam lógico", conta Olavo. "Quando morre o rei", eu disse, "há um banquete, há uma recepção pela morte dele. E há um banquete porque existe o herdeiro. Nós não podemos cancelar a festa, porque nós temos o presidente, que é o vice, o dr. Sarney."

Em resumo, decidiram que Sarney assumiria a Presidência, com festas.

No dia 15 de março de 1985, Sarney amanheceu, como disse aos jornalistas que o aguardavam desde as primeiras horas do dia, "com os olhos de ontem". Não conseguira dormir desde o momento em que soube da doença de Tancredo. Mas cumpriria todo o cerimonial da posse. Às oito horas, em seu apartamento de senador, com a mesa do café ainda posta, discutiu com os futuros ministros Fernando Lyra, da Justiça, e Olavo Setubal, das Relações Exteriores, e com o embaixador Carlos Alberto Leite Barbosa, os detalhes das cerimônias de que teria de participar ao longo do dia.

Aos poucos, o apartamento foi ficando cheio. Já com a presença do futuro chefe do Gabinete Militar, general Rubens Bayma Denys, discutiu-se a conveniência de se fazer uma visita a Tancredo, no Hospital de Base, antes das cerimônias oficiais de posse. Decidiu-se deixar as coisas como estavam programadas, para evitar correrias e, sobretudo, o risco de atraso. Sarney teria apenas um compromisso fora da agenda previamente determinada: passaria pelo apartamento de Tancredo, para se encontrar com o futuro chefe do Gabinete Civil, José Hugo Castelo Branco, e um irmão do presidente eleito.

Foi um compromisso rápido. Às nove e quarenta, Sarney deixou o apartamento de Tancredo, dirigindo-se, acompanhado de uma comitiva formada por dez automóveis, ao Congresso Nacional. Pouco antes das dez horas, subiu a rampa do Congresso, dirigindo-se ao Salão Nobre do Senado, onde aguardou, com membros das Mesas da Câmara

385

e do Senado e líderes partidários nas duas Casas, a chegada do laudo atestando o impedimento de Tancredo. Só então assumiu formalmente a Presidência da República.

A saída do Congresso foi confusa. A programação previa que os futuros ministros deveriam seguir o presidente recém-empossado, tomar seus respectivos veículos e dirigir-se para o Palácio do Planalto, onde haveria a transmissão de cargo e a posse do ministério. No tumulto, Olavo perdeu-se do grupo de ministros e foi direto para o Planalto.

"Fui o primeiro a chegar. Na porta do gabinete do presidente estava o ministro Delfim Netto me esperando para dizer: 'O presidente Figueiredo me entregou o Palácio do Planalto para passá-lo a você, porque ele não vai ficar para entregar o cargo'."

Foi curta a cerimônia de posse dos novos ministros, realizada no Salão de Honra do Palácio do Planalto.

"Exerceremos os nossos deveres, eu e os senhores, como escravos da Constituição e das leis, do povo e dos compromissos da Aliança Democrática com a mudança e as transformações", disse Sarney, aparentando no rosto o cansaço da noite que não dormira. "Nossos compromissos serão os compromissos do nosso líder, do nosso grande estadista (Tancredo Neves)."

No Itamaraty

A cerimônia de transmissão de cargo, no Palácio dos Arcos, sede do Itamaraty, para um ministro "fora da casa" como Olavo Setubal, foi diferente de outras realizadas no Ministério das Relações Exteriores. Tradicionalmente, a essas solenidades comparece predominantemente o pessoal da "casa", os diplomatas. Naquela em que Olavo recebeu o cargo de ministro das Relações Exteriores, havia muitos políticos e empresários. Entre os primeiros estavam os governadores de São Paulo, Franco Montoro, e do Ceará, Gonzaga Mota; o líder do governo no Senado, senador Fernando Henrique Cardoso; o senador Roberto Campos; e o novo presidente da Petrobras, Hélio Beltrão. A lista de empresários incluía, entre outros, Abílio Diniz (Grupo Pão de Açúcar), Laerte Setubal (Duratex) e Luiz Eulálio de Bueno Vidigal (Fiesp).

No discurso que pronunciou ao receber o cargo de seu antecessor, embaixador Ramiro Saraiva Guerreiro – que em seguida assumiria a embaixada do Brasil na Itália –, Olavo mostrou a contradição entre as práticas liberais adotadas internamente pelos países desenvolvidos, onde predominam a competição aberta e o livre comércio, e as restrições que esses países impunham à entrada em seus mercados dos produtos manufaturados originários dos países em desenvolvimento.

Em seguida, definiu as diretrizes da política que colocaria em prática:

"Toda diplomacia, independentemente de sua dimensão estratégica, econômica ou valorativa, tem um caráter inequivocamente político. E a política, que não se reduz aos jogos retóricos, é antes sinônimo de performance e desempenho na consecução de anseios coletivos. É por isso que nossa política externa deve ser uma 'diplomacia para resultados' – ou seja, flexível, criativa e realista. Seu ponto de partida é a explicitação de nossos interesses concretos no que se refere à retomada do crescimento e à redução de nossa vulnerabilidade externa nos campos financeiro, tecnológico e comercial. Sua implementação exige uma presença mais efetiva do Brasil nos debates multilaterais e nas negociações bilaterais, mediante uma ação capaz de propiciar a ampliação de nossa liberdade no manejo da política econômica e, por conseguinte, do controle sobre nossos próprios destinos".

No campo político, o Itamaraty chefiado por Olavo Setubal seguiria a tradição de defender os princípios da autodeterminação dos povos, da não-intervenção, da solução pacífica para as controvérsias (especialmente na América Central), da ação conjunta latino-americana para o encaminhamento das dificuldades comuns e do respeito aos direitos humanos. No campo econômico, a política externa brasileira conduzida por Olavo enfatizaria a questão da dívida brasileira, condicionando-a à retomada do crescimento e à recuperação do nível de emprego e da renda.

"Numa sociedade com 130 milhões de habitantes, com uma população economicamente ativa cuja grande maioria situa-se nos estágios de pobreza, indigência e miséria, seria inconsequente reduzir o problema do reajuste econômico às determinações externas de caráter técnico."

No plano estratégico, Olavo transformava a questão tecnológica – que tanto o preocupara como empresário, desde os tempos de constituição da Deca até a montagem da infraestrutura de comunicações, transmissão de dados e controle operacional do Itaú, e continuava a preocupá-lo – em tema de política externa:

"Sendo a tecnologia um processo inexorável de transformação socioeconômica, o país que não acompanhar sua evolução estará condenado à permanência no subdesenvolvimento. Graças a ela, subordinando o conhecimento especializado ao critério econômico e direcionando-o à produção de mercadorias e serviços, o saber tornou-se sinônimo de poder. No campo das relações internacionais, essa conversão de saber em dominação vem abrindo novos horizontes em termos de transferência de bens, modelos e fluxos de capitais, ao mesmo tempo que também vai alargando as fronteiras contemporâneas. (...) à medida que afeta a organização do trabalho e as estruturas da produção, a revolução tecnológica também altera a essência das relações de poder entre as nações, desafia as noções convencionais de soberania e coloca em novos termos a confrontação entre as superpotências".

"Ao criar condições para nova redistribuição de riquezas na ordem internacional, na qual a concentração de capitais, os investimentos em pesquisa e a ênfase à produção de conhecimento e serviços terão tão ou mais importância do que a própria produção de bens, precisamos ter clara percepção dos efeitos do progresso tecnológico e de seu impacto na atual estratificação mundial".

Após receber os cumprimentos, Olavo iniciou de fato sua tarefa como chefe da diplomacia brasileira. No dia seguinte, teria uma agenda pesada. Receberia os governantes estrangeiros que tinham vindo ao Brasil para a posse do novo presidente. Pela ordem, teria encontros com o vice-presidente americano, George Bush; com os presidentes da Argentina, Raúl Alfonsín, do Uruguai, Julio María Sanguinetti, da Nicarágua,

Daniel Ortega, e do Suriname, Desiré Bouterse; com o primeiro-ministro de Portugal, Mário Soares; e com os ministros do Exterior da Alemanha, Hans Dietrich Genscher, e do México, Bernardo Sepúlveda.

Depois dos atos protocolares, teria muito trabalho para conhecer o funcionamento do Itamaraty.

Nos primeiros dias, promoveu reuniões com todos os setores do Ministério, o que exigia sua permanência no Palácio dos Arcos pelo menos até as nove horas da noite. Não se cansava, porém. Tinha prazer em trabalhar naquele local. Reconhecia, no Palácio dos Arcos, "uma joia da arquitetura brasileira", como passou a se referir a ele. Anos depois, após muitas viagens oficiais ao exterior, dizia que era uma das sedes de Ministério do Exterior mais bonitas do mundo.

"Trabalhar lá é um privilégio."

Fosse privilégio ou obrigação imposta pelo senso de responsabilidade do cargo, trabalhava muito, como fizera no Itaú, na Prefeitura e em outros lugares onde trabalhara. Inovou ao levar para o Itamaraty uma prática que adotara no Itaú, a de discutir os assuntos mais relevantes diretamente com os responsáveis pela área, sem intermediários. Para isso, criou uma Comissão de Assessoramento do Ministro (CAM), formada pelo secretário-geral, pelos subsecretários, pelo chefe de gabinete e pelo chefe da Secretaria de Controle Interno. Antes, era o secretário-geral que selecionava previamente os temas a serem submetidos ao ministro. Com a CAM, os temas passaram a ser discutidos democraticamente, na presença do ministro.

Olavo estava encantado com a nova função. Era um mundo novo, que o fascinava, como perceberam diplomatas experientes com os quais conviveu nesse período. Entre eles estava o embaixador Rubens Ricupero, que assessorava o presidente José Sarney e, no governo Itamar Franco, ocuparia o Ministério da Fazenda, no período da implantação do Plano Real. É Ricupero quem conta:

"Eu tenho razões para crer, pelo que eu percebi, que aquele foi um mundo que o fascinou em todos os aspectos, inclusive pelos diplomatas que conheceu. Acho que ele se deu conta de que os diplomatas brasileiros com os quais tratou eram, na maioria, pessoas preparadas, de cultura. Eu me lembro de certos comentários que ele fez, com surpresa, sobre as casas bonitas dos diplomatas, com seus tapetes, móveis, quadros. Ele era um homem austero, e continua a ser. Muitos diplomatas que, perto dele, seguramente seriam pobretões, tinham um tipo de vida que ele não estava acostumado a ver. Acho que ele gostou, achou um mundo interessante, porque era diferente daquele mundo que ele estava acostumado a viver, de banqueiro, de empresário".

O próprio Olavo, muitos anos depois, admitiu isso: "Foi um dos períodos mais agradáveis de minha vida. Na Prefeitura, a gente fala com todo mundo, muita gente pobre, muita gente despreparada. No Itamaraty, só se fala com gente inteligente, preparada e com grande formação no mundo inteiro".

Mas não eram apenas os diplomatas brasileiros que o encantavam. Também o contato com estrangeiros o agradava: "Foi muito interessante a vivência internacional, conhecer os hábitos e a forma de conversar de diplomatas do mundo inteiro".

No Itamaraty fez muitos amigos, com os quais passou a conviver mesmo depois de ter deixado o cargo. Um deles, o embaixador de Portugal, Adriano Carvalho, o convidava para saborear o queijo Serra da Estrela sempre que recebia o produto de seu país. E também presenteava Olavo, que adorava o queijo.

Em Brasília, Olavo pôde encontrar com frequência seu companheiro da "turma do América" Paulo Nogueira Neto, que, com a esposa, Lúcia, vivia na capital desde a criação da Secretaria Especial do Meio Ambiente, em 1974. Na primeira vez em que foi visitar o amigo em casa, Olavo se esqueceu do número do apartamento, mas não teve dificuldade para encontrá-lo. Olhou as sacadas dos apartamentos e logo viu um em que havia uma jardineira com pés de milho. Não teve dúvidas: "É este".

Paulo mantinha em casa tucanos e papagaios, que alimentava com o milho cultivado na sacada do apartamento.

Olavo podia almoçar em casa com frequência. Tinha um tempo para repousar, antes de retomar a rotina dos despachos à tarde. Certo dia, recebeu para jantar o deputado Ulysses Guimarães. Não era íntimo de Ulysses, nem tinham contatos políticos frequentes com o então presidente do PMDB. Mas Daisy era muito amiga de dona Mora, esposa de Ulysses, e convidou o casal para o jantar. Dona Mora falou então do papel da amiga na dinamização da vida social da capital federal.

"Você criou um ambiente agradável. Brasília era horrível antes. Agora, com você, ficou bom."

Daisy convidava muitas senhoras de Brasília e embaixatrizes para lanches e chás à tarde. A vida social do casal Setubal era intensa na capital.

Resistindo à "máquina"

Mas nem tudo era feito com "punhos de renda", como alguns jornalistas se referiam à finura dos diplomatas brasileiros, uma de suas marcas mais nítidas. Havia, desde o início da gestão de Olavo à frente do Itamaraty, uma articulação de parte da equipe do Ministério para retirá-lo do centro decisório e empurrá-lo para tarefas agradáveis, mas de natureza apenas honorífica, sem nenhum peso político. Afinal, ele não era da carreira e, segundo esses diplomatas, não estava preparado para exercer o cargo de ministro – era preciso tutelá-lo e restringir-lhe o campo de ação. Como resumiu, muitos anos depois, um diplomata que o assessorou e sempre procurou assegurar-lhe condições para exercer plenamente o cargo para o qual fora indicado, a "máquina" tentou impor-lhe a agenda de trabalho, transformá-lo na "rainha da Inglaterra" – papel para o qual ele não estava talhado e que não aceitaria desempenhar, como bem observara o *Estadão* algumas semanas antes.

Na primeira reunião da CAM, por exemplo, a "máquina" apresentou-lhe uma agenda cheia por vários meses. Primeiro, se propunha uma visita de Olavo a Washington. Depois, para outras grandes capitais, como Londres e Paris. O embaixador Rubens Barbosa, chefe do gabinete do ministro e membro da CAM, conta:

"Vieram com um programa de viagens completo, para afastar o dr. Olavo dos problemas internos. Enquanto o ministro estivesse fora, eles tocariam os grandes assuntos do ministério, dos administrativos aos de

O presidente José Sarney e seu ministro Olavo Setubal. Brasília, 1985.

política externa. Barbosa criticou a proposta da 'máquina'. Argumentou que o ministro precisava ficar no Brasil nos primeiros meses para se inteirar dos grandes problemas da diplomacia brasileira e conhecer bem o funcionamento do Itamaraty".

Não era apenas na definição do programa de ação e da política externa que o ministro resistia à pressão da "máquina". Resistia também a certas práticas de gestão dos recursos públicos.

Olavo fazia da austeridade a marca de seu modo de agir. Decidiu bancar com recursos próprios as despesas na residência oficial do ministro das Relações Exteriores, à beira do Lago de Brasília.

Também suas secretárias particulares tinham seus salários pagos por Olavo, como descreveu o *Jornal do Brasil*, em 6 de maio de 1985:

> O hábito do chanceler Olavo Setubal de só trabalhar com as secretárias, duas que o cercavam no Banco Itaú, levou a uma curiosa distorção. Sem nomeá-las para o serviço

público, mas a expensas de sua empresa particular, Setubal levou-as para seu gabinete em Brasília pagando a cada uma salário de Cr$ 5 milhões. É mais do que ganha o secretário-geral do Ministério, embaixador Paulo Tarso Flecha de Lima, cujos vencimentos giram em torno dos Cr$ 4 milhões.

Uma das secretárias era sua fiel auxiliar Olden Victorino, que o acompanhava desde o início da década de 1970 e fora por ele levada também para a Prefeitura de São Paulo.

Dona Olden lembra-se de que o período de trabalho intenso começara antes mesmo da posse no Itamaraty, com a preparação de material sobre as novas funções de Olavo. Ela não ficou muito tempo em Brasília. Seu filho, vestibulando, precisava de seu apoio. Aí se deu conta de que tinha família:

"Aceitei o convite e fui para Brasília, secretariá-lo no Itamaraty. Mas fiquei apenas o suficiente para colocar as coisas no lugar, pois o começo de uma atividade é muito complicado. Foi tempo suficiente para trabalhar bastante. Havia colocado o profissionalismo em primeiro lugar, quase esquecendo que a família era a coisa mais importante da minha vida. Pedi para voltar para o banco".

Dona Olden voltou.

Olavo continuou a trabalhar intensamente, sempre preocupado em impor austeridade a sua gestão. No plano administrativo, colocou em prática um programa que implicava o fim de muitas vantagens de que gozavam os diplomatas nos postos mais altos da carreira. Gerou muita insatisfação.

Um de seus primeiros atos foi mandar publicar um decreto anulando os privilégios do sistema de agregação de diplomatas que deixavam temporariamente a carreira no Itamaraty para servir em outros setores do governo. Desde 1973, diplomatas que eram requisitados por outros órgãos do governo abriam vaga nos quadros do Ministério, o que permitia a promoção mais rápida dos que estavam em nível inferior da carreira. Além disso, esses diplomatas "agregados", isto é, designados para função fora carreira do Itamaraty, tinham direito à promoção e levavam vantagem em relação aos que continuavam na carreira, pois não dependiam da existência de vagas para serem promovidos.

Numa conversa com jornalistas alguns meses depois de assumir o cargo, Olavo admitiu que os diplomatas brasileiros só gostavam de servir em postos no circuito "Elizabeth Arden" (Londres, Nova York, Paris, entre outras cidades), razão pela qual pretendia estabelecer regras para que "todos passem um determinado número de anos em postos difíceis, com uma saudável rotação, já que todos os postos no Terceiro Mundo estão com lotação insuficiente". Não chegou a mudar isso, mas conseguiu eliminar verbas de moradia e representação dadas a treze postos que não dispunham de *status* de embaixada, mas que eram ocupados por embaixadores, e extinguiu os consulados em Nápoles (Itália), Istambul (Turquia), Rosário (Argentina), Gdynia (Polônia) e Monterrey (México), onde "não se justifica a manutenção de tais repartições".

Outra providência foi reduzir as viagens de delegações brasileiras para reuniões internacionais. Essas delegações costumavam ser formadas também por funcionários de outros ministérios que tinham alguma coisa a ver com o tema. Todos viajavam por conta do governo. Para economizar dólares, de que o País tinha necessidade por causa da crise da dívida externa, o Itamaraty passou a utilizar ao máximo seu pessoal que já estava no exterior. Para dar exemplo, na viagem que fez à Suécia e aos Estados Unidos, sua comitiva era formada por ele, pela mulher, pelo chefe de gabinete e um assessor.

Na ação diplomática também haveria mudanças. Sua primeira viagem, quando ela fosse possível, não deveria ser para os Estados Unidos, como sugerira a "máquina", mas para um país com o qual era urgente restabelecer uma convivência mais estreita, pois isso era do interesse brasileiro. Na reunião da CAM em que se discutiu sua agenda para os primeiros meses de sua gestão, Olavo ouviu os argumentos e contra-argumentos e rejeitou a proposta de que seu primeiro destino internacional fosse Washington.

Fazia pouco mais de uma semana que assumira a chefia do Itamaraty quando anunciou para a imprensa que iniciaria seu programa de viagens internacionais por países da América do Sul, definidos como prioritários no relacionamento político com o Brasil. Disse também que recebera convites para visitar os países do Leste europeu e que nada o impedia de atender aos convites.

Mas a primeira viagem ainda demoraria algum tempo. Desde o início do governo da Nova República, o País acompanhava a evolução da doença do presidente Tancredo Neves. A cada notícia de uma cirurgia do presidente, aumentava a preocupação de todos com relação a sua recuperação. A saúde de Tancredo piorava. A notícia de sua morte, ocorrida no dia 21 de abril, paralisou o País.

Pela legislação, caberia ao Ministério das Relações Exteriores organizar oficialmente, em nome do governo brasileiro, as cerimônias fúnebres na capital federal, que se realizariam no dia 23 de abril. Era a primeira grande tarefa oficial pela qual Olavo seria responsável na função de ministro. Esperava-se a vinda de chefes de Estado e de governo e de missões estrangeiras. Caberia ao ministro das Relações Exteriores recepcioná-los em nome do governo brasileiro.

Dos chefes de Estado que compareceram aos funerais de Tancredo, Olavo recorda-se particularmente de um, latino-americano, que bebera durante toda a viagem de seu país até Brasília. Embriagado, desceu as escadas do avião com dificuldade. Vinha acompanhado de sua amante, "uma amante como as do século XIX". A cena de que Olavo não esqueceu foi a do momento em que o visitante teve de passar em revista a tropa formada para recepcioná-lo no Aeroporto de Brasília: "Não sei se vai conseguir", pensou.

Surpreendentemente, o visitante conseguiu. Aprumou-se, caminhou firme diante da tropa, com o rosto sério, como se estivesse perfeitamente consciente do que tinha de fazer.

Cuba e Europa Oriental

Antes de qualquer viagem ao exterior, Olavo compareceu à Câmara dos Deputados, para depor na Comissão de Relações Exteriores. Foi nesse depoimento, previamente preparado por sua assessoria, que expôs de maneira mais completa e esclarecedora a política externa do governo da

Nova República. Antes, só falara duas vezes sobre esse tema, no discurso de posse e numa entrevista coletiva aos jornalistas credenciados no Itamaraty, mas em nenhum desses casos falara de modo tão abrangente.

Em seu depoimento, cobriu praticamente todo o planeta. Quem o conhecia bem talvez tivesse estranhado vê-lo falando coisas como:

"No noroeste da África, o processo de emancipação da antiga colônia espanhola do Saara Ocidental persiste, após dez anos de luta, entre a Frente Polisário e o Reino do Marrocos. (...) Reconhecemos a Frente Polisário como representante do povo saaraui, e temos nos manifestado a favor do princípio da autodeterminação e da independência, a ser implementado de forma pacífica e negociada".

(Curiosamente, no dia de sua posse, Olavo foi procurado pelo ex-governador pernambucano e então deputado federal Miguel Arraes, que queria conhecer a opinião do governo brasileiro sobre o povo saaraui. Arraes passara parte de seu exílio, durante o regime militar, na Argélia e conhecia a questão. Mas Olavo, naquele momento, ignorava inteiramente o problema.)

Depois, nos debates que se seguiram a seu pronunciamento, teria de manifestar a posição do governo brasileiro a respeito da independência do Timor Leste, território então ocupado pela Indonésia e onde atuava intensamente a Frente Revolucionária do Timor Leste Independente (Fretilin). Respondendo à indagação de um deputado, disse que o Itamaraty não dispunha de estudos detalhados e profundos sobre a questão e, por isso, o Brasil não estava propenso a reconhecer a Fretilin como legítimo representante dos interesses do território ocupado. Numa linguagem pouco comum entre diplomatas, afirmou que "este problema está distante de nós".

(Durante sua permanência no cargo de ministro das Relações Exteriores, alguns de seus velhos amigos dos tempos do Alarga a Rua não poucas vezes lhe observariam: "Olavo, você fica falando tanto de coisas do outro lado do mundo que parece nem se lembrar mais de onde fica Santo André ou São Bernardo do Campo".)

Mas, em seu pronunciamento, Olavo foi firme no trato de outras questões polêmicas. Disse não ser uma "opção viável" o uso da força e da intervenção armada para a solução de problemas da América Central

Olavo Setubal com o ministro de Relações Exteriores da Rússia, Edward Chevardnadze, em Moscou, 1985.

e afirmou que o governo brasileiro apoiava os esforços de pacificação conduzidos pelo Grupo de Contadora, formado por Panamá, México, Colômbia e Venezuela.

Anunciou aos deputados que, de acordo com o objetivo do governo de "manter relações com todos os países, sobre a base da não-ingerência e do respeito mútuo", determinara "a realização de estudos sobre a questão do reatamento das relações diplomáticas com Cuba".

Defendeu o aprofundamento das relações com os Estados Unidos, com base num diálogo "aberto e maduro", pois "duas grandes democracias não podem temer a franqueza, nem pressupor, de parte a parte, a aquiescência sistemática". Depois de se referir ao "patrimônio humanístico, os ideais políticos e as concepções institucionais" que o Brasil recebeu da Europa Ocidental, ressalvou que preocupava o governo brasileiro "a persistência de uma política comunitária protecionista no setor agrícola e no tocante a produtos manufaturados de grande importância para pauta brasileira de exportações". Por muitos anos esse protecionismo continuaria sendo fonte de preocupação para as autoridades e os exportadores do Brasil.

Sobre a Europa Oriental, região de influência da União Soviética, disse que havia espaço "para expansão no terreno econômico-comercial e para um contato mais maduro e isento no plano político-diplomático". Especificamente sobre a União Soviética, afirmou que sua presença no cenário mundial, como superpotência, "deve ser reconhecida por parte do Brasil".

Considerou ilegal a presença da África do Sul na Namíbia, declarando que o governo brasileiro era favorável à independência desse território, com base nas resoluções da ONU. Foi muito claro na condenação da política do *apartheid* do governo sul-africano:

"Não hesitamos nem transigimos em condenar enfaticamente a África do Sul pela prática do *apartheid*, política que fere nossas mais íntimas convicções de país formado à base de um amálgama de raças e culturas, e que constitui permanente foco de tensão regional".

Comprometeu-se a fiscalizar o compromisso do governo brasileiro de cumprir a decisão do Conselho de Segurança da ONU que proibia a exportação de armamentos e derivados de petróleo e investimentos empresariais na África do Sul.

As sementes do Mercosul

Só após o depoimento na Comissão de Relações Exteriores da Câmara dos Deputados, e praticamente um mês depois das cerimônias fúnebres do presidente eleito, o novo ministro conseguiu organizar sua primeira viagem para o exterior. Seu destino seria a Argentina, país vizinho com o qual, durante o regime militar brasileiro, surgiram muitos problemas. Seria uma mudança de rumo da política externa. Até então voltada para o fortalecimento das relações com a África, ela concentraria seu foco na América Latina. Olavo levou a ideia da viagem à Argentina ao presidente José Sarney:

"Presidente, nosso objetivo de política externa deve ser, primeiro, a Argentina, não a África, porque a Argentina é nosso vizinho para a eternidade, e a África vai demorar muito tempo para se tornar um parceiro importante do Brasil. E o eixo de nossa política externa deve ser a América Latina".

Sarney concordou.

"Pedi a Olavo, então, que fosse à Argentina para conversar sobre o início de nova política do Brasil para o Cone Sul, de modo que nós pudéssemos superar as divergências históricas que tínhamos", recorda-se Sarney. "As divergências com a Argentina eram baseadas numa concepção errada, ainda do século XIX, de que quem tivesse o domínio do Rio da Prata teria o domínio da América do Sul."

A questão da Hidrelétrica de Itaipu agravou essas divergências durante os governos militares dos dois países.

Embora adiada por causa da doença e morte de Tancredo Neves, a viagem do ministro das Relações Exteriores a Buenos Aires, iniciada no dia 19 de maio, não tinha uma agenda definida de conversações. Parecia um fato ruim, mas poderia ter boas consequências. Como destacou o ministro das Relações Exteriores da Argentina, Dante Caputo, na véspera da chegada de Olavo a Buenos Aires, a inexistência de uma agenda de discussões "não significará nenhum problema". Seria possível conversar sobre todos os temas que interessassem aos dois governos, passando em revista desde o comércio entre os dois países, a situação da dívida externa dos países em desenvolvimento e até as tensões políticas na América Central ou a questão das Ilhas Malvinas – cuja disputa levara a Argentina à guerra com a Grã-Bretanha três anos antes.

O comunicado conjunto assinado pelos dois ministros ao fim dos encontros que mantiveram em Buenos Aires continha palavras usuais de documentos desse tipo, referindo-se, por exemplo, à "ampla e fraterna coincidência" de pontos de vista sobre os temas tratados. Ao contrário de outros comunicados conjuntos, porém, esse continha afirmações importantes. O primeiro era sobre a dívida externa: "A respeito da questão da dívida externa, ambos os chanceleres concordaram com a gravidade do problema e a necessidade de continuar os esforços que se realizam no âmbito do Consenso de Cartagena".

Era uma clara reafirmação da importância dos entendimentos que vinham mantendo os países latino-americanos com elevadas dívidas externas para definir uma linha comum de negociação com os credores internacionais. A designação se deve ao local, a cidade colombiana de Cartagena de Indias, na qual, em junho de 1984, os ministros das Relações Exteriores e da Economia de Argentina, Bolívia, Brasil, Colômbia, Chile, Equador, México, Peru, República Dominicana, Uruguai e Venezuela se reuniram para discutir em termos políticos a questão da dívida externa. Nessa reunião, a Argentina propôs a constituição de um cartel dos países devedores, ou a constituição de um grupo de pressão para obter dos países credores soluções menos duras do que as que estavam sendo ou seriam impostas pelas organizações financeiras multilaterais, como o Fundo Monetário Internacional (FMI). Diante da heterogeneidade de situações e interesses, a proposta argentina foi rejeitada. Mas foi possível aprovar uma proposta de consenso, daí a designação de Consenso de Cartagena, segundo a qual os países signatários criariam mecanismos de consulta e acompanhamento regional da negociação de suas dívidas externas, que os auxiliassem no encontro de soluções para o problema.

O segundo ponto afirmativo do comunicado conjunto assinado por Olavo Setubal e Dante Caputo referia-se ao comércio entre o Brasil e a Argentina:

"Foi dedicada particular atenção no curso das conversações à questão do intercâmbio bilateral, registrando-se a vontade política comum de assegurar que o comércio entre os dois países se realize em bases mais equilibradas. Também neste campo coincidiram quanto à necessidade de orientar o fluxo do comércio bilateral, assim como em promover uma maior complementação industrial, e encarar novos projetos de cooperação econômica e tecnológica."

Problemas que, a distância, pareceriam irrelevantes, banais até, assumiam, na época, importância tremenda nas relações entre o Brasil e a Argentina: "Nós tivemos problemas variados com a Argentina, nos tempos em que nossas relações estiveram atritadas", recorda-se o ex-presidente José Sarney. "Naquele tempo, eram problemas sérios, como o da maçã, do trigo."

Na volta de sua viagem a Buenos Aires, Olavo sugeriu a Sarney a convocação de uma reunião ministerial para discutir o comércio com a Argentina. Dois temas importantes eram a compra, pelo Brasil, de trigo e petróleo da Argentina. Da reunião participaram, entre outros, os ministros Aureliano Chaves, das Minas e Energia, Pedro Simon, da Agricultura, e Leônidas Pires Gonçalves, do Exército. No início, houve resistência à aproximação mais intensa com a Argentina. Era, ainda, reflexo das posições que o governo brasileiro assumira num passado não muito remoto e que continuava a influenciar os membros do governo da Nova República.

No ano anterior, o presidente argentino, Raúl Alfonsín, fizera ao então presidente João Figueiredo uma proposta de reaproximação diplomática e política entre os dois países. Mas a rivalidade entre os militares dos dois lados da fronteira ainda era forte demais para permitir a discussão serena de um acordo entre os dois países. A posse, no Brasil, do primeiro governo civil depois de 21 anos de regime militar, poderia mudar esse quadro, esperava-se. Mas a reunião ministerial convocada por Sarney para discutir o assunto mostrava a persistência das velhas rivalidades, que precisavam ser rompidas. E foram, pela veemência de Olavo, com o apoio aberto de Sarney.

"Traçou-se uma política única de governo", lembra o embaixador aposentado Rubens Ricupero, na época assessor para área internacional do presidente Sarney. "Isso começou muito bem, e logo depois se decidiu que a aproximação entre os dois países teria sequência com assinatura de acordos por setores. Foi uma abordagem interessante, porque os acordos não englobavam todo o comércio bilateral, mas se referiam a setores onde os entendimentos podiam caminhar mais depressa."

Na linha de frente do trabalho de elaboração desses acordos setoriais, incumbido de negociar e definir os termos dos documentos e dar-lhe a redação final pelo lado brasileiro, estava o diplomata Samuel Pinheiro Guimarães, que atuava sob a chefia do subsecretário de Assuntos Econômicos, embaixador Francisco Thompson Flores, que mais tarde seria designado para a embaixada brasileira em Buenos Aires.

Bomba atômica contra a integração?

Um tema sensível nas relações bilaterais – a política nuclear da Argentina e do Brasil – vinha sendo tratado com certa discrição pelos dois governos desde os tempos do regime militar. Uma declaração atribuída ao ministro do Exército, general Leônidas Pires Gonçalves, e publicada na primeira página do jornal *Correio Braziliense*, no dia 1º de setembro de 1985, porém, causou desconforto aos dois lados da fronteira. "Leônidas: o Brasil precisa da bomba" era o título da notícia. O texto informava que o ministro defendera a construção da bomba atômica brasileira e pedira apoio a um grupo de parlamentares para o projeto que defendia. "Não podemos ficar atrás se um vizinho, como a Argentina, construir a bomba", teria dito o general Leônidas.

Nos anos 1970, a questão do aproveitamento hidrelétrico do Rio Paraná – o Brasil tinha o projeto da Usina de Itaipu, em parceria com o Paraguai; a Argentina, o projeto da Usina de Corpus – provocara atritos que só foram resolvidos com a assinatura de um acordo em 1979. Essa divergência não impedia, entretanto, que os dois países assumissem posições comuns, nas discussões internacionais, a respeito do aproveitamento pacífico da energia nuclear.

Os dois governos atuaram de maneira articulada durante as discussões do Tratado de Proscrição das Armas Nucleares na América Latina (Tratado de Tlatelolco), nos anos 1960, e, juntos, recusaram-se a assinar o Tratado de Não Proliferação das Armas Nucleares (TNP), de 1965, por considerá-lo discriminatório. O governo argentino esteve do lado do brasileiro na defesa do acordo nuclear Brasil-Alemanha, assinado em 1975, alvo de pesadas críticas do governo americano. Mas os dois países escolheram caminhos diferentes para alcançar o que definiam como autonomia no terreno nuclear. O da Argentina estava claramente voltado para a defesa. O Brasil também considerava o desenvolvimento da tecnologia nuclear assunto de segurança nacional, mas defendia o uso dessa tecnologia para assegurar o desenvolvimento econômico.

Havia troca frequente de informações entre os dois governos. Em novembro de 1983, por exemplo, pouco depois da eleição do civil Raúl Alfonsín para sucedê-lo, o presidente militar da Argentina, general Reynaldo Bignone, enviou uma carta ao seu colega brasileiro, general João Figueiredo, informando que seu país conseguira enriquecer urânio pelo método de difusão gasosa, sem auxílio tecnológico externo. O comunicado, embora constituísse um gesto de deferência para com o governo brasileiro, foi interpretado como uma tentativa do governo de Buenos Aires de apresentar a Argentina – para o Brasil, em primeiro lugar, e para o restante dos países latino-americanos – como um importante, se não o mais importante, elemento para a integração regional.

A declaração atribuída ao general Leônidas apenas resumia essas sensações, que durante anos marcaram o relacionamento entre Brasil e Argentina no campo militar e na definição do papel de cada um desses países no cenário estratégico regional.

Quaisquer que fossem as razões para seu surgimento – históricas, estratégicas, políticas, conjunturais –, a questão tinha potencial para minar o trabalho de reaproximação entre os dois países.

No entanto, os dois presidentes, Sarney e Alfonsín, estavam empenhados em assegurar essa reaproximação e seus ministros do Exterior, Setubal e Caputo, se entendiam muito bem. Olavo tinha muito respeito por seu colega argentino: "Dante Caputo era um homem muito preparado, com grande instrução, uma visão mundial muito firme. Tinha mestrado na França. Aliás, era casado com uma francesa".

Sarney, de sua parte, faz questão de destacar o papel de Alfonsín nessa reaproximação. O ex-presidente brasileiro rejeita a interpretação de que o encerramento do regime militar dos dois lados da fronteira, primeiro na Argentina, depois no Brasil, foi o fator desencadeador dessa aproximação.

"Nossa transição democrática foi feita, vamos dizer, sem hipotecas militares, ao passo que a transição argentina foi das mais difíceis, porque eles tinham o problema da Guerra das Malvinas (na qual foram derrotados pelos britânicos no período final da ditadura militar), a dura repressão e a rivalidade de Alfonsín com a área militar. E a ferida de Itaipu ainda estava aberta. É por isso que nós devemos a Alfonsín a reaproximação dos dois países. Ele teve a visão de estadista de aceitar e aprofundar o relacionamento entre a Argentina e o Brasil."

Com a autorização dos presidentes, os chanceleres prepararam de maneira esmerada o encontro entre os chefes de governos dos dois países no fim de novembro de 1985, em Foz do Iguaçu, com o objetivo de transformá-lo em ato histórico. O motivo era a inauguração da Ponte Tancredo Neves (Ponte da Fraternidade) sobre o Rio Iguaçu, ligando Foz do Iguaçu, no Brasil, e Puerto Iguazú, na Argentina.

Dois documentos foram negociados previamente pelas chancelarias para que os presidentes pudessem assiná-los durante o encontro em Foz do Iguaçu. O primeiro tratava justamente da questão nuclear. Era a Declaração Conjunta sobre Energia Nuclear, no qual se afirmava a importância da tecnologia nuclear para o desenvolvimento dos dois países; se reconheciam as dificuldades que ambos enfrentavam na obtenção de suprimentos, tecnologia e equipamentos para isso; e se reafirmavam os propósitos exclusivamente pacíficos da colaboração entre eles. Era o fim da questão nuclear entre Brasil e Argentina.

O segundo documento assinado por Sarney e Alfonsín foi a Declaração de Iguaçu, que abriria nova etapa no relacionamento entre Brasil e Argentina. Os dois presidentes afirmavam "a urgente necessidade de que a América Latina reforce seu poder de negociação com o resto do mundo, ampliando sua autonomia de decisão e evitando que os países da região continuem vulneráveis aos efeitos de políticas adotadas sem sua participação".

Os dois governos decidiram também criar uma Comissão Mista de Alto Nível para a Cooperação e a Integração Econômica Regional, encarregada de propor projetos e programas de interação econômica. Na reunião ficou decidido também que os dois governos, em seu nível mais alto, tomariam medidas concretas para expandir e equilibrar o intercâmbio comercial entre os dois países.

O jornal *Presencia*, de La Paz, Bolívia, reconheceu a importância do encontro, ao registrar, em 28 de novembro de 1985:

> *Pela primeira vez em décadas de aberta confrontação, os presidentes da Argentina e do Brasil estão decididos a aproveitar os recursos de ambas as nações para completar suas economias e ampliar as metas de desenvolvimento conjunto.*

No encontro com Alfonsín, Sarney disse-lhe que ambos podiam mudar a história do continente, abrindo um espaço de efetiva cooperação no Cone Sul. Referindo-se aos temas que, até o passado recente, haviam criado dificuldades para o relacionamento entre os dois países, disse a Alfonsín que, embora compreendesse os motivos para as desavenças entre Brasil e Argentina, não havia mais razões para mantê-las.

"As coisas (os atritos diplomáticos) são tão gratuitas que, embora estejamos ambos aqui, em Foz do Iguaçu, o senhor não pode visitar, aqui mesmo, uma das catedrais do mundo moderno, que é a Hidrelétrica de Itaipu. É uma obra fantástica, mas o senhor não pode visitá-la."

No dia seguinte, no encontro para o café-da-manhã, Sarney foi surpreendido por Alfonsín, que, contra o conselho do ministro Dante Caputo e dos militares que compunham sua comitiva, decidira visitar Itaipu.

"Fomos e fizemos aquela foto juntos, no vertedouro de Itaipu, que deu origem ao que chamo de 'diplomacia da foto'. Com a foto nós destruímos anos de desavenças injustificáveis. O presidente Alfonsín foi muito criticado pela imprensa argentina nos dias seguintes, mas a partir daquele momento ficou claro que um novo caminho era possível para os dois países."

O encontro presidencial em Foz do Iguaçu é considerado o primeiro passo para a constituição do Mercosul, projeto de integração econômica e comercial regional ao qual adeririam em seguida dois outros países do Cone Sul, o Paraguai e o Uruguai.

Ao tratar do relacionamento do Brasil com a Argentina, Olavo registrou no balanço de sua passagem pelo Itamaraty: "Encarei esse relacionamento como verdadeiro desafio – que hoje acredito vencido – à capacidade brasileira de dar substância real à sua disposição de estabelecer formas modelares de cooperação com outras nações do Terceiro Mundo".

O ex-presidente José Sarney vai além:

"A importância de Olavo é que ele foi o executor dos acordos e organizador do encontro. Quando chegamos a Foz do Iguaçu, ele já tinha negociado todos os acordos que assinamos. Até hoje nunca ninguém deu ao Olavo o crédito de que ele foi realmente o executor do início dessa política que resultou no Mercosul. Esse é um ponto importante da biografia dele".

Até Piquet e Senna

Eram variados os temas com que, como ministro das Relações Exteriores, Olavo tinha de lidar. Em novembro de 1985, por exemplo, ele teve de dizer publicamente que os pilotos de Fórmula 1 brasileiros Nelson Piquet, da equipe Brabham (estava negociando sua transferência para a Williams no ano seguinte) e campeão mundial de 1981 e 1983, e Ayrton Senna, da Lotus, estavam "legalmente impedidos" de participar do Grande Prêmio da África do Sul, que deveria ser disputado no circuito de Kyalami no dia 19 de outubro do ano seguinte.

O motivo era simples e claro. Em agosto de 1985, por considerar que a política racista da África do Sul era um atentado à consciência e à dignidade humanas, o governo brasileiro impôs uma série de sanções àquele país. Foram proibidas "quaisquer atividades que caracterizem intercâmbio cultural, artístico ou desportivo com a África do Sul". Era aí que entrava a proibição para Piquet e Senna disputarem o GP da África do Sul de 1986. Também estavam proibidas as exportações de petróleo e derivados para esse país e para o território da Namíbia, "ilegalmente ocupado" pelos sul-africanos. Ao anunciar a assinatura do decreto presidencial contendo essas proibições, Olavo disse que se a situação da África do Sul não caminhasse para uma solução aceitável pela comunidade internacional, o próximo passo do governo brasileiro seria o rompimento das relações diplomáticas.

Por ser de fora da carreira diplomática, Olavo podia tomar as decisões que lhe pareciam as mais adequadas para determinadas situações, mas que um ministro originário da carreira diplomática consideraria inadequada, inconveniente ou não-condizente com a tradição do Itamaraty – e deixaria a questão de lado. Foi o que aconteceu com o tratamento que o governo brasileiro dispensava ao conflito da América Central.

Até a posse de Olavo, o Itamaraty entendia que era um problema localizado – envolvia os atritos políticos e militares da Nicarágua, então sob o governo sandinista chefiado por Daniel Ortega, com seus vizinhos Honduras, Guatemala, El Salvador e Costa Rica, e que podia resultar em conflito armado –, cuja solução, por isso, deveria ser encontrada pela própria região. Questões centro-americanas não faziam parte da lista de prioridades da diplomacia brasileira.

Foi no fim de julho de 1985, quando da posse do novo presidente do Peru, Alan García, que, num encontro em Lima com seus colegas da Argentina, do Peru e do Uruguai, Olavo manifestou sua preocupação com a evolução da crise na América Central e propôs a constituição de um grupo de apoio àquele que já estava constituído desde o ano anterior e que ficara conhecido como Grupo de Contadora, pois sua formação fora decidida numa reunião realizada em 1983 na ilha panamenha de Contadora.

"Foi uma iniciativa pessoal minha, para se enfrentar a situação de conflito americano provocado pela situação da Nicarágua", contou Olavo ao depor para os autores de sua biografia. "Criamos o Grupo de Apoio para ajudar a aparar as arestas que havia no relacionamento da Nicarágua com outros países da região e sobretudo com os Estados Unidos."

O ex-presidente José Sarney fala do momento em que o governo brasileiro decidiu atuar na região:

"O Brasil nunca teve tradição diplomática no Caribe. Era uma região sobre a qual o Brasil tinha pouco ou nenhum conhecimento. Mas, como o problema da Nicarágua tinha repercussão em outras regiões, inclusive no Brasil, nós tínhamos de entrar na discussão desse problema. Mas não queríamos intervir diretamente, o que já vinha sendo feito pelo Grupo de Contadora. Então participamos do Grupo de Apoio, porque nosso receio era o de que os Estados Unidos invadissem a Nicarágua para evitar que ali se formasse uma nova Cuba. Esse foi um assunto extremamente delicado, que coube ao Olavo conduzir".

No plano externo, fluíra com rapidez o entendimento com os chanceleres do Peru, Alan Wagner, da Argentina, Dante Caputo, e do Uruguai, Enrique Iglesias, para a formação do Grupo de Lima, que ficou conhecido como o Grupo de Apoio a Contadora.

No plano interno, dentro do Itamaraty, porém, a participação do Brasil no Grupo de Apoio foi interpretada como uma revolução na diplomacia brasileira. Foi por isso que, depois de formalizar a participação brasileira no Grupo, o chefe de gabinete de Olavo, diplomata Rubens Barbosa, que o acompanhara na viagem a Lima, lhe perguntou: "Dr. Olavo, o senhor se deu conta do que fez? O senhor mudou a política externa brasileira, e isso vai ter a maior repercussão, dentro e fora do Itamaraty. O Itamaraty vai ficar contra".

Diplomatas mais experientes ficaram irritados com essa mudança na linha da política externa. Alguns até criticaram o chefe de gabinete por não ter impedido Olavo de tomar essa decisão.

Mas a decisão tomada em Lima pelos chanceleres dos quatro países estimulou a busca de uma solução pacífica para os conflitos da América Central. Assim, nos dias 10 e 11 de janeiro de 1986, os chanceleres dos países integrantes dos dois grupos, o de Contadora e o de Apoio, se reuniram no balneário venezuelano de Caraballeda para definir os pontos de uma proposta de paz para a América Central. A "Mensagem de Caraballeda", aprovada nessa reunião, reforçava a necessidade de os países envolvidos no conflito centro-americano assinarem a Ata de Paz e Cooperação para a América Central, que o Grupo de Contadora propusera pela primeira vez em 1984, e que incluía o congelamento da compra de armas, além da progressiva redução – até a completa eliminação – da presença de assessores militares estrangeiros nesses países.

Na semana seguinte à aprovação da "Mensagem de Caraballeda", ao se encontrarem na Cidade da Guatemala para a posse do novo presidente guatemalteco, Vinicio Cerezo, os chanceleres de Costa Rica, El Salvador, Guatemala, Honduras e da própria Nicarágua – os cinco países envolvidos no conflito da América Central –, assinaram a "Declaração da Guatemala", que endossava o documento aprovado pouco antes pelos Grupos de Contadora. Na véspera, os presidentes dos países envolvidos no conflito haviam divulgado nota conjunta manifestando apoio à criação de um Parlamento centro-americano, proposta pelo novo presidente guatemalteco.

Convivência, viagens, personalidades

De seus contatos com autoridades estrangeiras, Olavo recorda-se dos que teve com o secretário de Estado dos Estados Unidos durante o governo Reagan, George Shultz:

"Os americanos eram sempre personalidades fortes, que usavam sua potência imperial, e como tal se comportavam nas reuniões. Embora pessoalmente procurassem ser cordiais, na verdade tinham uma atitude prepotente. Mas meu último encontro com o secretário de Estado George Shultz, na sede do Departamento de Estado, em Washington, foi muito agradável. Até tenho uma fotografia desse encontro. Um funcionário americano até nos disse: 'Vocês se entendem bem. Vocês são banqueiros'".

(Shultz tinha doutorado em Economia pelo Massachusetts Institute of Technology e ocupara a Secretaria do Tesouro dos Estados Unidos no segundo mandato de Richard Nixon. Conhecia bem o sistema financeiro internacional.)

Olavo lembra-se, também, de quando a então ministra do Exterior da França, Edith Cresson, mais tarde primeira-ministra de seu país, o procurou durante uma reunião internacional na Suécia para conversar sobre assuntos de interesse dos dois países.

A França deixou em Olavo outra lembrança inesquecível de sua passagem pelo Itamaraty. No dia 14 de outubro de 1985, o presidente francês, François Mitterrand, sua esposa, Danielle Mitterrand, e os ministros que compunham sua comitiva – de Relações Exteriores, Roland Dumas; de Assuntos Sociais e de Solidariedade Nacional, Georgina Dufoix; e de Cultura, Jack Lang –, que estavam em visita oficial ao Brasil, foram recepcionados pelo governo brasileiro com um banquete na sede do Itamaraty.

Coube ao Cerimonial do Itamaraty definir o cardápio. Optou-se por um cardápio bem brasileiro. Como entrada, sopa de siri; como prato principal, moqueca de peixe e arroz acaçá; de sobremesa, musse de café. Para acompanhar, uma escolha desafiadora: champanha De Gréville, que, apesar do nome francês, era produzida em Garibaldi, Rio Grande do Sul.

Mas o problema principal não estava no cardápio ou na bebida, e sim na distribuição dos convidados brasileiros pelas mesas. Nessa distribuição, o Cerimonial seguiu rigorosamente o protocolo do Itamaraty. Um dos convidados não se sentiu prestigiado. Talvez muitos outros também tivessem tido o mesmo sentimento. Só que esse era um convidado especial e que, por prudência, o Cerimonial não deveria ter tratado com o rigor do protocolo: o jornalista Roberto Marinho, dono das Organizações Globo.

No dia seguinte, o jornal *O Globo* publicou pequena nota na primeira página para dizer que o banquete tinha sido ruim. A comida, além de mal escolhida, foi servida fria, publicou o jornal. O presidente José Sarney ficou incomodado e ligou para Olavo: "Vocês precisam melhorar a comida do Itamaraty".

Olavo nem sabia do que tinha acontecido. Foi perguntar a seus assessores e só então soube do tratamento que fora dispensado a Roberto Marinho. E reclamou: "Aqui no Itamaraty, nada dá bolo. Só comida".

Ossos – ou espinhas, já que peixe fora o prato principal do banquete – do ofício. Mas eram poucos os problemas. Olavo sentia-se muito à vontade no desempenho do cargo. Encantava-se com algumas viagens, como a que realizou no início de junho a Estocolmo, parte de uma viagem mais longa a países membros do Gatt para mostrar a posição do governo brasileiro a respeito das negociações comerciais então em curso. Foi recebido no Palácio de Drottningholm, residência privada da família real da Suécia construída no século XVI, na Ilha de Lovön. No Teatro do Palácio de Drottningholm, pôde assistir à apresentação de uma peça pela Ópera Real Sueca. Olavo gostou da pompa, não da peça: "Era um espetáculo um pouco chato, uma peça medieval. Mas a montagem era muito sofisticada, aliás, como tudo na Suécia".

Outra viagem de que ele guarda boas recordações é a realizada no início de dezembro de 1985 a Cartagena de Indias, na Colômbia, onde já estivera antes para outros compromissos diplomáticos. Desta vez, participaria da 14ª Assembleia Geral Extraordinária da Organização dos Estados Americanos (OEA). A região passava por dificuldades, como lembrou no discurso que pronunciou então:

"No campo político, persistem graves dificuldades na região centro-americana, apesar dos incansáveis esforços do Grupo de Contadora, ao qual oferecemos nosso decidido apoio. A crise da dívida externa da América Latina ameaça anular todas as perspectivas de desenvolvimento de nossos países".

Era o momento, recomendou a seus parceiros, de "trabalhar voltados para o objetivo central do sistema interamericano: a solidariedade hemisférica".

Mas o encontro de chanceleres de toda a América em Cartagena de Indias não se resumia à sisudez das reuniões plenárias ou a debates de graves questões diplomáticas, comerciais, financeiras, políticas ou militares. O governo colombiano organizou para os ministros do Exterior que visitavam o país uma recepção da qual Olavo não se esquece. Dona Daisy também não.

"Ainda outro dia minha mulher estava falando dessa viagem. O Ministério das Relações Exteriores da Colômbia tem uma subsede em Cartagena, uma linda casa colonial, com jardins magníficos. Foi nessa casa que o governo colombiano ofereceu um jantar a todos os participantes da Assembleia da OEA. Durante o jantar, se apresentaram nos jardins muitos dançarinos e dançarinas populares. Depois do jantar, todas as luzes da cidade foram apagadas. Vieram coches, com tochas, um para cada ministro e sua acompanhante, para levar os visitantes a um passeio pela cidade. Em cada esquina, iluminada por tochas, se apresentava um grupo de dança ou de música. Foi um passeio lindo."

Mesmo sem a pompa das cerimônias no palácio da família real sueca ou o encanto das festas colombianas em Cartagena de Indias, a viagem à União Soviética foi uma das que mais marcaram a passagem de Olavo pelo Itamaraty. Desde que assumira o cargo, vinha dizendo que era intenção do governo da Nova República estabelecer relações normais com a União Soviética, uma das duas grandes potências mundiais. Em dezembro, logo depois de sua viagem à Colômbia, partiu para uma visita de três dias a Moscou, onde desembarcou no dia 8. Tornava-se o primeiro chanceler brasileiro em toda a história a visitar oficialmente Moscou, então capital soviética.

A viagem era de natureza eminentemente política, para demarcar o início de um novo período de relacionamento entre os dois países, respeitadas as diferentes convicções políticas. Olavo encontrou-se, na capital soviética, com seu colega Eduard Schevarnadze, e foi recebido no Kremlin pelo presidente do Presidium do Soviete Supremo, Andrei Gromiko. Dois acordos foram assinados: um de cooperação econômica e técnica nos setores energético, químico, farmacêutico e de mineração; outro de avaliação de andamento do acordo básico de cooperação científica e tecnológica assinado pelos dois países em 1982.

Para Olavo, porém, o fato mais relevante de sua viagem à União Soviética foi a abertura da exposição de gravuras brasileiras feitas na primeira metade do século XIX pela expedição científica chefiada pelo primeiro cônsul-geral da Rússia no Brasil, George Heinrich von Langsdorff. A expedição desceu o Rio Tietê, rumo a Cuiabá, seguindo a rota dos bandeirantes, e depois penetrou na Amazônia, seguindo até Santarém, no Pará. As pinturas retratavam a fauna e a flora brasileiras, mas os originais ficaram desaparecidos, ou pelo menos longe dos olhos do público, pelo menos por cem anos. Tinham sido redes-

412

cobertas no fim da década de 1970 e só na época da viagem de Olavo a Moscou foram expostas.

Mais tarde, esses trabalhos foram editados em livro, graças, em grande medida, aos esforços de Olavo.

Substituto de Dornelles?

O livro *Diplomacia para resultados:* a gestão Olavo Setubal no Itamaraty, que registra os principais atos e fatos do período em que Olavo ocupou o Ministério das Relações Exteriores, não noticia nenhum acontecimento importante no dia 26 de agosto de 1985. Até a véspera, Olavo estivera em Cartagena de Indias, na Colômbia, para a reunião de ministros do Exterior dos países que formavam o Grupo de Contadora e o Grupo de Apoio. Depois dessa viagem, o ato que mereceu registro no balanço da passagem de Olavo pelo Itamaraty foi a audiência concedida à delegação do Conselho Mundial da Paz, no dia 29 de agosto.

No dia 26, porém, sob intensa pressão política por causa do programa de combate à inflação, de saneamento financeiro do setor público e de busca de equilíbrio nas contas externas que anunciara pouco antes, o ministro da Fazenda, Francisco Dornelles, afastou-se do cargo. Olavo ficou surpreso com a notícia: "Estava em Cartagena de Indias. Abro o jornaleco de lá, que é uma cidade pequena, e vejo a manchete: 'Presidente do Brasil demite o ministro da Fazenda'. Sabia que, quando chegasse ao Brasil, teria uma conversa com o presidente".

E teve. Sarney chegou a convidá-lo para o cargo, mas Olavo respondeu assim ao presidente: "Eu gosto muito de ser ministro das Relações Exteriores. Não quero sair daqui para ser ministro da Fazenda".

Mesmo, porém, que aceitasse o convite do presidente, não é certo que assumisse o cargo. Assim como Dornelles deixara o governo por pressão de dirigentes do PMDB, que queriam uma política econômica menos rigorosa e mais voltada para o crescimento, também Sarney estava sujeito a essas pressões. Muitos anos depois, o ex-presidente contou:

"Há um fato que devo relatar. Quando o Dornelles saiu do Ministério da Fazenda, eu tentei, como presidente, articular, talvez nem ele saiba, a nomeação de Olavo para o cargo. Infelizmente, o PMDB, por meio de Ulysses, achava que a nomeação daria uma imagem conservadora ao governo. Mas era um homem experiente, que tinha credibilidade nacional e internacional que lhe dava condições de enfrentar as dificuldades que tínhamos".

E por que Sarney, sabendo disso, não enfrentava a pressão do PMDB, de Ulysses? Ele responde:

"O Tancredo é que tinha sido eleito presidente. Uma coisa que não é de meu feitio é tomar um cargo que não me pertence, tornando-me um impostor. O governo não era do PFL, o meu partido então; o presidente eleito era do PMDB, então eu tinha que ouvir o PMDB. Eu não podia tomar uma decisão pessoal, porque naquela época eu nem tinha ainda concluído o processo de minha legitimação à frente da Presidência da República. Tem-se a impressão de que o presidente pode tomar decisões muito pessoais. Na realidade, numa democracia pluralista, aberta, sustentada por políticos, qualquer decisão da importância da escolha do ministro da Fazenda envolve consultas ao governador de São Paulo, ao presidente do partido. O Dornelles saiu pressionado pelo PMDB, que considerava ortodoxas demais as medidas por ele propostas. A ida de Olavo para a Fazenda seria um passo à frente na ortodoxia, como se dizia então, que o PMDB estava combatendo".

O nome escolhido pelo PMDB para o cargo foi o do empresário Dílson Funaro. Olavo recorda-se de ter recebido um telefonema de Sarney, que o consultava sobre as condições de Funaro para ocupar o Ministério da Fazenda. Sarney disse: "Já que você não quer aceitar, eu vou convidar o Dílson. O que você acha?".

Olavo lhe respondeu com franqueza: "O Dílson não tem experiência financeira. Ele não tem maiores relações com o sistema financeiro internacional. É um industrial ligado à Fiesp e está numa concordata branca. Não é exatamente o nome indicado".

Mas Funaro, indicado pelo PMDB, foi nomeado para o cargo.

Sarney pediu, então, que Olavo sugerisse um nome para a presidência do Banco Central.

"Sugeri o meu amigo Fernão Bracher, o que foi uma indicação certa. O Fernão foi o homem adequado para a presidência do Banco Central e pediu demissão quando o Sarney quis fazer a moratória da dívida brasileira, que acabou fazendo, pelo menos parcialmente."

Olavo demonstra certa saudade de sua passagem pelo Itamaraty:

"Foi um período de onze meses extremamente agradável em Brasília".

Então, Olavo pediu que Sarney deixasse o cargo de ministro, pois tinha ambições políticas que exigiam sua desincompatibilização. Queria virar mais uma página de sua vida pública.

Desse pedido ele se lembra sem saudade: "Aí eu fiz a burrada de sair".

Olavo Egydio Setubal, diretor-geral do grupo Itaú, discursando no comício pró-Tancredo, na Praça da Sé, 1984.

Convocação nacional do PMDB, com Roberto Cardoso Alves, Tancredo Neves, Marcio Braga, Ulysses Guimarães, José Sarney, Marco Maciel e Olavo Setubal, 1984.

Acima: jantar de encerramento do 1º Torneio Itaú e lançamento do Programa APO (Administração por Objetivos), 1972.

José Carlos Moraes Abreu, Haroldo de Siqueira, Luiz de Moraes Barros, Evaristo José Freire, Olavo Setubal e Eudoro Villela.

À esquerda: Olavo assistindo ao ciclo de prensagem na inauguração da Linha I de Chapas de Fibra da Duratex em Botucatu - Paula Souza, 1972.

À esquerda: Paulo Egydio Martins, João Baptista Figueiredo, Herbert Levy, Olavo Setubal e Cláudio Lembo, 1978.

À direita: com o príncipe Charles, 1978.

To Foreign Minister Olavo Setubal
with my admiration and very best wishes
George P. Shultz

À esquerda: com George Schultz, Secretário de Governo dos EUA, 1985.

À direita: com David Rockefeller, o banqueiro que também era apaixonado por arte, na inauguração do Banco Itaú em Nova York, 1980.

Acima: palestra na Universidade John Hopkins, 1980.

À direita: Legião de Honra concedida pela França, 1979.

Visita de Bill Gates ao Banco Itaú. José Carlos Moraes Abreu, Olavo Setubal, Bill Gates, Carlos Eduardo C. C. da Fonseca, Jairo Cupertino e Renato Cuoco.

Carlos Lemos da Costa, Laerte Setubal Filho, Renato Refinetti e esposa e Olavo Setubal, na comemoração dos 40 anos da Duratex.

Acima: Paulo Setubal, governador Geraldo Alckmin, Olavo Setubal e Antônio Ermírio de Moraes em visita a Duratex, na inauguração da Linha IV de Chapas de Fibra do município de Botucatu - Paula Souza, 2003.

À direita: cerimônia de entrega do Prêmio Escrevendo o Futuro, 2004.

À esquerda: a última foto com o grupo do América, 2001.
Da esquerda para a direita: Paulo Nogueira Neto, Geraldo Vidigal, Augusto da Rocha Azevedo, Olavo Setubal, José Carlos Moraes Abreu, Carlos Sarmento e Guilherme Rude.

Abaixo: Paulo Setubal, Olavo Setubal, Jairo Cupertino e Milú Villela na exposição em comemoração aos sessenta anos do Itaú, 2005.

A última charge feita por Loredano no dia do falecimento de Olavo Setubal.

Capítulo 15
A decepção política

O ilustre postalista

Certo dia, Olavo foi procurado em seu gabinete no Palácio dos Arcos, em Brasília, por Jânio Quadros. Ex-presidente da República, ex-governador de São Paulo, ex-prefeito da capital paulista, Jânio tinha, ainda, ambições eleitorais. Pretendia candidatar-se a prefeito e queria de Olavo o apoio que este lhe pudesse oferecer. Em troca, oferecia seu próprio apoio futuro ao ministro, caso este se candidatasse ao governo paulista, como era seu desejo já conhecido. Jânio tinha fama de ser competente nas urnas. Quando deixou o governo de São Paulo, no início da década de 1960, conseguiu eleger seu sucessor um homem discreto, pouco conhecido do público, mas competente profissional da área de finanças, o professor Carlos Alberto Alves de Carvalho Pinto. Aliás, por coincidência, Olavo ocupou seu primeiro cargo público, o de diretor financeiro do Banco do Estado de São Paulo (Banespa), no governo de Carvalho Pinto.

A história de Jânio era rica, mas também controvertida. Era autor de prodígios políticos, como sua própria carreira, que o levara à Presidência da República, e a eleição de Carvalho Pinto. Mas era um político profissional de hábitos pouco convencionais. Deram-se mal muitos que acreditaram em suas promessas e nele investiram trabalho, tempo e dinheiro.

Ali estava Jânio no Itamaraty, com sua esperteza política e seu potencial de votos a pedir a Olavo – mas também, reciprocamente, a oferecer-lhe – apoio político. Um político experiente, bom na disputa de votos, ao lado de um administrador conhecido e testado, reconhecido por sua competência. Não seria bom para os dois?

Já se tinham avistado outras vezes. Olavo se lembrava de quando, na época de formação do Partido Popular, procurou Jânio em seu refúgio no Guarujá para entregar-lhe uma carta pessoal na qual Tancredo Neves convidava o ex-presidente a filiar-se ao novo partido. Agora era

Jânio que o procurava, sem cartas, mas com um pedido de apoio material e político e uma proposta. Por que não levar adiante essa aliança?

A grande ambição política de Olavo, a única que ele admitia em público, como já fizera diversas vezes, era ser governador de São Paulo. Tendo ocupado o cargo de prefeito de uma cidade com tantos e tão complexos problemas, dizia-se habilitado para ocupar o governo de seu Estado. Mesmo quando lembrado por companheiros políticos ou apontado em pesquisas de opinião pública como candidato ideal à Presidência da República, costumava argumentar que ninguém poderia almejar o mais alto posto eletivo do País sem antes passar pelo governo de seu Estado. O exercício desse cargo era, a seu ver, uma experiência política e administrativa indispensável a quem quer que postulasse a Presidência da República.

Quando, já considerado nome certo para o Ministério das Relações Exterior do governo Tancredo, presidiu o ato de filiação de deputados ao seu partido, o PFL, não hesitou ao responder a uma pergunta sobre sua intenção de concorrer ao governo de São Paulo em 1986: "Nunca neguei que esse é o meu objetivo político, que a ideia me atrai. Essa hipótese terá que ser avaliada em um ano".

Quando Jânio o procurou no Itamaraty, esse ano já se passara. Olavo topou a aliança proposta por Jânio. O banqueiro fleumático, sizudo, ao lado do político populista, de palavreado e atos inesperados.

Jânio era imprevisível, não apenas na política, mas também no dia-a-dia, no contato com amigos e companheiros políticos. Um dia chegou ao apartamento de Olavo, onde já estivera outras vezes, e fez questão de entrar pela porta da cozinha, local por onde nunca tinha passado. Ficou ali mesmo e, antes de iniciar a conversa sobre o tema que o levara à casa de Olavo, pediu: "Quero vinho do Porto. Mas não me sirva em cálice, que parece um dedal. Quero o vinho servido em copo".

E tomou todo o copo.

Olavo vinha intensificando sua atividade político-partidária desde 1984 para, primeiro, fortalecer-se na disputa de um cargo de prestígio no governo Tancredo e, segundo, tornar viável sua candidatura ao governo de São Paulo em 1986. Tornara-se presidente da Comissão Provisória do PFL em São Paulo. Os demais membros da comissão eram Herbert Levy,

Jorge Maluly Neto, Natal Gale, Ricardo Ribeiro, José Maria Marin, Álvaro Fraga, Arthur Alves Pinto, Celso Matsuda, Cláudio Lembo, Duarte Nogueira e Rafael Baldacci. Os suplentes eram Nabi Abi Chedid, Guiomar Milan Sartori, Ricardo Tuma e Ruy Silva.

Em junho de 1985, seu projeto político começou a se tornar realidade, quando sua candidatura foi lançada na mais importante reunião realizada até então pelo PFL de São Paulo. Nessa reunião, foram oficializadas oitenta comissões do partido no interior. A oficialização de outras 320 comissões municipais já estava sendo estudada, de modo que o PFL estava presente em 400 dos 571 municípios paulistas.

Jânio candidatou-se a prefeito de São Paulo pelo PTB. Olavo, com o apoio do deputado federal Herbert Levy em São Paulo – mas com a discordância de parte da direção do partido –, levou o PFL a aliar-se ao PTB na disputa pela Prefeitura de São Paulo. O principal adversário de Jânio era o candidato do PMDB, o senador Fernando Henrique Cardoso; pelo PT, concorria o deputado Eduardo Matarazzo Suplicy.

Jânio tornara-se uma espécie de paixão de todos os que não gostavam do PMDB. Antigos adversários, explícitos ou não, de Olavo estavam apoiando a candidatura do PTB. A lista incluía políticos como Paulo Maluf e Delfim Netto.

No começo de agosto, um grupo de deputados paulistas do PFL almoçou com Jânio e obteve dele o compromisso de que apoiaria Olavo na disputa do governo do Estado de São Paulo no ano seguinte. O deputado Herbert Levy estava entusiasmado com a possibilidade de vitória de Jânio e já antevia as consequências dessa vitória sobre o futuro do PFL: "Uma vitória de Jânio poderá dar ao PFL, além do governo, o Estado, a Presidência da República. Haverá repercussões enormes no quadro político nacional".

Até um cartaz foi elaborado para marcar essa aliança e seus desdobramentos no ano seguinte: "Jânio hoje; Setubal amanhã. Vamos mostrar o que é trabalho".

Olavo manteve-se distante da campanha eleitoral na primeira fase. Explicava assim sua ausência: "Jânio é um *showman*. Ele faz a campanha sozinho".

Quando a disputa entre Jânio e Fernando Henrique se acirrou e ficou claro que a vitória de um deles seria por pequena margem de votos, finalmente Olavo apareceu no programa eleitoral do candidato do PTB. Em seu pronunciamento, evocou Tancredo Neves:

"O presidente do Partido Popular, o nosso saudoso Tancredo Neves, pediu-me que fosse visitar Jânio Quadros, para trazê-lo ao PP. Tancredo considerava Jânio Quadros o maior líder político de São Paulo, com embasamento popular. E achava que, sem o seu apoio, seria difícil o êxito do partido em São Paulo. Levei pessoalmente ao Guarujá a carta pessoal de Tancredo e entreguei a Jânio Quadros, convidando-o para entrar em nosso partido. Ele recebeu-me com grande cordialidade, dizendo: 'É o postalista mais ilustre que recebi até hoje'. Leu a carta e combinou de ir ver o dr. Tancredo Neves em São João Del Rey".

Sobre as qualidades de Jânio, disse: "Fui prefeito durante quatro anos. Vi por dentro da Prefeitura os sinais que Jânio deixou da sua ação e da sua atuação".

Olavo fez mais ainda por Jânio. Foi um dos principais oradores do grande comício de encerramento da campanha do ex-presidente, que reuniu 35 mil pessoas na noite do dia 12 de novembro, na Praça da Sé – a praça que Olavo inaugurara, quando prefeito, prevendo que ali seria o espaço para as grandes manifestações da população.

Olavo falou como presidente de honra do PFL de São Paulo, não como ministro. Falou com entusiasmo: "Estamos hoje começando uma caminhada com Jânio Quadros. Não descansaremos enquanto não tivermos assumido o poder federal, para executar as reformas tão prometidas e não executadas". Sobre esse episódio, ver pág. 70. O candidato do PMDB, senador Fernando Henrique Cardoso, criticou Olavo: "Ao declarar que não descansará enquanto não assumir o poder federal, Setubal desfez a Aliança Democrática (que levara à vitória da chapa Tancredo-Sarney na eleição presidencial) e terá de se acertar com Sarney depois das Eleições".

O *Jornal do Brasil* informou que o discurso de Olavo no comício de Jânio "irritou profundamente o presidente José Sarney segundo dois de seus assessores". O discurso teria sido "o tema central da reunião [...] entre Sarney e os ministros José Hugo Castelo Branco (Gabinete Civil), Bayma Denys (Gabinete Militar) e o general Ivan Mendes, chefe do SNI".

Olavo teve de dar explicações. No dia da eleição, 15 de novembro, depois de votar às dez e meia da manhã no Colégio Rio Branco, perto de sua residência no bairro de Higienópolis, disse à imprensa:

"Em nenhum momento a candidatura de Jânio foi colocada contra o governo ou como alternativa ao governo, mas como apoio a ele. E fui mal interpretado pelo discurso que fiz na Praça da Sé. As reformas a que me referi são aquelas que vêm embutidas na Constituinte, convocada pelo próprio presidente Sarney".

Conhecido o resultado da eleição, com a vitória de Jânio, Olavo procurou minimizar as críticas que o candidato derrotado, Fernando Henrique, lhe fizera dias antes:

"Os comentários do senador Fernando Henrique Cardoso têm que ser considerados no plano da emoção de um homem que enfrentou uma campanha difícil, árdua, violenta. Ele é o líder da Aliança Democrática no Congresso e procurarei manter o relacionamento político no mais alto nível e o relacionamento pessoal que temos há muitos anos".

Foi sereno também ao falar sobre as declarações do presidente nacional do PMDB, deputado Ulysses Guimarães, de que pediria a Sarney a demissão de Olavo do Ministério das Relações Exteriores: "O dr. Ulysses, com a grandeza que o caracteriza, já manifestou o desejo de manter a Aliança Democrática. Hoje, reafirmo o mesmo interesse, com a mesma veemência".

Quanto à sua própria candidatura ao governo do Estado, reconheceu que a vitória de Jânio a fortalecia. "Coloco-me à disposição do partido", anunciou. Dias antes, porém, o jornalista Cláudio Abramo, em sua coluna na *Folha de S.Paulo*, fizera uma advertência:

A adesão explícita do chanceler Olavo Setubal, acompanhada da dos ministros Marco Maciel e Aureliano Chaves, ao ex-presidente renunciante, tem muitas justificativas, a começar pela clássica, a saber, que o seu partido, o PFL, escolheu jogar sua sorte juntamente com a do sr. Jânio Quadros. Definição já esperada, ela, se baseada num raciocínio lógico, funda-se contudo num cálculo equivocado. [...] O que está errado no cálculo, embora não no raciocínio do chanceler, é a esperança de que ele parece depositar na solidez da promessa do ex-presidente de vir a apoiá-lo na eleição para governador. Esse equívoco tende a difundir-se entre os eleitores que seguem o sr. Olavo Setubal e que podem, diante do seu apoio, votar no ex-presidente julgando erradamente estarem consolidando a candidatura futura do chanceler. Os interesses do sr. Jânio Quadros estarão além desse compromisso de circunstância. A condição de candidato é muito diferente da situação de dono de mandato.

Sócio da vitória?

"Quando não se pode derrotar, fica-se sócio."

Com essas palavras, o deputado Ulysses Guimarães convidou o ministro Olavo Setubal, provável candidato do PFL ao governo do Estado de São Paulo, a "ficar sócio político da vitória", que o PMDB estava certo de alcançar em 1986.

Olavo não se iludiu com as palavras do presidente nacional do PMDB. Para não deixar dúvidas, declarou: "Minha candidatura é irreversível. Aceito a aliança com o PMDB, como o deputado Ulysses Guimarães propôs, desde que eu seja o candidato. Mas o núcleo de minha candidatura é janista, e outros apoios terão que vir a partir dele".

Um repórter que o entrevistava em seu gabinete no Itamaraty perguntou-lhe se não temia que Jânio retirasse seu apoio, tornando-se ele próprio, Jânio, o candidato a governador. Olavo encerrou a entrevista dizendo: "Se ele (Jânio) estivesse aqui, você teria uma resposta menos polida".

A candidatura de Olavo Setubal ao governo do Estado de São Paulo pelo PFL foi lançada em 9 de dezembro, durante o 4º Encontro

Regional do partido, em Ribeirão Preto. Lideranças de sessenta municípios da região estavam presentes. Setubal, dizia o documento aprovado no encontro, representa "a linha de honestidade, dignidade, austeridade e competência administrativa, capaz de conduzir São Paulo dentro das melhores tradições políticas e administrativas do Estado líder da Federação".

Olavo estava em constante contato por telefone com líderes regionais de seu partido. Determinara a aceleração dos trabalhos de seu comitê eleitoral, que funcionara na casa da Rua Sergipe onde morara desde o casamento com Tide e onde cresceram todos os seus filhos. A casa recebeu algumas mesas, cadeiras, telefones. A decoração era sóbria. Não havia quadros nas paredes. Ao lado de onde havia um viveiro de passarinhos, uma recepcionista fazia a triagem dos visitantes que seriam recebidos por Olavo. Um sistema elétrico por ela comandado permitia abrir por fora a porta da sala do candidato. Na sala, já estava afixado o mapa com os 571 municípios paulistas.

O escritório ocupava uma área de cerca de quatrocentos metros quadrados da ampla casa da Rua Sergipe, construída e sucessivamente ampliada no terreno de setecentos metros quadrados. No piso térreo, havia três grandes salas, um lavabo, duas cozinhas. No superior, os sete quartos e dois banheiros. Duas secretárias lá trabalhavam em tempo integral no fim de dezembro. A equipe de três assessores, bem como o próprio escritório político, tinha na chefia o ex-secretário da Educação de Paulo Egydio, José Bonifácio Coutinho Nogueira, o Bonifácio da turma do Alarga a Rua. Também integravam a equipe o ex-secretário estadual e municipal Rafael Baldacci Filho e o ex-deputado Ruy Silva.

Para a inauguração do comitê de campanha de Olavo, estava sendo programada uma festa com mil prefeitos e ex-prefeitos. A inauguração deveria ocorrer em janeiro de 1986.

Em São Paulo, Olavo tinha o apoio de Jânio Quadros – pelo menos assim fora combinado e assim Olavo imaginava que as coisas ocorreriam. Sua estratégia, por isso, era popularizar seu nome no interior, o que começou a incomodar seus concorrentes, entre os quais o vice-governador Orestes Quércia, do PMDB, e o ex-governador Paulo Maluf, do PDS. Este último costumava dizer que, naquele momento, já tinha visitado trezentos municípios paulistas.

Olavo era o candidato natural dos empresários paulistas. Afinal, era um deles. O presidente da Federação das Indústrias do Estado de São Paulo (Fiesp), Luiz Eulálio de Bueno Vidigal Filho, foi um dos primeiros a manifestar publicamente o apoio a Olavo. E estava certo de que muitos outros empresários o seguiriam: "O empresariado vai aderir em peso, porque, além de competente, ele já mostrou ser um excelente e confiável administrador".

O presidente da empresa Coldex Frigor, Paulo Francini, analisava outros candidatos e os comparava com Olavo: "O problema é simples. O Maluf não é confiável, o Quércia não tem identidade com o PMDB que apoiamos e o Setubal tem uma boa folha de serviços prestados como prefeito da capital".

Campanha pesada

Começava a ficar nebulosa, porém, a postura de Jânio, que, na campanha para a prefeitura da capital, prometera apoio a Olavo na disputa pelo governo do Estado. Em reportagem assinada por Clóvis Rossi e João Batista Natali, a *Folha de S.Paulo* publicou em 26 de dezembro a seguinte informação:

> *O prefeito eleito de São Paulo, Jânio da Silva Quadros, 68, disse anteontem ao governador Franco Montoro, 69, que não acredita que o ministro Olavo Setubal venha, realmente, a disputar o governo do Estado, em 1986, porque, segundo Jânio, "ele tem medo das urnas".*

Segundo a reportagem, até Montoro ficara perplexo com a afirmação, mas a frase, a ser verdadeira, revelaria a fragilidade dos laços políticos entre Jânio e Olavo. O jornal adiantava que Olavo sabia disso e se preparava para eventuais mudanças de rumo na sua aliança com Jânio:

Setubal imagina que o futuro prefeito ficará à distância da campanha eleitoral, até que o quadro esteja mais ou menos definido. Se houver uma razoável expectativa de vitória de Setubal, Jânio, então, dará o empurrão final que levará o atual ministro ao triunfo. Se ocorrer o contrário, o ex-presidente simplesmente lavará as mãos.

A interpretação baseava-se no comportamento de Jânio em outras eleições. Ele, de fato, agia desse modo. Era, como sempre tinha sido, um aliado problemático.

Jânio, é claro, desmentiu a informação da *Folha*, atribuindo-a a "jornalistas levianos e irresponsáveis", e reiterou seu apoio "incondicional" a Olavo. E desafiava quem duvidasse do que dizia: "Pergunte ao sr. Carvalho Pinto ou faça uma sessão espírita e pergunte ao marechal Juarez Távora se eu faltei a algum compromisso. Meu candidato é Olavo Setubal".

Em nota divulgada pelo Palácio dos Bandeirantes, o governo Franco Montoro não desmentiu nada. Disse apenas que "desautorizava" as informações e esclarecia que "do encontro participaram apenas o governo e o prefeito e qualquer revelação sobre detalhes da conversa pertence aos dois".

Olavo reagiu assim:

"Se tivesse medo das urnas não deixaria o Ministério das Relações no dia 14 de fevereiro para disputar a eleição de governador. O Ministério possui imensa projeção nacional e internacional e tem todas as condições para a realização de qualquer político brasileiro".

Alguns dias depois, em nova entrevista, quando lhe perguntaram se tinha medo das urnas, completou a resposta anterior:

"As palavras não convencem, mas os fatos são suficientes: não deixaria um posto charmoso, como o Ministério das Relações Exteriores, graças ao qual sou recebido por estadistas como Gromyko, Alfonsín, Shultz e que é tão agradável, se tivesse medo de enfrentar uma eleição. Como largaria um privilégio desses, se não estivesse consciente do que vou enfrentar?".

Embora pudessem ter efeito negativo sobre os preparativos para o lançamento da candidatura de Olavo ao governo do Estado de São Paulo, as insinuações de Jânio não podiam ser comparadas ao estilo que passariam a adotar os potenciais adversários do ex-ministro. Na véspera do Natal de 1985, um informe publicitário que o prefeito de Barretos Uebe Rezek fez publicar na *Folha de S.Paulo*, deixou claro como os apoiadores de Orestes Quércia se comportariam diante do crescimento do apoio a Olavo Setubal:

> *Olavo Setubal, como empresário, é dono de empresas que têm enriquecido à custa de procedimentos que estão sendo investigados como criminosos. Além da já divulgada ação popular em curso na 14ª Vara da Justiça Federal de São Paulo, que trata da absorção pelo Itaú do Banco União Comercial, há em andamento um inquérito policial para apuração de crime de contrabando pela Itautec (12ª Vara da Justiça Federal de São Paulo). Que lamentável! O ministro que cuida dos negócios exteriores tem uma empresa envolvida em contrabando! O Banco Itaú já sofreu mais de 700 processos, só na Justiça do Estado de São Paulo. A Itaú Seguradora é acusada de comprar, sem respeitar os direitos dos antigos proprietários, treze mil metros quadrados de terreno no bairro do Jabaquara, em São Paulo, desapropriados por Olavo Setubal quando era prefeito de São Paulo.*

Acusações semelhantes tinham sido divulgadas pelo Sindicato dos Bancários de São Paulo. Olavo denunciou imediatamente a existência de uma campanha armada para prejudicar sua candidatura ao governo de São Paulo, e deu dois exemplos: a declaração atribuída a Jânio de que ele teria medo das urnas e a matéria paga que Uebe Rezek publicou na *Folha*.

"Já contratei o advogado Celso Delmanto para processar criminalmente o prefeito de Barretos, que terá de provar, na Justiça, as acusações caluniosas, difamatórias que ele fez. Tudo aquilo é absolutamente falso, e os objetivos são meramente políticos."

Pesada era também a campanha que o Sindicato dos Bancários de São Paulo fazia contra o Banco Itaú. A campanha começou na fase de montagem do ministério do governo de Tancredo Neves, quando Olavo era apontado com frequência como provável ministro da Fazenda. As primeiras matérias do jornal do Sindicato, a *Folha Bancária*, sobre essas especulações eram serenas. Avaliavam as reais possibilidades de Olavo, diante da provável resistência de setores do PMDB a seu nome. Depois, elas foram ficando mais agressivas. Uma delas insinuava que, se fosse escolhido por Tancredo para ocupar o Ministério da Fazenda, presidiria o Conselho Monetário Nacional e teria acesso a informações que poderiam beneficiar o Itaú: "Isso implica que qualquer resolução desse Conselho será de prévio conhecimento do ministro. Então, o Itaú poderá se antecipar a todas as medidas, beneficiado pelo 'vazamento' da informação".

Como Olavo não foi escolhido ministro da Fazenda, o Sindicato passou a atacar o Itaú de outra forma, acusando o banco de discriminação contra as bancárias e de realizar campanha de demissões de participantes de greve, numa atitude que considerava "fascista". Em matéria paga publicada na *Folha de S.Paulo*, o Sindicato atacava não apenas o banco, como também Olavo:

> *O Banco Itaú, cujo maior acionista é o sr. Olavo Setubal, ministro das Relações Exteriores, que apoia a candidatura Jânio Quadros à Prefeitura de São Paulo* (o texto foi publicado três dias antes da eleição municipal) *e já se lançou candidato ao governo do Estado, iniciou uma sórdida campanha revanchista contra os funcionários que participaram de recente greve dos bancários e contra o Sindicato da categoria.*
>
> *Está em andamento no Banco Itaú uma onda de demissões e montagem de todo um aparato – de caráter nitidamente fascista – para impedir a atuação do Sindicato dos Bancários.(...) É um dever do Sindicato dos Ban-*

cários de São Paulo denunciar essas arbitrariedades, que tão bem caracterizam o comportamento do "democrata" Olavo Setubal.

Conhecida a vitória de Jânio na eleição municipal e confirmado seu apoio à candidatura de Olavo Setubal ao governo do Estado, o Sindicato dos Bancários iniciou uma campanha ainda mais pesada contra o Itaú. Publicou cartazes com os dizeres: "Itaú, o banco do terror. Não é banco de sangue, mas suga seus funcionários".

Olavo apresentou queixa-crime contra a diretoria do Sindicato dos Bancários. Policiais apreenderam, numa escola mantida pelo Sindicato, cartazes nos quais se liam coisas como "Setubal desfalca trilhões do povo. Inimigo do trabalhador não pode ser governador". Esses cartazes foram recolhidos por causa de sua "conotação político-eleitoral", como justificou a Polícia.

O peru na mesa

Amigos e assessores tinham restrições às alianças políticas que Olavo ia fechando, ou tentando fechar, para consolidar sua candidatura. Ainda quando ocupava o cargo de ministro das Relações Exteriores, Olavo recebeu em seu gabinete um grupo de dirigentes políticos paulistas para discutir sua candidatura ao governo de São Paulo. Depois ao ver aquele grupo reunido na antessala do ministro, um assessor, ao anunciar a Olavo a presença desses políticos, comentou com ele: "Já vi muita coisa no Itamaraty, mas nunca houve uma concentração por metro quadrado de tanta gente desse tipo como está havendo agora".

Se tivesse levado a sério esse comentário, talvez Olavo mudasse o rumo de sua carreira. Mas não o fez. Conforme combinara com o presidente José Sarney, Olavo deixou o cargo de ministro das Relações Exteriores no dia 14 de fevereiro de 1986. Podia, então, dedicar-se inteiramente à campanha. Ela começou no dia seguinte, 15 de fevereiro, quando foi recepcionado por cerca de quinhentas pessoas, fogos e carnaval ao desembarcar em Congonhas.

"Quero ser um grande prefeito do Estado de São Paulo", disse, numa confusa entrevista coletiva no saguão do aeroporto, valorizando sua experiência como prefeito da capital. "Aqui começa nossa campanha em direção ao governo. Vou para o interior palmilhar todas as regiões, divulgar minhas ideias, meu programa de governo. Atingir o governo do Estado sempre foi minha meta."

Ficou cerca de quarenta minutos em Congonhas. Ao sair à rua, foi aplaudido, abraçou amigos e desconhecidos que ali estavam para recebê-lo, ganhou tapinhas nas costas, e depois seguiu pela Avenida 23 de Maio, acompanhado por um cordão de veículos, até a Rua Alfredo Maia, na Ponte Pequena, onde participou de um churrasco oferecido pelo empresário Umberto Auriemo, diretor da Associação dos Donos de Frotas de Táxi. Fez um discurso rápido, comeu um pedaço de churrasco e, meia hora depois, foi embora.

Já tinha, como sempre fazia, planejado todas as etapas da campanha. A primeira, que se estenderia até o fim de maio, seria de contatos com as lideranças políticas e com diferentes segmentos da comunidade, que ele considerava os "formadores de opinião". Nessa etapa, ele procuraria mobilizar a maioria da população que não estava engajada politicamente. Na segunda, durante a Copa do Mundo, seriam realizadas as convenções partidárias e montadas as chapas de candidatos a deputado federal e a deputado estadual. Na etapa final, que começaria em agosto, teria contato direto com o povo, em comícios, como apoio de "um esquema publicitário eficiente e moderno".

Olavo agia com a mesma racionalidade que tantos resultados já produzira em sua vida. Encarregou seu amigo Paulo Egydio de cuidar da campanha publicitária. O ex-governador de São Paulo conta que se reuniu mais de trinta vezes com o publicitário Roberto Duailibi para discutir a campanha. Paulo Egydio e Duailibi analisaram quase tudo o que se referia à campanha: custos, distribuição regional das peças de publicidade, tempo de exposição, segundos na televisão.

Olavo sentia que sua candidatura se fortalecia. Viajava com frequência para o interior, recebia dirigentes políticos municipais, articulava, conversava. Para não haver riscos na condução da campanha, queria que a direção regional do PFL fosse formada por homens de sua estrita confiança. Não lhe agradava certo estilo de fazer política que alguns dirigentes do partido usavam, sem disfarce ou pudor. Esse estilo fica claro num bilhete sobre a produção de material de campanha enviado a Rafael Baldacci, no qual seu autor, Arthur (Alves Pinto), recomendava ao destinatário que alertasse Olavo do seguinte: as peças de publicidade tinham de ter a qualidade da camiseta que acompanhava o bilhete. E "aconselhava": *Ele (Olavo Setubal), se desejar chegar ao Palácio dos Bandeirantes, deverá meter a mão no bolso (dele naturalmente). Candidato muquifa não segue em frente.*

Algumas lideranças do partido não pensavam como Olavo a respeito de estilo de fazer política e de formas de condução da campanha eleitoral. No dia 2 de março, dia da convenção regional do partido, que se realizou no plenário da Assembleia Legislativa, no Ibirapuera, Olavo tentou negociar com o grupo liderado pelo ex-governador José Maria Marin a composição da chapa para a Executiva Regional do partido. Para fazer prevalecer no partido seu estilo, suas ideias e seus princípios políticos, queria ter a presidência e indicar os nomes para os principais cargos da Executiva. O grupo de Marin concordava com Olavo na presidência, mas não aceitava outras indicações.

A definição dos membros do diretório regional foi pacífica. A chapa única, com aliados de Olavo e membros do grupo de Marin, teve 294 dos 295 votos dos convencionais. Quando se iniciou a reunião do novo diretório que escolheria a Executiva, o deputado estadual Adhemar de Barros apresentou a chapa de Marin – pura, como se diz em linguagem política, sem nomes da ala que apoiava Olavo. Olavo, que estava reunido com correligionários no gabinete do deputado Nabi Abi Chedid, no subsolo da Assembleia, caminhou até o plenário para fazer um pronunciamento:

"Passei a tarde procurando achar uma solução. Agora vejo a apresentação de uma outra chapa e não tenho condições de propor uma chapa alternativa. A estrutura do partido, representada pelos deputados estaduais, federais e vereadores, não aceitou minha posição. Todos sabem que tenho pouco convívio com o partido no interior e na capital. Por isso, entendi que deveria me integrar de maneira total ao PFL e resolvi pleitear o cargo da Comissão Executiva do partido. Vejo que outra chapa foi apresentada à convenção. Nestas condições, não tenho jeito de continuar pleiteando minha indicação para o governo do Estado de São Paulo. Volto agora para minha vida particular, extremamente feliz pelos cargos que tive a honra de ocupar com dignidade".

Eram oito e meia da noite de um dia extenuante. Acabava ali a candidatura de Olavo Egydio Setubal ao governo de São Paulo.

Por que as negociações entre Olavo e o grupo de Marin não prosperaram? Inconformado, o presidente da convenção do PFL, deputado Herbert Levy, chegou a declarar para os jornalistas:

"Eu só me admiro que esta rasteira dos fisiológicos, de acordo com os malufistas (Marin fora vice-governador de Maluf e dizia que continuava aliado ao ex-governador), tenha vindo tão depressa. O negócio deles é dinheiro, vantagens e é somente isso que eles querem. Eu fui presidente da UDN, um partido que tinha homens puros, como Afonso Arinos, Milton Campos, Carlos Lacerda e outros. Naquela época, era um prazer dirigir o partido. Desde que iniciamos a campanha de Setubal, fomos obrigados a presenciar cenas que fariam inveja aos mais sórdidos cortiços de São Paulo".

Outras explicações para o golpe que o grupo de Marin aplicou em Olavo não eram muito diferentes dessa, embora não tão duras. De maneira indireta, o ex-ministro Delfim Netto comentou com Laerte Setubal, primo de Olavo: "Seu primo pôs o peru na mesa dos políticos, mas não deixou ninguém mexer nele". O peru era o Banco Itaú.

Rubens Barbosa, que foi chefe de gabinete de Olavo no Itamaraty, lembra-se de ter comentado com seu antigo superior: "Eles queriam aproveitar o que o senhor representa e, na hora em que fosse do interesse deles, tirariam a escada. Foi o que fizeram. *O político profissional Marin derrotou o homem público Olavo Setubal,* escreveu o jornalista Cláudio Abramo em sua coluna na *Folha de S.Paulo.*

Além disso e acima de tudo, de alguma forma, num dado momento, Setubal sentiu-se abandonado, por assim dizer, pelo sr. Jânio Quadros. Não se sabe o que lhe terá transmitido essa impressão, mas que ela se instalou na mente do ilustre banqueiro é igualmente óbvio. Se isso se deu, Olavo Setubal deve lamentar-se agora por ter cometido o que é o pecado mortal número um na política: é culpado de boa-fé. Acreditou na recíproca, apesar de repetidamente advertido por amigos de que a possibilidade de o prefeito lhe dar as costas não deveria ser excluída.

Outro colunista da *Folha*, Rubem de Azevedo Lima, foi mais direto a respeito do comportamento de Jânio:

O passa-moleque dos malufistas e janistas do PFL de São Paulo no sr. Olavo Setubal pode ter sido surpresa para o ex-ministro das Relações Exteriores mas já era esperado nesta capital (o colunista escrevia de Brasília). As chuteiras colocadas pelo prefeito Jânio Quadros, à porta do gabinete da Prefeitura paulista, eram vistas em Brasília como sinal de que ele chutaria qualquer obstáculo às suas ambições políticas. [...] Acreditava-se que o sr. Quadros em pessoa, alegando notória falta de sedimentação popular da candidatura Setubal, aceitasse, às vésperas de 15 de maio próximo – data limite para desincompatibilizar-se da Prefeitura –, os "apelos" da oposição de São Paulo, a fim de concorrer, ele próprio, à sucessão do governador Franco Montoro.

Como sempre fazia em ocasiões graves, Olavo reuniu os filhos para comunicar a decisão. Os amigos íntimos, dos tempos do Alarga a Rua, como Sarmento, Bonifácio e Paulo Nogueira, foram ao seu apartamento naquela noite. Olavo Jr. recorda-se de que não havia emoção, dor, ressentimento ou raiva no relato que Olavo fez aos filhos. Paulo concorda com o irmão, mas achou que o pai estava triste. José Luiz viu uma certa decepção, algum sentimento de frustração no comportamento do pai. Mas Olavo, o pai, procurou ser frio. Disse que tinha saúde, disposição e continuaria a tocar a vida. Pretendia viajar para o exterior, aproveitar a vida, comprar um apartamento em Paris. Virara a página.

Só voltou a revê-la, mais de vinte anos depois, na série de depoimentos que prestou para a redação de sua biografia. Reconheceu que banqueiro não pode se envolver em disputas eleitorais.

Capítulo 16
A sucessão

Olavo Setubal e Carlos da Câmara Pestana.

Quando deixou o cargo de diretor-geral do Banco Itaú para ocupar a Prefeitura de São Paulo, entre 1975 e 1979, Olavo foi substituído por seu amigo José Carlos Moraes Abreu. De volta ao banco, assumiu o cargo de presidente da diretoria executiva, que ocupou até o início de 1985, quando tomou posse no Ministério das Relações Exteriores. Também durante o período em que ocupou o ministério, entre 1985 e 1986, seu velho amigo Moraes Abreu ficou em seu lugar, na presidência do banco, acumulando o cargo de diretor-geral.

Ao abandonar de maneira definitiva a vida pública e a carreira política, com a desistência de sua candidatura a governador do Estado de São Paulo em março de 1986, Olavo assumiu a presidência do Conselho de Administração do Banco Itaú, em substituição a Herbert Levy, que vinha desempenhando essa função desde 1969, quando da fusão com o Banco da América. À frente da diretoria executiva con-

José Carlos Moraes Abreu e Olavo Setubal na antiga sede do Itaú em São Paulo, 1982.

tinuou Moraes Abreu, sempre acumulando os cargos de presidente e diretor-geral do Itaú.

Nessa "casa de engenheiros", como muitos dirigentes se referem ao Itaú, por causa da equipe de engenheiros que Olavo trouxe para a instituição, uma das carreiras mais rápidas foi a de um advogado e banqueiro português, Carlos da Câmara Pestana. Câmara tinha grande experiência na gestão de bancos. Foi dirigente do Banco Português do Atlântico, até o dia em que decidiu deixar Portugal, pois se sentia acuado pelos líderes da Revolução dos Cravos, que pôs fim ao antigo regime salazarista e levou ao poder um grupo de militares considerados de esquerda. O novo governo estatizou os bancos. Era 1975.

Câmara foi para a Espanha. Durante uma curta permanência na Espanha, decidiu fazer uma experiência no Brasil. Aqui, conhecia os banqueiros Walter Moreira Salles e Roberto Konder Bornhausen, do Unibanco. Procurou Bornhausen, mas este considerou que seu "gabarito era alto demais" para trabalhar no Unibanco. Com o currículo na mão, procurou dirigentes de outras instituições, entre as quais o diretor do Itaú no Rio de Janeiro, Roberto da Rocha Azevedo, sobrinho de Augusto, da Turma do América. O Itaú interessou- se por ele. Advogado como Câmara, circunstância que os aproximou muito, Moraes Abreu o convidou para conhecer Olavo em São Paulo. Encontraram-se pela primeira vez em setembro ou outubro de 1975, quando Olavo estava na Prefeitura. Foi num almoço no restaurante Freddy, no Itaim Bibi. Foi um encontro interessante, recorda-se Câmara, embora não deixasse de notar o estilo seco de Olavo, ao qual acabou se acostumando.

Admitido no banco, graças a seu currículo, ocupou diversas funções, até chegar à diretoria executiva.

Naquela época, vigorava a regra segundo a qual os diretores deveriam deixar o cargo quando completassem 68 anos. Essa regra valeu para Olavo e para Moraes Abreu. Depois, foi mudada: a idade limite para a permanência na diretoria executiva foi reduzida para 62 anos.

Quando Moraes Abreu atingiu o limite de idade, o escolhido para sucedê-lo foi Câmara Pestana.

"O Câmara não queria o cargo", diz Olavo.

Câmara confirma. Conta que, quando Olavo lhe fez o convite para assumir a presidência do Itaú, disse que não era o melhor nome para o cargo.

"O senhor não convide a mim. Convide o Roberto", argumentou Câmara.

"Não, o Roberto está com 36 anos. Não pode ser o Roberto", insistiu Olavo.

"Então, eu faço uma exigência. Aceito a presidência, mas quero o Roberto no cargo de diretor-geral."

Câmara já conhecia o trabalho de Roberto. Quando ocupava uma diretoria executiva do banco, encontrou Roberto na área de contabilidade, onde ele desenvolvia projetos no centro de custos. Numa apresentação sobre esses projetos, Roberto impressionou Câmara, que dias depois o chamou para uma conversa:

– Roberto, que futuro você espera no banco?

– Eu penso em fazer minha carreira aqui.

– Mas, olha, há uma coisa que minha experiência me diz: se você quer ter carreira aqui, se você tem pretensões de ser alguém nesta casa, você não pode continuar onde está. Você tem quer vir para a área comercial, porque, se não fizer isso, não ficará conhecido no banco.

Roberto mudou-se, de fato, para a área comercial, onde seu trabalho começou a adquirir mais evidência dentro do banco. Começou a construir a carreira no Itaú, sem a proteção do pai. Diz Câmara: "Eu tenho absoluta consciência disso: o pai nunca fez do futuro da sua sucessão um projeto familiar".

Câmara tinha 58 anos quando foi escolhido para a presidência do Itaú. Com a nova regra, sabia que ficaria no cargo por quatro anos. Não eram tempos fáceis para um dirigente de banco.

"A presidência foi uma grande honra para mim, mas foi também um sacrifício. Aceitei a presidência em 1990, na loucura do Plano Collor. Os depósitos foram bloqueados. Mas, mesmo que não estivessem bloqueados, nós não tínhamos dinheiro para dar aos depositantes. Não que não tivéssemos reservas. Mas o Banco Central não nos fornecia as cédulas. Foi uma crueldade. Deixaram as pessoas com cinquenta cruzeiros (que voltou a ser o nome da moeda brasileira, em substituição ao cruzado novo que circulara até então), pessoas que viviam da poupança, não tinham outros rendimentos."

Do ponto de vista pessoal, Câmara enfrentava outra dificuldade: "Minha mulher tinha voltado para Portugal, com meus filhos. Para mim, era duro ficar".

Mas ficou, e explica por quê: "Tendo sido convidado para o cargo, senti que tinha uma grande obrigação, a de preparar o Roberto para ser o presidente. Eu apostava nessa ficha, independentemente de meus colegas vice-presidentes, que tinham condições para ocupar o cargo".

Roberto lembra-se de que seu pai o convocou para uma reunião em seu gabinete na Rua Boa Vista para informá-lo de que ocuparia a diretoria-geral do banco:

"Para mim, as regras para a aposentadoria não estavam muito claras. O normal é as pessoas que se aposentam deixarem o cargo na assembleia geral do Itaú, em abril. Mas a aposentadoria de José Carlos Moraes Abreu era um caso especial, ao qual eu não estava atento. Ele sairia em julho, que é o mês de aniversário dele. Para mim, ele só sairia no ano seguinte, em abril, como sempre acontece. Um dia, meu pai me chamou na sala dele para dizer que o José Carlos estava se aposentando dali a uns dois ou três meses, coisa assim, quando completasse 68 anos, não na assembleia. 'Nós decidimos que o Câmara Pestana será o novo presidente', disse. 'Que ótimo', respondi. 'Gosto muito do Câmara Pestana e me dou muito bem com ele.' Aí meu pai completou: 'E, para diretor geral, escolhemos você'".

Foi um susto para Roberto. Ele não imaginava que as funções de presidente e diretor-geral, que vinham sendo exercidas por Moraes Abreu, passariam a ser desempenhadas por duas pessoas, uma das quais ele, e já com o futuro traçado.

"Não fazia parte de meus planos naquele momento", diz Roberto. "Não esperava, não ambicionava o cargo, e estava muito feliz fazendo o que fazia. Realmente foi um baque, um susto enorme, quando meu pai me disse: 'Daqui a quatro anos, quando o Câmara Pestana se aposentar, você vai ser o presidente do banco'."

Roberto nem sabia se tinha condições para ocupar a diretoria-geral, e já estava previamente escolhido para assumir a presidência dali a quatro anos:

"Saí da sala de meu pai na Boa Vista, conversei com o Câmara Pestana e com o Moraes Abreu. Havia dois vice-presidentes considerados em condições de assumir a presidência, e eu os procurei para conversar sobre o que havia sido decidido. O Luiz Guimarães estava mais próximo da aposentadoria, acho que não se via necessariamente como presidente do Itaú. Depois procurei o Sérgio de Freitas. Estava muito abalado. Naquela noite, ele disse que iria pensar o que faria da vida dali em diante, pois teria de tomar outro rumo. Insisti para que continuasse no banco, pois precisaria muito da ajuda dele. Ele me disse: 'Roberto, eu me reportava ao presidente, com chances de ser o presidente. Agora, nem me reporto mais ao presidente'. Mas minha ida até a sala dele, minha conversa com muita franqueza e simplicidade, solicitando-lhe que ficasse e me ajudasse, o convenceu a ficar. Ele ficou e me deu grande colaboração".

Para não fazer sombra a Câmara Pestana, Olavo e José Carlos deixaram seus gabinetes na sede da Rua Boa Vista, transferindo-os para a nova sede do grupo, na Estação Conceição do metrô. Estavam abrindo espaço para Câmara assumir integralmente suas funções.

Roberto ainda não completara 36 anos. A maneira que Câmara viu de pavimentar-lhe o caminho para assumir a presidência foi transferir-lhe responsabilidades gradualmente:

"No primeiro ano, fui presidente cem por cento, no segundo, um pouco menos, uns noventa por cento. No terceiro e no quarto, menos ainda, porque eu fui pouco a pouco desligando as funções, transferindo para o Roberto. Não estava preparando o Roberto para ser presidente. Estava criando as condições para isso".

Olavo manteve-se na função de presidente do Conselho de Administração, sem interferir nas decisões executivas, no dia-a-dia do banco, mas apoiando as decisões tomadas por Câmara e Roberto:

"Meu pai, diz Roberto, tem noção muito clara do poder. Sabe que o homem que está à frente dos negócios precisa do apoio de todos. Mesmo não sendo exatamente o que ele faria, apoiava o que nós fazíamos.

Ele pode ter perguntado, ao Câmara e a mim, por que fizemos tal coisa, mas jamais tomou uma decisão contrária a que tomamos, jamais nos fez voltar atrás em alguma decisão. Ele sempre soube prestigiar as pessoas que colocava nos diferentes postos, e dava autonomia para essas pessoas decidirem. Isso dá muita segurança para quem é comandado por ele".

Quando assumiu o cargo de diretor-geral, Roberto viu que seu pai preparara o banco para crescer: "Tinha toda a infraestrutura muito bem-feita, toda a parte de sistemas, tecnologia, controles, área financeira".

A tarefa de Roberto foi dinamizar a área comercial, baseando-se no que havia sido construído por Olavo. Os resultados de seu trabalho surpreenderam o pai:

"O Roberto assumiu a função de executivo-chefe do Banco Itaú e a exerce com extrema firmeza e competência. O desenvolvimento do Itaú nos últimos anos foi extraordinário, muito maior do que eu esperava. A dimensão que o Itaú atingiu me deu imensa satisfação, mas foi também uma surpresa. Passou do velho Banco Federal de Crédito da Rua Benjamin Constant a esse complexo onde está sua sede hoje, um banco em condições de comprar o BankBoston, numa operação conduzida pessoalmente pelo Roberto com o presidente do Bank of America".

Roberto representa uma continuidade do trabalho iniciado por Olavo no Banco Itaú, hoje uma parte do conglomerado Itaúsa. A área financeira do conglomerado está subordinada à Banco Itaú Holding Financeira, que, além do Banco Itaú, tem como sua controlada o Banco Itaú BBA. O Banco Itaú tem 65 mil funcionários, 24 milhões de clientes (entre correntistas e não-correntistas), mais de 60 mil acionistas, mais de 35 mil agências, mais de 24 mil caixas eletrônicos no País e operações no Japão, na China, nos Estados Unidos, nas Ilhas Cayman, em Nassau, em Portugal, na Inglaterra, na Argentina, no Chile e no Uruguai. Entre outros prêmios, o Banco Itaú ganhou em 2007, pelo terceiro ano consecutivo, o de banco mais sustentável e mais ético da América Latina, concedido pela *Latin Finance* e pela consultoria Management & Excellence. Também fazem parte do conglomerado Itaúsa as empresas industriais Duratex, Itautec e Elekeiroz. Numa lista publicada em julho de 2007 pela revista *Fortune*, a Itaúsa ficou na 286ª posição entre as maiores corporações do mundo; no Brasil, é o segundo maior grupo privado em volume de receitas. Na presidência do Conselho desse conglomerado, Olavo não deixou de se manter informado das decisões executivas, por intermédio de Roberto ou de conversas com outros diretores. Procurou manter-se atualizado também sobre política e economia. Organizou dois seminários que muitos dos que estiveram presentes a eles consideram histórico. Do primeiro, no Centro Empresarial Itaú Conceição (Ceic), participaram os professores Aspásia Camargo, Amaury de Souza, Maria Hermínia Tavares de Almeida e Wilmar Faria. A Wilmar Faria, então presidente do Centro Brasileiro de Análise e Planejamento (Cebrap) e mais tarde assessora do presidente Fernando Henrique Cardoso, pediu que discutisse a desigualdade social e a pobreza, temas que a preocupavam desde os tempos que ocupara a Prefeitura de São Paulo.

Para o segundo seminário, nas instalações que o banco mantinha na Rua Boa Vista, sua antiga sede, Olavo convidou os cientistas políticos Bolívar Lamounier, Leôncio Martins Rodrigues e Francisco Weffort para avaliar os candidatos à Presidência da República na eleição de 1989, a primeira pelo voto direto depois do regime militar. Foi a partir desse seminário que o relacionamento pessoal de Olavo com Leôncio Martins Rodrigues passou a se intensificar.

Com frequência, convidou para almoçar na sede do banco personalidades como o ex-presidente Fernando Henrique Cardoso, o ex-presidente do Federal Reserve (o banco central dos Estados Unidos) Paul Volcker, o político português José Manuel Durães Barroso (mais tarde primeiro-ministro de Portugal e atual presidente da União Européia), o ex-ministro e embaixador aposentado Rubens Ricupero, o jornalista e escritor Frei Betto (Carlos Alberto Libânio Christo), o dirigente do Movimento dos Trabalhadores Sem Terra (MST) João Pedro Stédile (que lhe deu de presente uma compota preparada por membros do MST) e políticos como Tarso Genro (antes de se tornar ministro), Cristovam Buarque (governador do Distrito Federal e, depois, ministro da Educação e senador), os senadores Fernando Bezerra e Marco Maciel (estes dois com alguma frequência) e Yeda Crusius (antes de se tornar governadora do Rio Grande do Sul).

A muitas dessas personalidades, como também a seus auxiliares, costuma enviar, com anotações, textos que considera importantes para revelar as novas tendências da economia ou da política nacional ou mundial.

Quando, há dois anos, foi informado por Roberto de que, por decisão deste e dos filhos de Milú Villela – neta do fundador do banco, Alfredo Egydio de Souza Aranha –, teve início o processo de preparação da sucessão no controle da instituição, reagiu com ironia: "Só pode ser a minha sucessão. De modo que vocês estão marcando a minha morte".

Mas concordou, achou a ideia ótima. Todos os descendentes de Alfredo Egydio de Souza Aranha e de Olavo com mais de catorze anos reuniram-se para discutir o assunto. Nessa reunião, Olavo citou as palavras que o tio Alfredo Egydio disse a ele e a Eudoro Villela, pai de Milú: "Se vocês ficarem juntos, vão longe; se se separarem, ficarão com empresas pequenas".

A sucessão envolve os dois ramos de uma grande família que tem Alfredo Egydio de Souza Aranha como elo.

"Espero que resolvam logo, e eu apenas bata palmas. Ou tenha tempo para bater palmas", disse Olavo, que ainda não havia virado a página da sucessão no banco.

Capítulo 17
A paixão por arte

Olavo Setubal atendeu ao telefone. Do outro lado da linha, o antiquário Renato Magalhães Gouveia:

– Encontrei a mesa para a sua nova sala de reuniões. Em jacarandá. Do século XVIIII.

Naquele momento ainda estava sendo construído o prédio Itaúsa do Ceic, e a sala de reuniões estava localizada ao lado da sala do presidente do Conselho de Administração do Banco Itaú Holding Financeira S.A., cargo ocupado por Olavo desde outubro de 1986, quando se afastou das funções executivas da instituição.

– Como é a mesa?

– Tem uma tábua só em jacarandá com um metro de largura. Um jacarandá demora cem anos para ter um diâmetro de trinta centímetros. Essa árvore atingiu um metro, é fabulosa.

– Onde está?

–No Rio de Janeiro.

– Com as cadeiras?

– Não, as cadeiras são do século XIX, não nos interessam. Depois vamos atrás delas.

– Vou conversar com meu pessoal aqui, ver se a mesa cabe na sala.

– Precisa decidir logo, a dona um dia diz que vende, no dia seguinte muda de opinião. Antes dela, essa mesa pertenceu a uma ordem religiosa.

A mesa não cabia, mas houve uma reforma no projeto, a sala foi ampliada e a mesa comprada. O móvel tinha pertencido a Elisinha e Walter Moreira Salles cuja casa estava sendo desmontada depois que o casal se separou. Por uma questão ética, temendo talvez que as relações entre os dois banqueiros não fossem cordiais, Magalhães Gouveia omitiu o dono. Efetuada a compra, ele revelou, Olavo riu: "Ora, o embaixador é um grande amigo!".

445

Sala do Conselho Itaúsa, 2008.

A mesa veio para São Paulo e esperou por quinze meses num depósito do Brás. Quando o prédio do Itaúsa ficou pronto, o móvel foi instalado em seu lugar. Olavo chamou Magalhães Gouveia:

– E as cadeiras? Precisamos de catorze.

Os meses correram. Um dia, o antiquário estava em Buenos Aires, entrou em uma loja e deu com uma mesa e um conjunto de catorze cadeiras Dom José, de jacarandá, sem braço, que pertenceram à senhora Martinez de Hoz, uma granfina brasileira que foi casada com um ex-ministro da Fazenda argentino. Por telefone, Olavo autorizou a compra. Problemas alfandegários atrasaram o transporte, levou quase um ano para as cadeiras serem trazidas ao Brasil.

A sala é parte do Ceic, um conjunto dominado pela arte, praticamente um museu particular dos mais valiosos, com peças escolhidas por Olavo e, nos últimos anos, também por seu filho Alfredo. As paredes dessa sala estão revestidas por papéis pintados por artistas franceses do fim do século XIX que não vieram ao Brasil, foram buscar seus referenciais em Debret e Rugendas, executando montagens com cenas da vida brasileira. Papéis que podem ser vistos também no Museu do Itamaraty no Rio de Janeiro e em algumas embaixadas brasileiras na Europa. Quando chanceler, Setubal recebeu a dica de um diplomata de que esses papéis podiam ser encontrados na casa Zuber, uma papelaria especializada em Paris. Fourcade tinha publicado um livro sobre papéis impressos com motivos brasileiros e o mais importante era esse. Com o endereço na mão, Olavo foi lá, trouxe debaixo do braço.

É o lugar nobre do Ceic, onde Olavo Setubal, em diferentes momentos, recebeu personalidades do Brasil e do mundo, de presidentes como Mário Soares, de Portugal, a Fernando Henrique Cardoso, do Brasil; do arcebispo dom Cláudio Hummes ao vice-presidente Marco Maciel; de Fernando Solanas Morales, ministro das Relações Exteriores do México, ao primeiro-ministro de Portugal, Aníbal Cavaco Silva; do ministro Mário Henrique Simonsen ao embaixador Sérgio Silva Amaral; do ministro Celso Lafer a Teresa Gouveia, ministra dos Negócios Estrangeiros e das Comunidades Portuguesas; do senador Roberto Campos ao governador de São Paulo, Cláudio Lembo; do *chairman* do Citicorp, John Reed, a Bill Gates, David Rockefeller, A. Lagardère e também Luisa Erundina, prefeita de São Paulo.

Dessa sala, que tem ampla parede envidraçada, se descortina um panorama extenso do Ceic, um dos orgulhos de Setubal. Dali ele contemplava os edifícios rodeados por praças, jardins, olhos d'água e dizia: "Minha obra está aí". Na frase havia um duplo sentido. À sua frente se estendia o moderno conjunto arquitetônico, que abriga a instituição financeira, obra de toda uma vida. Há nesse ambiente um objeto emblemático que mostra o caráter e a maneira de pensar de Olavo Setubal. Anos atrás, ele chegou a uma reunião trazendo um relógio que funciona por diferença de temperatura, por meio de um sistema de metais que se dilatam. É um relógio que dura uma eternidade. No dia em que o colocou na sala, perante todos os conselheiros, disse: "Estou colocando este relógio, porque foi feito para durar cem anos. Este é o tempo que o Itaú deve durar, no mínimo".

A sala contígua é a de espera. Conta-se que, no ano de 2006, Olavo Setubal recebeu ali um grupo de amigos de longa data. Seu assessor para obras e livros raros, Ruy Souza e Silva, que ao lado de José Eduardo Faria é dos raríssimos com acesso direto ao presidente do Conselho, homens de confiança, percebeu que aqueles homens tinham tido muita dificuldade para se levantar dos macios sofás, todos de *design*, assinados. Sugeriu que fossem trocados por poltroninhas mais altas e com braços, para que as pessoas se levantassem com facilidade. Olavo contemplou o amigo, pensou um minuto e respondeu: "Não vou fazer". Ruy retrucou: "E por quê?". Ele encerrou a conversa: "Não, esse é o ônus da velhice".

Para chegar à sala de Olavo, o visitante passava por algumas obras das mais significativas de nossa arte: *Mulher reclinada, Bucólica* e *Esfinge,* as três de Bruno Giorgi, e *Banhista*, de Ceschiati, que se localiza entre a sala do Conselho e a sala de José Carlos Moraes Abreu. O terreno em que se localiza o Ceic começou a ser urbanizado pelo prefeito Figueiredo Ferraz. Foi comprado em leilão público nos anos 1980, período em que o problema de espaço era premente, as empresas do grupo estavam espalhadas por diversos edifícios em São Paulo. O crescimento da instituição exigia ampliação, concentração e modernização. Na época, o enorme terreno no Jabaquara, distante de tudo, provocou polêmicas. Dizia Olavo Setubal:

"Lembro-me de que as pessoas, incluindo minha mulher, comentavam: 'Que coisa horrorosa, você comprou um buraco no meio da miséria'. Hoje, reconhecem: 'Você é um homem de sorte, esse lugar tem metrô, tem área verde'. Não foi sorte, e sim planejamento. Comprei porque tinha metrô e área verde, hoje preservada. No mundo inteiro se sabe que um ponto que reúne transporte e verde é altamente valorizado em qualquer cidade. Claro que essa atitude contrariava o modismo dos banqueiros na época, porque eles sempre compraram lugares para eles e não para os funcionários, por essa razão se instalavam às margens do Rio Pinheiros".

Na aprovação da planta na Prefeitura, acertou-se que o Itaú executaria um projeto no local, construindo uma praça que ligaria a estação de metrô ao Parque da Conceição, com passagens públicas interligando as ruas adjacentes, mais um terminal de ônibus na Avenida Engenheiro Armando de Arruda Pereira. Foram criados terraços que se alternam com jardins – o terreno é em declive – com os espelhos d'água funcionando como divisórias entre os espaços público e privado, em harmoniosa integração. O projeto foi desenvolvido de maneira a preservar uma Guajuvira, que se tornou uma árvore símbolo e hoje dá nome a um dos restaurantes do complexo, onde são recebidas grandes personalidades. Mais tarde, em 2002, quando se ergueu a Torre Eudoro Villela, o quinto dos edifícios que abrigam a instituição, ela se interligou ao conjunto por meio de túneis para veículos e pedestres por baixo da Avenida Engenheiro Armando Arruda Pereira. Para abrir um desses túneis foi alugado o tatuzão que veio das obras do metrô.

Há nesse conjunto arquitetônico muito do olhar e dos desejos de Olavo, no dizer de Jairo Cupertino, um braço direito que vem dos tempos pioneiros da Duratex e que foi levado ao banco em 1974.

"A concepção desse Centro é dele, quero dizer no sentido de como seriam estruturados os prédios. Ele trouxe até assessores

450

como o Pietro Maria Bardi e o Kracjberg, que hoje tem aqui uma de suas esculturas, junto à grande cascata no gigantesco *hall* de entrada. É curioso saber que foi construída uma entrada principal, só que Olavo não gostou: 'Não, não é essa a entrada, quero uma coisa nobre, majestosa'. E foi aberta a entrada que hoje praticamente só ele usa e que chamamos de a entrada solene do prédio. Ele escolheu a escultura para ser colocada ali. O gosto do Olavo pela arte, bastante desenvolvido, se acentuou a partir dessa época. Claro, antes havia aquela relação da primeira mulher, a Tide, as viagens, os museus, as Bienais, os livros de arte, mas naquele momento Olavo ainda se encontrava fechado em seu pragmatismo, dominado pela objetividade, não se 'distraía' com coisas paralelas. Com o tempo, ele foi se transformando, conduzindo ao homem que agora se concede ser contemplativo."

Décadas atrás, a data exata ficou perdida na memória, sua vida estava ainda se engrenando, a viúva de Octales Marcondes, o fundador da Editora Nacional, de grande expressão em seu tempo, ofereceu a Olavo dois Frans Post por dez mil dólares. No entanto, disse ele, "eu só tinha dinheiro para um, queria demais os dois, não me foi possível comprá-los, até hoje penso na oportunidade perdida". A arte lentamente passou a dominar seus interesses. Para a sua sala, ele escolheu três quadros: *Os vendedores de peixes*, de Di Cavalcanti, *As lavadeiras do Abaeté*, de Pancetti, e o *Retrato de dona Zulmira*, de Almeida Júnior.

Quando Olavo Setubal se afastou das funções executivas, em 1985, assumindo a presidência do Conselho de Administração do Itaúsa, desligou-se das operações do banco e da Duratex, ainda que continuasse a tomar parte nas decisões mais importantes, além de fazer o relacionamento com os acionistas, uma das funções precípuas do presidente do Conselho. Todos sabiam que podiam contar com seu poder de análise e esperavam por isso. Qualquer decisão estratégica continuava a passar por ele, por sua aprovação. Olavo todavia acentuava:

"Passei a preencher parte do meu tempo, agora mais livre, com arte e antiguidades. E há um episódio curioso. Décadas atrás, não posso precisar exatamente quando, Fernão Bracher me telefonou para me propor um negócio de arte. Respondi: 'Olha, Fernão, a única coisa de que cuido é o Itaú. Não tenho tempo para cuidar de outras coisas. Agora, tenho o tempo para me ocupar com as belezas da arte'. O que antes era um *hobby* tornou-se paixão. Essa relação, convenhamos, vem um pouco de minha mãe, dona Francisca. Ela queria que eu estudasse arte, me dava livros. Todavia mamãe vivia outra época, apreciava a arte acadêmica, anterior aos impressionistas. Ela estava naqueles quadros clássicos, como *O angelus*, de Jean François Millet, que mostra um casal de lavradores interrompendo a faina no campo para rezar, batido pela luz do crepúsculo. Pintura que teria influenciado Van Gogh no início de sua carreira, quando ele procurava fazer cópias como aprendizado. Mais tarde, nas minhas viagens aos Estados Unidos e à Europa, visitei museus e galerias e me impregnei com a atmosfera dos quadros e esculturas. Meus interesses e conhecimentos cresceram com as compras de livros e as visitas às galerias, às Bienais de São Paulo, os meus contatos com artistas. Uma vez, David Rockfeller veio me visitar e quando mostrei parte de nosso acervo, ele se admirou:

— Puxa, você também está introduzindo aqui muitas obras de arte.

— Aprendi com você.

O que era verdade. O escritório de Rockfeller no Chase Manhattan tinha muitas obras de arte, ele foi o primeiro homem de negócios que vi colocar obras de arte no local de trabalho. Lembro até que havia algumas obras pré-colombianas. Aliás, tenho tido muito interesse nos pré-colombianos. Preciso dizer que a amizade com David eu devo ao Eudoro Villela, que era um grande amigo dele. Quando o Itaú abriu sua agência em Nova York, David nos deu um jantar ao qual compareceu a cúpula dos bancos americanos, de modo que foi uma entrada de gala, e o veículo foi Eudoro.

Bem, nessa trajetória acabei me envolvendo com os impressionistas, enquanto meus filhos estão ligados mais à arte contemporânea. Aliás, meu filho Alfredo segue o mesmo caminho, aficionado à arte. Não compro impressionistas porque são caros demais, os preços atingiram patamares absurdos, são a vitrina para a vaidade de milionários ou o exibicionismo dos xeiques árabes. Uma obra em si não vale os preços que atingem no mercado, a menos que seja uma preciosidade como um Klimt. A princípio estive mais envolvido pelo barroco e pelo clássico, depois avancei, hoje me interesso pela arte primitiva, agora chamada arte primeira na linguagem politicamente correta, pela arte pré-colombiana. Quando o Banco Itaú adquiriu do Bank of America as operações do Bank Boston no Brasil, ao visitar a sede encontrei duas coleções, uma de arte africana, comprada quando o Banco de Boston teve agências na Nigéria, e outra de cocares brasileiros, extraordinária. Por acaso encontramos a nota de compra dessa coleção, feita em 1995 em uma loja de produtos amazônicos.

O conjunto custou dois mil dólares, e agora, se fosse possível vender, cada cocar custaria dez mil dólares. Pretendo trazer as duas coleções para o CEI".

Nos anos 1980, quando parte do acervo do Itaú foi exibido no Masp, em São Paulo, a imprensa assinalou que Olavo fez as primeiras aquisições na década de 1950, justamente para a inauguração da sede do banco na Rua Boa Vista. Ali podia ser admirado tanto o *Povoado numa planície arborizada,* de Frans Post, quanto *O grande carnaval*, de Di Cavalcanti, de 1953. Quando Setubal foi chanceler, ele levou para seu gabinete no Itamaraty um óleo de Portinari, o *Café*, da série Afazeres. Ao longo do tempo foram sendo passados ao Itaú os patrimônios das inúmeras instituições de crédito compradas ou incorporadas para a formação do atual conglomerado. Clientes em dificuldades financeiras igualmente pagaram débitos com obras de arte.

Um conceito orientava Olavo Setubal:

"Não sou mero colecionador. A minha intenção tem sido a de comprar principalmente coisas que tenham ligação com o Brasil. Somos um banco brasileiro, nossas raízes estão aqui, nosso sucesso veio do Brasil, aqui crescemos. Interesso-me, é claro, por exemplares pelos quais sinto atração, como a coleção do Egito, cuja arte e história me acompanharam a vida inteira. Ao comprar e colocar no Itaú obras que a meu ver elevam o espírito, entendo que essa atitude ajuda a quebrar o clima exasperante e tenso do trabalho financeiro, a romper a rotina massacrante. A arte provoca, excita, acrescenta. E ilumina. Ao mesmo tempo estamos preservando peças de valor histórico e artístico para as futuras gerações. Para isso são as coleções do Itaú. As obras que compro para meu acervo pessoal estão sendo colocadas na casa da Prata. Como o *Busto egípcio de mulher*, em granito preto, do médio império, 1991-1783 a.C., que trouxe de Nova York em 2005. Ou *A sombra*, de Maria Martins".

Essa ligação com o Brasil ele manifestou até mesmo nas peças que fazem parte do Museu Herculano Pires de moedas, hoje parte do Itaú Cultural. "É um berro nacionalista que valoriza o Brasil e suas raízes", diz ele diante de certas raridades como a Peça da Coroação, como veremos mais adiante.

Antiquários, *marchands*, galeristas, quem quer que se relacionasse com Olavo no meio das artes, onde ele circulava e comprava nos últimos anos, sabiam que ele se tornou um *art buyer* antenado que vivia a investigar no Brasil e no mundo onde estavam peças interessantes. Ele recebia catálogos de todos os grandes leilões, tinha acesso a Sotheby's e a Christie, a galerias até do Oriente, consultava a internet, recebia ofertas acompanhadas de documentação. Dedicava três horas diárias numa varredura pela internet, na avaliação das informações que chegavam, analisava as ofertas e documentos, participava de leilões, fazia lances. Dona Claudina, sua secretária, é quem fazia os lances, ele dizia o quanto oferecer. Depois, vinha a espera. Ele aguardava o veredito que ela trazia sucintamente, suas frases eram objetivas, "o senhor ganhou" ou "não ganhou". Não ganhou, ele virava a página. Todos os que negociavam com Olavo conheciam os três princípios que o orientavam para adquirir uma peça, seja quadro, escultura, documento, livro raro, o que for. Princípios dos quais, dentro do seu racionalismo, não se afastava.

"Primeiro, preciso gostar. Segundo, preciso ter um lugar para colocar. Terceiro, preciso ter disponibilidade financeira para a obra."

O gostar era pessoal. Não comprava pelo valor em si. Onde colocar não era mais problema, porque ele comprava para ele, para

Escultura de Sussumu Shingu, no Centro Empresarial Itaúsa em São Paulo uma das favoritas de Olavo. Podia-se vê-la da mesa de almoço no Quaresmeira.

o banco, para o Itaú Cultural. E muitas obras estão emprestadas ao Museu de Arte Moderna (MAM). E com o Ceic, ganhou-se uma quantidade quase ilimitada de espaços internos e externos nas cinco torres gigantescas que abrigam a instituição. Entre pinturas, gravuras, instalações, tapeçarias, fotografias, esculturas, desenhos, são cerca de 3.500 obras ali abrigadas. Percorrer esses jardins, penetrar nos prédios, significa poder caminhar contemplando Franz Weissmann, Ceschiatti, Gerhard Marcks, Emanuel Araújo, Fajardo, Lygia Reinach, François Stahly, Niemeyer, De Fiori, Felícia Leirner, Mestre Didi, Vlavianos, Rubens Matuck, Sérgio Camargo, Stockiger, Vik Muniz, Beatriz Milhazes, Fernand Léger, Clovis Graciano, Brecheret, Burle Marx, entre outros.

Quanto à disponibilidade, não significava exatamente ter ou não dinheiro. É que a forma dele negociar era diferente. Quem oferecia fazia o preço, ele dizia quero ou não quero. Há um preço que ele considerava justo e aceitava ou não. Ponto final. Não regateava, não negociava, não pedia desconto. Havia uma quantia que ele disponibilizava e ficava nela. Ruy Souza e Silva, seu ex-genro e consultor para as compras de livros raros, tem uma teoria:

"Um homem na sua posição ficar regateando seria, no seu entender, um abuso de força. Era uma característica dele não usar a força do poder. O doutor Olavo tinha um princípio: 'Não se pode usar a força do poder do dinheiro, do poder do amor e do poder político. Você tem o poder, mas não pode usar a sua força'".

Já Renato Magalhães Gouveia assinala que Olavo "fazia tudo sem que parecesse um negócio. Não era daqueles que diante de um quadro, escultura, móvel, agia como a maioria, menosprezava para conseguir menor preço, fingia mostrar desinteresse. Ele chegava, olhava, levava uns minutos e concluía, gosto, não gosto, quero, não quero. Nunca tive a impressão de que estava vendendo para ele, doutor Olavo cancelava essa sensação. Ele não comprava para esperar valorizar, para que a arte se tornasse moeda. Nem comprava por ser um colecionador. Comprava porque gostava, era para usufruir. Era prazer".

Certa época ele estava em busca de uma escultura de Victor Brecheret. Dos mais caros do Brasil. Finalmente se localizou uma que tinha pertencido a Nenê Batista Pereira, uma célebre quatrocentona de Higienópolis, das mulheres mais elegantes de São Paulo em seu tempo. Famosa por jamais repetir uma roupa. As pessoas iam à missa na Igreja de Santa Terezinha apenas para ver como Nenê estava vestida. Quando ela faleceu, a escultura de mármore de Carrara estava em mãos de seus sobrinhos. Foi feita a compra, por um dos preços mais altos até então pagos por um Brecheret. Tempos depois perguntaram ao doutor Olavo:

– Se quiser vender, tem quem pague o dobro.

– Pois já me ofereceram quatro vezes mais o que eu paguei. E em dólar. Não vendo arte.

A escultura está no corredor que leva ao escritório dele.

Até hoje, um tradicional livreiro francês narra um fato que considera singular em toda a sua carreira. O Egito sempre fascinou Olavo Setubal.

Há nos álbuns da casa da Prata inúmeras fotos dele junto às pirâmides em um dia ensolarado. Nas fotos, Olavo está de terno e gravata no deserto! Um dia, Daisy Setubal deu ao marido um livro publicado pela Taschen que era uma síntese das peças mais importantes da coleção *Description de L'Egypte*, conjunto de 22 livros que mostra os trabalhos da Comissão Francesa que acompanhou Napoleão ao Egito em 1798. Acentue-se a sua admiração por Napoleão Bonaparte desde a juventude. Os 160 cientistas foram chefiados por Denon, depois diretor do Louvre por trinta anos, tendo estruturado a modernidade do museu que conta hoje com uma ala chamada Denon. Ruy Souza e Silva reconta uma história que lhe foi narrada pelo próprio Olavo. Quando os barcos franceses estavam voltando, levando o trabalho dos cientistas, foram cercados pela armada inglesa que exigiu a entrega das pesquisas. Denon, corajosamente, recusou: "Queimo tudo, mas não entrego nada a vocês". Nas negociações, venceu Denon que perdeu apenas a Pedra de Roseta, enviada ao Museu Britânico, por esta não ser produto do trabalho da equipe da França. A *Description* é considerada uma das publicações mais importantes do século XIX. Onze desses livros têm mais de um metro de altura e também de largura. Olavo, maravilhado, incumbiu o livreiro Pedro Correa do Lago de localizar a edição original. Correa do Lago saiu a campo e, em 2006, descobriu que havia uma coleção à venda em Paris na Thomas Scheler. Olavo foi verificar, encontrou os livros encadernados e ainda em seu móvel original. O que o deixou mais encantado é que tinham pertencido a um único dono, um nobre. Isso aguçou ainda mais o interesse de Olavo, ele gostava de coisas que pemaneciam muito tempo com as pessoas, significava para ele uma tradição. Com sua experiência e rápido poder de decisão, qualidades de que se orgulhava e sempre foi motivo de assombro nas reuniões do banco, levou vinte minutos para examinar tudo. Perguntou o preço, mandou faturar. Dali para a frente, como em todas as operações, o processo ficava por conta da secretária Claudina. Até hoje, aquele livreiro propaga que em quarenta anos de comércio nunca viu coisa igual.

Comprar no estrangeiro é um processo complicado, por causa das leis alfandegárias brasileiras.

"Um dia, adquiri em Londres uma escrivaninha preciosa, elegante, e enviei para meu apartamento em Paris. Transporte e impostos custaram um por cento do valor da peça. Um por cento, exatamente. Se eu tivesse enviado para o Brasil, pagaria cem por cento de taxas etc. É impressionante o que se paga de imposto de importação, de INSS, e até de comissão do sindicato dos despachantes, o que mostra a falta de visão das autoridades brasileiras. Por outro lado, há a exportação de obras de arte. Há peças que são proibidas de exportar, mas o controle é precário. Ainda há pouco, valiosos exemplares do mobiliário brasileiro foram levados para o exterior e passaram sem nenhum problema pela alfândega, porque estavam relacionadas como simples cômoda, cadeiras e mesas, só que eram cômoda e cadeiras barrocas do século XVIII. Passaram batido. Não existe controle."

Outra compra veloz foi a dos *Afazeres brasileiros*, também conhecido como *Ciclo da economia*, de Portinari, as últimas provas da série encomendada pelo ministro Capanema para o Ministério da Educação no Rio de Janeiro, prédio projetado por Niemeyer, Lucio Costa e o francês Le Corbusier, marco da arquitetura moderna no Brasil. Essas provas foram um presente do pintor ao ministro, em agradecimento por ter sido escolhido para a tarefa. Portinari fazia vários estudos antes de começar os painéis. Estavam em mãos da viúva de Capanema. Quando se acenou para o doutor Olavo com esses trabalhos, ele foi taxativo: "Não gosto de Portinari. Não gosto dos temas".

Foi necessário apelar para a emoção, evocar o conceito que ele sustentava de adquirir coisas que tivessem a ver com o Brasil e nossas raízes. Então, ele concordou, quis ver as obras que foram trazidas do Rio de Janeiro, ele rendeu-se. Dizem que a decisão demorou menos de cinco minutos, nada mais. Os *Afazeres*, representando colhedores de café, de algodão, erva-mate, cacau, fumo, mostrando seringueiros, garimpeiros e tratadores de gado, entre outros, encontram-se hoje na sala de espera da sala de Olavo.

Outro Portinari, o painel *Os bandeirantes,* encontra-se afixado sobre as portas dos elevadores principais. Trata-se de um tesouro descoberto pelo *marchand* carioca Mauricio Pontual no *hall* do antigo e

Hall da Sala Alfredo Egydio de Souza Aranha – Ceic –, com a Coleção Brasiliana Itaú, 2008.

decadente Hotel Comodoro, situado no centro de São Paulo. Datado de 1953, o painel tem 7,63 metros de extensão por 2,50 de altura e é composto de setenta mil pastilhas. Estava condenado ao apodrecimento quando foi retirado, restaurado e adquirido por Olavo Setubal. E não há quem não ache que ficou maravilhoso no grande hall de entrada do banco, combinando harmoniosamente com as cascatas e com a escultura de Kracjberg.

A *Description de L'Egypte* encontra-se na Sala do Brasão. Trata-se de uma placa de ferro com o brasão do príncipe Mauricio de Nassau, comandante das tropas holandesas no Brasil, única peça que restou do incêndio de sua casa em Haia, Holanda. Essa placa pertenceu inicialmente ao professor Pietro Maria Bardi, que a encontrou num antiquário modesto numa rodovia entre a França e a Bélgica. Nessa época, Bardi e

Renato Magalhães Gouveia eram sócios no *Mirante das Artes*, uma galeria que editava até mesmo uma revista. Quando os dois se separaram, a placa ficou com Renato. No Brasil, a peça esteve emprestada por um tempo ao embaixador Souza Leão, que escrevia um livro sobre Frans Post e que terminou dedicando um extenso ensaio ao Brasão. Setubal comprou a placa de Magalhães Gouveia. Não se deve esquecer aqui uma possível ligação sentimental. *O príncipe de Nassau* foi o segundo livro, após *A marquesa de Santos*, e é outro dos mais bem-sucedidos romances históricos de Paulo Setubal.

Na Sala do Brasão, estão as coleções de livros do Itaú, as coleções de gravuras históricas, as de Rugendas e as Panorâmicas. Mais adiante, na antiga sala de reunião da Diretoria, totalmente restaurada, atualmente denominada de Itaú Seguros, encontra-se o primeiro óleo sobre tela em que o pintor Arnaud Julien Pallière, por encomenda de Dom Pedro I, em 1821, retratou a cidade de São Paulo, antes do advento da fotografia. Muitas árvores, poucas casas, uma ponte de madeira sobre um riacho tranquilo, pura simplicidade. Também se vê o Pátio do Colégio e a Igreja do Carmo. A tela permaneceu 178 anos desaparecida até chegar às mãos do doutor Olavo, como todos o tratam no banco. "Foi um artista que chegou ao Brasil junto com a comitiva de dona Leopoldina", esclarece ele.

Num girar de corpo nos defrontamos com as gravuras de Spix e Martius mostrando a fauna e a flora brasileiras. Determinados visitantes excepcionalmente eram admitidos ali para ver, por exemplo, a primeira gravura feita com brasileiros em 1551, retratando a visita de Henrique II e Catarina de Médicis a comerciantes de pau-brasil em Rouen, França. O casal real foi recebido com uma festa à brasileira, para a qual foram levados trezentos índios, com a finalidade de reproduzir a atmosfera de nossas selvas. Saltemos duzentos anos na história. Em 1747 foi impresso o primeiro livro no Brasil, *Relação da entrada*, de Luiz Antonio Rosado da Cunha. O livro narra a chegada de um bispo do Vaticano ao Rio de Janeiro, recém-designada capital da colônia, num período em que os portugueses controlavam e censuravam todos os livros que circulavam por aqui. "E o que aconteceu?", indaga Ruy. "Dom João V, rei de Portugal na época, não gostou da história, prendeu o impressor e mandou

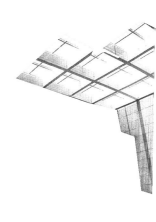

O Ceic tem hoje duas entradas. A normal, para o público e funcionários. E outra, solene, majestosa, que Olavo tanto apreciava.

destruir as máquinas e jogá-las no rio. Restaram apenas seis exemplares dessa primeira obra impressa no Brasil. Um deles está no Itaú."

Preciosíssima é a Coleção Brasiliana, títulos sobre o Brasil produzidos no exterior, reunindo 1.600 dos principais livros e gravuras feitos até o fim do século XIX. A aquisição da Brasiliana foi facilitada enormemente pela presença do livro organizado por Rubens Borba de Moraes, que elencou todos os livros sobre o Brasil escritos no estrangeiro. Nessa sala, por meio do *Grande Atlas de Blaeu*, de 1667, "pode-se entender como o Brasil funcionava na colônia e no tempo da invasão holandesa", explica Ruy. São 598 mapas coloridos que o cartógrafo comprava de navegadores e de outros atlas publicados. Igualmente raros são os livros publicados no Brasil depois que dom João VI criou a Imprensa Régia em 1808, primeiro acesso que o povo brasileiro teve à cultura.

Não quer dizer que Setubal comprasse tudo o que lhe ofereciam. Teve à sua disposição certo dia um livro que foi produzido para homenagear dona Amélia, a última rainha de Portugal, casada com dom Carlos. Entre as homenagens recebidas, dona Amélia ganhou um colar de brilhantes, oferecido pelo Jockey Clube Brasileiro, e um álbum de aquarelas de Joaquim Insley Pacheco, um aquarelista de renome. Vários intelectuais, de Olavo Bilac a Machado de Assis, de Alfonso Guimarães a Coelho Neto, Alcindo Guanabara, Euclides da Cunha e outros escreveram textos específicos para esse álbum. Olavo olhou, avaliou, pediu uma consultoria e recusou.

Em cada momento, em cada aquisição, havia o olhar e o dedo de Setubal, auxiliado pelos assessores, coadjuvado pelo filho Alfredo. Um dia, ao acabar de adquirir a tela *Atelier em Paris*, de 1880, por Almeida Júnior, confessou: "Esse vou comprar para mim, vou levar para minha casa em Paris". O quadro está hoje na Prata. Olavo continuou a olhar um livro sobre o pintor, porque ele gostava de se documentar, se informar sobre cada obra que adquiria. Folheou até dar com um quadro, demorou-se nele:

– Gostaria muito de ter este.

– Mas este ninguém sabe onde está, informou o *marchand*.

– Se aparecer, compro, sempre tive essa pintura na minha cabeça.

O quadro tinha um fundo branco, havia uma noiva retratada nele. Até hoje não foi localizado. A espera e o interesse prosseguiram, de vez em quando ele cobrava, jamais esquecia. Magalhães Gouveia encontrou um dia uma escultura de frei Agostinho da Piedade, monge beneditino seiscentista. Até então eram conhecidas apenas doze imagens desse frei, num levantamento em livro feito pelos beneditinos. A imagem encontrada não batia com nenhuma das doze, portanto tratava-se de uma raridade, era uma décima terceira, com o que concordaram os monges que fizeram um acréscimo no livro. Levada a Olavo, ele comprou. Certa vez, em conversa, Olavo registrou que não possuía nenhum Flávio de Carvalho. E ele queria um. Estava difícil encontrar um Flávio no mercado, quem tinha não vendia. Finalmente, localizou-se um, por sinal o *portrait* de Magalhães Gouveia, feito para uma sala especial que Flávio teve em uma Bienal. Uma sala que exibiu apenas três quadros, o artista não tinha nada, estava tudo em coleções particulares, ele não quis recolher de porta em porta. Esse retrato está locado na sala de Olavo Setubal e foi exposto no Masp.

Não havia uma preocupação de comprar apenas consagrados. Ele arriscava, apostava. Magalhães Gouveia sugeriu:

– Você não conhece Wladimir Lucena, mas é um homem que trabalha maravilhosamente. Devia ter uma obra dele.

– Posso ver alguma coisa?

O *marchand* tinha levado várias fotografias, Olavo gostou:

– Que ele faça.

– Ele só tem um problema, precisa comprar o bloco de pedra, precisa adiantar um dinheiro.

Setubal adiantou. Lucena fez uma escultura a que foi dado o título *O guardião*, é uma figura bem brasileira, agachada, uma faca na mão, na posição de quem vai saltar para defender alguém.

O governador Paulo Egydio Martins tinha encomendado uma escultura ao pernambucano José Cláudio da Silva para a inauguração da Rodovia dos Imigrantes. Queria uma coisa monumental. José Cláudio, homem culto, simples, que chegou à Secretaria de Cultura do seu Estado, um escritor, esculpiu um pássaro gigantesco de noventa toneladas de pedra. Interessado, Olavo procurou saber como ter uma obra de Silva. Magalhães Gouveia mostrou uma peça intitulada *Esperança*, sete toneladas de pedra mostrando uma mulher sentada, como se estivesse em uma cadeira de balanço. Olavo disse simplesmente: "Quero. Para a entrada do Ceic". Foi necessário que os engenheiros fizessem cálculos de resistência, seriam trinta toneladas em cima do buraco do metrô. A *Esperança*, de 1974, está lá muito à vontade em cima de um gramado.

Nessa trajetória que, vamos dizer, iluminava seus dias, houve um momento que emocionou Setubal. A compra da *Aranha*, a monumental escultura de Louise Bourgeois, que esteve exposta e foi uma das maiores atrações da XXIII Bienal de Artes de São Paulo, em 1996. Olavo interessou-se por ela, a princípio por uma questão sentimental, por causa do nome *Aranha*, ele fazia a ligação com os Souza Aranha. Depois, esse interesse cresceu quando, ao visitar a Bienal, ele se apaixonou pela obra. "Quando dei com ela, tive um choque". Então quis comprá-la. Havia outro interessado, ele não sabia quem era. Assessores desaconselhavam, diziam que não tinha valor, a *Aranha* era mera curiosidade. "É? Então, por que a Tate Gallery comprou uma? A National Gallery comprou outra? Elas estão expostas em lugares de honra!" Finalmente, Olavo fez uma oferta de quinhentos mil dólares e ficou com a obra. Depois ele soube por dona Lilly que seu marido Roberto Marinho tinha feito uma oferta de quarocentos mil dólares, "porque era um homem que gostava de negociar". Nesse meio tempo, sem saber de nada, Olavo ganhou o lance, a *Aranha* não chegou a entrar no Ceic, foi direto para o MAM, a pedido de Milu Villela e ali ficará em comodato por muito tempo.

Promover o diálogo entre as várias culturas

Essa ligação com a arte, essa relação que transcendia o mero colecionador que contempla suas aquisições com volúpia, sem dividi-la egoisticamente com mais ninguém, não existia em Olavo. Se, por um lado, o Itaú possui uma esplêndida coleção intramuros, mas que pode ser visitada com um permisso, houve um momento em que Setubal tomou uma decisão que beneficia o grande público, o homem comum, e ela foi longamente pensada e estudada até chegar à formatação do Itaú Cultural. E aqui faremos um pequeno recuo no tempo. Tendo sido o pioneiro da informática em bancos, tendo abertas as pioneiras galerias de arte do banco, uma inovação, formando como comprador uma das maiores coleções de arte que existem em uma empresa no Brasil, Olavo Setubal, ao longo dos anos, sedimentou um pensamento e elaborou lentamente um projeto realimentado pelas constantes viagens ao exterior. Projeto que se cristalizou quando, aliviado das cargas de executivo, ainda que no comando do Itaúsa, conseguiu sedimentar concretamente suas ideias. Esse pensamento foi o de dessacralizar a arte, tornando-a acessível aos mais distantes e diferentes públicos através da tecnologia de ponta. Assim foi criado o Centro de Informática e

Cultura do Itaúsa (CIC), em outubro de 1989. Um novo passo pioneiro no Brasil. Esse Centro, na verdade, teve seu embrião em fevereiro de 1987, quando Setubal criou o Instituto Cultural Itaú (ICI), posteriormente Itaú Cultural, que teve como primeiro diretor superintendente o urbanista Ernest de Carvalho Mange. Por sua vez, o instituto, destinado a organizar e manter um dos maiores acervos de arte do País, foi uma decorrência de um longo namoro com as artes plásticas desde 1971, quando foram abertas as primeiras Itaugalerias. Em 1988, o Itaú Cultural foi a primeira instituição de São Paulo a digitalizar uma imagem, a obra *Apóstolo São Paulo*, obra de 1869, de Almeida Júnior, que significou igualmente o início da produção da série de filmes *Panorama Histórico Brasileiro* (PHB), para ampliar as ações educativas do Instituto e sua inserção nos meios de comunicação. A sede inicial da entidade foi no número 2.424 da Avenida Paulista, uma casa.

O Itaú Cultural, disse Setubal, "marcou o ingresso das empresas Itaú em novo campo de atividade: o cultural, um campo inédito de nossa organização – e, por isso mesmo, cheio de desafios. Concebendo a cultura como um processo de livre criação a partir da diversidade das formas de vida social, o Instituto representa um voto de confiança no futuro de nossa sociedade. Uma sociedade que, ao longo dessas últimas décadas, reformulou inteiramente seu perfil econômico, alterou por completo sua estrutura geo-ocupacional e transformou de maneira expressiva seus hábitos, costumes, ritmos de vida e modos de trabalho e de pensar".

"O Itaú Cultural nasceu com três objetivos básicos: valorizar a diversidade das experiências culturais da nossa sociedade heterogênea, completa e caracterizada por fortes contrastes sociais, setoriais e regionais. Apoia, com base numa moderna estrutura audiovisual, a divulgação das manifestações culturais que, resultando dos diferentes modos de agir e pensar da população brasileira, contribuam decisivamente para a expansão das liberdades de expressão, de iniciativa e de criação artística e intelectual. Contribuir para a emergência de políticas culturais plurais e paralelas às desenvolvidas pelo Estado, na consciência de que as sociedades abertas requerem, para sua própria vitalidade, entrechoques de opiniões, críticas e reflexões sob a forma de símbolos culturais."

No dia 5 de outubro de 1989, a mídia estampou em primeira página uma chamada: *Itaúsa investe US$ 15 milhões na área cultural.* Naquele momento, o Banco de Dados do CIC passou a ser disponibilizado para o público. Primeira instituição da América Latina a oferecer esse tipo de serviço. Somente no *Módulo Pintura – Setor Pintura no Brasil,* o pesquisador, ou visitante, tinha acesso a quinhentas imagens da arte brasileira nos séculos XIX e XX. Estavam, no entanto, já catalogadas mais de duas mil obras, que tiveram Aracy do Amaral e o crítico Frederico de Morais como curadores-consultores. Em 1990, o Itaú Cultural estendeu-se a Belo Horizonte por meio do Núcleo de Informática e Pintura, depois a mostra informatizada *BR/80* foi lançada em Brasília, Campo Grande, Fortaleza, Goiânia, Porto Alegre e Rio de Janeiro. Ele continuou se expandindo, ampliou sua rede para a fotografia, o cinema, música, literatura com palestras, leituras de textos, exibições de vídeos e exposições. Foram lançados, entre outros, num vasto leque, os vídeos *Encontros,* com personalidade da poesia e da ficção, os cadernos *História da Pintura* no Brasil, as séries de vídeos *Panorama Histórico Brasileira* e *Aspectos da Cultura Brasileira,* os cadernos *Modernismo,* o evento *Fluxos urbanos,* o eixo curatorial *Viagens e fronteiras,* o *Objeto, A técnica e o consumo,* o vídeo *Sobre os anos 60,* os *Cadernos de Poesia,* os *Cadernos Cidade de São Paulo,* o *Módulo História do Transporte Áereo no Brasil,* vídeos sobre Santos Dumont, Monteiro Lobato, o *evento Reinações de Narizinho, o Módulo Literatura Brasileira, o eixo Imaginário popular,* o evento *Arte e Tecnologia,* a exposição fotográfica *Crônicas urbanas,* as exposições *Investigações: rumos visuais, Investigações; A gravura brasileira* mostra *Figura humana* na Coleção Itaú[5].

---

[5] O levantamento do que significa a coleção de arte do Itaú encontra-se em dois grossos volumes, *Itaú Moderno* e *Itaú Contemporâneo,* num total de 734 páginas, com curadoria e ensaios de Teixeira Coelho. Um volume é dedicado à Arte no Brasil 1911-1980 e o outro abrange de 1981 a atualidade.

O Itaú Cultural continua rompendo barreiras geográficas e espalhou terminais por todo o País, construiu um prédio de dez andares na Avenida Paulista, esquina com a Rua Leôncio de Carvalho, abrigando teatro, salas para exposições, auditórios, café, o Mezanino de Fotografia, o Ponto Digital, um espaço com *layout* futurista que oferece acesso gratuito à internet e a programações audiovisuais. Em 2001, Olavo realizou o que ele chamou uma cerimônia de troca de comando, troca de geração. Nessa noite, passou o comando do Itaú Cultural, que estava nas mãos de Ricardo Ribenboim, para Maria de Lourdes Villela, Milú, a mulher que recuperou o Museu de Arte Moderna (MAM), de São Paulo, e que se dedica intensamente à ação do voluntariado social. Era ainda a ligação do futuro com o passado, com a origem do Itaú, na pessoa de Eudoro Villela. A grande preocupação de Olavo, a recuperação, a preservação da memória brasileira por meio da arte, das coleções, dos livros, das moedas, é a base da filosofia do Instituto com suas trajetórias, mapeamentos, enciclopédias, panoramas, cartografias, observatórios culturais, os diálogos entre as artes visuais e a literatura, a cultura de rua, as novas possibilidades de comunicação na era da internet, eventos multidisciplinares, suas parcerias com a Unesp, com a TV PUC-SP, TV Cultura-SP. Porque o Itaú Cultural, na palavra de Olavo Setubal, "pretende atuar como um efetivo agente privado na preservação e disseminação da memória social; um centro comunitário estimulador de atividades culturais novas e um polo catalisador de manifestações culturais de todos os matizes. Será o resultado dos dilemas a paradoxos de uma sociedade que ainda se encontra sob o impacto de mudanças significativas em sua economia, que refletem, crítica e simbolicamente os anseios, as expectativas e os valores de nossa população".

Para ter ideia do apreço de Olavo pelo Itaú Cultural, citemos um episódio significativo, o do colecionador de moedas, quando ele se revelou um caçador de preciosidades atento. Seu interesse pela numismática começou quando descobriu a coleção de moedas de um diretor de carreira do Itaú de nome Herculano Pires. Pires morreu em 1980, e sua coleção foi vendida ao Itaú e desde então cresceu, a

Museu de Numismática Herculano Pires – Instituto Itaú Cultural – São Paulo, 2008.

ponto de tornar-se hoje uma das mais completas e valiosas do País. "Sou vidrado em moedas", acentuava Setubal que apontava uma de suas peças favoritas a da coroação de dom Pedro I em 1822, avaliada em trezentos mil reais, moeda que, curiosamente, nunca chegou a circular. Em primeiro lugar, porque dom Pedro não achou conveniente divulgar uma moeda em que aparece com o busto descoberto e uma coroa de louros na cabeça. Era uma imagem que não condizia com sua condição de monarca constitucional. Além disso, não houve ouro suficiente para cunhar uma boa tiragem, uma vez que dom João VI tinha regressado a Portugal levando todo o ouro do Banco do Brasil. Tudo o que se conseguiu foram 64 moedas, das quais ainda existem catorze. Há dobrões produzidos na Casa da Moeda de Vila Rica entre 1724 e 1727, onde está o primeiro florim holandês com o nome Brasil, quadrado, entre outras raridades. As três mil moedas de ouro, prata e cobre, cunhadas a partir de 1500, foram reunidas em um museu que recebeu o nome de Herculano Pires e está abrigado no nono andar do Itaú Cultural na Avenida Paulista. Seu *design* lembra uma caixa-forte com uma porta de aço blindada e detetores de metal. Todavia, é um lugar agradável de ser visitado, dotado de tecnologia de ponta. Quando o visitante se aproxima de um módulo, luzes de fibra ótica se acendem e ouvem-se músicas clássicas, formando uma atmosfera peculiar. Mil moedas podem ser vistas em uma mesa circular equipada com microscópio. Sendo Olavo um homem de detalhes precisos, as estantes desse museu foram encomendadas ao mesmo fornecedor alemão do Museu Britânico, em Londres. Todas as moedas estão protegidas da oxidação graças a uma atmosfera controlada por nitrogênio. Quando uma personalidade chegava ao País e era recebida por Olavo, ele levava imediatamente ao seu museu de moedas e se deliciava com o assombro do visitante diante da raridade das peças.

Capítulo 18
Um olhar lançado sempre ao longe

Ao regressar de uma viagem de 52 dias pela Europa, a maioria dos quais às margens dos lagos suíços, em agosto de 1986, Olavo parecia realmente ter virado a página uma vez mais. Voltou para lançar, pela Editora Nova Fronteira, uma das obras de maior prestígio na época, fundada por Carlos Lacerda, seu livro *Ação política e discurso liberal*, antologia de discursos, palestras, artigos e conferências.

"Um livro que servirá para que, no futuro, meus filhos, meus netos e meus amigos saibam o que eu pensava nesta fase da vida nacional", definiu ele.

Olavo voltou à sua sala no Itaú, 13º andar da Rua Boa Vista.

"Na viagem que acabo de fazer, conversando com pessoas de todos os lugares, pude observar que o maior problema do Terceiro Mundo é a ingovernabilidade dos países pobres, sejam eles democráticos, sejam comunistas, como é o caso de Angola, que acaba de comprar uma mansão na Avenue Foch, em Paris, para servir como sua embaixada, numa ostentação chocante. O Brasil tem um bom grau de governabilidade, mas pode perder muito disso, pois o fosso que separa o Primeiro do Terceiro Mundo é crescente e nós não temos ainda um projeto nacional que empolgue o País. Mesmo agora, convocada a Constituinte, não vejo um projeto político que dê uma base de sustentação. Não há uma ação nacional capaz de conduzir o País na direção do século XXI. Fala-se desde sempre no Brasil, País do Futuro. Será possível que esse futuro não chegará nunca? O problema é que somos incapazes de direcionar nossas energias na direção de um projeto. Perdemos muita energia em discussões estéreis sobre projetos e premissas do tipo: queremos uma sociedade capitalista ou uma sociedade socialista? A esperança é que tenhamos um dia esse projeto. O problema é que não podemos mais perder tempo."

A partir de então, afastado de suas funções executivas, do dia-a-dia no banco, a vida de Olavo Setubal sintetizou-se numa série de

Família Egydio de Souza Aranha em encontro familiar, 2007.

momentos, ou como comprador de artes, ou como provocador de polêmicas, como conferencista ou em viagens (agora com os filhos), e no sério enfrentamento de uma saúde que entrou em declínio. Passou a ter tempo para se dedicar ao que quisesse ou para ser, se o desejasse, um contemplativo. Continuou lendo, ainda que com extrema dificuldade, com auxílio de uma lupa, jornais brasileiros e estrangeiros, recortava notícias e artigos e enviava aos diretores do banco, alertando-os sobre problemas sociais e políticos, ou para tendências econômicas, perguntando: "Em que rumo estamos em relação a isso?".

Tornou-se igualmente uma pessoa voltada para a natureza. Ao viajar, procurava sementes de flores, plantas, indagava como cuidar, plantava e acompanhava para ver se estava germinando, dando flor.

"Ele tinha essa sensibilidade", diz Maria Alice. "Muitas vezes, viajando juntos, ele descobria e chamava: 'Veja que árvore maravilhosa'". Antes, não tinha esse olhar. Depois, mostrava-se encantado com tudo, tanto que ficou cada vez mais ligado à Prata, ao seu jardim.

Diminuindo o ritmo, usufruindo a vida

Em 1986, apenas Ricardo, recém-admitido na área econômica do Banco Itaú, não estava ainda casado. Com o pai, ele tinha se mudado para o apartamento de Daisy na Avenida Higienópolis. A casa da Rua Sergipe tinha sido fechada, fora usada por um tempo como comitê eleitoral, depois emprestada a Antônio Ermírio de Moraes, cuja candidatura ao governo do Estado foi apoiada por Olavo.

Olavo estava "aposentado", já que o limite, criado por ele no banco, era de 62 anos. Ainda que, como presidente do Conselho Administrativo, participasse de todas as reuniões de todas as empresas. Porque o seu bordão era: "O melhor remédio para enfrentar as adversidades é uma coisa chamada trabalho".

Paulo Nogueira Neto, um dos Alarga a Rua, acentuava que uma coisa sempre entusiasmou Olavo, o trabalho. Com o que concorda Marcelo Vidigal: "Ele sempre disse que dia chato é o domingo, porque a gente não pode trabalhar".

Em sua mesa no Ceic, cercado por obras de arte. Ninguém, nem mesmo o filho, presidente do banco, entrava sem se fazer anunciar.

Paulo Setubal Neto lembra-se de algumas reuniões na Duratex, com o pai olhando a planta de uma nova fábrica e se entusiasmando, como um incentivador permanente do crescimento: "Acho que a Duratex faz muito bem de crescer e presenciar isso me fortalece o coração. Não vou ver tudo no futuro, mas tem de fazer".

As questões que nos últimos tempos se impunham em relação às empresas eram outras, diz Paulo:

"Não eram mais no nível técnico, de equipamentos, e sim de nível estratégico: 'Devemos crescer no Brasil ou no exterior?'. São questões sociopolítico-econômicas que temos de avaliar". Ele via como um desafio necessário a ideia de desenvolver para o exterior.

De qualquer maneira, Olavo aprendeu a diminuir o ritmo e a usufruir mais a vida, e nisso Daisy teve enorme influência. Ela mudou o temperamento do marido, adoçou-o. Amigos e parentes, os filhos todos reconhecem que, depois de Daisy, gradualmente foi desaparecendo o Olavo para quem elegância era uma palavra abstrata, o homem que usava ternos bem cortados – por seu alfaiate Antônio Henrique, ao qual "só encomendava coisa boa" –, mas sempre amarfanhados por seu descuido, não ligava para a combinação de roupas, vivia com o colarinho da camisa virado, o nó da gravata malfeito. Considerava detalhes menores. Ternos e camisas impecáveis (compradas por Daisy), gravatas de primeira linha, sapatos cuidadosamente escolhidos passaram a fazer parte da sua figura. Quando chegou a sua hora de se afastar do cotidiano na *holding*, Olavo viu que a segunda geração Setubal regia a máquina, junto às lideranças por ele formadas e formatadas. Sentiu que era preciso delegar de vez os comandos e "aproveitar um pouco" a vida.

Paris não é bom para ganhar dinheiro

As viagens a Paris começaram a amiudar. Duas, três por ano. Foram sempre o sonho permanente, recorrente. Por meses ele se preparava, organizava, escolhia os restaurantes, fazia as reservas, e ia ficando ansioso à medida que o dia da partida estava chegando. Apanhava o *Guide Michelin* vermelho e anotava o que queria, sua secretária entrava em ação fazendo reservas em todos os restaurantes estrelados que ele conhecia, sabia o cardápio, não abria mão. Gostava da França, principalmente na época das trufas brancas, tão raras. Não gostava do improviso nem do imprevisto. Se por acaso não conseguisse, por qualquer razão, chegar ao restaurante reservado, não se conformava, "meu lugar está lá vazio, não aparecer não é coisa que se faça". Era um senso de responsabilidade exacerbado. Claro que, naturalmente, havia escolhas repentinas, de última hora.

Certa vez, em Paris, Olavo virou-se para a mulher:

– Sabe Daisy, tenho vontade de ter um apartamento fora do Brasil. Mas a gente tem de se restringir a uma quantia que é permitida, então terá que ser coisa pequena.

– Seria muito bom para nós.

– E onde gostaria que fosse? Londres, Paris, Nova York, Lisboa...

Ele sabia que Daisy adorava Londres. Ela respondeu:

– Londres, claro.

– Ah! Mas eu prefiro Paris.

Daisy confessa que achava isso uma delícia e questionava: se ele segue a preferência dele, por que pergunta? Era uma de suas características. De repente, ele propunha:

– Vamos ao cinema?

– Vamos.

– O que você quer ver?

– Um filme assim, assim, está todo mundo falando, é muito engraçado.

– Ah! Mas eu prefiro ver um outro.

Prevalecia a escolha dele. Suas preferências eram sempre para filmes que tivessem um cunho verdadeiro, documentários, coisas que se ligassem à história.

Quando ainda no Ministério das Relações Exteriores, Olavo viu que "muitos diplomatas tinham apartamento em Paris". Um dia, Daisy foi para lá sozinha e encontrou-se com o embaixador Sérgio Correia da Costa, sogro de Rubens Barbosa, que tinha selecionado cinco apartamentos para o genro decidir por um.

"Daisy viu um dos cinco e se encantou, falou comigo, fui ver, gostei também, comprei", revelou Olavo.

"É um apartamento modesto, de sesssenta metros quadrados, quarto, sala e cozinha pequenas, um banheiro, num lugar magnífico, a Avenue George V, travessa dos Champs Elysées, praticamente em frente ao Hotel George V, um dos melhores da Europa. Paris sempre foi minha cidade favorita, assim como era a de minha mãe. Penso que a compra desse apartamento tenha sido algo com duplo significado, minha ligação com a cidade e com a minha mãe. Sem esquecer meu pai apontando para a intensidade do trânsito na Place Vendome naquela minha viagem de infância. Nosso apartamento fica próximo a uma pracinha encantadora, a François Premier. Quando passo por ali, diante do prédio do antiquário Segura, sempre penso que, se o Itaú fosse para lá, é nesse prédio que ele deveria estar. Mas o Itaú não irá para lá, Paris não é uma sede econômica, é um lugar difícil para se ganhar dinheiro, os bancos na França sofrem grande interferência do governo, as tradições francesas são complexas, rigorosas, não é para lá que o Roberto levará o banco. O que, na minha visão, é uma pena."

A passagem pelo Itamaraty foi amenizada por Daisy que, mesmo não gostando muito de Brasília, a princípio, colocou em ação todo o seu potencial de se relacionar, receber, frequentar e inventar. Bem-humorada, vivida, ela sai-se bem em qualquer situação e as pessoas ficam encantadas. Por causa dela, a vida passou a ser agradável, divertida. Organizava chás, promovia lanches e mesas de jogos e convidava as embaixatrizes, dava jantares e convocava todo o corpo diplomático. Olavo conta: "Ela criou um ambiente muito bom, foi um período de onze meses extremamente agradável. Agitava, promovia a integração das pessoas, fazia acontecer. Tornou-se uma pessoa popular, sempre presente".

O que todos admiram em Daisy é a sua capacidade de conversação, gerada na prática de anos de convívio social com as mais diferentes pessoas. Ela se aproxima, vai pegando os trechos de conversa, infiltra-se no assunto, sabe ouvir, sintetiza as coisas na cabeça, e quando se percebe, ela está sendo ouvida com atenção, emite opiniões, disfarça muitíssimo bem quando não conhece o tema em profundidade. Conversação é arte que ela domina.

Olavo Júnior considera que Daisy foi a grande companheira para o pai.

"Eram parceiros, ela o acompanhava sempre para cima e para baixo. Um dia, almoçavam em Paris no restaurante La Tour d'Argent, ou no Le Grand Vefour, e duas semanas depois, na época da campanha eleitoral, estavam no interior do Estado de São Paulo ou de Minas Gerais, abrindo diretórios regionais, presente nas menores cidadezinhas, respirando poeira nas estradinhas vicinais, comendo frango assado com maionese quente ou um leitão pururuca que nem se sabia como tinha sido feito e macarrão amolecido de tanto cozinhar, porque assim eram recebidos, com o que havia para se dar, hospitalidade sincera e cordial, é parte da vida política".

Sem medo de crises

Mil novecentos e noventa e dois foi o ano em que o grupo Itaú escolheu Portugal para base de expansão na Europa com uma participação no Banco BPI (resultado da fusão dos bancos Fonsecas & Burnay, de Fomento & Exterior, e Borges & Irmão), outra participação na imobiliária Douro e uma terceira na empresa de tecnologia Banctec. Foi também o ano em que o grupo investiu 25 milhões de dólares na construção de uma nova planta no Distrito Industrial de Manaus para a produção de televisores em cores da Philco, que fazia parte do *holding* Itaúsa.

Setubal viajou para Manaus para afirmar que acreditava na economia nacional e que a crise por que o País passava não o amedrontava:

"Acreditamos no desenvolvimento da indústria eletrônica nacional e temos consciência de que, com a abertura do mercado, ela mudará o seu perfil e estamos dispostos a contribuir para que a indústria brasileira possa adequar-se às novas exigências".

Quero saber de meu filho

Os netos de Olavo agora já eram dez. Guilherme, nove anos, Tide, sete anos, e Fernando, três anos, filhos de Maria Alice; Carolina, com oito anos, filha de Paulo e Francisca; Paula, com quatro, filha de Roberto e Hilda; Beatriz, de dois, e Gabriel com dois meses, eram filhos de José Luiz e Gisela. E Olavo Júnior e Nadia estavam com três filhos, Bruno, de cinco anos, Luiza, com três, e Camila, com um ano e meio. As relações com os filhos eram diferentes das que tinham sido no passado, ele se tornou mais próximo, recebia e era recebido.

Uma coisa, no entanto, ainda pegava. Olavo não ia às festas de aniversário dos netos. "Se for à primeira, terei de ir a todas", dizia. Apesar disso, os netos acabaram ligados a ele e, nos almoços ou encontros ou nos passeios à Prata, rompiam a rigidez setubalina. Vários netos costumavam almoçar com ele no Ceic.

Um episódio ocorrido em 1994 ilustra essa mudança nas relações familiares. Tendo se separado da primeira mulher, José Luiz começou a se relacionar com Sandra Mutarelli, com quem se casou a seguir. Um dia, ele foi almoçar com o pai no banco e ele perguntou:

Foto em comemoração aos 80 anos de Olavo.

– E você? Como está?

José Luiz começou a falar dos filhos, Gabriel e Beatriz, quando o pai o interrompeu:

– Não quero saber dos seus filhos. Quero saber do meu filho.

"Era um lado do meu pai que eu não conhecia", reconhece José Luiz. "Uma revelação."

(Dez anos mais tarde, outro filho, Roberto, "conheceria" esse novo pai, tão próximo e preocupado com emoções. Nesse ano, ao decidir separar-se de Hilda, de quem Olavo gostava muito, Roberto teve uma conversa com o pai.

Que ouviu quieto e disse apenas:

– Você tem mais de cinquenta anos, não vou ficar te dando conselhos. Tenho certeza de que pensou muito para tomar essa decisão, conheço você. Saiba apenas que a vida de um homem separado é complicada, difícil, sei disso porque fui viúvo e espero que você tenha sorte como eu que encontrei Daisy.

E quando Marlene, a nova mulher de Roberto, entrou para a família, ele a recebeu de braços abertos, querendo apenas que ela gostasse muito do filho. A esta altura, ele começava a se acostumar com separações na família. Paulo estava casado pela terceira vez, com Ana Elisa, que é tida por todos como superorganizada e uma das que mais se preocupam com a memória familiar.)

Quando Sandra deu à luz em 1994, Olavo foi visitá-la no hospital e encontrou-a dando de mamar. Sandra olhou para Olavo e virou-se para o filho:

– Olha quem está aqui! O seu avô!

Virou-se para o sogro e com uma voz meio infantil brincou:

– Sabe, vovô, como eu me chamo?

Olavo entrou na dela:

– Não.

– Não tem ideia?

– Não.

– Eu me chamo Olavo. Olavo Egydio Mutarelli Setubal.

Lágrimas escorreram pelo rosto do avô.

Com os filhos, ao completar 80 anos de idade. Em pé: José Luiz, Alfredo, Paulo, Olavo Júnior, Roberto e Ricardo. Sentados: Maria Alice e Olavo Setubal.

Quitandeiros vendem feito pudim

Em maio de 2000, aos 77 anos, Olavo provocou polêmica com uma entrevista dada à revista *Veja*, que provocou reações exacerbadas no meio empresarial. Ao abordar as dificuldades de crescer das empresas brasileiras a fim de competir com as multinacionais, foi franco, racional, como ele diria, sem medo de colocar o dedo na ferida:

> *Nosso problema é a mentalidade. Fico horrorizado com quem não tem visão do mundo internacional. Tem um amigo meu que fala: "Há trinta anos pensamos que somos empresários e não passamos de quitandeiros". É óbvio. As escalas no mundo empresarial mudaram. Essa mentalidade de quitandeiro não leva em conta que uma empresa pode ser gigantesca para o mercado brasileiro, mas insignificante comparada a uma multinacional. Aí o sujeito acaba engolido.*

Em relação às grandes empresas brasileiras que não escapam do canto de sereia do capital estrangeiro, não apalpou:

> *Os empresários se empolgam com as altas somas ofe-recidas pelas multinacionais e acham que estão fazendo um ótimo negócio, quando estão vendendo seu patrimônio feito pudim. Ninguém mais pensa em fazer crescer a empresa. Ou-tro problema é o endividamento. Pegar um empréstimo para investimento é quase assinar a certidão de óbito da empresa. Por fim, a gestão familiar retrógrada ainda impera no Brasil. Além da dificuldade de lidar com o problema da sucessão, existe uma tendência de cada membro da família fazer pres-são para pegar seu naco e tocar a vida separadamente.*

O mistério da irmã Thereza

Até 2001, Olavo viu nascer mais nove netos: Paulo Egydio, nas-cido em maio de 1988, filho de Paulo com Maria Ângela, sua segunda mulher, com quem se casou em 1987. Marina, filha de Alfredo e Rose-marie, nascida em janeiro de 1989. Mariana, filha de Roberto e Maria Hilda, nascida em março de 1989. Julia, também de Paulo a Maria Ângela, nascida em agosto de 1990. Alfredo, filho de Alfredo e Rose-marie, nascido em janeiro de 1992. Patrícia, filha de Ricardo e Lavínia, nascida em abril de 1992. Olavo Egydio, filho de José Luiz com Sandra, nascido em junho de 1994. Marcelo, filho de Ricardo e Lavínia, nasci-do em julho de 1994. Rodrigo, filho de Ricardo e Lavínia, nascido em novembro de 1996.

Duas netas, Tide, chamada em família de Tidinha, filha de Maria Alice, a Neca, e Carolina, filha de Paulo, convidaram o avô, apanharam uma câmera e foram para Águas da Prata. Levavam consigo uma série de perguntas gravadas previamente por cada um dos filhos de Olavo. A intenção era fazer com que ele ficasse à vontade. Quando a câmera foi li-gada e veio a primeira pergunta, ele se surpreendeu: "Pensei que quises-sem fazer um filme sobre a Prata. Então é um filme sobre a família?".

Ele foi informado do teor das perguntas. Comentou: "Tem pergunta de arrancar os cabelos".

Mas, aos 79 anos, na Prata, seu refúgio, o lugar ao qual se afeiçoara e estava cada vez mais ligado, Olavo se mostrava mais solto, tanto que foi de uma franqueza absoluta, falando de alguns temas que sempre evitou. A primeira cena é na entrada da casa, ao lado de Daisy, a quem ele abraça carinhosamente. Depois, sentaram-se num sofá, e a câmera foi ligada. Na verdade, havia uma pergunta de teor "cabeludo" para ele. Foi a primeira, feita por Paulo:

– Queria que o senhor falasse de Thereza.

– O tipo da conversa de que não gosto.

O rosto de Olavo tensionou visivelmente, pareceu constrangido. Paulo insistiu:

– O lado santo de Thereza. Houve mesmo esse lado? O senhor acredita, por inteiro ou em partes? O senhor nunca soube direito uma explicação ou nunca quis comentar com a gente? É que ficou um mistério na família, esses anos todos. Há um zunzunzum entre seus filhos e netos. Enfim, o senhor podia esclarecer o enigma, se é que há um enigma.

Ele demorou um instante para responder, limpou os óculos, olhou para a câmera, para as netas. Entre a morte de Thereza e 2001 tinham se passado mais de sessenta anos de silêncio e assuntos a se evitar. Súbito, decidiu:

– Thereza era uma menina linda, superdotada, com grande talento para o desenho. Tanto que, aqui na Prata, tem uma série de desenhos dela que até hoje causam grande surpresa quando as pessoas descobrem que foram feitos quando ela tinha dez, onze anos. Thereza foi marcada fortemente pela religião, o que era normal, minha mãe era profundamente religiosa e acabou dando à nossa casa uma acentuada formação. Tanto eu, quanto Thereza, quanto Vivi fomos criados dentro de uma visão que hoje se definiria como fundamentalismo católico. Meu pai não era muito religioso. Quando ficou doente, no fim da vida, acabou se convertendo e tendo em seus últimos anos uma vida religiosa. Thereza, nessa ocasião, ouviu, por razões que não sei direito, que

Olavo no apartamento de Paris, em 2006. A cidade que ele amava.

o meu pai estava escrevendo um romance bastante permissivo para a época, hoje seria considerado "flor de laranjeira", e ela pediu a papai que parasse de escrever, e ele acabou queimando o livro, os rascunhos. O que ele relatou em *Confiteor*.

(No vídeo, o rosto de Olavo se descontrai um pouco.)

– Isso marcou muito a família nessa época. Papai morreu de tuberculose em 1937, com 44 anos. Thereza, logo depois, ficou doente, e ninguém sabia o que ela tinha. Hoje, pelos relatos feitos, pelos sintomas, pressupõe-se que ela teve leucemia, que é uma forma de câncer no sangue. Ela faleceu um ano depois. Nesse período, portanto, a nossa casa teve dois componentes marcantes. O tratamento da doença do meu pai e depois o da Thereza, e a posição profundamente religiosa da minha mãe, que ia todos os dias à missa das oito horas e depois vinha para

Olavo em 2006 com os filhos José Luiz, Ricardo e Roberto.

casa e lia uma página de *A preparação para a morte*. Eram 365 páginas, uma para cada dia. Após a morte de Thereza, a casa retomou seu ritmo normal, retomei a Politécnica, mas minha mãe ficou marcada por demais pela religiosidade da filha. Na visão dela, Thereza tinha condições de ser beatificada e assim ela escreveu um caderno sobre as memórias dela, e esse caderno está com tia Vivi. Os que leram não acharam base para a beatificação. Eu também, com minha visão pragmática, nunca atuei nessa direção. Esse é um episódio da família que não me traz recordações boas. Doença... Era uma religiosidade fundamentalista, repito, e uma visão excessivamente marcada por esses fatores. Por isso, Paulo, ficou um certo mistério. Não acho que seja, acho que é uma fuga a esse tema. Por outro lado, recolhi todos os desenhos de Thereza, estão aqui nas paredes da Prata.

Pareceu ter morado em Paris a vida inteira

Depois de algum tempo sem viajar, rompendo a rotina de Paris, Olavo preparava-se para uma viagem à Europa, quando Daisy teve problemas de saúde, adiou-se a programação. Tudo estava preparado na cabeça dele, planejado, como sempre fazia, de maneira que sentiu não depressão, porém melancolia. Preocupado, acompanhou Daisy no hospital o tempo inteiro. Certo dia, ele entrou no apartamento e surpreendeu a todos aproximando-se dela e declarando com seu vozeirão: "Daisy, querida, você está fazendo muita falta lá em casa. Estou sentindo muita falta sua, *I love you...*".

Por volta de fevereiro de 2002, próximo ao carnaval, Daisy se recuperou e novamente a viagem entrou em pauta, o projeto foi retomado. No entanto, houve um grande susto. Olavo sofreu uma isquemia e a viagem desapareceu no horizonte, o que trouxe, aí sim, uma depressão, ele passou a dizer que nunca mais ia viajar. Esse pensamento, sem nenhuma consistência na realidade médica, deixou-o abalado. Nesse momento, José Luiz estava em Paris com Sandra Mutarelli. A convite do pai, estavam hospedados no novo apartamento da Rue George V. Percebendo que o antigo apartamento era muito bom para um casal, mas que os filhos e os netos queriam usufruir uma casa em Paris, Olavo comprou um segundo apartamento, dessa vez bem maior, com 180 metros quadrados no mesmo prédio e entregou sua reforma e decoração ao arquiteto de interiores Sig Bergamin. José Luiz e sua mulher foram os primeiros a desfrutar essa nova casa.

Os dois receberam a notícia da isquemia por meio do neurologista de Setubal, Eduardo Genaro Mutarelli, irmão de Sandra. Queriam voltar na mesma hora, o médico acalmou-os: "Fiquem aí, seu pai está bem, a não ser o abalo natural nesses casos". O casal teve uma ideia, conversou, reconversou, amadureceu a ideia e decidiu vir a São Paulo buscar Olavo. Telefonaram para São Paulo, souberam que Olavo tinha saído da UTI, estavam liberados os chamados. Ligaram para o hospital, Olavo atendeu, foi informado que José Luiz e Sandra iriam buscá-lo para a viagem a Paris.

– Não posso viajar.

– Pode sim, vai te fazer bem. Terá um médico, e seu filho, ao lado.

Silêncio do outro lado da linha. Olavo, emocionado, demorou um pouco para recuperar a voz.

– Quanto tempo vamos ficar na França? Quanto tempo vocês podem ficar?

– Quanto tempo? O tempo que for preciso. O tempo que você quiser. Se quiser quinze dias ficamos quinze dias; se for um mês, um mês; quarenta dias, quarenta dias.

– E a vida de vocês aqui?

– Para tudo há um jeito, arrumamos as coisas.

Regressaram a São Paulo, encontraram Olavo superexcitado com a iminência da viagem, não parecia o homem que tivera uma isquemia. Até então, o que ele sofrera de mais preocupante tinha sido uma cirurgia de próstata em 1984, realizada no Hospital Oswaldo Cruz pelo médico Milton Borelli. Ficou oito dias internado sem receber visitas e os médicos declaram que, pela dimensão do procedimento, sua recuperação se dera rapidamente, muito além das expectativas médicas. Ele estava então com 61 anos. Agora estava com 79 anos. A secretária Claudina providenciara tudo, reservando passagens, acionando os esquemas em Paris. Os quatro, Daisy e Olavo, Sandra e José Luiz, estavam programados para os quarenta dias.

"Naquele momento", confessa José Luiz, "passamos a conviver mais, o que nunca tinha acontecido em nossas vidas. Não conversávamos tanto, mas estávamos juntos e foi bom para nós dois. Acho que, com a maturidade, papai foi ficando menos rígido e, pensando bem, não foi uma descoberta minha, foi muito mais uma descoberta dele em relação a mim, o filho que não foi para o banco, seguiu outro caminho. Mas, em Paris, a cidade dele, nunca vi paixão maior, ele repousava, não queria caminhar muito, ainda que se esforçasse. Havia um motorista à disposição, contratado depois que a visão de papai declinou, e assim fazíamos alguns passeios. Ele foi se recuperando, consegui entender por que aquela cidade era importante para ele, deve ter ido cinquenta vezes, foi muito, perdidas as contas. Ele respira o ar parisiense e se modifica e começa a falar, a contar casos, histórias, a apontar lugares, ele conhece a história da França inteira, parece ter vivido várias épocas, morado em Paris a vida toda. Viajar com ele, e isso é acentuado por todos os filhos, era receber uma constante lição de história da França e de Paris. Ele apontava para um lugar:

– Aqui Maria Antonieta foi degolada.

– Aqui era a casa de Marat.

– Este hotel, o De Sens, foi residência da rainha Margot, a primeira mulher de Henrique IV.

– A Conciergerie faz parte do Palácio da Justiça e foi construída por Felipe, o Belo, no século XIV. Tem quatro torres medievais a cada passo, um pedaço da história. Rue General Leclerc? Ele explicava quem foi o general. Um lugar escondido, mas elegante? A Place Dauphine que, durante o reinado de Napoleão – aquele que ele admirava como estrategista –, mudou de nome, se chamou Thionville. Sobre Napoleão, ele podia falar horas. Ou mostrava a Rue Quincampoix, onde funcionou o banco de John Law, cujas ações da Companhia das Índias geraram mil especulações e uma quebradeira geral na qual foram arrastados milhares de investidores. Ou a curiosa torre do João Sem Medo, o homem que, na verdade, tinha medo, depois de ter mandado assassinar o duque de Orleans. 'Tanto teve medo que construiu uma torre e nela se encerrou, mas mesmo assim foi morto'."

"Havia uma questão", diz José Luiz, "que nos deixava perplexos, porque a formação de nosso pai foi humanista, sua cultura era francesa, mas a sua vida profissional era o oposto, ele seguia o modelo americano. Na vida prática ele era americano. De repente, em Paris, eu estava conhecendo outro homem, e era meu pai."

Nessa viagem, o que surpreendeu foi que, na passagem por Portugal, Olavo insistiu em ir até Fátima – ele assegura que por causa de Daisy –, onde acendeu uma vela diante da santa. José Luiz acredita que o problema dele era com a Igreja, não com a religião.

490

Nesse convívio próximo, José Luiz percebeu a dificuldade que Olavo tinha de aceitar a velhice, a morte, ao mesmo tempo que tomava consciência de que a velhice tinha chegado. Durante anos repetiu uma frase, que é de efeito, mas tinha algum significado profundo para ele: "Gostaria de estar presente no meu enterro".

Ele falava da morte num sentido filosófico, falava da morte, mas não era a morte dele. Entrava aqui toda a questão de como encarar a morte, o que ela é para cada um.

"Como meu pai se dizia muito materialista, ele não tinha onde se prender", imagina José Luiz. "Quando minha mãe era viva, ele repetia muito a expressão *la vie est la mort,* frase que, segundo ele, era dos soldados de Napoleão, antes das batalhas. Quando se casou com Daisy, mudou a frase para *la vie en rose*, porque ela não pode ouvir falar em morte, é palavra proibida. Há assuntos nos quais ele não gostava de tocar, e a morte era um deles.

As dificuldades físicas se acentuaram, mas Olavo superava cada crise com uma força extraordinária de viver, sem reclamar do desconforto.

"Não se colocava como vítima, alegava que estava sem resistência, andava cansado, porém não era uma manifestação de pesar."

Mas, vez ou outra, vinha uma recaída. Certo dia, ele reclamou com Sandra:

– Ah! estou muito ruim.

– Ruim coisa nenhuma. Não é agora que vai morrer.

– Mas a Daisy está melhor do que eu.

– Ela não está melhor nem pior. A diferença é como vocês encaram a vida. Tem momentos em que você olha só o lado negativo, fica falando de suas limitações, problemas, fraquezas. A Daisy, não. Ela sorri e diz: "Puxa, ainda posso andar, posso sair, ir jogar um buraco, posso ir ao cinema". Um lamenta o que não pode, o outro abençoa o que pode.

Ele pensou um minuto e sorriu:

– Acho que você tem toda razão.

Olavo e Daisy com filhos e noras na festa de 25 anos de casamento, 2005.

Um ano com uma dupla festa

O ano de 2005 foi marcado por dois momentos que fizeram Olavo feliz. O primeiro aconteceu em abril, quando ele completou 82 anos e o então prefeito José Serra ofereceu a ele um jantar no Teatro Municipal, que teve todos os holofotes da mídia e ao qual compareceram cem convidados de primeira grandeza, entre grandes empresários, banqueiros, políticos, familiares. E principalmente velhos companheiros que trabalharam com Olavo quando prefeito. Porque o motivo do almoço era para comemorar um aniversário: o de trinta anos desde a posse de Setubal na Prefeitura.

Por momentos, ele reviu sua administração e acentuou, uma vez mais, que o ponto fundamental dela foi a prioridade que deu ao transporte coletivo, e que a decisão maior foi a transferência do metrô para

Daisy, bem-humorada: "Pelas nossas idades imaginei que este casamento duraria dez anos. Chegamos aos 25".

o governo do Estado. Lembrou que foi ele quem inaugurou a primeira linha do metrô, a Norte-Sul. Olavo, que faz parte da organização Paulista Viva, conversou com o prefeito Serra sobre a revitalização do centro e os cuidados com a Avenida Paulista – que, ao completar cem anos, em 1991, foi eleita símbolo da cidade, numa pesquisa promovida pelo Itaú.

Ao comentar com a imprensa a sua condição de "aposentado", disse que passava pelo menos sessenta dias do ano em viagens, fazendo questão de ressaltar: "Viagens de turismo, não mais de trabalho. Uma coisa é passeio, outra é ir a trabalho e uma terceira ir pelo governo. Nada mais monótonas que as viagens de governo. São puxadas, e as discussões árduas".

O outro momento foi no fim do ano, quando viu que filhos, noras e netos tinham organizado para ele e Daisy uma monumental festa para comemorar as Bodas de Prata. O que levou Daisy a comentar, bem-humorada e com seu habitual traço de autoironia: "Imaginei que, pelas idades, nosso casamento duraria cinco, no máximo dez. E já completamos 25 e com muito pela frente ainda".

A emocionante volta ao banco

Em setembro de 2006, José Luiz planejava uma viagem a Paris para comemorar seus cinquenta anos. E soube que Olavo e Daisy, por sua vez, planejaram também uma viagem idêntica.

"Acho que ele decidiu dar essa viagem de presente para mim para agradecer pela outra."

Ele queria ir para Cannes, um roteiro habitual em suas idas à Europa. Lu comentou:

– Pai, você está fraco.

– Eu vou, vou porque vou!

Ele não era homem de aceitar uma cadeira de rodas, muito menos nos aeroportos. Caminhava com esforço, mas caminhava. Em Cannes, ele se mostrava entusiasmado, queria visitar todos os lugares, às vezes viajavam cem quilômetros para ir a um restaurante, ver um museu.

Em Mônaco, Olavo tinha reservas no restaurante La Chévre D'Or, que fica no alto de um morro e tem uma vista magnífica. Quando chegaram, Daisy viu a escadaria e bateu o pé:

– Imagine se vou subir tudo isso!

Olavo foi categórico:

– Você não vai, mas eu vou!

– Nem pense que vai subir essa escada enorme! Você está louco! Não tem saúde para subir isso tudo!

O tempo que ela demorou para dizer a frase, ele já estava lá em cima.

"Quando ele queria fazer as coisas", acentua José Luiz, "a impossibilidade física não existia."

Todos têm certeza de que, na verdade, ele queria doar aquela vista do alto do morro, onde, sobre o restaurante, impera a escultura de uma cabra dourada. O que todos sentiam é que, no fundo, escondido, estava o temor de Olavo de que aquela fosse a última viagem à Europa.

Ele sempre foi um homem que adorou viajar, sentar-se num bom restaurante, mas os filhos havia muito perceberam que tinha uma trava, ele se sentia culpado, "eu não devia estar aqui", o prazer parecia incomodá-lo, não tinha esse direito. Há até uma noção de pecado, transgressão. Eles imaginam que fosse um sentimento que vinha da infância e juventude, dos tempos em que a contenção de despesas era enorme, tempos de dona Francisca e daquela religiosidade que, ainda que católica, tinha muito de calvinista. Porque de vez em quando ele não se continha: "Ah, a minha mãe deve estar rolando no túmulo". Dessa maneira, ele mostrava uma dificuldade de aproveitar o momento, tudo tem de ter um significado, ou uma razão de ser, não podia ser o prazer. Não adiantava dizer: "Você trabalhou para isso!".

Ao voltar dessa viagem, em outubro, Olavo foi internado para a colocação de um marca-passo. O médico salientou:

– Podemos adiar por uns dias, preciso fazer uma viagem, em duas semanas estarei de volta.

E ele, imperativo, naquele modo habitual que não admite contestação:

– Vamos colocar já!

Um mês depois, recuperado, se organizou e aceitou o convite de Fernão Bracher para um fim de semana em Monte Alegre, fazenda entre Descalvado e São Carlos. Bracher tinha feito um projeto paisagístico que resultou num jardim que provocava a admiração das pessoas e cuja beleza chegou aos ouvidos de Olavo, que sempre comentava com Fernão: "Quero conhecer a fazenda". Finalmente um grupo se reuniu e foi, entre eles Olavo e Daisy, Alfredo e a mulher, Rosemarie, Neca, Sonia, e a mulher de Bracher. Em vez de helicóptero – Daisy não viaja neles –, foram três carros, a fazenda está a cerca de 250 quilômetros de São Paulo. Num dos carros, os seguranças que Olavo passou a ter nos últimos tempos. O sábado correu tranquilo, com caminhadas e conversas, a paisagem é deslumbrante. No domingo cedo, Alfredo precisou voltar a São Paulo, tinha um compromisso com o filho. Os outros sentaram-se à mesa do

495

café-da-manhã, estendendo as conversas à espera de Daisy e Olavo. Os dois demoravam.

Então, souberam que Daisy estava arrumando as malas e os donos da casa correram: "O que está acontecendo?". Daisy contou que o marido tinha acordado tenso, pedindo:

– Precisamos ir embora. Não me sinto bem.

– Agora?

– Agora não, imediatamente!

Telefonaram para José Luiz, descreveram a cena, o filho avaliou:

– Venham urgente para São Paulo, direto para o pronto-socorro do Sírio-Libanês, encontro com vocês lá. Vou avisar o doutor Lunardi.

Era o cardiologista de Olavo. O que fazer? Chamar urgente um helicóptero? Mas até o helicóptero ser acionado e chegar demoraria uma hora. Mais a viagem de volta, uns quarenta minutos. Acrescente-se o fato de que Daisy não viaja de helicóptero por nada neste mundo. Se saíssem imediatamente de carro, em duas horas estariam em São Paulo, indo direto para o hospital. Colocaram Olavo no carro, e iniciou-se uma das viagens mais penosas e angustiantes que a família já presenciou.

"Eu, que sou faladeira, estava quieta, muda", relata Daisy. "Olavo suando adoidado, eu colocava a mão nele, sua pele era gelada, eu sem saber o que fazer, apenas aturdida. Nenhuma reclamação de Olavo, nenhuma dor, apenas um mal-estar insuportável."

Quando chegaram ao pronto-socorro e o médico diagnosticou:

– Ele está tendo um infarto.

José Luiz retrucou:

– Não, deve estar com água no pulmão.

Correram com os exames, Olavo tinha mesmo um edema pulmonar.

"Fiquei mal. Pensei: edema mata", recorda-se José Luiz. "A meu lado, Neca não continha o desespero. Os demais filhos começaram a chegar, a aflição tomou conta de nós. Ao mesmo tempo, foi um momento emocionante, essa preocupação, o medo de perderem o pai, os irmãos se comunicando entre si." Quando todos se deram conta do estado do pai, se uniram, os laços se estreitaram, foi bom para eles, mas foi melhor para o Olavo que percebeu e ficou contente.

Desde então sempre teve um filho na hora do almoço, ou do jantar, ou visitando, conversando. Ele passou a se sentir mimado.

Durante toda a internação, Daisy mudou-se para o hospital, o tempo inteiro ao lado de Olavo. Aliás, em todas as internações, permaneceu junto, esquecida de que tinha uma casa. Forte, aos 88 anos.

"Não queria que ninguém dormisse lá, dia e noite atenta", diz Roberto, "e olhe que hospital é uma coisa cansativa, ela não é mais uma jovem, mas sua dedicação era total. Era uma relação bonita, eles se complementavam, Daisy não caía nas provocações de meu pai, de jeito nenhum, ela levava ele muito bem, tinha uma habilidade extraordinária. O interessante é que meu pai percebia que ela o levava na conversa, e aceitava, se entregava."

Neca: "Meu pai era absolutamente dependente dela. Se ela não fosse a um lugar, ele não ia. Detestava ficar sozinho".

Um Natal inesquecível

O Natal de 2006 ficou registrado na família como um dos mais emocionantes. Olavo recuperava-se e a festa foi organizada por Daisy, prosseguindo a tradição. Foi a primeira vez, depois dos problemas, que ele se vestiu formalmente para participar e parecia alegre. Dentro daquele ritual ao qual todos estavam habituados de dizer um poema, uma frase, uma oração, falaram Neca, seu filho Guilherme e Sandra, mulher de José Luiz. Uma filha, um neto e uma nora, todos acentuando como ele era uma referência essencial. Guilherme foi objetivo (racional, diria o avô), simples e direto, ainda que cheio de sentimento e força: "Vovô, queremos ver você bem junto com a gente, por muito tempo!".

Foi lembrada também a carta que, dias antes, Tidinha entregou ao avô e que, foi reconhecido por todos, simbolizava o pensamento dos netos. A carta:

> *Esse final de ano fui invadida por uma vontade enorme de te dar um presente. Difícil essa tarefa... Afinal, o que*

eu poderia dar para um avô que já tem tudo?! Para um avô que construiu algo imenso e inacreditável? Para um avô que viajou o mundo inteiro e os lugares mais diferentes? Além disso, que presente estaria à altura de agradecer tantas e tantas coisas que tenho vontade? Agradecer, por exemplo, a oportunidade de morar em Paris, afinal, lá tive dois grandes privilégios: estudar com pessoas interessantes e, sobretudo, conviver cotidianamente com um avô tão especial. Agradecer também a sorte de ter tido uma infância recheada de viagens para a casa do "vovô" em Águas da Prata, lá mora parte do meu tesouro de lembranças infantis. Agradecer as muitas conversas generosas que tivemos, nas quais aprendi muito. Agradecer os natais tão gostosos que a tia Daisy preparou com tanto carinho. Agradecer ainda a felicidade de fazer parte dessa família tão grande e especial. Agradecer, agradecer, agradecer... Esses agradecimentos infindáveis tornam uma missão quase impossível, a de te dar um presente esse Natal. Pensei então que o que eu mais gostaria de te dar é saúde para viver muitos anos ainda entre nós. Contudo, frente à minha total impossibilidade de fabricar saúde, pensei que ao menos poderia te dar algumas palavras que esboçassem o tamanho da importância que você teve, tem e sempre terá na minha vida. Apesar de você insistir que é um velho, insisto em dizer que, se o seu corpo está desgastado, a sua memória, as suas conversas, a sua presença, a sua imagem estão mais fortes e vivas do que nunca na minha cabeça e no meu coração. Um beijo enorme dessa neta que te ama e te admira imensamente, Tidinha.

Depois das falas e da ceia, Olavo levantou-se e foi dormir, não esperou o amigo-secreto. É que o amigo-secreto começava tarde, perto de meia-noite, então, ele e Daisy se levantavam e iam dormir. Antigamente, ficavam um pouquinho, depois não, começava aquela distribuição, ele não se envolvia, ficava à parte olhando. Nesse 2006, Daisy, antes de deixar a sala, ainda comentou: "Foi o Natal mais bonito de meus últimos anos!".

No dia seguinte, 26, Neca passou pela casa do pai e ouviu um resto de conversa dele com Claudina, a secretária. Dizia: "Não sei o que vai para onde, não sei o que vai para quem". Ele estava separando as coisas para determinados destinatários. Ela soube depois que o apartamento de Portugal, que ele amava tanto, foi passado para o nome dos filhos. Esse apartamento de Lisboa, tão grande, bem decorado, cheio de obras de arte, que o deixava sempre feliz, pela vida que ele levava ali, por causa das imensas relações de Câmara Pestana, uma vida social, de amigos, jantares, convívio com pessoas importantes e interessantes, uma delas Mário Soares, por exemplo. Vida que ele não levava em Paris, onde ficava mais isolado, quando os filhos não o visitavam lá. Porque, em anos mais recentes, os filhos foram se revezando em Paris, quando ele ali se encontrava.

Tendo se recuperado, Olavo insistia em voltar ao banco, o médico contemporizava. Ele insistia à maneira setubalina. Então, ouviu a frase que queria:

– Está bem, pode ir ao banco.

No dia 8 de janeiro, perto de uma da tarde, Roberto Setubal recebeu um telefonema. Era o pai.

– Estou aqui no banco.

– O quê? No banco?

– Estou na minha sala!

– Ah, o médico deixou? Vou passar aí e descer com você para almoçar. Roberto se recorda: "Passei na sala dele e descemos no elevador, entramos no restaurante das Quaresmeiras".

Ali onde almoçam diretores e convidados especiais. Há uma mesa que todos chamam de "mesão", na qual o aguardavam os filhos e alguns diretores. Havia uma atmosfera diferente que permeava o Itaú quando Olavo estava presente e quando não estava. Nesse almoço, ele discutiu primeiro a situação do banco, em seguida a constituição do ministério do novo governo Lula. Falou também da casa da Prata, das esculturas de Maria Martins que ele viu pela primeira vez numa solenidade da qual participaram Juscelino Kubitschek, Assis Chateaubriand

Brinde de final de ano no Centro Empresarial Itaúsa em São Paulo, Alfredo, Roberto, Olavo, Paulo e Ricardo. Centro Empresarial Itaú Conceição.

e Ciccilo Matarazzo. Tinha se apaixonado por elas, mas só conseguiu comprá-las tempos depois. Sobre a casa, a certa altura, indagou de José Eduardo Faria: "O que acontecerá com ela depois de minha morte? Será preservada? Será um memorial, um museu?".

Roberto continua:

"Aquele dia foi só emoção, as pessoas embargadas, vendo pai e filho entrando juntos, num momento delicado para a saúde dele. Se existem momentos inesquecíveis na história do banco, esse foi um deles, estava expresso no rosto de cada um. E aquela cena me remete a outra, muito bonita, na festa dos trinta anos. Há uma cerimônia do banco que acontece a cada dois anos, fazemos uma comemoração para aqueles que completam trinta anos de casa, em geral são quinhentos, às vezes oitocentos funcionários participando. Em 2004, meu pai esteve presente, há um breve ritual de discursos, medalhas, prêmios, e um show com um artista famoso. Meu pai deveria subir ao palco para falar e ele tinha vindo de alguns problemas de saúde, estava debilitado e precisava subir uma escadinha de poucos degraus em frente ao palco. Eu me adiantei e estendi a mão, fomos subindo, as pessoas em silêncio absoluto, olhando o esforço de papai, ele me dando a mão, eu apoiando, tudo devagar. De repente, os aplausos começaram e foram aumentando a cada degrau vencido e quando ele chegou ao palco, todos se puseram de pé a aplaudi-lo, dava vontade de chorar. Aí, ele leu um curto discurso, homenageou aqueles companheiros e os aplausos redobraram, ele se voltou para mim, com um ar entre feliz e ingênuo: 'O que estão aplaudindo tanto?' 'Você.' 'Por quê?' 'Porque merece...' Então ele era um homem que se comovia com mais facilidade, diferente de antigamente, quando procurava deixar a racionalidade acima das emoções. Ele sempre se apegou a essa frase: 'Sou um racional cruel, mas a gente sabe que no fundo ele tem dor e sofrimento'. Acontece que não deixava transparecer, não demonstrava, assim como não demonstrava, jamais expunha fraquezas ou indecisões".

Já Maria Alice Setubal conta que, no casamento de Tide, a filha dela, em maio de 2006, a certo momento o pai começou a chorar, um choro compulsivo, incontrolável e dizia: "Ai, que horror, não consigo me controlar".

A viagem mais recente a Paris foi em 2007. Olavo dizia que nunca mais veria a cidade, mas, a certa altura, encontrou uma brecha nos problemas de saúde, apanhou José Luiz e Sandra e partiu. Mas estava quieto, não saía muito, ficava em casa lendo jornais, dominava tudo uma atmosfera melancólica.

"Como se estivesse se despedindo da cidade", comenta o filho.

Olavo estava programando uma passagem por Lisboa, quando caiu dentro de casa. Ele mesmo contou:

"Eu estava de pé, e o garçom entrou com um café. Ao virar, me desequilibrei e cai com a perna torcida, quebrou a cabeça do fêmur. Caí no tapete, veja só! Não sei como é possível, um tombinho de nada. O médico em Paris me examinou: 'Vamos operar'. Respondi que íamos operar em São Paulo. Voltamos todos, fui para o hospital Sírio Libanês, troquei de médico, porque sabia que era problema de ortopedia, e ortopedia é problema de marceneiro e mecânico, não de médico. O cirurgião chegou, me alertando: 'O senhor vai ser operado e vai ficar bom, provavelmente. Mas sua cirurgia é de alto risco. Risco de morte. Então, decida, o senhor quer ser operado? Se não quiser, vai continuar a viver normalmente numa cadeira de rodas'. Retruquei: 'Cadeira de rodas? E a minha qualidade de vida? Não perguntem mais nada nem a mim nem a ninguém, vou ser operado!'".

"Meus filhos ficaram impressionados, porque disse isso com naturalidade. Aliás, não consigo ver ninguém com uma opção diferente. Depois soube que vários amigos meus disseram que jamais fariam a cirurgia, e capotei de surpresa. Achei fascinante essa operação. É uma prótese grande, de aço inoxidável, que eles prendem no osso com a cabeça encaixando numa outra prótese na bacia. Um médico, amigo dos meus netos, disse que normalmente dura de três a quatro horas, a minha durou hora e meia. O fantástico é que trinta dias depois eu estava andando sem sentir nada. Como é possível? A radiografia é impressionante, mandei emoldurar e coloquei na casa da Prata. A prótese nunca me provocou dor. Tenho tido, ultimamente, um pouco de dificuldade de respirar, um pouco de tosse, mas são coisas do pulmão, os exames dão em nada, estou sobrevivendo normalmente."

Tivemos, nós, autores, o último encontro com Olavo Setubal na preparação deste livro em março de 2008. Em sua sala, no Ceic, contente com dois tapetes novos que tinha, "os que estavam aqui, estavam velhos, desgastados", ele lia o *Financial Times* com uma lupa e tomava água-de-coco natural. Estava fascinado e perplexo com a notícia do bancário francês que quase provocou a quebra da Société Générale, num golpe de milhões.

"Fantástico, como um sujeito ao qual ninguém prestava atenção, considerado inteligência mediana e sem muito futuro, encontra uma brecha que ninguém tinha visto, os maiores cérebros do banco não perceberam, e usa isso a favor dele. É um fenômeno curioso, um sujeito brilhante que sabia camuflar. Bem, não conheço o caso detalhadamente, porque se for ler detalhadamente, gasto o dia inteiro nisso."

A rotina diária de Olavo era fisioterapia, almoço no banco todos os dias para ouvir a conversa dos diretores e para que estes relatassem o que se passava, o que estavam fazendo, programando. "Em geral, conversa muito inteligente, é gente preparada."

O jantar das primeiras quartas-feiras do mês com o grupo do América, ou Alarga a Rua, reduzido a um terço de seus membros, mudou para um almoço no banco. Há muito o restaurante no centro da cidade foi abandonado, em razão da saúde da maioria. De vez em quando, ainda se lembram do último jantar, quando ainda era jantar, no La Casserole. Todos entregaram seus cartões de crédito na hora da conta. E o garçom voltou com um cartão na mão, anunciando: "Este não passou, o sistema não aceita". Todos se entreolharam, de quem seria? O garçom entregou a Olavo Setubal. Ele tinha voltado de uma viagem e excedido o limite. Foi uma gargalhada geral.

Olavo participava das reuniões mensais do Conselho:

"Muito chatas, não tenho mais atrativos, gosto mais de ler livros e artigos. Hoje só referendo decisões. Quando chegam e está todo mundo de acordo, eu também estou. Ainda que oriente, converse, antes de algumas decisões. Meus principais interlocutores são meus filhos, o Roberto, o Olavo Júnior, o Alfredo, o Ricardo e o Paulo".

Dos filhos, Roberto é presidente do banco; Alfredo é vice-presidente executivo e diretor de relações com investidores, responsável maior pela comunicação com o mercado de capitais na *holding* financeira; Paulo é do Conselho de Administração da Itaúsa Investimentos-Itaú, do Conselho da Duratex e da Itautec-Philco; Olavo Júnior é vice-presidente executivo e da vice-presidência corporativa da Itauseg; Ricardo é diretor vice-presidente executivo e diretor de relações com investidores da Itautec. Quanto a José Luiz e Maria Alice, estão fora da área dos irmãos. José Luiz, além de médico pediatra, acaba de comprar um Hospital, o Sabará. Maria Alice, depois de ter dado aulas no Mackenzie e no Colégio Santa Cruz, atuou como consultora da Unicef na área educacional para a América Latina e Caribe, fundou e comanda o Cenpec – Centro de Pesquisas em Educação, Cultura e Ação Comunitária – e é presidente da Fundação Tide Setubal, criada por todos os irmãos em homenagem à mãe, e que atua na Zona Leste de São Paulo, essencialmente em São Miguel Paulista.

A nossa frente, Olavo terminou a água-de-coco devagar, com prazer:

503

"Uma das últimas grandes decisões que tomei, em que tive influência, em que pesei na definição, foi na compra do Banco Francês e Italiano. Em cima da hora, recuei, recolhi o trem de aterrissagem. E estava certo, viu-se depois que o banco tinha muitas dificuldades, muito rolo jurídico".

Roberto acentua o papel do pai então:

"Não interferia, mas procurava orientar. A maior influência dele era estimular o entendimento do ambiente político-social-econômico que estamos vivendo e como isso pode de alguma forma afetar o mercado financeiro e a instituição. E era curioso ver como, nos almoços, ele nunca olhava para hoje, nem para amanhã, mas tinha sempre o olhar lançado fixamente lá na frente, bem distante".

No começo de agosto deste ano, a grande preocupação de Olavo eram os dois novos edifícios que devem começar a ser construídos junto ao Ceic. Os cinco existentes eram insuficientes para abrigar o tamanho da instituição que se expande continuamente. Diariamente Setubal queria saber dos diretores encarregados da obra o andamento das coisas. Chegava a olhar pelas janelas para ver se havia movimento, máquinas, se as fundações estavam sendo iniciadas. Tinha pressa, queria ver os prédios prontos.

Nos últimos tempos o que Olavo gostava mesmo era de ir para a casa de Águas da Prata. "No passado, eu detestava a casa, porque lá não tinha nada o que fazer. Aí, passei a gostar muito exatamente porque lá não tem nada o que fazer."

– E Paris, o velho sonho? Acha que dá para voltar?

– Estou cada vez mais próximo de voltar.

No jardim da casa da Prata

Sua rotina variou pouco, mesmo depois dos problemas cardíacos e com a prótese no fêmur. Na Prata, Olavo acordava tarde, cerca de dez e meia, todos os dias. Houve época em que às sete e meia estava de pé e fazia uma caminhada, ia até a cachoeira. Mudou a rotina. De manhã, lia jornais na cadeira da piscina, sem forçar muito. Ou ficava contemplando o jardim bem cuidado. "O paisagista aqui fui eu", dizia, com orgulho. O café-da-manhã era simples, pão da padaria local, a algumas quadras da casa, leite com Nescau, biscoito de polvilho, mamão papaia. Sentado à mesa do café, olhava para o relógio de sol e deixava aflorar um leve sorriso. Assistindo à *Globo News*, uma noite, viu o relógio, se interessou, pesquisou. Quem tinha feito era um artesão de Franca, Jubileu de Almeida Santos, vendedor de amendoim. Jubileu foi contatado e veio até Águas da Prata. Para pagar a viagem, vendeu amendoim no ônibus. Olavo disse o que queria, iniciou uma negociação e Jubileu foi pedindo mais e mais, até Olavo dar um ponto final. Acertados os pontos, Jubileu deu um pacotinho de amendoim a Olavo e se foi, gabando: "Ganhei dinheiro do Setubal". O relógio foi entregue quatro meses depois, em 2000.

A poucos metros da piscina, sobre o gramado, está uma peça rara. Uma carrocinha que era usada pelos empregados para buscar as bagagens das pessoas que chegavam à estação ferroviária. Cada família e cada hotel tinham o seu, mas a ferrovia também dispunha de alguns para levar malas dos passageiros, quem ia à Prata era gente bem situada. Num lugar sombreado por altas árvores, diante de um caminho de pedras brancas, um velho banco, oferta do Banco Federal de Crédito à praça de Águas da Prata. A casa mantém uma dignidade senhorial necessária para receber as obras que Olavo veio comprando e eram de sua coleção pessoal. Num dos cômodos, está o *Retrato da Baronesa de Três Rios*, Ana Francisca de Pontes, casada com Joaquim de Souza Aranha, aquarela do pintor Ferdinand Piereck. Em cada canto, nicho, mesa, estante, há um detalhe, um vaso, uma escultura, um quadro, ligados à história de Olavo. Sobre uma das mesas da sala de estar, diante da lareira que não funciona mais, estão os álbuns da viagem que Paulo Setubal, Francisca, Olavo, Vivi e Thereza fizeram à Europa. Cada foto com uma breve legenda. Andar pela casa é percorrer a vida e a carreira de Olavo. Era necessário caminhar com ele para tudo adquirir vida e significado. Aqui o passaporte diplomático, ali a Legião de Honra, lá a ficha de funcionário da Goodyear, uma foto da fundação da Deca, os funcionários na porta da fábrica na Rua dos Amores, o diploma da Politécnica. Nas paredes, Eliseo Visconti, Almeida Júnior, Maria Helena Vieira da Silva, Klimt (*Retrato de Adele Bloch Bauer*, de 1907), gravuras japonesas. No quarto, emoldurado, um lençol de linho belga usado por Daisy durante quarenta anos. Foi bordado por Ligia Matos, de Minas Gerais, em 1958. Os linhos belga eram os melhores do mundo, segundo a baronesa de Rothschild. Num corredor, fotos de todos os filhos, reuniões de família. Na Salle des Jeux, a coleção completa dos livros de Paulo Setubal. Outra parede ostenta a árvore genealógica da família Setubal a partir de 1500. Num corredor, um pilão de ferro da família Setubal, a única peça sobrevivente da casa de Tatuí. Há, também, um relógio comprado por dona Matilde Lacerda Azevedo na década de 1920 na Casa de Ferragens de Moreira Salles, em Poços de Caldas. Nos armários, cristais de Paris, porcelanas que pertenceram a Olavo Egydio de Souza Aranha ou ao senador Lacerda Franco. Um memorial familiar.

Na Prata, Olavo Setubal se mostrava sereno. Contemplava jabuticabeiras, coqueiros, flamboyants, araucárias, via pássaros como o tucano e o jacu. À noite, tomava um *dry Martini*, via televisão, enquanto Daisy lia revistas, fazia palavras cruzadas, mergulhava num *best-seller* (que adorava). Depois do *Globo News*, às dez horas da noite, iam dormir. Ou então, ele descia, sentava-se na "cadeira do papai", a mesma da Rua Sergipe, e ouvia música. São dezenas de discos de óperas. Maria Callas, uma das cantoras favoritas.

Na Prata, o homem sofisticado dos restaurantes parisienses ou lisboetas amava sentar-se à mesa e tomar uma sopa de milho com cambuquira, comer arroz e feijão. Quando estava bem disposto, pela manhã, antes do almoço no fim de semana, tomava uma cervejinha ou uma batida de coco. Neca, sua filha, definiu o pai nesses momentos, aos 85 anos:

"Minha sensação é que ele fez as pazes com ele mesmo. Estava mais sereno, aceitando limites. Continuava superligado, conversava, sabia das coisas que estavam acontecendo, chamava o Faria para uma conversa, queria informações, opiniões, discutia. A diferença é que aceitava o momento".

Certa manhã, temperatura cálida de junho, o olhar de Olavo se fixou sobre uma cerejeira viçosa que crescia no gramado ainda molhado pelo sereno, junto às esculturas de Maria Martins, denominadas *A sombra*.

Contemplou tudo calmamente. Decidiu, comunicou aos filhos: "Ali, entre a árvore e as esculturas, quero que depositem minhas cinzas, um dia".

Bateu na mesa com as palmas das mãos voltadas para baixo.

A Prata, o *sanctum sanctorum*.

As cinzas entre esculturas e cerejeiras

Agosto foi difícil. Olavo começou a apresentar problemas, os médicos decidiram interná-lo. Ao sair para o hospital Sírio Libanês, um dos enfermeiros revelou que, na cadeira de rodas, que odiava, Olavo olhou para trás e murmurou: "Sei que não volto para cá". A cadeira de rodas o incomodava. Tanto que numa reunião no banco, em maio, em sua sala, ao olhar em volta e ver a cadeira, confidenciou para José Eduardo Faria: "Está aí uma coisa que não compõe com meu ambiente". Então, a cadeira desapareceu de seu olhar.

Levado ao hospital, Olavo sofreu uma cirurgia cardíaca. Houve melhora, todos se alegraram com sua convalescença, esperavam a alta a qualquer momento, prepararam a casa para recebê-lo de volta depois de duas semanas internado. Daisy não arredou pé, os filhos se revezaram. No entanto, sobrevieram complicações, o estado de saúde se agravou ainda mais, Olavo passou a respirar com dificuldade. Os médicos comunicaram que, além de ministrar medicamentos para minorar a dor, nada mais havia a fazer a não ser esperar uma reação do próprio organismo.

Seguiu-se uma vigília tensa. Esperanças e desesperanças a cada momento, orações. O estado permanecia crítico. Dos filhos, apenas Paulo estava ausente, em viagem ao exterior. Mas já a caminho do Brasil. No sábado, dia 23, quando estava pouco sedado, sem dores, lúcido, Olavo olhou em volta e passou a chamar, com voz débil, alternadamente, os filhos. "Venha aqui", e dizia o nome, reconhecendo cada um. Apertava fracamente a mão de um por um, retendo-as por momentos. Uma cena que marcou profundamente a todos.

"Quero ir embora para casa", dizia. Outras vezes, com os dedos como se fossem pernas, fazia o gesto de partir e olhava para a porta. No dia seguinte, domingo, de tempo em tempo, repetia: "E o Paulo?". Chamava os netos numa voz fraquinha. No final do dia, Paulo chegou, foi direto do aeroporto ao hospital. Olavo reconheceu o filho, teve um sorriso leve, estendeu as mãos, que Paulo reteve entre as suas, beijando-as. Olavo delicadamente levou a mão do filho ao rosto, beijando-a por sua vez, como um sinal de adeus. Mostrava tranquilidade e os filhos perceberam que ha-

Sala de trabalho de Olavo Setubal na sede da Itaúsa em São Paulo, 2008. As luzes permaneceram acesas dias e noites antes de sua morte.

via nele, de certa forma, felicidade por vê-los unidos ali. Minutos depois, fechou os olhos. Tinha resistido, como se soubesse que, dormindo, não retornaria. A sedação foi reforçada.

Um momento de emoção e tristeza se deu no domingo, dia 24, quando o filho Alfredo apanhou o envelope que o pai tinha deixado e que estava lacrado desde 2001. Eram determinações quanto ao seu velório. Sempre o racionalismo, até em relação a ele mesmo. Alfredo ficou um tempo com o envelope na mão, sem coragem de abri-lo. Naquela carta, estavam detalhes, como a sala em que deveria ser velado, o tipo de caixão, flores, os objetos de sua coleção que ele desejava ao seu lado.

Quando Olavo Setubal faleceu às oito e quinze do dia 27 de agosto, uma quarta-feira, o corpo foi preparado e levado a um espaço na entrada principal do Itaú, a Sala Thomas Ender, cujas paredes estão recobertas de obras de arte e é usada para pequenas recepções. Não comportaria um velório do porte que se sabia Olavo teria. O homem que tinha enorme prestígio e uma intensidade de relacionamentos que extrapolava tudo.

Aquela entrada principal, onde a Sala Thomas Ender se insere, sempre foi o ponto de encontro de todos os funcionários na cerimônia de Natal, normalmente regida por Setubal, que fazia um curto discurso. Era um lugar que ele amava. Pessoalmente, Olavo gostava da outra entrada, a que tem a fonte e uma escultura de Brecheret, ele a considerava nobre, como revelou Jairo Cupertino um dia. Sabia, no entanto, que as escadarias de acesso e a circulação seriam complexas no caso de um velório. Teria, então, decidido por aquela que é realmente a entrada do Ceic para funcionários, visitantes, povo. Seus desejos, para serem cumpridos, exigiam minuciosa preparação.

A operação era complexa e foi planejada, simulada e ensaiada. Como ele gostaria. Organizar a chegada de autoridades, controlar o fluxo de carros, fechar a rua, esvaziar a garagem do prédio, mobilizar dezenas de manobristas, treinar em poucas horas centenas de funcionários, cada um com uma função. O institucional do banco, dominado pelo pragmatismo setubalino, dividiu as tarefas, quem receberia o cardeal, as autoridades, as personalidades, quem conduziria quem, quem organizaria a fila, forneceria informações, controlaria entrada e saída, atenderia à imprensa, prepararia o funeral, a ida ao crematório. A determinação essencial de Olavo foi que no ritual do crematório estivessem presentes apenas a família e algumas poucas pessoas chegadas, não mais. Algo absolutamente íntimo. Para o velório, ele pediu um caixão de pinho, dois vasos de rosas brancas, o crucifixo criado por Brecheret e duas imagens sacras, São Cosme e São Damião. Na sala, nenhuma coroa de flores. Nem caberiam.

Porque o que se viu foi uma cascata de flores. Quase duzentas coroas cobriam as amplas escadarias do *hall* de entrada na manhã de quinta-feira, 28 de agosto. Coroas imensas, multicoloridas, algumas inteiramente de orquídeas. Enviadas pelo presidente Lula, pelo Itamaraty, vindas do governador José Serra – que compareceu –, do prefeito Gilberto Kassab – que também se fez presente –, de vereadores atuais e de outros tempos, de amigos, empresas, empresários, associações, bancos, banqueiros, ministros, políticos.

Entre quatro horas da tarde de quarta-feira, dia 27, e as dez horas da manhã do dia seguinte, mais de seis mil pessoas passaram diante do corpo de Olavo Setubal. Um tinha trabalhado com ele na Prefeitura, outro era aposentado do banco, um vendia doces na praça Alfredo Egydio de Souza Aranha, e vieram ex-secretárias, outros chegaram de Águas da Prata, como o caseiro Dione, lá estava o motorista Gelson, que foi ligadíssimo a Olavo, e que circulou abraçado afetuosamente, havia prefeitos do interior e estudantes, militantes políticos, e todos formavam a fila que andava rapidamente num sistema sincronizado e racionalmente planejado. Uma jovem funcionária do Itaú comentou, ao deixar a sala: "Foi a primeira vez que vi o doutor Olavo".

Filhos, noras, netos, amigos ficaram ao lado do corpo por horas, rodeando e amparando Daisy Setubal de pé, ereta, óculos escuros, devastada pela dor, mas digna, imperturbável. O movimento do público diminuiu por volta de meia-noite, mas pela madrugada chegaram pessoas que tinham vindo do interior ou de bairros distantes e, intimidadas, paravam, sem saber se entravam. Paulo Setubal levava-os até junto ao pai. A partir de sete da manhã, as filas recrudesceram e prosseguiram. Às dez horas, dom Odilo Scherer fez uma breve oração, todos o acompanharam, a família se abraçou em torno do caixão, que foi fechado.

Quando Olavo Setubal, carregado pelos filhos que choravam, deixou pela última vez seu lugar de trabalho, o prédio que ele tinha criado e erguido, passando entre milhares de pessoas que o esperavam no saguão de entrada, os aplausos começaram e cresceram, até que todos aplaudiam, e as palmas vinham das pessoas que estavam na praça em frente, das escadarias, das saídas do metrô. Vinham dos funcionários que estavam em todas as janelas, e do povo, seguranças, estudantes, camelôs e motoristas.

Desde o domingo até a partida do corpo, as salas de Olavo Setubal no prédio permaneceram com as luzes acesas ininterruptamente. Quando ele se foi, elas se apagaram. Na Avenida Paulista, um dos símbolos da cidade, o relógio do Itaú, no topo do Conjunto Nacional, foi desligado na hora de sua morte.

O cortejo de trinta carros saiu lento, precedido por batedores, rumo ao Crematório Horto da Paz, em Itapecerica da Serra. Manhã ensolarada e calma, céu muito limpo. Pessoas paravam, algumas sabiam que era Olavo Setubal, houve aplausos isolados. Para evitar trânsito, o cortejo procurou ruas alternativas, fazendo um trajeto mais longo, no entanto livre, por dentro da cidade que Olavo governou. Antes de entrar na Rodovia Regis Bittencourt, o cortejo atravessou trechos da periferia, que, nos anos 1970, revelaram ao prefeito a realidade paulistana que, até então, ele desconhecia e o emocionou.

O crematório situa-se numa colina, em meio a muito verde e absoluto silêncio. As árvores refletiam para dentro da pequena capela tons verdes, cambiantes. Além da família, havia uns poucos amigos de longa data como Paulo Nogueira Neto, Jairo Cupertino, José Carlos Moraes Abreu, Augusto da Rocha Azevedo, Carlos da Câmara Pestana, que veio de Lisboa, José Eduardo Faria, o ex-governador Paulo Egydio Martins e dona Lila, o ex-governador Cláudio Lembo e Antonio Matias. Ao som da *Ave Maria*, de Gounod, o esquife ascendeu à sala de cerimônias, o padre Alejandro fez uma breve oração. Paulo Setubal leu uma síntese da vida de Olavo Egydio Setubal, lembrando aspectos de sua personalidade, o objetivismo, a tecnologia que amava, a engenharia e a paixão por Napoleão Bonaparte, pela França e por Paris, pela artes, principalmente a brasileira, pela memória do Brasil. Falou do homem ético, íntegro e do homem que se emocionava. Quando Paulo, ao terminar, disse: "Esta será uma página difícil para o Brasil virar", ouviu-se novamente *Ave Maria* e o caixão desceu lentamente, aplaudido.

Era meio-dia e trinta e seis, quando Olavo desapareceu, os filhos e as noras em lágrimas se levantaram e abraçaram Daisy, depois se abraçaram e se beijaram entre si, sem conter o choro. Os netos soluçavam e se aproximavam dos pais e tios, chegaram até Daisy, que os abraçou um a um.

A imprensa brasileira, de norte a sul, registrou a morte de Olavo não apenas em longas reportagens, mas principalmente em editoriais cujos títulos iam de "um autêntico empreendedor" a "um empresário surpreendente", de "um homem de bem que fez sua parte" e "um político autêntico que dizia o que pensava", de "o homem que modernizou a ideia de banco no País" a "ele sempre acreditou num futuro melhor". O publicitário Nizan Guanaes sintetizou a vida e carreira de Olavo: "Hoje morreu um desses homens que não morrem". Um dos títulos mais belos foi o de Mino Carta na revista *Carta Capital*: "O conservador iluminado". No exterior, houve repercussões na *The Economist*, inglesa, no *The Wall Street Journal*, americano, no *El País*, espanhol, no *Le Monde*, francês e no *La Reppublica*, italiano. A internet divulgou ininterruptamente o falecimento e o funeral e centenas de páginas ocuparam os monitores por dias seguidos.

Na missa de sétimo dia, mais de mil pessoas lotaram a Catedral da Sé na missa oficiada pelo cardeal dom Odilo Scherer e que foi iniciada com o canto *Ave Verum Corpus*, de Mozart. Filhos e netos se sucederam na leitura de trechos da Bíblia. Dom Scherer, depois de citar o livro *Confiteor*, o da conversão de Paulo Setubal, o escritor e pai, revelou que Olavo tinha dado grande apoio à restauração da Catedral, mas ressaltou com ênfase: "Houve muitas outras ações de generosidade que não são do conhecimento público, mas que Deus conhece, sabe". Olavo não era um homem religioso, não era um praticante, mas tinha um apego, cultivava os rituais, e sua missa, solene, foi um cerimonial com seu temperamento, suas feições.

Outro cerimonial, simples, como era o desejo de Olavo, aconteceu na casa de Águas da Prata, no sábado, 6 de setembro, dia claro, um céu azul sem nuvens, muitos pássaros e muito calor. Daisy, os filhos, as noras, os netos e Vivi, a irmã de Olavo, foram chegando. Reuniram-se todos, mais os empregados da casa, os seguranças próximos. Daisy disse que, nesse momento, pensou: "Minha tristeza é tão grande, devastadora. Olavo e eu tínhamos planejado envelhecer juntos tranquilamente". Esperou-se apenas a chegada do padre Alejandro. A emoção dominava, havia silêncio, a atmosfera habitual da Prata, hoje chamada Vila Setubal, o refúgio que Olavo tanta amara nos últimos anos, seu *sanctum sanctorum*. As suas cinzas, que por alguns dias tinham permanecido na urna sobre sua mesa de trabalho, foram depositadas entre as cerejeiras e as esculturas de Maria Martins.

As esculturas de Maria Martins na Casa da Prata.

Depoimentos

Alfredo Egydio Setubal (em 6/3/2007)
Antônio Ermírio de Moraes (em 12/6/2007)
Antônio Henrique (em 28/8/2008)
Augusto e Antonieta da Rocha Azevedo (em
  8/11/2006)
Carlos da Câmara Pestana (em 8/5/2007)
Carlos Eduardo Correa da Fonseca (em
  5/3/2007)
Carlos Schmidt Sarmento (em 11/6/2007)
Cláudio Lembo (em 27/3/2007)
Daisy Setubal (em 6/3/2007)
Dione César Oliveira Carvalho (em 5/1/2007 e
  6/1/2007)
Fernando Henrique Cardoso (em 17/7/2007)
Fernão Bracher (em 16/5/2007)
Flávio Bierrenbach (em 20/6/2008)
Gelson Fábio Buattini (em 28/8/2008)
Geraldo de Camargo Vidigal
  (em 14/11/2006)
Jairo Cupertino (em 19/9/2006)
João Brasil Vita (em 27/11/2006)
José Carlos Moraes Abreu (em 15/8/2006)
José Eduardo Faria (em 26/9/2007)
José Luiz Setubal (em 14/3/2007)
José Mindlin (em 20/6/2007)
José Sarney (em 12/7/2007)
Laerte Setubal Filho (em 5/6/2007)
Lázaro de Mello Brandão
  (em 17/5/2007)
Luiz Carlos Levy (em 4/6/2007)
Marcelo de Camargo Vidigal e Lucinha Vidigal
  (em 24/10/2006)

Marco Maciel (em 7/12/2006)
Maria Alice Setubal (dois depoimentos, em
  15/12/2006 e 12/1/2007)
Maria Claudina Ferreira de Souza Guerra (em
  3/3/2008)
Maria Vicentina (Vivi) Setubal (em
  22/11/2006)
Marta Azevedo (em 29/3/2007)
Milú Villela (em 19/7/2007)
Olavo Egydio Setubal (onze depoimentos, em
  2/5/2006, 4/7/2006, 11/7/2006, 25/7/2006,
  8/8/2006, 15/8/2006, 22/8/2006,
  29/8/2006, 10/10/2006, 17/10/2006 e
  3/3/2008)
Olavo Egydio Setubal Júnior (três depoimentos,
  2/3/2007, 17/4/2007 e 5/6/2007)
Olden Victorino (em 3/4/2007)
Paulo Egydio Martins (em 26/9/2006)
Paulo Nogueira Neto (em 31/10/2006)
Paulo Setubal Neto (em 9/3/2007)
Paulo Villares (em 28/6/2007)
Renato Magalhães Gouveia (em 5/2/2007)
Ricardo Setubal (em 13/3/2007)
Roberto Gusmão (em 4/4/2007)
Roberto Egydio Setubal (em 2/4/2007)
Rubens Barbosa (em 30/10/2006)
Rubens Ricupero (em 11/12/2006)
Ruy Souza e Silva (em 28/2/2007)
Sampaio Dória (em 17/11/2006)
Sandra Mutarelli Setubal (em 13/4/2007)
Sergio de Freitas (dois depoimentos, em
  5/9/2006 e 12/9/2006)

Bibliografia

ALBERTI, Verena; FARIAS, Ignez Cordeiro de;
ROCHA, Dora (Org.). *Paulo Egydio conta*:
depoimento ao CPDOC ñ FGV. São Paulo:
Imprensa Oficial; Rio de Janeiro: Fundação
Getúlio Vargas, 2007.

ALVIM, Zuleika; PEIRÃO, Solange. *Mappin:* setenta anos. São Paulo: Ex Libris, 1985.

AZZI, Riolando. *História da educação católica
no Brasil*: contribuição dos irmãos maristas.
São Paulo: Simar, 1996. v. 2.

ASSOCIAÇÃO DOS GEÓGRAFOS BRASILEIROS. *A cidade de São Paulo*. A Evolução Urbana. São Paulo: Companhia Editora Nacional, 1958. v.2.

BORELLI, Marcial Tadeu. *Demonstrações consolidadas sob a ótica de uma entidade econômica:* o caso específico de uma instituição financeira. 99p. Dissertação (Mestrado). São Paulo, 2005.

BRANDÃO, Ignácio de Loyola. *Itaú, 50 anos*. São Paulo: DBA ñ Dórea Books and Art, 1995.

BRASIL. Ministério das Relações Exteriores. *Diplomacia para resultados.* A gestão Olavo Setubal no Itamaraty (15/3/1985 a 14/2/1986). Brasília, DF, 1986.

CAMARGO, Aspásia; ARAÚJO, João Hermes Pereira; SIMONSEN, Mário Henrique. *Oswaldo Aranha:* a estrela da Revolução. São Paulo: Mandarim, 1996.

CAMPOS, Roberto. *A lanterna na popa*: memórias. Rio de Janeiro: Topbooks, 1994.

CARVALHEIRO, Nelson. *Bancos comerciais no Brasil (1964/1976)*: crescimento e concentração. Dissertação (Graduação em Economia). Universidade de São Paulo, São Paulo, 1982. (mimeo.)

CINTRA, Marcos Antonio Macedo; FREITAS, Maria Cristina Penido de (Org.). *Transformações institucionais dos sistemas financeiros*. São Paulo: Fundap: Fapesp, 1998.

D'ARAUJO, Maria Celina; CASTRO, Celso. *Ernesto Geisel*. Rio de Janeiro: Editora da Fundação Getúlio Vargas, 1997

DREIFUSS, René Armand. *1964: a conquista do Estado. Ação política, poder e golpe de classe*. Petrópolis: Vozes, 1981.

DURATEX 30 ANOS, *Revista da AED* ñ Associação dos empregados da Duratex, nº 29, mar./abr. 1981.

DURATEX 40 ANOS, Edição comemorativa da Duratex, São Paulo, mar. 1991.

DURATEX, Dia de realização. *Revista Duratex*. São Paulo, 7 dez. 2003.

ESCOSTEGUY, Jorge. *Escola Politécnica*: cem anos de tecnologia brasileira. São Paulo: Editora Revista dos Tribunais, 2005.

FAUSTO, BORIS. *História do Brasil*. 4. ed. São Paulo: Edusp, 1996.

FERNANDES, Antônio Alberto Grossi. *O Brasil e o sistema financeiro nacional*. Rio de Janeiro: Qualitymark, 2002.

FICHER, Sylvia. *Os arquitetos da Poli, ensino e profissão em São Paulo*. São Paulo: Edusp, 2005.

FIGUEIREDO Ferraz, J. C de. *Urbas Nostra*. São Paulo: Edusp/Editora Pini, 1991.

FONTENLA, Vicente Paz. *História dos bancos no Brasil*. Rio de Janeiro: [s/n], 1965.

FONTES, Marcos Rolim Fernandos; WAISBERG, Ivo (Org.). *Legislação bancária*. São Paulo: Quartier Latin do Brasil, 2006.

HILTON, Stanley. *Oswaldo Aranha*: uma biografia. Rio de Janeiro: Objetiva, 1994.

JORGE, Fernando. *Paulo Setubal, uma biografia*. São Paulo: Geração Editorial, 2004.

LAGO, Luiz Aranha Corrêa do. *Oswaldo Aranha:* o Rio Grande e a Revolução de 1930. Rio de Janeiro: Nova Fronteira, 1996.

LOPES, Angelo. *A evolução do sistema financeiro brasileiro*. São Paulo: Edições Inteligentes, 2005.

MARCOVITCH, Jacques. *Pioneiros & empreendedores:* a saga do desenvolvimento no Brasil. São Paulo: Edusp, 2003.

MAYER, Martin. *The bankers:* the next generation. New York: Truman Talley Books/Plume, 1997.

MINELLA, Ary Cesar. *Banqueiros:* organização e poder político no Brasil. Rio de Janeiro: Espaço e Tempo; São Paulo: ANPOCS, 1988.

MONTEIRO, Raul Leme. *Carmo:* patrimônio da História, Arte, e Fé. São Paulo: Decor Carmeli, 1978.

MOTOYAMA, Shozo; NAGAMINI, Marilda. *Escola Politécnica, 110 anos construindo o futuro*. São Paulo: Edusp, 2004.

PONCIANO, Levino. *São Paulo 450 bairros, 450 anos*. São Paulo: Senac, 2004.

PREFEITURA DO MUNICÍPIO DE SÃO PAULO. *São Paulo, a cidade, o habitante, a administração: 1975-1979*. São Paulo, 1979.

RODRIGUES, Hélio. *Um estudo do sistema financeiro nacional:* 1964-1978. Araraquara: FCL/Laboratório Editorial/Unesp; São Paulo: Cultura Acadêmica Editora, 2002.

SETUBAL, Olavo. *Ação política e discurso liberal*. Rio de Janeiro: Nova Fronteira, 1986.

SETUBAL, Paulo. *Alma cabocla*. São Paulo: Companhia Editora Nacional, 1993.

SETUBAL, Paulo. *Confiteor*. São Paulo: Companhia Editora Nacional, 1993.

SILVA, Maryneusa Cordeiro Otone e. *A matemática do curso complementar da reforma Francisco Campos*. São Paulo: PUC, 2006.

TURCZYN, Sidnei. *O sistema financeiro nacional e a regulação bancária*. São Paulo: Editora Revista dos Tribunais, 2005.

Acervos consultados

Acervo Águas da Prata (acervo privado de Olavo Egydio Setubal)

Acervo Cemitério da Consolação

Acervo Colégio da Glória

Acervo Cúria Metropolitana de São Paulo

Acervo Duratex

Acervo Editora Abril

Acervo Febraban

Acervo Folha de S.Paulo

Acervo Itaú Cultural

Acervo Itaúsa (presidência)

Acervo Itautec

Acervo Memória Itaú

Acervo *O Estado de S.Paulo*

Acervo Roberto Gusmão (privado)

Acervo Sindicato dos Bancários

Arquivo Histórico Permanente da Escola Politécnica da Universidade de São Paulo

Banco de Dados de Arte da Fundação Bienal de São Paulo

Principais sites consultados

www.itau.com.br. Acesso em agosto de 2006.
www.itautec.com.br. Acesso em agosto de 2006
www.elekeiroz.com.br. Acesso em agosto de 2006.
www.itaucultural.org.br. Acesso em fevereiro de 2007.
www.duratex.com.br. Acesso em fevereiro de 2007.
www.fundacaotidesetubal.org.br. Acesso em fevereiro de 2007.
www.mam.org.br. Acesso em fevereiro de 2007.

Índice Onomástico

A

Abílio Diniz 362, 387
Ademar de Almeida Prado 214
Ademaro Prezia 154
Adhemar de Barros 294, 297, 430
Adriano Carvalho 390
Adriano Marchini 87
Affonso Camargo 322
Affonso Celso Pastore 372
Afonso Arinos 97, 431
Afonso Camargo Neto 348
Afrânio de Oliveira 296
Afrânio Peixoto 34
Aimoré Moreira 49, 96
A. Lagardère 449
Alan García 407
Alan Wagner 408
Alberto da Costa e Silva 383
Alberto Goldman 218, 340
Alberto Pereira de Castro 83, 90
Alberto Rocha Azevedo 70
Alberto Soares de Sampaio 198
Alcindo Guanabara 462
Aldo Bonadei 277
Aldo Leoni 326
Aldo Mário Rodrigues de Azevedo 96, 98, 99, 104,
         116, 157, 206
Alex Periscinoto 354
Alex Thiele 176
Alfonso Guimarães 462
Alfredo (neto de Olavo) 484
Alfredo Egydio de Souza Aranha 30, 52, 55, 83, 88,
         114, 121, 123, 127, 129, 130, 140, 163, 165,
         166, 167, 170, 169, 174, 183, 266, 365, 443,
         459, 510
Alfredo Egydio Setubal 131, 163, 167, 205, 219, 272,
         274, 319, 320, 333, 462, 484, 495, 503, 514
Alfredo Lamy 191
Alfredo Martins 286
Alfredo Volpi 277
Alice de Azevedo 98, 99, 104, 144, 152, 155, 158, 159,
         207, 275, 320, 321, 332, 333
Ali McGraw 211
Almeida Júnior 19, 451, 462, 465, 506

Almirante Cochrane 97, 99
Aloysio Faria 194
Aloysio Ramalho Foz 166
Altino Arantes 157
Altino Lima 370
Aluísio Alves 338, 348
Álvaro Fraga 419
Amador Aguiar 195, 196
Amaury de Souza 442
Américo de Campos 41
Amílcar de Castro 278
Ana Elisa 482
Ana Francisca de Pontes 505
Ana Teresa de Almeida Campos 21
André Franco Montoro 86, 299, 322, 356, 358, 360,
         362, 374, 386, 424, 425, 432
Andrei Gromiko 412
Ângelo Calmon de Sá 200
Aníbal Cavaco Silva 448
Anita Malfatti 34
Antenor Romano Barreto 83
Antônia 380
Antonia Eufrosina de Campos Vergueiro 31
Antônio Aureliano Chaves de Mendonça 365, 367,
         368, 369, 370, 373, 374, 378, 401, 421
Antonio Carlos Cardoso 84
Antônio Carlos Magalhães 370
Antônio de Alcantara Machado 65
Antônio Delfim Netto 192, 205, 294, 297, 338, 343,
         363, 372, 386, 419, 431
Antônio de Oliveira Leite Setubal 21, 22, 26, 34
Antonio Egydio de Souza Aranha 30, 32
Antônio Ermírio de Moraes 368, 474, 514
Antonio Francisco de Paula Souza 80, 180
Antônio Henrique 476, 514
Antonio Matias 512
Antonio Prado 31
Antonio Rodrigues de Azevedo 96
Aracy do Amaral 466, 514
Ari Torres 88, 245
Armando de Sales Oliveira 83
Armando Simões Neto 224
Arnolfo Azevedo 131, 138
Arnolfo Eduardo (Nonô) 98

517

Aroldo de Azevedo 97
Arthur Alves Pinto 419, 430
Artur Bernardes 38
Ascânio Monteiro 278
Aspásia Camargo 442
Assis Chateaubriand 499
Attilio Ricot 115
Augusto Comte 82, 86
Augusto Gomes da Rocha Azevedo 39, 67, 68, 69, 79,
      106, 109, 169, 185, 437, 512, 514
Ayrton Senna 406
Ayrton Soares 248

B

Beatles 148, 177
Beatriz Milhazes 455
Benedito Testa 291
Benjamin Ribeiro 224
Bernardina Alves de Lima 22
Bernardo Sepúlveda 389
Bill Gates 449
Bolívar Lamounier 442
Boris Fausto 48, 54, 126
Brigadeiro Luiz Antonio de Souza 31
Bruno Giorgi 278, 280, 449
Burle Marx 455

C

Caciporé Torres 278
Caio Caiuby 67, 79, 106
Caio Pompeu de Toledo 224, 348
Cândido Mota 155
Cantídio Sampaio 295
Carlos Adolpho L. Sarmento 67, 106, 147, 148, 432
Carlos Alberto Alves de Carvalho Pinto 215, 362, 370,
      417, 425
Carlos Alberto Bueno Neto 70
Carlos Alberto Leite Barbosa 385
Carlos da Câmara Pestana 174, 435, 437, 438, 439,
      440, 499, 512, 514
Carlos de Campos 38
Carlos Drummond de Andrade 65
Carlos Eduardo Correa da Fonseca 176, 186, 203,
      313, 315, 514
Carlos Lacerda 59, 431, 471
Carolina (neta de Olavo) 274, 479, 484
Cassiano Ricardo 34, 52

Castro Alves 278
Celso Amato 348
Celso Hahne 224
Celso Lafer 448
Celso Matsuda 419
Celso Pinto 374
Charles de Gaulle 136, 364, 366
Chico Buarque 148
Chico de Oliveira 206
Chico Junqueira 324
Chico Pereira 23, 24
Ciccilo Matarazzo 499
Claudina 454, 457, 489, 499, 515
Cláudio Abramo 421, 431
Cláudio Lembo 218, 224, 275, 295, 348, 352, 419,
      449, 512, 514
Claudionor Roriz 370
Clemente Mariani 200
Clóvis Graciano 277, 455
Clóvis Rossi 424
Coelho Neto 462
Coronel J. Jardim 80
Cristovam Buarque 442
Cunha Lima 335

D

Daisy Setubal 216, 323, 324, 326, 329, 333, 366,
      376, 377, 379, 381, 391, 411, 474, 475, 476,
      478, 482, 485, 488, 489, 490, 491, 492, 493,
      494, 495, 496, 497, 498, 506, 508, 511, 512,
      513, 514
Danielle Mitterrand 410
Daniel Ortega 389, 407
Dante Caputo 399, 400, 403, 405, 408
Dante de Oliveira 369
David Rockefeller 343, 449, 452
Debret 448
Décio de Almeida Prado 224
De Fiori 455
Denon 457
Desiré Bouterse 389
Di Cavalcanti 34, 451, 453
Dílson Funaro 414
Dione 510
Dom Cláudio Hummes 448
Dom Duarte Leopoldo e Silva 26, 39
Dom João V 460

518

Dom João VI 461, 468
Dom Odilo Scherer 511, 512
Dom Paulo Evaristo Arns 276, 303, 306, 368
Dom Pedro I 39, 460, 468
Dom Pedro II 31, 154
Domenico Calabrone 278
Domitila de Castro Canto e Melo 39
Dona Leopoldina 460
Duarte Nogueira 419
Dulce Lina da Gama Cochrane 97

E
Edgard Azevedo Soares 167
Edith Cresson 409
Edmundo Fonseca 264
Eduardo Assumpção 67, 79, 106
Eduardo Genaro Mutarelli 488
Eduardo Gomes 38
Eduardo Matarazzo Suplicy 116, 419
Eduard Schevarnadze 412
Einar Kok 362
Eliseo Visconti 506
Elisma do Amaral 30, 32
Elis Regina 148
Elizabeth (governanta) 304
Elvis Presley 177
Emanuel Araújo 455
Emanuel Whitaker 185
Emílio Garrastazu Médici 205, 220, 294, 297, 338
Enrico Fermi 81
Enrique Iglesias 408
Erasmo Assumpção Neto 70
Eriberto Ferreira Alves 94
Érico Veríssimo 65
Ernane Galvêas 343, 372
Ernest de Carvalho Mange 84, 281, 465
Ernesto Geisel 198, 213, 216, 220, 288, 293, 294,
        295, 296, 297, 306, 342, 347, 355, 366
Euclides da Cunha 462
Eudoro Villela 121, 125, 163, 174, 178, 180, 184,
        201, 213, 443, 450, 452, 467
Eulália Moreira de Castro Lima 96
Eurípides Sales 307
Evelásio Vieira 348

F
Fábio Konder Comparato 215

Fábio Moraes Abreu 68, 79, 106
Fábio Vitaliano Filho 313
Fajardo 455
Faustino Jarruche 361
Fausto 225
Felícia Leirner 278, 455
Feliz Hegg 84
Fernand Léger 455
Fernando Bezerra 442
Fernando Henrique Cardoso 368, 370, 373, 375, 386,
        419, 420, 421, 442, 448, 514
Fernando Lyra 385
Fernando Proença de Gouvêa 224, 301
Fernando Solanas Morales 448
Fernão Bracher 172, 199, 415, 451, 495
Ferrarezi 114, 115, 116
Firmino Rocha de Freitas 84, 86
Flávio Bierrenbach 287, 514
Francisca de Souza Aranha (Chiquita) 30, 31, 32,
        33, 34, 35, 36, 38, 39, 41, 42, 45, 47, 50, 51,
        52, 55, 56, 58, 60, 62, 63, 67, 73, 76, 78, 79,
        80, 101, 102, 107, 134, 135, 152, 153, 158,
        206, 207, 249, 265, 452, 479, 495
Francisca Miquelina de Souza Queiroz 32
Francisco Amaral 348, 358
Francisco Antonio de Souza Queiroz 31
Francisco Antonio de Souza Queiroz Filho 32
Francisco de Oliveira Leite Setubal 20, 21
Francisco de Salles Oliveira Júnior 80
Francisco Egydio de Souza Aranha 30, 31
Francisco Neves Dornelles 373, 375, 376, 381, 382,
        413, 414
Francisco Rebollo Gonsales 277
Francisco Stockinger 278
Francisco Thompson Flores 383, 402
Francisco Weffort 442
François Mitterrand 410
François Rey-Coquais 322
François Stahly 455
Franklin Delano Roosevelt 66
Frans Post 451, 453, 460
Franz Weissmann 278, 280, 455
Frederico de Morais 466
Frei Agostinho da Piedade 462
Frei Betto 442
Freud 146
Fúlvio Pennacchi 277

519

G

Gabriel Ferreira 154, 155, 156
Gastão Muller 348
Gastão Vidigal 196
Gelson 193, 265, 266, 267, 268, 305, 344, 510, 514
Genebra de Barros Leite 31
General Franco 66
George Bush 388
George Heinrich von Langsdorff 412
George Shultz 374, 409, 425
Georgina Dufoix 410
Geraldo de Camargo Vidigal 67, 68, 70, 73, 79, 89, 515
Geraldo Toledo de Moraes 186, 313
Gerhard Marcks 455
Getúlio Vargas 48, 53, 66, 67, 89, 96, 205, 272, 371
Gilberto Dimenstein 367
Gilberto Kassab 510
Gilberto Mestrinho 357
Gilberto Silveira 67, 68, 73, 79, 106
Gisela Oliveira de Mattos 333, 479
Glauber Rocha 177
Golbery do Couto e Silva 288, 290, 293, 296, 297, 298, 352, 366, 367
Gonzaga Mota 370, 386
Graça Aranha 34
Graciliano Ramos 65
Gromyko 425
Guaçu Piteri 340
Guilherme (neto de Olavo) 273, 274, 320, 479, 497
Guilherme de Almeida 34
Guilherme Palmeira 370
Guilherme Rudge 67, 68, 106
Guiomar Milan Sartori 419
Guiomar Novaes 29, 34
Gustavo de Moraes Rego Reis 294, 295, 296, 297

H

Hans Dietrich Genscher 389
Hélio Beltrão 386
Heni Hauswolter 54
Henrique Alves 338
Henrique Fix 118, 119, 125, 226, 304
Henri Van Darsen 84
Herbert Levy 188, 322, 343, 348, 368, 418, 419, 431, 435

Herculano Pires 454, 467, 468, 469
Herman Hesse 146
Herman José Revoredo 49, 67, 68, 79, 95, 106
Hilário Torloni 224
Hilda 304, 479, 482
Hitler 66
Hugo Mazzola 154
Humberto de Alencar Castelo Branco 178, 215, 365, 385

I

Inês Camargo 289
Iolanda Prado Uchoa 42
Irapuan Costa Jr. 347
Isidoro Dias Lopes 38
Israel Dias Novaes 96, 216
Itamar Franco 389
Ivan Mendes 421
Ivete Vargas 346

J

Jack Lang 410
Jack Loiseaux 264
Jacob Pedro Carolo 217
Jacó Rusht 136
Jacques de Larosière 374
Jaime Canet 322, 347
Jairo Cupertino 120, 123, 124, 125, 126, 127, 176, 226, 309, 313, 315, 450, 509, 511, 512, 514
Janine Goosens 144
Jânio da Silva Quadros 177, 346, 347, 352, 353, 354, 356, 417, 418, 419, 420, 421, 422, 423, 424, 425, 426, 427, 428, 432
Janis Joplin 177
Jean François Millet 452
J. J. Abdalla 283, 284
Joachin Schmettau 280
João Alberto 53
João Aparecido de Paula 291, 348
João Baptista de Oliveira Figueiredo 290, 293, 294, 296, 297, 322, 340, 342, 345, 351, 355, 361, 363, 365, 366, 368, 372, 374, 384, 386, 401, 403
João Batista Leopoldo Figueiredo 184
João Batista Natali 424
João Brasil Vita 286, 306, 370
João Goulart 177, 178, 371

João Leitão de Abreu 366, 367
João Nantes Júnior 180
João Pedro Stédile 442
João Ribeiro 34, 55
João Sayad 362
João Ursulo Ribeiro Coutinho 191
Joaquim Arruda Zamith 258
Joaquim Bonifácio do Amaral 30
Joaquim Egydio de Souza Aranha 31, 80, 505
Joaquim Floriano de Toledo 42
Joaquim Insley Pacheco 462
John Reed 449
Jorge Amado 65
Jorge Bornhausen 370
Jorge Dias Oliva 180, 181, 326
Jorge Kalume 336
Jorge Maluly Neto 419
Jorge Oscar de Melo Flores 215
Jorge Prado 323, 324, 331
Jorge Thomaz de Lima 307
José Adolpho da Silva Gordo 192, 193, 194
José Altino Machado 370
José Aparecido de Oliveira 338
José Balbino Siqueira 179, 180, 181
José Bonifácio Coutinho Nogueira 67, 68, 71, 72,
      73, 74, 75, 79, 87, 93, 106, 116, 147, 148,
      169, 224, 268, 275, 304, 322, 323, 338,
      423, 432
José Carlos Moraes Abreu 68, 87, 93, 106, 116, 148,
      176, 178, 179, 180, 181, 188, 193, 197, 201,
      203, 214, 221, 226, 275, 305, 315, 322, 323,
      362, 371, 435, 437, 439, 440, 449, 512, 515
José Cláudio da Silva 463
José da Veiga 70
José Eduardo Faria 320, 340, 376, 379, 449, 500,
      508, 512, 515
José Ermírio de Moraes 167
José Ermírio de Moraes Filho 362
José Frederico Borba 154
José H. Melo 62, 63, 77
José Hugo Castelo Branco 385, 421
José Junqueira Ferreira 155
José Lins do Rego 65
José Luiz Bulhões Pedreira 191, 197
José Luiz Setubal 131, 135, 136, 139, 141, 143, 146,
      206, 219, 270, 274, 302, 320, 333, 432, 479,
      482, 483, 484, 487, 488, 489, 490, 491, 494,

      496, 497, 501, 503, 515
José Manuel Durães Barroso 442
José Maria Marin 419, 430, 431
José Mauro de Vasconcelos 146
José Mindlin 187, 225
José Monteiro de Camargo 84
José Pedro de Toledo Piza 176
José Reginaldo de Moraes Salles 324
José Resende 278
José Roberto Faria Lima 232, 336, 348
José Sarney 317, 322, 345, 346, 369, 370, 372, 373,
      375, 377, 378, 380, 384, 385, 386, 389, 392,
      399, 401, 403, 404, 405, 407, 410, 413, 414,
      415, 420, 421, 428, 515
José Serra 492, 493, 510
Juarez Távora 425
Jubileu de Almeida Santos 505
Julia (neta de Olavo) 484
Julinho de Sales Oliveira 83
Julio María Sanguinetti 388
Julio Mesquita 41
Júlio Neto 371
Julio Verne 54
Jung 146
Juscelino Kubitschek 126, 165, 245, 288, 499

K
Kalil Gibran 146
Karl May 54
Karlos Rischbieter 289, 290, 322
Klimt 453, 506
Krajcberg 451, 459

L
Lacerda Franco 98, 158, 506
Laerte Setubal Filho 34, 39, 42, 50, 51, 59, 60, 81,
      127, 174, 187, 340, 362, 387, 431, 515
Laudo Natel 294, 296, 298, 339, 347, 367, 370
Lavínia (esposa de Ricardo) 484
Lavinia Ribeiro do Valle 334
Lázaro de Mello Brandão 195, 196, 199, 200, 317,
      362
Lebret 245
Le Corbusier 458
Leôncio Martins Rodrigues 442
Leonel Brizola 322, 368, 369
Leônidas Pires Gonçalves 401, 402, 403

Leopoldina Saraiva 224
Ligia Matos 506
Lila Martins (esposa de Paulo Egydio) 214, 221, 268, 514
Lila Sarmento 269
Lino de Matos 218
Louise Bourgeois 463
Lourdes Arruda 121, 213
Lourenço Dantas Mota 41
Lucas Nogueira Garcez 84, 347
Lúcia (esposa de Paulo Nogueira Neto) 96, 390
Lucio Costa 458
Luís Maria Teixeira Pinto 193, 194
Luisa Erundina 449
Luiz Antonio Rosado da Cunha 460
Luiz Carlos Levy 188
Luiz Cintra do Prado 84
Luiz de Rezende 70
Luiz Eulálio de Bueno Vidigal Filho 362, 387, 424
Luiz Guimarães 226, 440
Luiz Inácio da Silva 356, 368, 499, 510
Luiz Mendonça de Freitas 222
Luiz Pereira Barreto 80
Lygia Reinach 455
Lysaneas Maciel 248

M
Machado de Assis 41, 462
Madame Curie 70, 75, 76, 77
Magalhães Pinto 338, 339
Manoel Ildefonso Archer de Castilho 189
Manoel M. de Figueiredo Ferraz 79
Manoel Vitor Azevedo 55
Manuel Bandeira 48
Manuel Ferraz 67, 73
Manuel Pereira de Castro 97
Marcelo (neto de Olavo) 484
Marcelo de Camargo Vidigal 67, 68, 73, 77, 95, 106, 268, 474, 515
Marcelo Nitsche 278
Márcio da Cunha Rego Miranda 365
Marco Maciel 352, 369, 370, 374, 375, 421, 442, 448
Marcos Azambuja 383
Marcos Tamoio 288
Maria Adelaide Setubal 22
Maria Alice Setubal (Neca) 99, 131, 133, 135, 137, 138, 140, 141, 143, 144, 145, 146, 147, 148,

153, 159, 162, 205, 206, 208, 209, 210, 212, 217, 219, 230, 238, 272, 273, 274, 275, 320, 321, 330, 331, 332, 474, 479, 484, 495, 496, 497, 499, 501, 503, 507, 515
Maria Amélia de Souza Aranha 327
Maria Ângela (esposa de Paulo) 484
Maria Antonieta da Rocha Azevedo 269
Maria Callas 506
Maria de Lourdes Villela (Milú) 443, 464, 467, 515
Maria Francisca Aranha de Camargo 22, 30
Maria Helena Vieira da Silva 506
Maria Hermínia Tavares de Almeida 442
Maria Hilda (esposa de Roberto) 272, 333, 484
Maria Júlia Toledo 42
Maria Lúcia Whitaker Vidigal 268
Maria Martins 20, 454, 499, 507, 515
Maria Penteado de Camargo 42
Maria Teresa de Almeida Nobre 22
Maria Thereza 37, 41, 42, 50, 55, 63
Maria Vicentina 19, 42, 45, 51, 52, 114
Mariana (neta de Olavo) 484
Marina (neta de Olavo) 484
Marina Dias Moraes 96
Marina Q. S. Kneese 269
Marina Villares 96, 216
Mário Américo 307
Mário Andreazza 369
Mário Bhering 375
Mário Covas 340, 351, 352, 370
Mário Cravo Júnior 278
Mário de Andrade 34
Mario Egydio de Souza Aranha 49
Mário Garnero 362
Mário Hato 218
Mário Henrique Simonsen 197, 284, 289, 290, 448
Mário Osassa 224
Mário Soares 389, 448, 499
Mário Tavares 180
Mariquinha (avó de Olavo) 21, 23, 24, 26, 29, 41, 42
Marlene (esposa de Roberto) 482
Marlene Cintra Colasuonno 222
Marta Azevedo (sobrinha de Olavo) 146, 265, 273, 329, 331, 332, 515
Mathias Machline 175
Matilde de Lacerda Franco 98, 158
Matilde Lacerda de Azevedo (Tide) 95, 96, 98, 99, 100, 101, 102, 103, 104, 105, 106, 107, 108,

109, 112, 113, 114, 131, 134, 135, 136, 137,
138, 139, 140, 141, 143, 144, 145, 146, 147,
148, 149, 150, 152, 153, 155, 156, 157, 158,
159, 160, 161, 163, 165, 205, 206, 207, 208,
210, 211, 214, 216, 217, 219, 221, 238, 246,
261, 262, 264, 265, 266, 267, 268, 270, 271,
272, 273, 274, 275, 277, 295, 301, 303, 305,
313, 319, 320, 322, 332, 423, 451, 503
Maurice Druon 146
Mauricio de Nassau 459
Mauricio Pontual 458
Mauro Benevides 299
Mauro Santayana (M. S.) 357, 359
Menotti Del Picchia 34, 43
Mercedes da Penha 219
Mesquita 371
Mestre Didi 455
M. F. do Nascimento Brito 362
Michael Zeitlin 351
Miguel Arraes 396
Miguel Colasuonno 214, 222
Miguel Costa 38
Militina 219
Milton Borelli 489
Milton Campos 431
Milton Meirelles 180
Milton S. Noguchi 313
Mino Carta 512
Miro Teixeira 348
Monteiro Lobato 29, 40, 41, 52, 252, 466
Mora 391
Múcio Leão 55
Murilo Badaró 322
Murilo Macedo 294, 322
Mussolini 66

N
Nabi Abi Chedid 218, 419, 430
Nadia Rizzo 329, 479
Napoleão Bonaparte 457, 512
Natal Gale 419
Natalícia 138, 219
Natel Laudo 294, 296, 298, 339, 347, 367, 370
Naylor de Oliveira 218
Néfi Tales 370
Nelson Piquet 406
Nenê Batista Pereira 456

Neusa Cupertino 269
Ney Braga 370
Ney Castro Alves 362, 363
Nicolas Vlavianos 278, 455
Niemeyer 455, 458
Nirlando Beirão 366
Nizan Guanaes 512
Nunes Freire 347

O
Octales Marcondes 451
Octavio Frias de Oliveira 362
Octavio Gouvêa de Bulhões 178
Olavo Bilac 25, 462
Olavo Bueno 176
Olavo Egydio de Souza Aranha 30, 31, 32, 41, 506
Olavo Egydio Júnior 131, 135, 139, 140, 141, 145,
147, 155, 159, 161, 162, 207, 208, 209, 211,
212, 219, 238, 239, 270, 271, 313, 320, 328,
432, 478, 479, 483, 503
Olavo Egydio Mutarelli Setubal 482
Olavo Guimarães Cupertino 225
Olden Victorino 173, 221, 224, 226, 227, 228, 253,
373, 376, 393, 515
Oliveira Júnior 80
Oliveiros S. Ferreira 230, 231, 244
Orestes Quércia 423, 424, 426
Oscar Americano 283
Osório Duque Estrada 34
Oswald de Andrade 34
Oswaldo Aranha 383
Oswaldo Goeldi 34
Otávio Camilo Pereira de Almeida 224, 228
Otávio Oliva 326
Ovídio de Abreu 166

P
Padre Alejandro 512, 513
Padre Charboneau 142, 210
Padre Lionel Corbeil 142, 210, 276
Pancetti 451
Patrícia (neta de Olavo) 484
Paulo Álvaro de Assumpção 42
Paulo Branco 208
Paulo Diederichsen Villares 182, 515
Paulo Egydio Martins 178, 213, 214, 215, 216, 217,
218, 219, 220, 221, 222, 223, 224, 225, 229,

240, 258, 268, 273, 275, 285, 288, 289, 293,
   294, 295, 296, 297, 298, 303, 304, 306, 322,
   335, 339, 347, 348, 349, 350, 362, 366, 370,
   383, 423, 429, 463, 484, 512, 515
Paulo Figueiredo 67, 68, 69, 106
Paulo Fontainha Geyer 198
Paulo Francini 424
Paulo Gavião Gonzaga 362
Paulo Lira 197
Paulo Nogueira Neto 67, 68, 69, 70, 71, 79, 93, 94,
   96, 106, 390, 432, 474, 512, 515
Paulo Salim Maluf 298, 299, 300, 302, 303, 307,
   338, 339, 347, 354, 369, 371, 372, 419, 423,
   424, 431
Paulo Setubal 20, 21, 24, 25, 26, 27, 28, 29, 34, 36,
   39, 43, 44, 45, 48, 50, 51, 53, 54, 56, 59, 61,
   62, 121, 146, 152, 223, 460, 506
Paulo Setubal Neto 114, 158, 175, 183, 187, 192,
   195, 205, 210, 475, 515
Paulo Tarso Flecha de Lima 383, 393
Paul Singer 238
Paul Volcker 442
Pedro Cardoso 154
Pedro Correa do Lago 457
Pedro de Souza Campos 30
Pedro Simon 401
Pérola Byington 268
Petrônio Portela 299, 358
Pietro Maria Bardi 451, 459
Plínio Assmann 261, 264, 362
Plínio Marcos 289
Plínio Salgado 52, 53
Portinari 453, 458
Prestes Maia 65, 95, 336

R

Rafael Baldacci Filho 293, 295, 419, 423, 430
Rafael Tobias de Aguiar 22, 39
Ramiro Saraiva Guerreiro 387
Ramos de Azevedo 114, 115, 252
Randolpho Vasconcelos 176
Raquel de Queiroz 65
Raúl Alfonsín 388, 401, 403, 404, 405, 425
Regina Campos Salles Nogueira 69
Renata Crespi da Silva Prado 42
Renato Archer 376
Renato Cuoco 176, 313, 315

Renato Magalhães Gouveia 445, 448, 456, 460, 462,
   463, 515
Renato Prado Guimarães 383
Renato Refinetti 49, 75, 81, 84, 90, 91, 92, 93,
   94, 112, 116, 117, 118, 119, 125, 182,
   226, 304
Renato Ticoulat 362, 363
Renéia Lembo 275
Reynaldo Bignone 403
Reynaldo Emigdio de Barros 299, 300, 302, 303
Reynaldo Saldanha da Gama 83
Ribeiro Couto 34
Ricardo Daunt Filho 67, 73
Ricardo Egydio Setubal 131, 133, 139, 141, 144, 207,
   210, 219, 270, 271, 272, 274, 275, 320, 321,
   331, 332, 333, 334, 474, 483, 484, 487, 500,
   503, 515
Ricardo Kotscho 305
Ricardo Ribeiro 419
Ricardo Ribenboim 467
Ricardo Tuma 419
Richard Nixon 409
Ricky 238
Rino Levi 184
Riordan Roett 340
Robert Dreyfuss 120
Robert Mehl 88
Roberto Campos 191, 197, 318, 386, 448
Roberto da Rocha Azevedo 437
Roberto de Abreu Sodré 86, 347, 362, 370
Roberto de Oliveira Campos 178
Roberto Duailibi 429
Roberto Egydio Setubal 131, 133, 136, 137, 138, 141,
   143, 163, 174, 176, 183, 194, 212, 219, 272,
   275, 304, 320, 333, 438, 439, 440, 441, 442,
   443, 478, 479, 482, 483, 484, 487, 497, 499,
   500, 503, 504, 515
Roberto Gusmão 344, 348, 351, 353, 358, 371, 514,
   515
Roberto Konder Bornhausen 362, 437
Roberto Marinho 410, 464
Roberto Santos 322, 347
Rodrigo (neto de Olavo) 484
Rodrigues Alves 27
Roland Corbisier 82
Roland Dumas 410
Ronald de Carvalho 34

Rosemarie Teresa Nugent (esposa de Alfredo) 333, 484, 495
Rubem de Azevedo Lima 432
Rubem Valentim 278
Rubens Barbosa 383, 391, 408, 431, 477, 515
Rubens Bayma Denys 385, 421
Rubens Borba de Moraes 461
Rubens Matuck 455
Rubens Ricupero 375, 389, 401, 442
Rubens Zaidan 176
Rufino da Costa Gavião 154
Rugendas 448, 460
Ruy Mesquita 371
Ruy Souza e Silva 125, 183, 189, 195, 209, 210, 231, 273, 276, 419, 423, 449, 456, 457
Ryan O'Neal 211

S
Sábato Magaldi 224, 289, 366
Saint-Exupèry 146
Sampaio Dória 272, 284, 286, 287
Samuel Pinheiro Guimarães 402
Sandra Mutarelli Setubal (esposa de José Luiz) 479, 482, 484, 488, 489, 491, 497, 501
Santos Dumont 466
São Tomás de Aquino 146
Sebastião Camargo 215
Sérgio Camargo 278, 455
Sérgio Correia da Costa 383, 477
Sérgio Milliet 34
Sérgio Sawaia 176, 186
Sérgio Silva de Freitas 201, 224, 335, 440, 515
Serrano 287
Silva Porto 167
Silveira Peixoto 53
Silvia Ficher 81
Sinval Guazelli 347
Siqueira Campos 38
Souza Dias 90, 225
Souza Leão 460
Stockiger 455

T
Tancredo Neves 322, 335, 336, 337, 338, 343, 345, 346, 347, 348, 349, 350, 353, 354, 358, 365, 369, 370, 371, 372, 373, 374, 375, 376, 377, 378, 380, 382, 383, 384, 385, 386, 395, 399,

404, 414, 417, 418, 420, 427
Tarcísio Damy de Souza Santos 90
Tarsila do Amaral 34
Tarso Genro 442
Teilhard de Chardin 146
Telêmaco Hyppolyto de Macedo Van Langendock 84
Teodureto Henrique Ignácio Arruda Souto 84
Teófilo Ribeiro de Andrade 224
Teresa Gouveia 448
Theodoro Sampaio 80
Thomas Mann 54
Thomas Scheler 457
Tidinha (neta de Olavo) 484, 497, 498
Tito Costa 322
Tristão de Atayde 34

U
Ulysses Guimarães 358, 370, 373, 374, 376, 384, 385, 390, 391, 414, 421, 422
Umberto Auriemo 429

V
Van Gogh 452
Vera Lúcia Pérez de Siqueira 221, 224, 253, 376
Vicentina de Souza Queiroz 30, 32
Vicento do Rego Monteiro 34
Victor Brecheret 34, 455, 456, 509, 510
Vik Muniz 455
Villa-Lobos 34
Villar de Queiroz 338
Vinicio Cerezo 409

W
Waldemar Chubacci 348
Waldemar Ferreira 156
Walt Disney 66
Walter Leser 229
Walter Moreira Salles 437, 445
Washington Luís 48, 157, 376
Wilmar Faria 442
Wladimir Lucena 463
Wolgran Junqueira Ferreira 344

Y
Yeda Crusius 442
Yole Mendonça Guimarães 269
Yutaka Toyota 278

IGNÁCIO DE LOYOLA BRANDÃO, 72 anos, nascido em Araraquara (SP), é jornalista e escritor. Tem 31 livros publicados (entre contos, romances, crônicas, viagens e infantis) e uma peça teatral. Entre suas obras mais conhecidas, estão: *Cadeiras proibidas, Dentes ao sol, Não verás país nenhum, O beijo não vem da boca, O menino que não teve medo do medo, O segredo da nuvem, O verde violentou o muro, Veia bailarina e Zero,* todos editados pela Global. É cronista do jornal *O Estado de S.Paulo*, escrevendo quinzenalmente no Caderno 2. Antes da biografia de Olavo Egydio Setubal, feita em parceria com Jorge Okubaro e que levou três anos para ser finalizada, escreveu as biografias de Alexander Fleming, Thomas Edison, Santo Ignácio de Loyola, Aristóteles Onassis e a saga da família Lupo.

JORGE J. OKUBARO, jornalista, é editorialista do jornal *O Estado de S.Paulo*. Escreveu *O súdito* (Banzai, Massateru!), no qual narra a vida de seu pai, imigrante japonês que chegou ao Brasil em 1918, e *O automóvel, um condenado?*, em que questiona o papel dos automóveis na sociedade contemporânea e seu futuro. É coautor de *De sol a sol:* o Japão que nasce no Brasil, obra com o perfil de 12 pessoas que simbolizam a integração dos descendentes de imigrantes japoneses à sociedade brasileira.

Nascido em Araraquara (SP), em 1946, Okubaro estudou na Escola Politécnica, na Escola de Comunicações e Artes e na Faculdade de Filosofia, Letras e Ciências Humanas da Universidade de São Paulo. Trabalhou em publicações como *Folha da Tarde, Veja, Realidade, Diário do Comércio, Visão, Jornal do Brasil* e *Jornal da Tarde.* Foi editor do *Jornal da Manhã* da Rádio Jovem Pan e redator da Assessoria de Imprensa do Palácio dos Bandeirantes.

Impresso na gráfica das Escolas Profissionais Salesianas
Rua Dom Bosco, 441 – Mooca – 03105-020 São Paulo - SP
Fone: (11) 3274-4900 Fax: (11) 3271-5637
www.editorasalesiana.com.br